隋唐都城財政史論考

礪波　護　著

法藏館

隋唐都城財政史論考＊目次

第Ⅰ部　隋唐の都城と關所

第Ⅱ部　隋唐の財政と倉庫

附篇Ⅰ　學界動向

附篇Ⅱ　書評・紹介

隋唐都城財政史論考

第Ⅰ部　隋唐の都城と關所

第一章　中國の都城

一　長安と洛陽

日本古代の都城制が、中國の都城制をモデルにした、という點に關しては異論をさしはさむ餘地はなかろう。しかし、モデルにした都城は隋唐の長安城であった、と限定する說については、必ずしも全員の贊成をえることは困難であろう。日本で「千年の古都」と稱される京都が、平安京時代には、西半分の右京が「長安」の別名を有し、東半分の左京が「洛陽」の別名をもった、という事實が示唆するように、日本の都城は、中國の長安と洛陽との兩都城を模倣したものなのであった。さらに時代を限定すれば、北魏王朝の首都たる洛陽城と、それにひきつづく隋唐王朝の首都たる長安城との都城制を、移入したのである。

香港で刊行された、長安（現在の西安）と洛陽の歷史を概觀した小册子、『西安史話』（杏華編著、一九七四年）『洛陽史話』（山泉編著、一九七四年）が、それぞれ、「十一朝古都」「九朝都會」という章題で書き出しているように、長安と洛陽は、周代以後、しばしば首都となった都會であった。すなわち、長安は、西周・秦・前漢・前趙・大夏・前秦・後秦・西魏・北周・隋・唐の各王朝の首都であり、洛陽は、東周・後漢・魏・西晉・北魏・隋・唐・後梁・後唐の各王朝の首都あるいは副都であった。しかし、ある王朝が長安に都し、洛陽に都した、とはいっても、必ずしも同一の城郭、同一の規模であったわけではない。北魏の洛陽城は、後漢の洛陽城より規模は大きかったし、隋唐の洛陽城よりもはるかに東方に位置していた。また隋唐の長安城は、それ以前の各王朝の長安城とはまったく別の場所に造營されたのである。特に留意すべきは、儒教の古典たる禮制に記載され、その結果として、傳統的に中國人一般が抱いてきた首都のイメージにおいて、北魏の洛陽城と隋唐の長安城とは、ともに正統ではなく異端の位置にあったという點である。いいかえれば、日本古代の都城制は、中國における首都の建設史の上で正統ではなかった北魏洛陽城と隋唐長安城の都城制を繼受したことになる。

ところで、北魏の洛陽城と隋唐の長安城については、これまでも幾多の先學が種々の角度から詳細な著書・論文を發表されていて、いまさら、蛇足をつけ加える論點はあまりないのであるが、從來の研究成果を要約し、また中國での發掘成果を紹介するために、この小論を起稿する次第である。

二　都城の思想

儒教の古典たる禮に記される都城プランからみると、北魏の洛陽城と隋唐の長安城は、いずれも異端の位置にあったのであり、エール大學のアーサー・ライトが、「長安は、「中國の都市」の原型として考えられるべきではなくて、基本型に基づいて種々の變形をうみだしてきた長い連續の一特殊例として考えられねばならないのだ」（「象徴性と機能――長安及び他の大都市に關する考察――」『歴史教育』一四―一二、一九六六年）と注意を喚起しているのも無理からぬことなのである。この點についてはじめて明解な論點を提供したのは、ライトも依據している、那波利貞「支那首都計畫史上より考察したる唐の長安城」（『桑原博士還暦記念東洋史論叢』弘文堂書房、一九三〇年）であった。那波は、『周禮』冬官・考工記・匠人の條に「匠人營國、方九里、旁三門、國中九經、九緯、經涂九軌、左祖右社、面朝後市、市朝一夫」とみえる首都建設プランを考察し、後世の注釋書を參照した上で、傳統的な首都建設プランの特徵として、特に指摘すべき原則的諸現象は、つぎの六カ條であるとされた。

(1)　首都都城の各面に三門ずつ合計一二門を設け、この一二門を連結して、都城疆域を碁盤目式に九等分するように幹線道路を畫定すること。

(2)　宮闕區域を、その都城疆域を九等分した中央の區に位置させること。

(3)　宮闕區域の南方前面の都城內の區には民家の存在を許さないこと。

(4)　宮闕區域の南半分を朝廷の所在域とし、その北半部を宮城の所在域とし、宮闕區域外の都城內北部、宮闕區域外直北の區を市の存在地とすること。

(5)　宮闕區域外の東方に宗廟、西方に社稷壇の位置をとるか、あるいは宗廟の位置を宮闕正門前より直南に通ずる御道の東方にとり、社稷壇の位置を御道の西方にとるか、いずれの場合においても左祖右社となるようにすること。

(6)　碁盤目式に九等分に區畫した各區のうち、宮闕區域外の都城內東西に位置する東の三區、西の三區、計六區の地域を民家存在區域とすること。

かく六カ條であるとされた上、要約していえば、前朝後市、左祖右社、中央宮闕、左右民廛の原則である、この建都の傳統的都市計畫の考えは實に注目に値すべく、永く中國における首都建設計畫の動かすべからざる金科玉條として明時代の北京城にまで及んだものである、と論證されたのである。

ところで、那波は、首都建設プランの六カ條において、都城の各面に三門ずつ設け、各門を連結して碁盤目式に九等分し、中央の區を宮闕區域とし、東の三區と西の三區の計六區を民家存在區域とする、との構想を掲げられたわけであるが、各面に三門ずつ設けて碁盤目式に等分すれば一六區となるはずであり、民家存在區域も東の四區と西の四區の計八區となると考える方が穏當であろう。「考工記」を圖解した清の戴震の『考工記圖』巻下の王城圖において、圖1のように全部で一六區に區分されているのが説得力をもつといえよう。

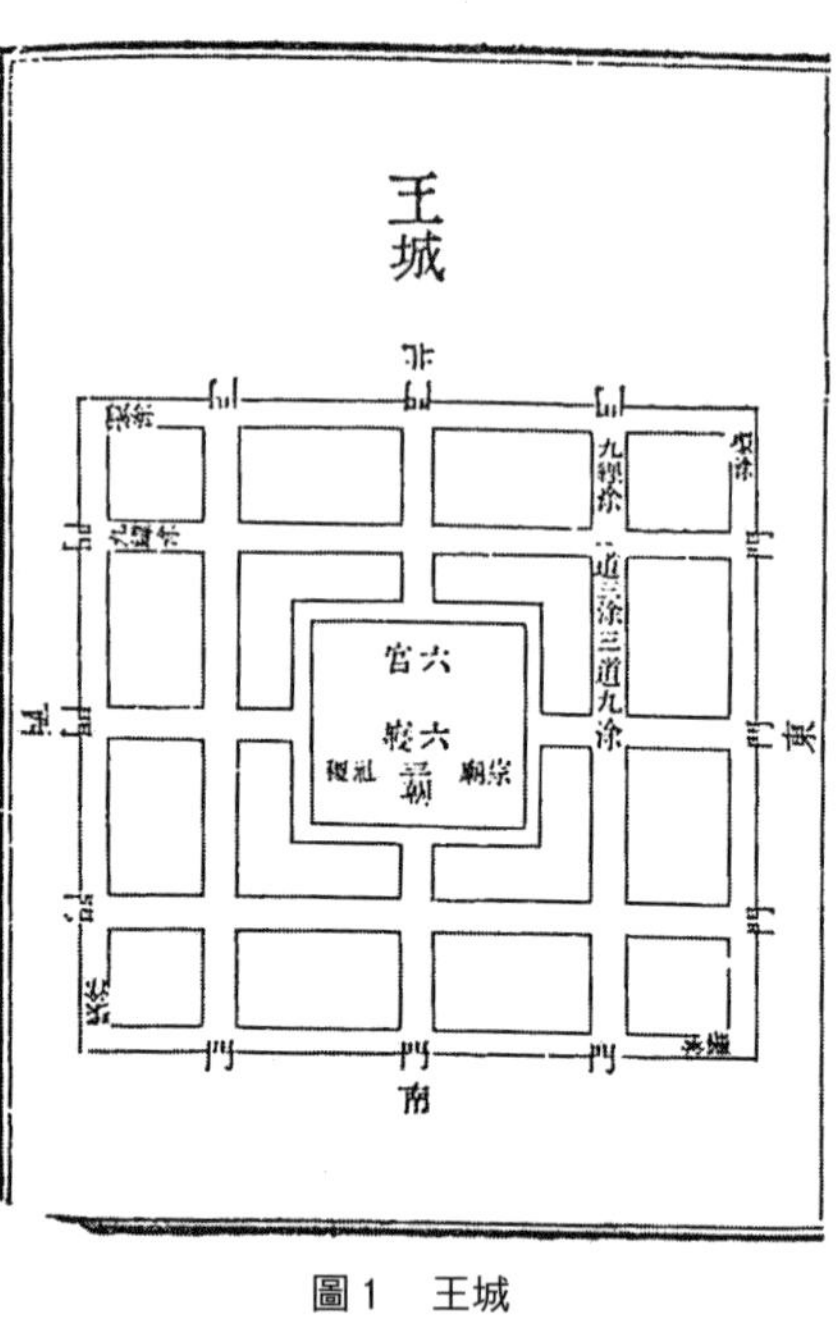

圖1　王城
（清・戴震『考工記圖』より）

では、那波がなにゆえに九等分とされたかといえば、『欽定禮記義疏』に附された「禮器圖」巻一の朝市廛里の條に、

けだし古人、國都を立つるに、亦た井田の法を用い、畫して九區となす。中間の一區を王宮となす。前の一區を朝となし、而して宗廟を左にし、社稷を右にして、ここに在り。後の一區を市となし、而して商賈百物ここに集まる。左右のおのおの三區は、みな民の居る所にして、民廛となす。君は朝を立て、而して后は市を立つ。もとより以て義を先とし利を後とするの權を寓す。君は中を主どり、而して市と廛はみな外に居る。また以て重に居りて輕を馭するの勢を見すなり。

蓋古人、立國都、亦用井田之法、畫爲九區。中間一區爲王宮。前一區爲朝、而左宗廟、右社稷在焉。後一區爲市、而商賈百物聚焉。左右各三區、皆民所居爲民廛。君立朝而后立市。固以寓先義後利之權。君主中而市廛皆居外。又以見居重駁輕之勢也。

とあるのによられたからである。しかしここには、都城の各面に三門を設けることについてはなんら言及していないのであって、安易にこの意見で「考工記」の本文を解釋することはできないであろう。

いかにも、「禮器圖」の「朝市廛里圖」は、圖2のように、九區分して、民廛は左右の三區ずつとなっている。ところが、それを忠實に移錄されたはずの圖が、那波の論文の篇末に圖版第一として掲載されているが、それによると、民廛は左右の四區ずつとなっているのである。なぜこんなことになってしまったのであろうか。思うに、那波は、「朝市廛里圖」を移錄される際に、城門が各面に三つずつあったことをも圖示せんとし、それにひかれて、民廛を左右四つずつに作圖してしまわれたのであろう。したがって、那波の描かれた「朝市廛里圖」は、「禮器圖」所載のものとは異なったものとなっているのであるが、結果的には、妥當な見解を圖示している、と考えられる。このようにみてくると、那波の擧げられた原則六カ條は、そのままには從いがたいことになるが、それを要約された、「前朝後市」「左祖右社」「中央宮闕」「左右民廛」の四原則が、周末漢初以來、國都のあるべき姿として、中國社會で意識されてきたことは、否定しがたいといえよう。そこで、那波の要約された四原則に、解説をつけ加えておくことに

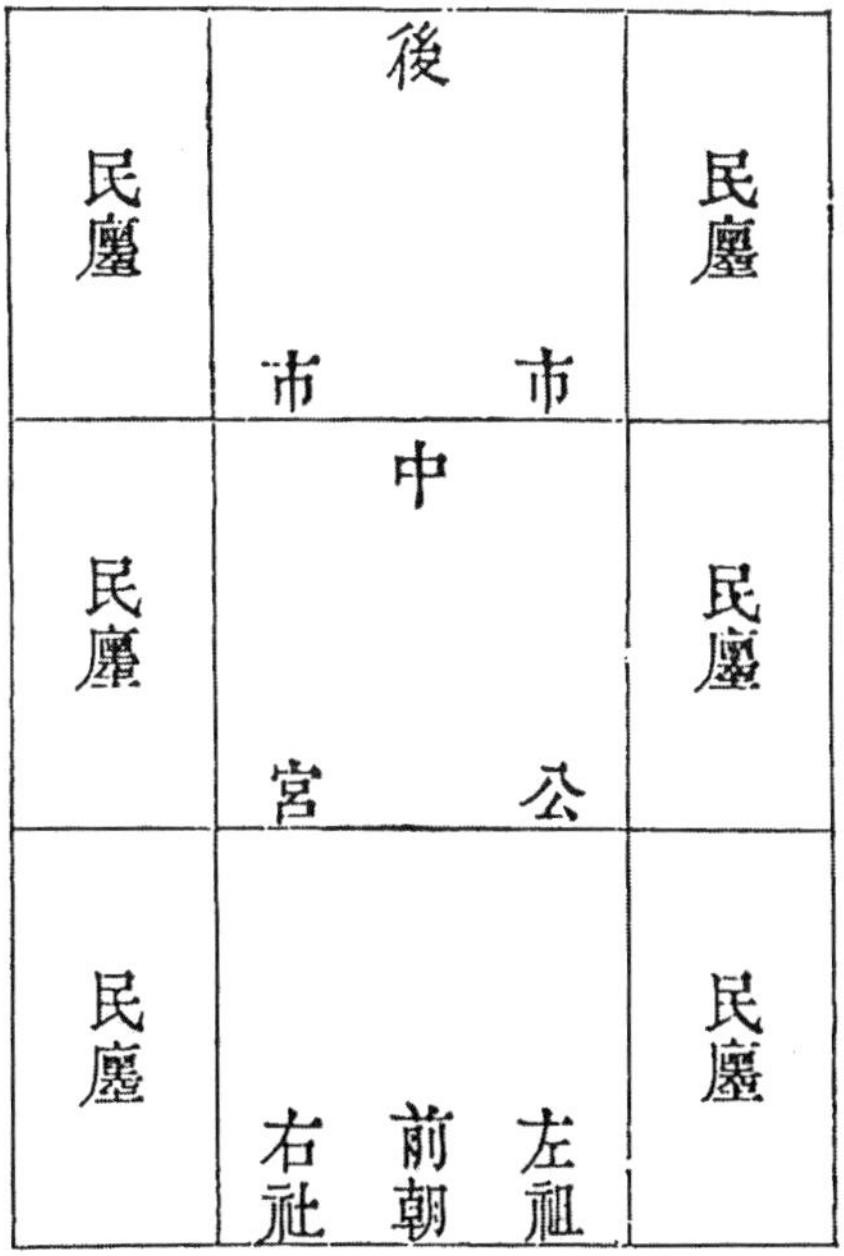

民廛	後 市　市	民廛
民廛	中 宮　公	民廛
民廛	右社　前朝　左祖	民廛

圖2　朝市廛里圖
（「禮器圖」より）

しよう。

第一の「前朝後市」の原則とは、面朝背市ともいい、天子の私第たる宮城で南面せる天子が、天子の公第たる皇城すなわち朝廷を前方にし、商品賣買をする市場を後方にするように、すなわち、宮城の北に市場、南に朝廷が置かれることをいう。第二の「左祖右社」の原則とは、宮城皇城の疆域外の左方すなわち東方に祖先のみたまやたる宗廟をまつり、同じく右方すなわち西方に土地神と五穀神たる社稷をまつることをいう。第三の「中央宮闕」の原則とは、宮城と皇城とからなる宮闕が都城の中央に位置することをいう。宮闕の北半部が宮城で、南半部が皇城すなわち朝廷となるわけである。第四の「左右民廛」の原則とは、民廛すなわち民家が、宮闕の前方に存在することは認められず、左右すなわち東方と西方の部分にのみ庶民は居住してきたことをいうのである。

「考工記」に對する漢の鄭玄の注によると、城內の大道路たる經緯の道幅、九軌の軌というのは、車の幅六尺六寸と左右に七寸ずつであわせて八尺であるから、九軌では七二尺になるという。また、宋代にできた禮の注釋書たる『三禮圖』によると、城內をつなぐ大道路は、南北に走るのを經といい、東西に走るのを緯と呼ぶが、それらの大道路は三本に分かれ、中央が車道で左右に人道が設けられ、男子が右側を、女子が左側を歩くこととされていた。これは、『禮記』王制の本文に、「道路、男子は右に由り、婦人は左に由り、車は中央に從う（道路、男子由右、婦人由左、車從中央）」と書かれているのと、まったく一致しているわけである。

ここで留意しておくべきは、『周禮』考工記の製作年代なのであるが、問題の書なので深入りすることはさけ、漢代以後、中國社會で儒教の經典の一部として權威をもって存在しつづけたことを確認するにとどめておきたい。すると、つぎに檢討すべきは、『周禮』考工記に代表される傳統的な都城建設プランが、いかなる王朝によって採用されてきたか、ということであろう。

前漢の首都となった長安は、自然的に發達した集落を後になって整理したものであるから、傳統的な都城建設プランには合致しない點が多い。後漢の首都たる洛陽については、文獻の上からは、あまり詳しいことはわからない。文獻の上で、傳統的な都城プラン、すなわち前朝後市、左祖右社、中央宮闕、左右民廛の都城計畫に依據した首都として擧げられるのは、三國の魏の首都であった鄴城であり、ついで西晉の首都となった洛陽であった。西晉の洛陽は、漢魏の舊を踏襲した蓋然性が強いから、おそらく後漢の洛陽も傳統的な都城プランによっていたと考えて大過なかろう。やがてこの洛陽に首都を置く北魏時代については、節を改めて述べることにして、さらに時代を降って、北宋の首都たる開封府、元の大都燕京、明の金陵、明代と清代の北京城は、いずれも、傳統的な首都建設プランにもとづいて造營されたのである。ところが、その中間の時代、日本の古代王朝の首都がモデルにしたという、北魏の洛陽城と、隋唐の長安城のみは、これら傳統的な都城プランとは、著しい相違をしめしているのである。

三　北魏の洛陽城

いわゆる五胡十六國時代の混亂のなかから、しだいに勢力をのばした鮮卑族拓跋氏の北魏は、太延五（四三九）年、太武帝のときに華北の統一に成功した。この頃、北魏の首都は、現在の山西省北端、長城に近い平城に置かれていたのである。しかし、太武帝の曾孫、孝文帝（在位四七一―九九）の政治は、徹底した華化政策であった。孝文帝は親政をはじめるや、古來の中國帝王が行なってきた宮中の典禮を實行しはじめた。北魏王朝が中國化をすすめようとすると、それまでの首都平城の位置は適當ではなく、どうしても中國文化の本據たる洛陽に遷都する必要があった。しかし、勝者であり征服者である北魏王朝が、理由もなく今までの榮光ある民族的都城を捨てて、被征服者である中國の舊都へ遷都することは、民族的矜恃の高い古老たちの反感を惹起することは目にみえていた。そこで孝文帝は、南朝を討伐するという名目のもとに大軍をひきいて前線に出動し、洛陽まで南下してくると、それから先への出動をみあわせ、ここに駐軍して、にわかに洛陽を都にすると宣言したのである。太和十七（四九三）年のことである。北魏の洛陽遷都は、このようにして實現された。

三國時代から南北朝にかけて、北中國の都市で最も繁榮したのが、洛陽であった。いうまでもなく洛陽は後漢の國都で、その末期には戰火によって荒廢したが、まもなく三國の魏がここに都して宮殿・城郭を修復した。特に明帝のとき、西北角に新たに金墉城という小城が築かれ、その東には都城の北壁に沿って芳林園という豪華な庭園がつくられた。西晉も三國の魏をひきついで、やはり洛陽を首都としたが、やがて五胡十六國の亂世に至り、はげしい破壞をこうむっていたのである。太和十七年に、この地に遷都を敢行した北魏王朝による國都の造營は、すぐその年からはじめられ、魏晉時代の規模を復原するとともに、景明二（五〇一）年には、その外に大きな外郭城がつくられるに至るのである。では、魏晉時代の首都たる洛陽城の規模と、景明二年以後の規模は、どの程度のものであったのかを、つぎに紹介しておこう。

魏晉の洛陽については、晉の皇甫謐の『帝王世紀』に「城東西六里十一步。南北九里一百步」とあり、晉の『元康地道記』にも「城內〔南北〕九里七十步。東西六里十步」と書かれており、ほぼ南北九里、東西六里であったため、俗に「九六城」と呼ばれたという。西晉時代の洛陽が、南北九里と東西六里の規模をもったからには、漢魏の洛陽も同じ規模だったと考えられる。西晉の洛陽都城の城內のプランについては、『水經注』穀水の條に依據して、那波が前揭論文で考證されたごとく、宮闕區域はほぼその中心部に位置したこと、雉門の前から南通する御道の東側に太廟、その西側に太社が位置したこと、城內の街衢が九軌の碁盤目式であったことがわかり、左祖右社、前朝後市、中央宮闕、左右民廛という中國傳統的な首都建設プランによったことを知りうるのである。北魏の孝文帝が、華化政策を遂行せんとして、洛陽に遷都したことからもわかるように、その規模もまったく後漢・魏・西晉のを踏襲したものであった。そのことは城門の名稱ならびにその位置も、前代とほとんど變化がないことからもいえる。北魏の洛陽城が、前代の「九六城」すなわち南北九里、東西六里の規模を踏襲したことはほぼ確實と推測しうるにもかかわらず、北魏時代の洛陽を記述した史料として第一級の價値ありとされる『洛陽伽藍記』の巻末に、「京師東西二十里、南北十五里」という、これと一見矛盾する記述が傳えられている。南北九里、東西六里の洛陽城という記録と、南北一五里、東西二〇里の洛陽城という記事とを、どのように矛盾なく解決するかについて、諸説が提出されてきたわけであるが、森鹿三「北魏洛陽城の規模について」（『東洋史研究』一一―四、一九五二年。のち『東洋學研究　歴史地理篇』東洋史研究會、一九七〇年に再錄）が發表されるに及んで、ほぼ結着がついたのである。森によれば、北魏の宣武帝の景明二（五〇一）年に九六城の外に郭がつくられた事實、すなわち畿內の人夫五萬五〇〇〇人を徵發して京師三二三坊を築いたという『魏書』本紀の記事、またこの京域擴大ならびに區畫整理事業を發案した廣陽王嘉の本傳に「京の四面において、坊三百二十を築き、おのおの周一千二百歩（於京四面、築坊三百二十、各周一千二百歩）」ならんことを奏請しているが、これは九六城を內城として繼承するとともに、さらにその四面を擴大し舊城の五倍に及ぶ外城を設定したことを物語る。城內の區畫たる各坊の周りを一二〇〇歩と規定するが、坊を正方形と假定すれば、その一邊は三〇〇歩すなわち一里となる。京師東西二〇里、南北一五里にこのような坊を築くとすれば、三〇〇坊がえられるわけである。『魏書』の三二三坊あるいは三二〇坊という數字に少し疑問はあるが、ともかく洛陽城外には一里ごとに道路を設け、碁盤の目のごとく整然と區別された有様が想見される。そして『洛陽伽藍記』巻五の末尾に「京師は東西二十里、南北十五里、戸十萬九千餘あり。廟社宮室府曹以外は、方三百步ごとに一里となす。里に四門を開き、門ごとに里正二人、吏四人、門士八人を置く。合せて二百二十里あり（京師東西二十里、南北十五里、戶十萬九千餘。廟社宮室府曹以外、方三百步為一里。里開四門、門置里正二人、吏四人、門士八人。合有二百二十里）」という文中の里とは、先の坊と稱したものにほかならず、その面積が方三〇〇步であることは、先に周おのおの一二〇〇步というのにあたる。そしてこの里すなわち坊の四面にはそれぞれ門を開いたというから、坊內には、十字狀に交差する縱橫の道路があったことになる。かかる里が二二〇あったというのが、先の三二〇あるいは三二三と記すのとあまりにも差があり、いずれが正しいか決定しがたいが、六世紀初めに城外をも市域に編入して整理擴充した大洛陽城の坊里の數を述べていることだけは、疑いを入れる餘地がない。森は、このようにして見事に懸案を解決されたのであった。

なお、宮崎市定「漢代の里制と唐代の坊制」（『東洋史研究』二一―三、一九六二年）では、この北魏の大洛陽城における築坊の目的は、警察・治安維持にほかならなかったこと、鮮卑族拓跋氏の建てた北魏という王朝は、その征服した民族は匈奴・羯・氐・羌・巴蠻など數種に及び、それに漢民族を加えて、言語も習慣も異なった異分子混合部隊で、特に都下において混雜がはなはだしかった。これを支配するには、分割統治よりほかによい方法が見つからぬので、さてこそ都民を里なる小區畫に分割する政策がとられた。里には里正・里吏・門士などが置かれて警察業務にあたった。このように論じられた上、洛陽の坊數にくい違いがあるが、思うに三二〇里とは總面積を坊に直した數であり、二二〇里とは、總面積から廟社宮室府署を除き去った殘りの民家の部分の坊數であろう、と述べている。

ところで、九六城の舊城を踏襲した內城と、六世紀初頭に擴延した新城すなわち外城との位置關係についても、森鹿三の考證は、精緻を極めている。いったい北魏の洛陽城は、現在の洛陽縣城の東方十數キロメートルの地にあり、北には邙山を負い、南は洛水に臨んでいたが、その邙山と洛水のあいだの距離が一五里であったので、京師南北一五里というのは、洛陽の自然環境に照らしてもっともな規模であった。また九六城の北門は、邙山から一里も離れていなかったという記録が残されているので、內城が外城に對してよほど北寄りの位置を占めるに至ったことがみとめられる。東西は平坦な地勢であるため十分に擴延されたわけで、外城は內城を中心にして東西に七里ずつ擴延された。東西には自然境界がなかったので、西では穀水と洛水とを連結する溝渠を利用し、東だけにおそらく郭を築いたのであろう。そして、この東西二〇里、南北一五里に及ぶ市域は、洛陽城とは呼ばれず、京師と呼ばれていたであろう、と論じられたのである。

新しく東西二〇里、南北一五里に擴大された大洛陽城內の宮殿配置などは、『周禮』考工記・匠人の條以來の傳統的都市計畫に忠實であったか否かが、つぎに課題となるが、那波は前揭論文で以下のごとく論じられた。新たに營まれた宮室は西晉時代の宮闕區域の北方において位置せられ、その區域の北端は都城の北城壁に接せしめられた。このことから、

(1)　中央宮闕の慣例に背馳すること。

(2)　宮闕區域は都城の北壁に接續し、宮闕區域の北、都城內に少しも市街區を存在せしめる餘地を存せず、後市の慣例に背馳すること。

(3)　宮闕區域の前南方に臣庶の住宅地域が計畫されており、宮闕の前方都城內に臣庶の住居を許さない左右民廛の慣例に背馳すること。

が確認されるとし、このような反傳統的な新しい首都建設プランは、そののちも東魏の首都鄴城で繼承されるが、これは一概に中國文物に盲從せずしてこれを批評的にみ、その長を採りその短を改め、かつこれを實行せんとした

北朝の胡族系識者の識見の表現せられたるものであり、隋の大興城すなわち長安城の新營に際しても、同じことがいえる、と考えられたのである。

大洛陽城の市場の所在について那波は言及していないが、森が論證するように、外郭城の西部には中央に近く洛陽大市という市場があり、これが洛陽の經濟中心であった。大市は周圍が八里というから、これだけでも相當な廣さであり、この附近は特に賑やかに繁榮していた。また外郭城の東部には、中央よりやや南に洛陽小市という市場があった。この大市と小市の配置が、東魏の鄴城そして隋唐の長安城における西市と東市の位置に繼承されることになるのである。

首都建設史上、北魏洛陽城の擴充が畫期的な意味をもつとされた那波の論文は、そののちの論者によって、ほぼ肯定的にうけつがれている。しかし、なぜこのような反傳統的プランをもつ都城が出現したかに關しては、那波が北魏胡族系の實行性に求められたのに對し、陳寅恪は『隋唐制度淵源略論稿』（商務印書館、一九四四年）二・禮儀の附・都城建築において、河西すなわち今の甘肅省西部、黄河以西の地方にいた漢族の役割を強調し、市場が城南に置かれたのは、伊水と洛水を經由する水運が當時の經濟政策上からも重要であったことに主たる理由を見いだしている。陳寅恪によれば、北魏の洛陽遷都そのものさえ、單に華化政策にのみ起因するのではなく、經濟政策もその原因であったことが、その前提として論證されているのである。また、那波によって提起された、洛陽城は反傳統的プランであるとの考えに對して、森鹿三は、そのような非連續の面を過大評價するのに同意されず、洛陽の九六城を擴充しようとした際、自然の地形に制約されたため、やむなく、反傳統的な色彩を帶びざるをえなかったのである、と解釋されている。そして私自身は、この森の解釋が最も穩當である、と考えている。

文獻に依據した、北魏洛陽城の都城プランに關する從來の主な研究成果は、以上に紹介した通りであるが、最後に北魏洛陽城に對する近年の考古學的發掘の成果について、ふれておきたい。

洛陽の實地調査が、一九五四年に中國科學院考古研究所によってなされ、漢魏洛陽城の豫備調査も行なわれた。その際、郭寶鈞「洛陽古城勘察簡報」(『考古通訊』一九五五年第一期)、閻文儒「洛陽漢魏隋唐城址勘査記」(『考古學報』九、一九五五年)が發表され、本格的な調査が待望されていたのである。そののち、考古研究所洛陽工作隊は、一九六二年夏から二年かかって、ボーリング調査と試掘工作をすすめ、一九七二年に至って漢魏洛陽城の城壁・城門・街路・宮城と西北隅の金墉城、それに北魏永寧寺址の本格的な發掘を行なったのであって、その報告が「漢魏洛陽城初步勘査」(『考古』一九七三年第四期)として發表されている。以下に、この概報を簡單に紹介しておこう(圖3參照)。

漢魏洛陽城と題されているが、要するにこれまで述べてきた九六城の部分にあたる。洛陽市の東方一五キロメートルにある遺址は、最後の北魏時代のもので、これが後漢・三國魏時代のものの上に堆積しているわけである。城壁は、南面が洛水の氾濫のため流されてしまって殘っていないが、西壁は約四二九〇メートル殘っており、北壁は全長約三七〇〇メートル、東壁は約三八九五メートル殘っていて、古來、南北九里、東西六里といわれてきた長さと、ほぼ合致している。そして城壁の厚さは、ボーリングの結果によると、北壁は約二五ないし三〇メートル、東壁は約一四メートル、西壁は約二〇メートル前後あったことがわかる。城門は西壁に五門、北壁に二門、東壁に三門あり、南壁の城門の門基はみつけることはできないが、城中を南北に走る四本の大道と、洛水對岸の道路の情況とから、『洛陽伽藍記』の序のなかで、「南面に四門あり」といっていることは信頼できる。

また護城河が三支流に分かれ、うち二支流が城壁の外側に沿って環流し、眞ん中の支流が、北壁の二門のうちの西側の門のところから城內にそそいでいることが確認されたが、城內に入ってからの流路はまだ跡づけられていな

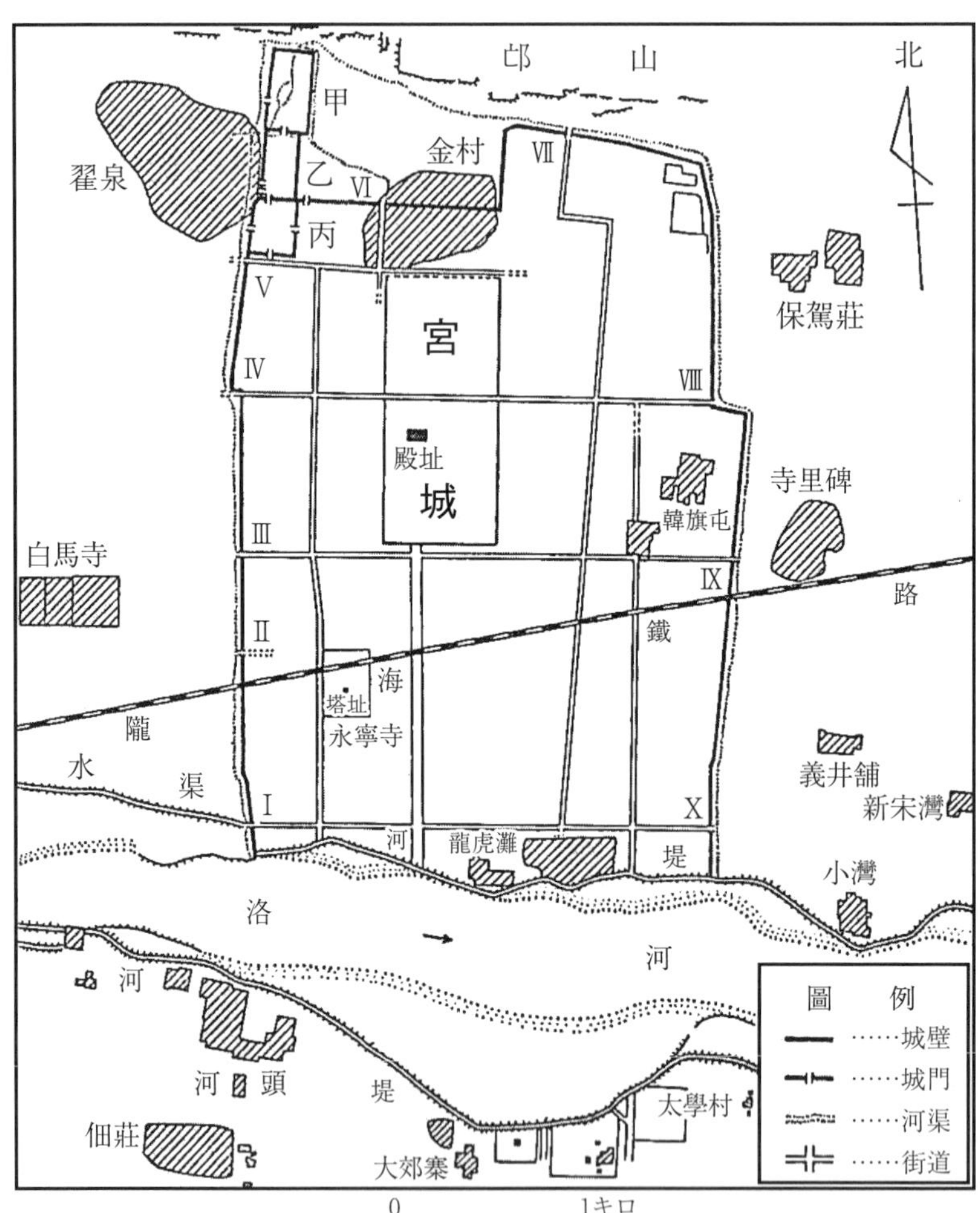

圖3　漢魏洛陽城平面實測圖

（『考古』1973年第４期にもとづき作成）

い。西壁外に沿って南流した河の幅は、一八―二八メートル、北から南にいくに従って廣くなる。東壁に沿って南流した河の幅は、一八―四〇メートル、やはり南下するに従って廣くなっている。ここでいわれている護城河というのは、『洛陽伽藍記』などでいう穀水のことである。

城内の街道については、四條の東西横道と四條の南北縱道とが發見されている。東西に走る四條の街道の道幅は、北から順に⑴約二九―三六メートル、⑵約四一メートル、⑶約三五―五一メートル、⑷約一七―二二メートル前後であり、南北に走る四條の街道の道幅は、東から順に⑴約一二―一五メートル、⑵約一四―二九メートル、⑶約四〇―四二メートル、⑷約三六―四〇メートル（南端の部分のみはわずかに一〇メートル）となっている。

宮城は城内の中北部にあり、位置は中央よりやや西に偏っている（圖4參照）。その形は南北に長い矩形で、南北の長さ約一三九八メートル、東西の幅およそ六六〇メートル、城内全體の面積の一〇分の一前後を占めている。宮城の周圍には垣牆がはりめぐらされており、その厚さは、南側で八―一〇メートル、西側で一三―二〇メートル、東側は四―一一メートル、北側は現在のところ不明。宮殿址もおよそ二、三カ所發見されているが、なかでも金鑾殿址とみられる地は、附近より四メートル前後高くなっていて、東西約一〇〇メートル、南北約六〇メートルある。

この概報には、北魏洛陽城內最大の寺院であり、『洛陽伽藍記』の筆頭に書かれている永寧寺の發掘報告もなされている。この永寧寺については、水野清一が、文獻資料にもとづいて「洛陽永寧寺解」（『考古學論叢』一〇、一九三九年。のち『中國の佛教美術』一九六八年に再錄）を發表されているが、今度の報告によると、南北三〇五メートル、東西二一五メートルの長方形の寺域の中央に、東西約一〇一メートル、南北約九八メートルの臺基が存在し、これが有名な九層浮圖の址であることは確實である。

洛陽城の西北隅には、ちょうど〝目〟の字の形をした三座の城址が發見されているが、南北およそ一〇四八メー

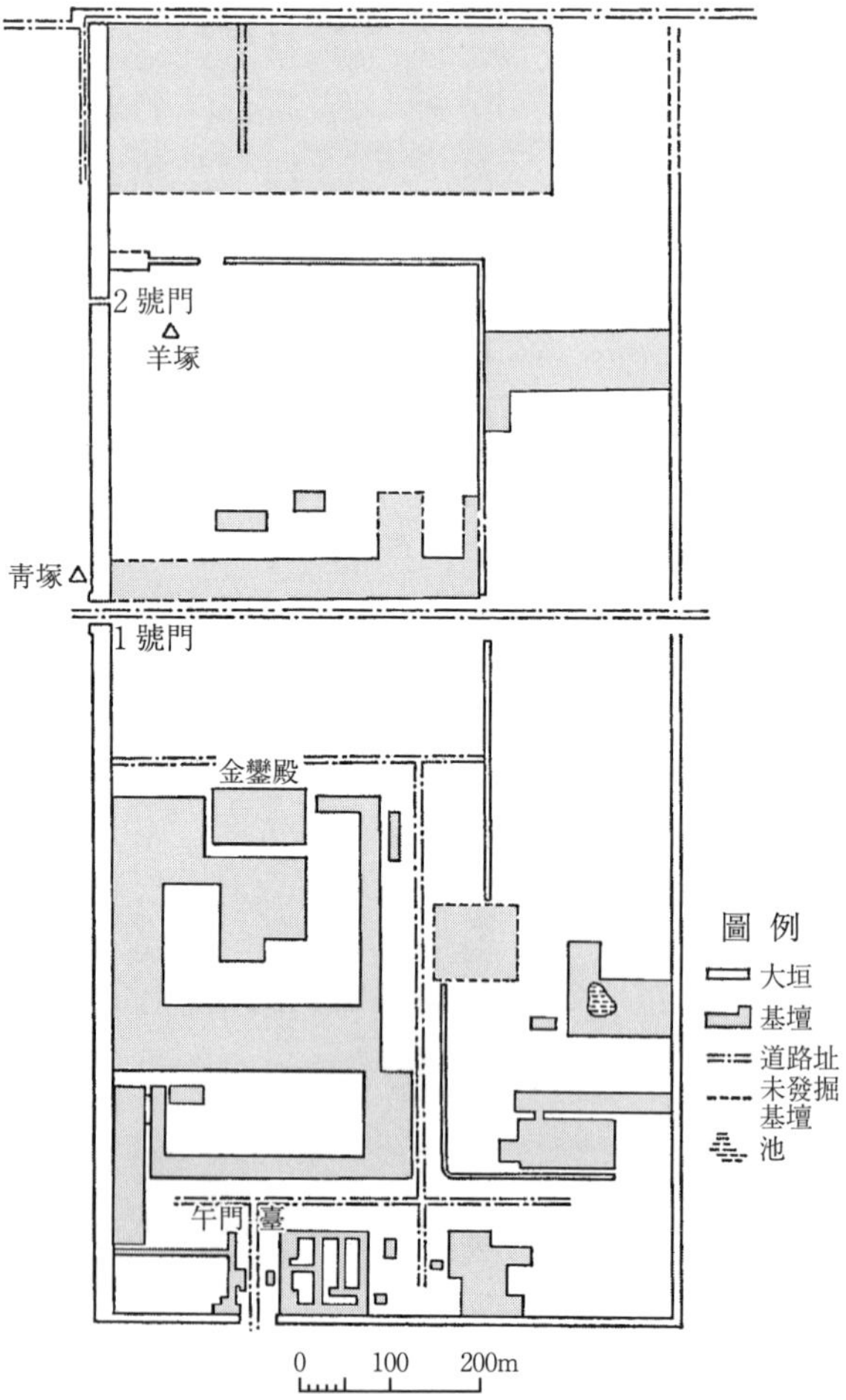

トル、東西二五五メートルあり、その北城は邙山によりかかっている。この三城は一組のもので、西晉時代に修建された金墉城の址である可能性が強い、という。

『考古』誌上に發表された洛陽城に關する概報の紹介は以上で終えることとするが、近い將來、正式の報告書が刊行されたならば、詳細な情報が提供されることになるであろう、と大いに期待される。

北魏の首都となった洛陽城は、未曾有の繁榮をほこったのであり、ことに一三六七を數えた佛敎寺院の莊嚴さは

圖4　宮城平面圖

（『考古』1973年第4期にもとづき作成）

人目を見張らせるものがあった。豪華な建物と奢侈な生活とに憂き身をやつした王公たちが、その死後に居宅を喜捨して佛寺となるものが多かったことも、佛寺の増加する原因であった。しかし、さしもの繁榮を極めた洛陽城も、宮中における皇太后派と皇帝派との權力鬭爭、それに連動した、北邊防衛の六軍團すなわち六鎭における大暴動の勃發の結果、戰爭の修羅場となり、まったく荒廢するに至る。この動亂のなかで、北魏最後の皇帝となる孝武帝は、長安を根據地とした實力者、宇文泰のもとに身を投じ、政府の實權を掌握した高歡は、カイライ皇帝を擁立した上で、首都を洛陽から鄴に遷都させた。五三四年のことである。長安に走った孝武帝も、半年もたたぬうちに宇文泰によって毒殺され、その從兄が皇帝に擁立された。ここに北魏は、長安を首都とする西魏と、鄴を首都とする東魏に分裂し、同時に二人の皇帝が出現することになった。孝文帝による華化政策の一環として出現した首都洛陽城は、わずか四〇年にして、首都の位置を失ったのみならず、榮華の夢は一朝にして破れて、狐狸のすむ荒野に化するが、その有様をみて懷舊の情にたえず、すぎにし繁華をしのんで書かれたのが『洛陽伽藍記』だったのである。

四　隋唐の長安城

西魏が首都とした長安は、まもなく北周の首都にひきつがれ（明帝元〈五五七〉年）、ついで北周に代わって新王朝をたてた隋にうけつがれる（文帝開皇元〈五八一〉年）。しかし隋の文帝は、建國の翌開皇二年に、これまでの漢以來の長安城を捨て去って、その東南にあたる龍首原の地をえらび、まったく別の新都を建設した。龍首原というのは、終南山から北にのびている裾野のうちでも、最も廣い臺地であり、そこに遠大な都市計畫にのっとった新都が建てられ、大興城と名づけられたのである。

隋が舊城を捨てて東南の地に新都を造營した理由として、

(1) 新しい王朝ができると、遷都するのが古來からの通則であり、三國時代以降、あまり遷都していないのは便宜的な措置であること

(2) 漢以來の舊城は、しばしば戰場となって、破壞をこうむり、宮室が狹小となっていること

(3) 舊城附近の水の鹽分が多くなってしまって、生活に適さなくなっていること

(4) 新都の豫定地、龍首原は、山川が秀麗で、自然環境がすぐれていること

が數えられているが、そのほかに、舊城では宮殿・官署および民家が雜居し、區分がはっきりしなくなっていたことが、その原因に擧げられる。

隋の文帝は、開皇十三（五九三）年には早くも新都の大興城にうつった。しかし、もちろん未完成だったのであって、そののち煬帝のときにも工事はつづけられ、完成をみるのは、つぎの王朝の唐代をまたねばならなかった。煬帝は、むしろ副都としての洛陽城の建設に重點を置いたようである。北魏洛陽城の西一五キロメートルの地に新設された隋唐の洛陽城については、のちに少しくふれることにして、隋の大興城は唐に至って長安城と呼ばれるが、都城全體のプランは、隋から唐にそっくりひきつがれたのであった。

隋の大興城すなわち唐の長安城の都城プランが、北魏の洛陽城をモデルとし、『周禮』考工記以來の傳統的な都城プランとは背馳している、と指摘した那波利貞の前掲論文「支那首都計畫史上より考察したる唐の長安城」の主旨は、現在の時點でも、說得力を保っている。特に、森鹿三が、前掲の「北魏洛陽城の規模について」で論じられたように、九六城を內城にかかえこんだところの北魏の大洛陽城の規模と形態は、大興城にすこぶる近似しているのである。すなわち北魏の大洛陽城が、東西二〇里、南北一五里という橫長であったのに對し、大興城は東西一八

里一一五歩、南北一五里一七五歩と、酷似していた。ただし、北魏の大洛陽城が、漢魏以來の九六城の規模を踏襲して內城とし、その外に外郭城を擴延したのに對し、隋唐の長安城は、最初から計畫的に內・外城が造營されている點が、質的な差異として注意される。その結果、大洛陽城の內城たる九六城に對應する、大興城の宮城・皇城をあわせた區域が、南北六里五〇歩、東西五里一一五歩となって、東西でわずか半里短くなっているだけなのに、南北で三里以上も短くなっているのは、內城の機能が內廷外朝と官署に集中し、民家を排除したために、このような大幅な縮小が行なわれたものと考えられる。しかも、大興城では、南北を三分の二ほどに縮小された內城の北壁が、外城の北壁にくっついたために、いよいよ北寄りの感を強くし、その結果、內城の正南門より外城の正南門に至る、朱雀門街と呼ばれる街路は、九里一七五歩に達し、國都の威嚴を增すことになった。森がいわれたように、「大興城の造營において北魏洛陽城を祖型としていることは掩えない事實であるが、內外城を一貫して計畫することができたために、その規模は一段と整えられ美しさと威嚴を增している」のであり、都城の構成要素である里あるいは坊の形を比較しても、「洛陽城がしだいに成長していった痕跡をとどめているのに對して、大興城が洛陽城の規模を引き繼ぐにさいしてその錯雜さを拂拭し、首尾一貫した計畫性をもって造營されていることが看取できる」のである。

隋唐、というよりは唐代の長安城に關しては、豐富な文獻資料が傳えられており、それらにもとづいて、平岡武夫『唐代の長安と洛陽　地圖』（京都大學人文科學研究所、一九五六年）、佐藤武敏『長安』（近藤出版社、一九七一年）、同『長安――古代中國と日本』（朋友書店、一九七四年）といった水準の高い概說が書かれ、長安の都城については、微細な點にまで詳細な解說が施されてきている。また、中國における考古學的發掘の成果についても、岡崎敬「隋・大興＝唐・長安城と隋唐・東都洛陽城――近年の調査成果を中心として――」（『佛敎藝術』五一、一九六三年）

が念の入った紹介を行なっている。そこで本稿では、紙數の制約もあり、前節までの敍述と密接にかかわる若干の點にのみ言及するにとどめておきたい。

「前朝後市」「左祖右社」「中央宮闕」「左右民廛」という傳統的な都城建設プランのうち、隋唐の長安城で多少なりとも遵守されたのは、「左祖右社」の原則だけであった。すなわち、皇城の東南隅に太廟と太廟署が置かれ、西南隅に太社と郊社署が置かれていたからである。そのほかの點では、すでにふれたように、宮城と皇城の區域が都城の中央北詰に偏在して、「中央宮闕」の慣例に背馳していたし、東市と西市とは宮城の東南と西南とに位置して、「後市」の慣例に背馳しており、また宮城・皇城の區域の前方、朱雀門街の兩側に總計三六坊が設けられ、宮闕の前方都城内に臣庶の住居を許さぬ「左右民廛」の慣例に背馳していたのである。

長安の外郭城の規模は、陝西省文物管理委員會「唐長安城地基初步探測」(『考古學報』一九五八年第三期)によると、東城壁が七九七〇メートル、西城壁が八四七〇メートル、南城壁が九五五〇メートル、北城壁が九五七〇メートルとなっており、中國科學院考古研究所西安唐城發掘隊「唐代長安城考古紀略」(『考古』一九六三年第一一期)によると、長安城の中央部分の街路を測って、東西の廣さを九七二一メートル、南北の長さを八六五一・七メートルといい、外郭城の南中央門たる明德門(外側)より皇城の朱雀門(南側)に至る、朱雀門街の長さは、五三一六メートルあったという(圖5參照)。これらの實測値を、文獻記録が傳える數値と比べると、東西の廣さはほぼ等しく、南北の長さは、實測値の方が、いくぶん大きい。長安城の規模を、東西九・七キロメートル、南北八・二キロメートルとすると、日本の平城京・平安京の面積は、ともにその四分の一にすぎないことがわかる。外郭城の周圍にめぐらされた羅城は、すべて版築でつくられた土城で、その厚さは、城基の部分で、九―一二メートルが普通であった。

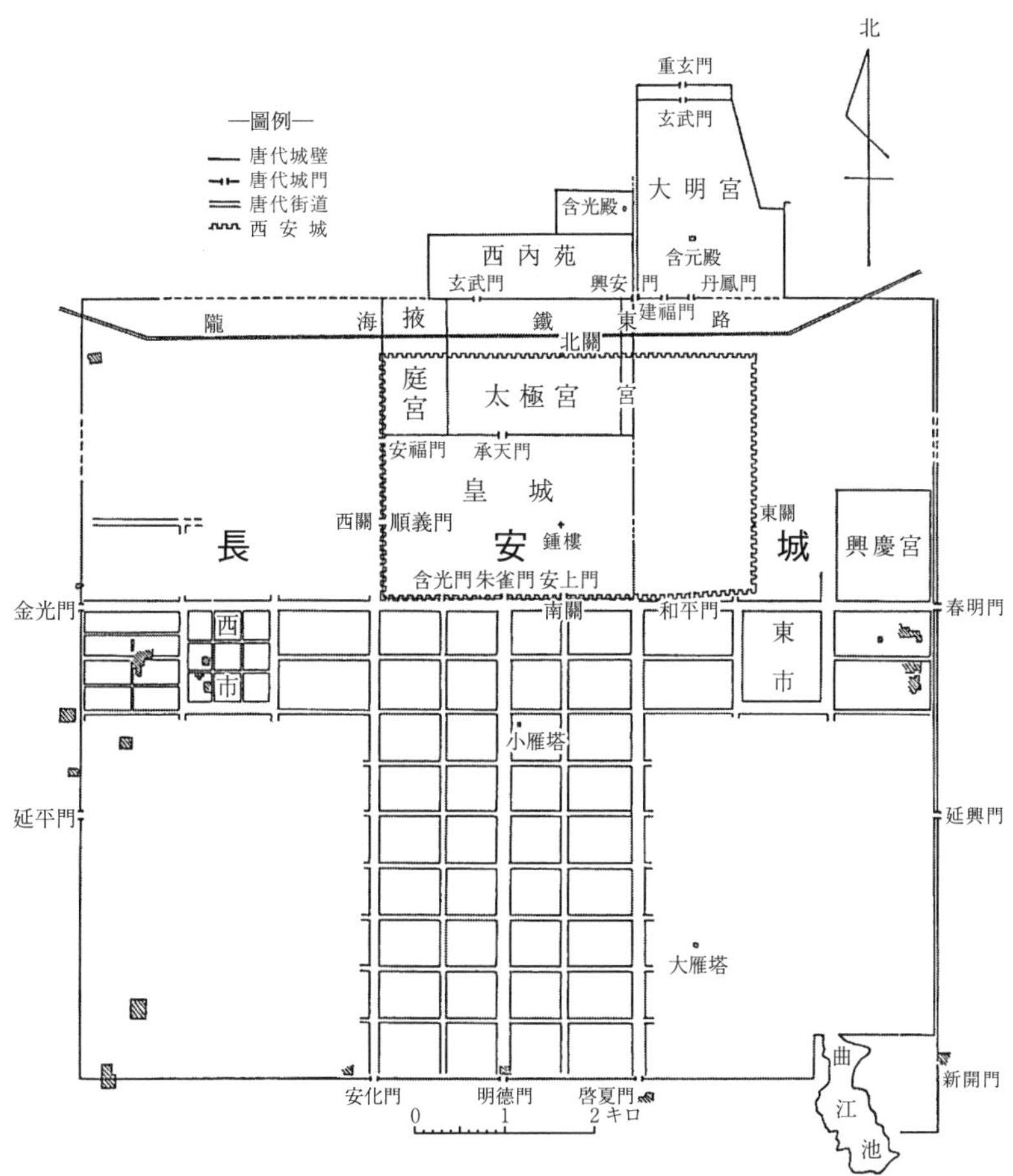

圖5　長安城平面圖

（『考古』1963年第11期にもとづき作成）

いわゆる宮城というのは、太極宮と東宮と掖庭宮の三部分の總稱であり、その位置は、長安城の中央最北部にあたる。實測によると、宮城の全體では、東西の廣さ二八二〇・三メートル、南北の長さ一四九二・一メートルとなる。そのうち中央の太極宮の部分は、東西の廣さ一九六七・八メートル、東の東宮の部分は、東西一五〇メートル、西の掖庭宮の部分は、東西七〇二・五メートル、南北は三宮ともに一四九二・一メートルであるという。太極宮の部分はさておき、東宮と掖庭宮とに對するこの實測値は、文獻記錄によって推定されてきた復原圖と、大きく食い違っている。文獻による推定では、東宮の方が掖庭宮よりも廣いことになっていたからである。東宮の占める面積が、豫想外に狹かったという事實は、この時代、すでに皇帝の權力に比べて、皇太子の位置がかなり低かったことを象徵しているのであろうか。

なお、宮城の東北にあたって大明宮という一角がある。もともと禁苑の一部に設けられた避暑地であったが、低濕な宮城に比べ、ここは龍首原の高地を占めて居住環境がよく、いつしか歷代皇帝の平常の住居となり、宮城を西內と呼び、ここを東內と呼ぶに至った。この大明宮の遺跡は調査がゆきとどいており、中國科學院考古研究所『唐長安大明宮』（一九五九年）などが出版されているが、小野勝年「長安の大明宮」（『佛敎藝術』五一、一九六三年）が出ていることでもあり、省略に従うことにする。

宮城の南に、橫街を隔てて接している皇城は、まったくの官廳街であるが、實測によると、東西の廣さ二八二〇・三メートルで宮城と同じであり、南北の長さは一八四三・八メートルあって、宮城より廣い。皇城內の官署の遺跡は、すべて現今の建築物の下にあって、殘念ながら調査されていない。ここで注意を喚起しておきたいのは、皇城というのは官署街であるということの意味である。唐代の長安城の雰圍氣を麗筆でつづった石田幹之助の名著『長安の春』のなかで、「京城東壁の中門、春明門のあたりに立って見渡すと、西北に方(あた)って遠く三省六部の甍を並

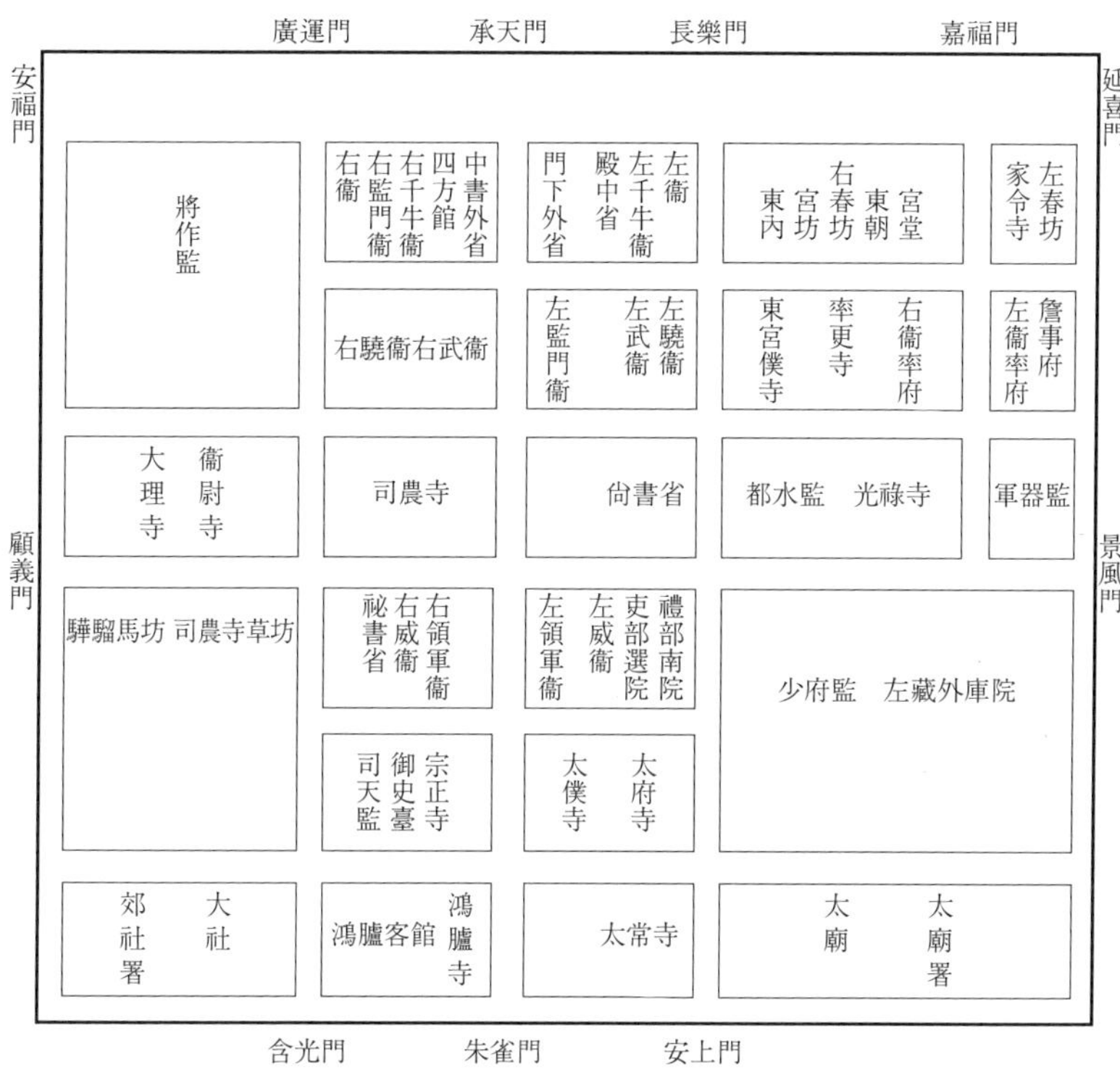

圖6　長安皇城圖

べた「皇城」が見え」と書かれた文章を、眞に受けると、皇城内には唐の中央政府たる三省六部の建物が林立していたように考えがちであろう。しかし、徐松の「西京皇城圖」にもとづいた圖6によっても明らかなごとく、中書省・門下省・尙書省の三省六部の建物は、皇城全體の一割にも滿たなかったのであって、大部分は、太常寺をはじめとする九寺や五監・十六衞の官署によって占められていたのである。

長安城内の大街道は、諸文獻の傳えるところによれば、南北に走るもの一一條、いずれも幅が一〇〇歩（およそ一四七メートル）、東西に通るもの一四條、その幅は六〇歩、一〇〇歩、四七歩の三種があることになっていた。これまで、東西の街道は皇城以南で一〇條發見され、南北に走る街道一一條は、皇城以南の部分は全部調査されたが、文獻に傳えるようには整然となっていない。實測の結果によれば、城門に通ずる街路がわりあい廣くて文獻記載の數値に近いが、ほかはおおむね文獻の數値よりかなり小さい。城內の中央を南北に走り、東の左街と西の右街の境界線でもあった朱雀門街の幅は、一五〇―一五五メートルあり、兩側の水溝の幅が約三メートルあった。一名を天街ともいわれた朱雀門街は、南は外郭城の明德門から、皇城の朱雀門に通じる五キロメートルを超える大道であるが、その明德門の遺址が、一九七二年から七三年にかけて發掘され、その簡報が、中國科學院考古研究所西安工作隊「唐代長安城明德門遺址發掘簡報」(『考古』一九七四年第一期）として發表されているので、簡單に紹介しておこう。明德門は、東の啓夏門、西の安化門から一四〇〇餘メートル隔たっているが、明德門の門道は五つあった。門道はいずれも幅五メートル、長さは一八・五メートル、各門道のあいだには、二・九メートルの厚さの土壁があった。車轍の跡の狀況からみて、五つの門道のうち、東西の兩端のみ車馬が通行し、そのつぎの二門道は步行者が通行し、眞ん中の門道は、靑石に精緻な彫刻のある門檻が出土していることからみて、每年、南郊で郊祀したとき皇帝が通行したものと推定されている。中央の門道の南、四・五メートルの地點に、全長一・〇三メートルの石龜が頭部を南に向けた姿で埋められているのが出土したが、この石龜が、なんのために置かれていたのか、その意味は明らかでない。なお、長安城の外郭には、東西南の三面であわせて九門が開かれていたが、ボーリング調査の結果によると、明德門の門道が五つであるほかは、他の城門はいずれも三つの門道であったことが判明している。

朱雀門で分けられた左街は萬年縣、右街は長安縣の行政下にあり、それぞれ五五坊ずつを、東市・西市とあわせ管轄したのであった。東西對稱に置かれた商業區域、東市と西市に對する發掘調査も行なわれており、その大きさは、西市が、南北の長さ一〇三一メートル、東西の廣さ九二七メートル、東市が、南北の長さ一〇〇〇餘メートル、東西の廣さ九二四メートル、との實測値が出されている。いずれも、文獻で傳えられた一邊六〇〇歩（八八二メートル）の正方形よりは大きかったことになる。兩市の詳細については、佐藤武敏の前掲『長安』の參看が望まれる。一般の坊里についていえば、皇城以南の坊はすべて調査された。文獻によれば、各坊は周圍に塀をめぐらして道路より遮斷され、わずかに二個ないし四個の坊門によってのみ内外の交通が許され、高官者でなければ、坊壁を破って大路に向かい住宅の門を設けることは許されず、夜になると坊門を閉じて内外の交通を斷たれたのであった。發掘調査によって、かなりの坊壁と坊門の遺構がみつかっており、坊壁の厚さがおおむね二・五—三メートル前後であったことが確認されている。

隋唐の長安城の形態の概略は、以上に紹介した通りであるが、この廣大な都城に住んだ人口は、およそ一〇〇萬人というのが定説となっている。しかも、この一〇〇萬人の居住人口をもってしても、この廣大な都城をうめつくすことは困難だったのであって、城内の南三分の一ほどの地域は、人家も少なく、淋しい有様であった、という記錄が殘されているのである。

五　洛陽の含嘉倉——結びに代えて

前節で言及したごとく、隋の煬帝のとき、北魏の大洛陽城とほぼ同じ規模の新都が、舊城の西方一五キロメートルの地點に、長安と同樣、まったく新しい設計によって造られた。東京あるいは東都と呼ばれたが、これが現今の洛陽の前身である。煬帝は、西の長安が政治都市であるのに對し、ここを經濟都市にするつもりであったが、自身は好んで洛陽に住んだ。唐朝もこれをうけつぎ、特に高宗と則天武后の治世には、東都そして神都と呼ばれ、皇帝自身が、しばしば行幸し洛陽に滯在する期間の方が、長安にいるよりも多いという有様であった。

隋の煬帝や唐の高宗・則天武后などが、なぜ國都の長安城よりも副都の洛陽城にかくも執心したかといえば、洛陽は長安よりもはるかに交通の條件に惠まれ、天下の、特に江南の物資を集中するのに便利だったからである。煬帝の開いた大運河は、すべて洛陽を中心として計畫されたのであった。大運河によって運ばれてきた米穀は、運河と黃河との交差點までは大した支障もなく到達するが、兩河面の水準が異なるために、それから先が難航であった。そこから洛陽へは、洛水や穀水を引いてつくった漕渠によって、まだしも運びこめたが、これらの物資をさらに西のかた四〇〇キロメートル近くの國都長安にまで漕運しようとすれば、途中に三門峽と呼ばれる黃河隨一の難所があり、陸運をまじえたりし、たいへんな辛苦を重ねなければならなかった。輸送が圓滑にいかないと、長安はたびたび食糧不足に陷ったのであって、食糧をえるために皇帝が百官をひきつれて洛陽に行幸し、これを「就食」と呼ぶことさえあったのである。この三門峽を經る當時の漕運の困難さは、一九五五年から五七年にかけて、三門峽ダムの建設工事の進行に先立つ調査の一環として、實地踏査された報告書、中國科學院考古研究所編著『三門峽漕運遺跡』（一九五九年）の刊行によって、目の當たりにうかがい知ることができるようになった。それはさておき、大運河を經由して洛陽に運びこまれた米穀は、洛陽城の一角に造營された含嘉倉と呼ばれる大倉庫に貯えられたのであるが、この隋唐時代の含嘉倉の遺址が一九六九年に發見され、一九七一年一月から發掘調査が行なわれ、その全貌が明らかになりつつあり、河南省博物館・洛陽市博物館「洛陽隋唐含嘉倉的發掘」（『文物』一九七二年第三期）などが發表されている。

含嘉倉は、隋唐時代の洛陽の宮城址の東北にあり、幅一七メートル、高さ三メートル前後の土城で圍まれていた。この倉城は、東西の長さ六〇〇餘メートル、南北の長さ七〇〇餘メートル、このなかに推定總數四〇〇に上る、地下に掘られた竪穴狀の穴藏（窖）がつくられ、すでに二五九個が發見されている。大きさは、直徑六―一八メートル、深さ五―一〇メートル、大きいのは一萬數千石、小さいのも數千石の穀物を貯藏できた。發掘された穴藏からは、文字を刻した塼が出土して、その年代、穀物の產地や種類が判明する。それによると、則天武后時代に、華北地區から粟が、江南地區から米が運びこまれたが、その產地はいずれも大運河に沿う地方であった。『通典』巻一二には、唐の天寶八（七四九）年、六大官倉に儲藏された穀物の總量一二六五萬六六二〇石のうち、含嘉倉だけでほぼ半分の五八三萬三四〇〇石が收藏された、と傳えているが、今度の發掘によって、その統計の誇張でないことが裏書きされたわけである。

このたび發掘された洛陽の含嘉倉の遺址は、隋唐兩王朝が、大運河を利用して、江南の經濟力にいかに依存せざるをえなくなっていたか、を象徵するものである。天祐四（九〇七）年、唐朝が滅亡するや、新王朝の後梁は、黃河と大運河の交差點に近い開封を國都に定めた。これ以後、北宋・南宋など、歷代の王朝はいずれも大運河の沿線に國都を置いたのであって、長安・洛陽がふたたび首都の地位を回復することはなかったのである。

稿を了えるにあたり、隋唐時代の洛陽城の都城プランに言及しておこう。隋唐の洛陽城は、副都として設計・建設されたために、宮城とやや規模の小さい皇城、それに市場もあり、文武百官もここに邸宅を設け、家族を置く者もいた。しかし、そこでは、宮城・皇城の位置が都城の西北角に位置し、洛水が中央を貫いて西から東へ流れるため、洛水を境界にして北部が洛陽縣、南部が河南縣に屬し、市場も北市と南市の兩市が存在するなど、日本古代の都城のモデルとはとうてい見なしにくいと考えたため、これまで、故意にふれないできたのであった。ただし、前揭の「隋・大興＝唐・長安城と隋唐・東都洛陽城」で岡崎敬が述べられたように、當初の計畫では、大興城すなわち長安城と同じような都城をつくろうとしたに違いなく、ところが宮城・皇城の造營が一段落した段階で西方の地域がしばしば洛水の氾濫・洪水に見舞われたため、やむをえず西方の部分をカットして、それに相當する部分を東方に廣げたのであろう。「洪水になやまされたのは、わが京洛の地、平安京にとどまらなかったのである」という岡崎の言は至當であり、さすれば、隋唐の洛陽城も、日本の古代都城とまったく無關係であったとはいえないのかもしれない。

第二章　中國都城の思想

一　都城とは何か

都城の字義

「都城の生態――〝みやこ〟と〝さと〟」という總題のもと、古代日本における都城の諸相を描きだそうとされる諸氏にまじって、日本の都城制の源流である中國都城制の思想ないしは理念を、日本都城とのかかわりに重點を置いて概觀しようとするに際し、「都城」という二字の漢語の字義を、自明のこととは見なさないで、手近な事典類を參照しつつ、まず確かめておきたい。

『世界考古學事典』（平凡社、一九七九年）の「都城址」の條は、關野雄の執筆にかかり、

周圍に城壁をめぐらした都市の遺跡。從來の慣例から中國、朝鮮、日本に限定するのがふつう。

という簡明な定義づけがなされている。その上で、「中國」「朝鮮」につづく「日本」の項は、

古代の都城は、中國の都城、特に唐の長安城から多大の影響を受けて成立した。

という文章ではじめられているが、日本の都城の周圍に城壁がめぐらされていたか否かについての言及はなされていない。

つぎに『大百科事典』（平凡社、一九八五年）の「都城」の條では、一般説明と「中國」の項は私が執筆したので取り上げないとして、「日本」の項を擔當された岸俊男は、

中國の城郭都市にならって造營された日本古代の都。中央北寄りに宮を置き、その外に條坊制に從って東西・南北に走る道路で區畫された街區を設定し、位階などによる等差を設けて官人に宅地を班給する。中國の場合は周圍を城壁で取り圍むが、日本ではそうした羅城はなく、あってもごく一部分で形式的なものであった。また都城內には官設の市が設けられたが、日本の場合は中國のように宗廟と社稷は置かれなかった。

という明快な文章で書きだされていて、「都城」の二字のうち、城の字を輕く見なして、一義的に「都（みやこ）」と解されている。

ところが、『廣辭苑』第三版（岩波書店）で、「都城」の項をひくと、

都市にめぐらした城郭。また城郭をかまえた都市。城市。

と説明されていて、念のため「城市」の項をひくと、

城のあるまち。城下。

と書いてあるが、藤原京や平城京あるいは平安京といった、歷代の首都を連想させる「みやこ」という解釋はまったくみられないのである。どちらの説明が妥當なのであろうか。

都の城

日本の史料で「都城」という二字が使われたのは、『日本書紀』卷二九・天武十二（六八三）年十二月庚午（十七日）の詔に、

凡そ都城・宮室は一處にあらず、必ず兩參を造らん。故にまず難波に都せんと欲す。ここをもって百寮の者、おのおの往きて家地を請え。

凡都城宮室、非一處、必造兩參。故先欲都難波。是以百寮者各往之請家地。

とある難波に副都を置かんとした記事が最初だそうで、のちの長岡京の造營に關して『續日本紀』巻三八・延暦三（七八四）年六月己酉（十日）の條に、

ここにおいて、都城を經始し、宮殿を營作せしむ。

於是、經始都城、營作宮殿。

とみえる記事とともに、「都城」が宮室あるいは宮殿と對となって用いられているのを勘案すると、城郭の有無はさておいて、その當時から「都城」の二字でもって「みやこ」を意味していたことは確實なのである。『日本書紀』や『續日本紀』で、宮室あるいは宮殿と對にして使われた「都城」という漢語は、中國から輸入されたものである。ところが、當の中國の古典にみえる「都城」とは「都の城」のことで、しかも「都」というのは、都市國家時代における諸侯あるいは卿・大夫のまちを指し、王のみやこである「王城」あるいは「國」とは峻別して用いられていた點は、注目に値するであろう。

『春秋左氏傳』の冒頭、隱公元年の條に、鄭の莊公が卽位して弟の共叔段に京という大邑を與えた時の大夫・蔡仲の諫言を載せ、

蔡仲いわく、都城の百雉を過ぐるは、國の害なり。先王の制、大都は國を參とするの一を過ぎず、中は五の一、小は九の一なり。

祭仲曰、都城過百雉、國之害也。先王之制、大都不過參國之一、中五之一、小九之一。

と書かれている。百雉とは周圍の長さ三〇〇丈の城壁のことであるから、一丈を二・二五メートルとすると、城壁の周圍の長さが六七五メートル、假に正方形の城と見なすと、一邊わずか一七〇メートル程度の城なのに、それを超える都城は本國にとって危險な存在である、と諫めていることになる。

蔡仲は、所見の前提として、先王の制では、都を大・中・小の三段階に分けるとして、大都の城でも國の城の三分の一を超えてはならず、中都は五分の一、小都は九分の一の定めになっている、と指摘している。ここで言及されている先王の制とは、『禮記』巻三〇の坊記に、

故に國を制することは千乘を過ぎず、都城は百雉を過ぎず、家の富は百乘を過ぎず。

故制國不過千乘、都城不過百雉、家富不過百乘。

とみえるもので、「都の城」つまり卿・大夫の城があまりにも廣大化するのは、僭越の沙汰であり、本國の存亡にかかわる危險信號だ、と意識されていたことがわかる。

先秦時代の古典ばかりでなく、漢代の文獻においても、「都」はみやこの長安を除いた地方の大都會を指していたのが、後世になると、天子の居場所を一義的に意味するに至った次第は、十七世紀の後半に、すでに顧炎武が『日知錄』の「都」の條で考證した通りである。

このように、「都」という文字の指す對象は、時代によって變わっていったが、中國で「都城」といえば、「都の城」つまり城郭都市を意味したことだけは確かであり、羅城を必ずしも前提としない日本では、最初から「みやこ」と訓じていたことになる。

『都城』の刊行

このように、都城という二字がかもしだすイメージが、日本と中國のいずれにおいても、やや曖昧であったせいか、都城の名を冠した論考は、十年ばかり前までは、駒井和愛「中國の都城」（『日本古代と大陸文化』野村書店、一九四八年）と瀧川政次郎『京制並に都城制の研究』（角川書店、一九六七年）以外には、ほとんど發表されなかった。その點からいって、「日本古代文化の探究」と銘打たれたシリーズの一册として、專門分野を異にする論説を集めた、四六判の上田正昭編『都城』（社會思想社、一九七六年）が刊行された意義は大きかったのではあるまいか。

日本都城の源流について、それ以前は、もっぱら平城京は唐の長安城を模倣したものであると見なすのが定説であった。ところが、この『都城』に收められた岸俊男「日本の宮都と中國の都城」は、平城京の原型としては藤原京を考えるべきであり、その結果、日本都城は唐の長安城よりも古い中國の都城制、たとえば北魏の洛陽城の內城や東魏の鄴都南城にもとづいていることを強く指摘されたのである（岸俊男「日本都城制總論」〈岸俊男編『日本の古代9　都城の生態』中央公論社、一九八七年〉の第二節を參照）。

また同書の拙稿「中國の都城」（本書第Ⅰ部第一章）では、中國史家による研究史を要約して提示し、中國における考古發掘の成果を紹介しつつ、日本の都城は北魏の洛陽城とそれにひきつづく隋・唐の長安城との都城制を移入したのである、と述べた。北魏の洛陽城の影響を重視する點では、岸と私の見解はまったく一致したが、漢・魏以來の九六城の傳統をつぐ內城のみのプランに岸が力點を置かれたのに對し、私は外郭城を含めた大洛陽城の影響を指摘した點に差異がみられたのである。

啓蒙書の性格をおびた『都城』の刊行を契機として、「都城」の二字使用に對する研究者の逡巡は拂拭されたかといえば、必ずしもそうではなかった。先に言及した駒井和愛の「中國の都城」をはじめとする論文集は『中國都城・渤海研究』（雄山閣、一九七七年）と題されたが、村田治郎の「鄴都考略」などを補訂した研究書は『中國の帝都』（綜藝舍、一九八一年）と名づけられた。

そして岸論說の題「日本の宮都と中國の都城」がいみじくも象徵するように、岸自身も中國に關しては「中國都城探訪記」（『世界の國シリーズ16　中國』講談社、一九八二年）を書き、『中國の都城遺跡』（同朋舍出版、一九八二年）、『中國江南の都城遺跡』（同朋舍出版、一九八五年）を編著されて都城の名稱を使われたが、日本については、ともに四六判の論集『宮都と木簡』（吉川弘文館、一九七七年）、『古代宮都の探究』（塙書房、一九八四年）をまとめられた際、宮都の名辭を選ばれたのであった。

今回、岸の編著にかかる本書が、『日本の古代』シリーズの一冊として、「都城の生態」と題されたわけであるから、刊行をきっかけとして、都城の名稱の採否をめぐる論評が起こることを期待したい。

城郭の有無

先に「都の城」の項で、わが國における最初の歷史書たる『日本書紀』と『續日本紀』の兩書に記載されていた「都城」という漢語の意味を吟味した際に、「城郭の有無はさておいて」と書いて、その個所では、城郭の有無の問題にはあえて深入りしなかった。しかし、少し大袈裟な表現であるが、中國人の文明觀を知る上からいうと、城郭の有無に對する古代以來の中國人の通念を、確認しておく必要があると考えるので、都城の語義の詮索を終えた機會に、簡單にふれておきたい。

紀元前千數百年前の殷周時代以降、中國の都市の周圍にめぐらされた威風堂々たる城郭こそは、中國文明の特色であった。生まれながらにして、このような城郭に住みなれた中國人は、文明人は城郭に住むべきもので、城郭に住まない人間は野蠻人である、と考えていた。したがって、古來、中國の歴史家、あるいは旅行家は、外國についての記述をする際に、その國に城郭が有るのか無いのかの點について、われわれ日本人には異樣とも思えるほどに、神經質に特記していたのである。

紀元前一世紀の初めに、漢代の司馬遷によって書かれた『史記』は、中國最初の歴史書として有名である。そのなかで北方の遊牧騎馬民族を取り扱った「匈奴列傳」と、西域のシルクロード沿いのオアシス都市國家群を對象とした「大宛列傳」を一瞥してみよう。

まず「匈奴列傳」には、匈奴に關して「水草を逐いて遷徙し、城郭と常處と耕田の業なし（逐水草遷徙、毋城郭常處耕田之業）」と記されている。つまり水と草を追って移動し、城郭とか定まった住居がなく、耕作に從事することもなかった、と書くことによって、匈奴は文明人ではなかったといっているのである。

それに對して、「大宛列傳」では、一〇年あまり匈奴に拘留されたのちに大宛などの諸國を旅した張騫の報告を載せていて、その一節に、「城郭と屋室あり。その屬邑は大小七十餘城、衆は數十萬ばかり（有城郭屋室。其屬邑大小七十餘城、衆可數十萬）」とある。つまり大宛では城郭をめぐらした町の家屋に住んでいると書くことによって、大宛は野蠻人ではなかったことを力說しているのである。

この「大宛列傳」には、大宛以外の諸國についても記述しているが、その際にそれぞれの國が匈奴と同俗である、つまり遊牧生活をして城郭のない野蠻國であるか、大宛と同じく城郭生活を營んでいる文明國であるか、の二つに大別している。たとえば、烏孫、康居、大月氏は遊牧して匈奴と俗を同じくするのに對し、安息は大宛と同じように「城邑」があって、その領內には小大數百城あったとし、大夏は「城屋」があって、大宛と俗を同じくする、と明記していたのである。

西域諸國の城郭都市に對する『史記』「大宛列傳」の記載の體例が決して司馬遷個人の特異な史觀にもとづくものではなかったことを、七世紀前半に同地を大旅行した佛教僧、玄奘の『大唐西域記』が證明してくれる。たとえば桑山正進譯『大唐西域記』（『大乘佛典　中國・日本篇　9』中央公論社、一九八七年）の一二―一三頁を開くと、それぞれの國の領域の東西と南北の距離につづけて、その國の「大都城」の周圍が何里あったかを、執拗なまでに書きとめているのをみれば、まさに一目瞭然なのである。

二　中國における近年の都城研究

『歴代宅京記』

つぎに近年の中國における都城研究の動向を紹介しておこう。文化大革命が一段落をつげた一九七七年以後、中國各地で歴史學などの人文社會科學の分野における學術討論會が開かれ、七八年には各大學の學報や紀要が相繼いで復刊ないし創刊された。しかし、その時期の論文は、四人組時代への抗議や批判が大半で、地道な研究報告はほとんどみられなかった。ところが、八〇年になると、分野別のいくつかの全國學會や研究會が組織されるようになり、堅實な研究成果を生みだすに至った。

それらの全國組織の一つとして唐史研究會が、一九八〇年九月末に、かつての長安の地たる西安市で成立した。その成立大會の席上で、中國きっての出版社である中華書局の代表が、唐代史に關係のある史書と史料の整理出版計畫を發表した。その出版計畫のなかに、「歴代都城資料叢刊」があり、漢代から宋代までの都城についての專門書を包括し、それらすべてに索引をつける計畫のあることを述べていたのである。

豫告から數年たって、このシリーズは「中國古代都城資料選刊」という名稱に變えられて刊行が開始され、わが國にもすでに數種類が舶載されてきた。北宋の國都、開封の繁盛記たる孟元老撰・鄧之誠注『東京夢華錄注』（一九八二年）のほか、日本の古代都城制研究にとっての必讀書である顧炎武著『歷代宅京記』（一九八四年）と徐松撰・張穆校補『唐兩京城坊考』（一九八五年）が、いずれも句讀點つきの活字本で、四角號碼の索引をともなって出版されたのである。

唐代の兩京たる長安と洛陽の宮城や各坊に配置された建造物を綿密に復原し檢討した『唐兩京城坊考』は、周知のごとく、すでに平岡武夫『唐代の長安と洛陽　資料』（京都大學人文科學研究所、一九五六年。一九七七年に同朋舍出版より復刊）に收められて、これまでも多くの研究者・學生の方に重寶され活用されてきた。しかし、『歷代宅京記』の方は、あまり利用されてこなかったと思われるだけに、今次の出版の意義はきわめて高い、といえるであろう。

明末清初の碩學、顧炎武の『歷代宅京記』二〇巻は、『天下郡國利病書』の姉妹篇で、『歷代帝王宅京記』の別稱からも類推できるように、上古から元代に至る歷代の帝王が京を置いた土地、つまり都城に關する史實を、『天下郡國利病書』の編集の際と同じように、萬巻の書より蒐錄し、都城ごとに編集しなおした書物である。したがって、たとえば日本の古代都城に關心をもたれる方が、藤原京の原型の考察に際し、東魏の鄴都南城あるいは三國魏の鄴都北城に關する情報をえたいと思われたときには、本書の巻一一と一二の兩巻を繙かれると、鄴都關係の文獻史料が完備していて、そこだけ拾い讀みされただけで、ほぼ遺漏がない、というほどに、推奬できる便利な書物なのである。

中華書局編集部が冠した今回の「出版說明」では、巻一二の鄴城の條は、全巻が明の嘉靖『彰德府志』巻八の

「鄴都宮室志」から蒐錄されていることを特記している。

なお、『歷代宅京記』では、總序につづいて、關中・洛陽・成都・鄴・建康・雲中・晉陽・太原・大名・開封・宋州・臨安・臨潢・幽州・遼陽・大定・會寧・開平、の名目と順序で、歷代の都城資料があまねく收集されている。元以前の史料を蒐錄せんとしたために、征服王朝たる遼・金・元にかかわる現在の北京の地が幽州の名目になっているのは當然として、現在の西安の地が、漢・唐の首都であった長安の名義ではなく、はるかに廣域の關中の名目のもとに入れられたのは、西周が都した豐や鎬、および秦の都であった咸陽などを含ませるためなのであった。

六大古都

中國の唐史研究會が成立した翌年の一九八一年七月下旬、太原市で、西安・北京・杭州・南京・洛陽・開封の六大故都の史學研究者が集まって、故都史學座談會を開いた。この席で、中國故都學會の成立をめざした中國故都學會籌備組（籌備とは設立準備すること）が發足し、組長に歷史地理學者として著名な史念海が選ばれ、內部文獻として「中國故都研究通訊」が創刊されることになった。

故都學會の名稱は、翌年には古都學會に變更され、一九八三年秋に西安市で、中國古都學會が正式に成立し、學術討論會が開催されたのである。この討論會に提出された多くの論文中から、十八篇が選擇され、中國古都學會編『中國古都研究』（浙江人民出版社、一九八五年）に收錄された。そこには、史念海の序言のほか、陳橋驛「《中國六大古都》序言」と傅筑夫「歷史唯物主義の觀點を用いて古都を研究す」の二篇が總論の位置に置かれ、つづいて、それぞれの古都ごとに數篇の論文がまとめて配列されている。

たとえば西安の部では、西安地區の自然環境の變遷を論じた史念海「藍田人時期より兩周の際にいたる西安附近地區自然環境の變遷」、元代に編纂されたが抄本としてしか傳わっていない『類編長安志』を「中國古代都城資料選刊」に入れるための整理作業を終えた黃永年の「述《類編長安志》」、柳宗元の「館驛使壁記」を詳細に分析した李之勤「柳宗元の《館驛使壁記》と唐代長安城附近の驛道と驛館」、唐代長安の佛寺と道觀を檢討してそれに關連する文化に說き及んだ曹爾琴「唐長安の寺觀およびそれに關する文化」の、あわせて四論文が並んでいる。

中國古都學會の設立過程と、『中國古都研究』の內容からみて、西周以來の十一朝古都と稱される西安（陝西省中部）、東周以來の九朝都會と呼ばれる洛陽（河南省北部）、六朝の首都であった南京（江蘇省南西部）、北宋が都した開封（河南省東部）、南宋の假の都であった杭州（浙江省北部）と元以降の北京の、あわせて六つの歷代首都を、中國六大古都として特別視するのは、今や中國では一般の通念となっていることがわかる。

中國古都學會の第二回目の學術討論會は、一九八四年十一月に南京市で開かれた。そこに提出された七五篇の論文のなかから、今度は一六篇が取り上げられて、前と同じ編集方針のもと、『中國古都研究　第二輯』（浙江人民出版社、一九八六年）が出された。ここには「古都學」の樹立をめざして活動を展開する旨の決意が披露されている文章のほか、日本の都城に關心をもたれる方にも有益な多くの論文が含まれているのである。

七大古都說

都という文字の誤用をいましめた顧炎武が、「歷代宅都記」ならぬ『歷代宅京記』で取り上げた中國史上の都城は二〇になんなんとするなかで、六大古都を特に別格扱いするのが通念となっている。それにもかかわらず、中國七大古都說を主張する人が現れた。それは『歷史地理』既刊四輯（上海人民出版社、一九八一年—）と『中國歷史地圖集』全八冊（地圖出版社、一九八二—八七年）の主編者である復旦大學の譚其驤である。

譚は、すでに「中國歴史上の七大首都」（『歴史教學問題』一九八二年）を發表していたが、大阪大學の招きで來日中の一九八六年十月末、京都大學人文科學研究所で「中國歴代建都」と題する講演を行なった際に、中國七大古都についての所見を熱っぽく講ぜられた。

中國史上たしかに實在した最初の王朝は、啇と自稱した殷であった。殷は始祖の契から湯王に至るまでのあいだに八回遷都をくりかえし、湯王が亳に都を置いて以後、盤庚が殷の地に都を定めるまでのあいだに五回遷都した、と傳えられる。殷後期の王である盤庚が、黄河の北、現在の安陽市（河南省の北端）附近に置いた都は、殷が滅亡するまで二七〇餘年もつづいた。そして殷墟と呼ばれている小屯一帶の遺跡が、これに當たる、と一般には説明されてきている。

譚は、盤庚が遷都した殷の地こそ、中國において長期間安定した都城の最初であると認定した上で、それ以後三千二百餘年のあいだに、大政權の都城となったもののうち、鄴・長安・洛陽・開封・南京・杭州・北京の七カ所が最も重要だとして、それらを中國七大古都と稱された。つまり、いわゆる中國六大古都の上に、今日では廢墟となってしまっている鄴都（河北省の南端）をつけ加えられたわけである。

譚のこの提案は、あるいは奇矯の説のごとく思われるかもしれない。しかし、三國時代の曹操の魏、五胡十六國時代の後趙と前燕、それに東魏と北齊が、いずれも鄴に都城を置いたというだけでなく、殷後期の都城が置かれた殷墟の地を鄴のなかに含めるとする譚の主張には、かなりの説得力がある、といわざるをえない。

殷墟と鄴とのあいだの距離は二〇キロメートルもなく、西周が都した豐と鎬の地と、秦が都した咸陽と長安とのあいだの距離とほぼ同じだけしか離れていないそうであるから、西安の名のもとに豐・鎬と咸陽をも包括する限り、鄴の名のもとに殷墟を含ませるのも許容されるはずだからである。

中國六大古都と呼ぶか、鄴を加えて中國七大古都と呼ぶべきなのか、というのは、それ自體は大した問題ではない。ただ、中國における都城の建設史を振り返る際に、殷墟をもひっくるめた鄴都のもつ意味はきわめて大きいだけに、譚其驤の所說は傾聽に値するであろう。

殷墟非殷都の說

中國史學會『中國歷史學年鑒』編輯部編の季刊雜誌である『史學情報』が、一九八二年初めに創刊され、外國にいる私なども定期購讀できるようになった。これは、每號一六〇頁程度の小册子ではあるが、中國で出版された歷史學關係の單行本と代表的な論文の要旨紹介にはじまり、國內外の出版物や學界動向、はては論文目錄に及ぶまで、つまり「史學情報」萬般が掲載されているので、たいそう便利かつ有益な雜誌なのである。

編者の名稱からもわかるように、この『史學情報』の內容は、一、二年後には、その年度の『中國歷史學年鑒』に再錄されるので、それを待てばいいようなものの、何となく氣になって、最新號が到着すると、ざっと目を通すことにしている。ところで、この雜誌の一九八五年第四期（十月出版）が、なぜかなかなか到着せず、八六年の第一期・第二期よりも遲れて、八六年十月になって、ようやく落掌することができた。

中國で出版される定期刊行物が、一般誌であれ學術誌であれ、大幅に遲れて到着するときは、何らかの政治情勢の變動があったとみるのが普通なのであるが、今回はそれらしい徵候を見いだせなかった。その代わりに、「中國古代史」の部の冒頭に、秦文生「殷墟非殷都考」（『鄭州大學學報』一九八五年第一期）の要旨が二頁にわたって掲載されているのが、目にとまった。「殷墟は殷都にあらずの考」が、ついに中國でも書かれたのである。さっそく「復印報刊資料」の『先秦史』に再錄されていたもとの論文を、借りだして精讀した。

中國では商代と呼ばれることの多い、殷代の城郭としては、安陽の殷墟よりも古い、河南省の偃師商城と鄭州商城があり、中國では夯土（こうど）と呼んでいる、版築の工法で築造された城壁が確認されている。特に鄭州商城は、城壁の全長がおよそ七キロメートルで基底部の厚さが三六メートルもあるという巨大な規模をもつ、ややいびつな四角形の城であった。

この鄭州商城の地元である鄭州大學の秦文生が、盤庚は安陽の殷墟に遷ったのではなく、河南の偃師商城に遷ったのであろうとした上で、殷墟は都城たるの條件と根據に不足しており、殷墟は殷都ではなく、ただ單に商代晩期の陵墓區と祭祀の場所であったにすぎない、と述べているのである。

城壁のない殷墟

羅城つまり城の外郭の存在を必ずしも前提としない古代日本の都城とはちがって、古い時代の中國では城壁のない國都の存在は考えられなかった。安陽の殷墟よりも古い偃師商城と鄭州商城でさえ、城壁や城內の大道、宮殿址などが發見されているのである。

それにもかかわらず、一九二八年以來、五十餘年にわたってひきつづいて考古發掘がなされている殷墟では、肝心の城壁は發見されていないし、街道・宮城も宮殿建築の基壇さえも見つかっておらず、王都の性質を具備していない。これまで宮殿建築の基壇だとされていたのは、祭祀を行なう享堂か宗廟の建築遺跡である。また都城と陵墓區のあいだには一定の距離があるはずなので、都城は殷墟からかなり離れた安陽の周圍のどこかに存在するはずである。秦文生は、このように述べている。

殷墟は殷都にあらず、と述べ、『史學情報』誌上に要約して紹介された秦の論文は、五井直弘（『中國古代の城』

研文出版、一九八三年、三四頁以下）や杉本憲司（『中國古代を掘る』中公新書、中央公論社、一九八六年、七〇頁以下）によって廣く紹介された宮崎市定「中國上代の都市國家とその墓地――商邑は何處にあったか」（『アジア史論考』中巻、朝日新聞社、一九七六年）の所説と大綱において一致している。

秦は、一九七〇年に『東洋史研究』誌上にまず發表された宮崎の論考を引用してはいない。殘念ながら、中國の學界では、外國人の研究業績に對するこのような仕方はごく普通のことで、いまさら驚くことでもない。それよりも、中國古代史學界に永らく存在した殷墟に關する禁區（タブー）が、このような格好で破られたからには、今後の忌憚のない論爭が展開されることを期待するばかりである。

三　都城建設の構想

都市計畫史の研究

殷代晩期の都城が、殷墟と呼ばれている地にはたして存在したのか、あるいはもっと東南の黃河に近い平坦部に今なお靜かに埋もれているのかの究明は、將來に殘された課題である。いずれにせよ、日本の都城制、いいかえれば古代日本の計畫都市、の源流を考察せんとするに際しては、殷の都城を考慮に入れる必要はほとんどなく、殷王朝についで現れた周王朝の、あるべき王城の建設計畫を傳えたとされる『周禮』考工記にまで溯れば、十分なのである。

前節で中國における近年の都城研究の動向を紹介するにあたっては、中華書局編輯部によって企畫され出版されている「中國古代都城資料選刊」と、浙江人民出版社から刊行されてきた中國古都學會編『中國古都研究』を取り上げてきたが、『周禮』考工記にはじまる都市計畫の歴史と思想を考察しようとする際には、ここ一〇年ばかりのあいだに中國建築工業出版社より刊行されてきた、つぎの五冊の書物が、最も有益である。

まず文化大革命の末期に出された、同社編つまり中國建築工業出版社編『建築領域批儒評法文選』（一九七五年）には、當時盛んであった建築の分野における批儒評法鬪爭、すなわち儒家思想を批判して法家思想を高く評價する政治社會運動、の一環として發表された代表的な論文一一篇が再錄されている。

そのなかで、山東省基本建設委員會理論小組等「《考工記・匠人》と儒法鬪爭」と侯仁之「古代城市建設より看たる儒法鬪爭」の二篇は、ともに『建築學報』に掲載されたばかりの論文で、いくつかの參考圖を附しつつ、『周禮』考工記・匠人の條にはじまる儒家の都市計畫が、いかに反動的な役割を果たしつづけたことか、と一刀兩斷に斷罪していて、論旨への贊否はともかく、それなりに興味深い内容をもっている。

これに對し、文化大革命が終了して間もない頃に陽の目をみた、劉敦楨主編『中國古代建築史』（一九八〇年）は、二〇年近くも推敲を重ねられた勞作だけに、豐富な圖版を驅使した重厚そのものの出來映えで、淸朝以前の建築史の全般を取り扱っているために、各時代の都城建築の實際についての敍述は簡單ではあるが、穩當な標準見解が提示されている。

ついで出された同濟大學城市規畫敎研室編『中國城市建設史』（一九八二年）は、大學で都市計畫コースを專攻する學生のための敎科書として執筆されたもので、『周禮』考工記についての解説をはじめ、歴代の都城に關する都市計畫について敍述し、たとえば隋・唐の長安城の都市計畫の説明に際しては、唐長安復原想像圖のみでなく、日本の平城京圖と平安京圖もあわせて掲げられているのである。

以上の三冊が、いずれも個人の著作ではなく、多數の研究者の共同研究の成果であったのに對し、賀業鉅『考工記營國制度研究』（一九八五年）と同『中國古代城市規畫史論叢』（一九八六年）の二冊は、中國ではじめて出現した一人の著者による本格的な都市計畫の研究書である。賀業鉅の一冊目の『考工記營國制度研究』という書名は、元來は副題であって、當初は「中國古代城市規畫制度研究　上編」であったという通り、南宋以前の都市計畫を詳細に吟味した六篇の論文の集録である二冊目とまさに對になっていて、今後、中國都城の建設計畫に關心をもつ者の必讀書となることは確實である。ただし、ここでは、紙幅の制約もあるので、內容の紹介には立ち入らず、刊行の意義を特記するだけでとどめておきたい。

『周禮』考工記

漢代以後の中國社會で、儒敎の古典として尊重されてきた『周禮』考工記の匠人つまり職人の條には、「建國」の項につづいて「營國」の項が載せられている。國とは、この場合は王城のことであり、營とは造營のことであるから、考工記の匠人「營國」の項には、王城つまり首都を建設する計畫案がしめされていることになる。

匠人「營國」の項の本文は、わずかに、

方九里、旁三門。國中九經九緯、經涂九軌。左祖右社。面朝後市、市朝一夫。

と記されているだけである。注釋書を參照しつつ意譯すると、「一邊九里の正方形で、側面にはそれぞれ三つずつの門を開く。城內には南北と東西に九條ずつの街路を交差させ、その道幅は車のわだち（八尺）の九倍とする。中央に天子のいる宮闕の左つまり東には祖先の靈をまつる宗廟を置き、右つまり西には土地の神をまつる社稷を置く。前方つまり南には朝廷を、後方つまり北には市場を置き、その市場と朝廷はともに一夫つまり百歩平方の面積を占める」ということになる。

この『周禮』考工記の匠人「營國」の項にしめされた首都建築計畫のプランを、はじめて詳細に檢討したのは、那波利貞「支那首都計畫史上より考察したる唐の長安城」（『桑原博士還曆記念東洋史論叢』弘文堂書房、一九三〇年）であった。那波は、ここにもられた原則は、「前朝後市」「左祖右社」「中央宮闕（宮殿）」「左右民廛（民家）」の四つに要約できるとし、これらは永く中國における首都建設計畫の動かすべからざる金科玉條として、明代の北京城にまで及んだものである、と論じられた。

中國の首都建設計畫としては『周禮』考工記にみえるこのような傳統的型式のほかに、唐の長安城のように宮闕を中央北詰めに置いて後市の慣例に背き、また宮闕の前面にも民廛を置くのを許すという反傳統的型式があることを論證した那波論文は、都城制研究の先驅的業績として、日本の都城を考察する多くの研究者にも、今なお強い影響力を與えている。

那波は、『周禮』考工記にみえる四原則を要約される前提に、特に指摘すべき原則的諸現象として六カ條を舉げられ、その第一として、首都都城の各面に三門ずつ合計一二門を設け、この一二門を連結して、都城疆域を碁盤目式に九等分するように幹線道路を確定すること、と述べられた。しかし、各面に三門ずつ設けて碁盤目式に等分すれば一六區となるはずなので、その點を、私は前稿「中國の都城」（『都城』社會思想社、一九七六年。本書第Ⅰ部第一章）で訂正したのであった。

都城の平面プラン

そののち、村田治郎は、『中國の帝都』（綜藝舍、一九八一年）を刊行し、一八〇頁もの長篇の「第一章　中國帝都の平面圖型」を書き下ろされた際、三三頁以下の「五　『周禮』冬官考工記」の節で、私の指摘した那波の誤解をあらためて訂正されたばかりか、那波論文の全體の構想に對しても疑問を呈示された。

村田は、『周禮』冬官・考工記は中國學の研究者たちが想像するほど大きな影響力を與えたものでなくて、明代になって、元・大都を改造するとき、現在の北京城の姿になったのが唯一の實例にとどまること、また宮闕は中央でなくて、早くから北に置くのが中國古來の慣習だと推定されているのである。この批判の當否は、今後の課題として残されている。

『周禮』考工記の性質と製作年代については、あえてふれないことにして、那波が要約された「前朝後市」「左祖右社」「中央宮闕」「左右民廛」の四原則が、實際に首都を造營する際に適用されたか否かはさておいて、周末漢初以來、首都のあるべき姿として、中國社會で意識されていたことだけは、否定しがたいであろう。

ところで、この那波論文や森鹿三「北魏洛陽城の規模について」（『東洋學研究　歴史地理篇』東洋史研究會、一九七〇年）などに依據しつつ、日本都城の源流について、斬新な見解を提示されたのが、先述の岸俊男「日本の宮都と中國の都城」（『都城』所收）であり、藤原京ひいては平城京のプランが北魏洛陽城の內城にもとづいていることを力説されたのであった。

この岸論説が出て間もなく、鬼頭清明は『日本古代都市論序説』（法政大學出版會、一九七七年）の三三頁に長文の注記を施して、都城の機能的構成を重視する立場から、岸説を都城の平面プランの形式だけを追求するものだとして批判した。その上で、「本來その都城の內部的構造からいえば北魏洛陽城の外郭をふくめた全體と藤原京とを比較すべきであって、そうすれば兩者を單純にむすびつけることはできなかったはずである」と述べているのである。

市朝と陰陽

鬼頭はさらに、準備は不十分だがとしながらも、「面朝後市」は『周禮』の儒家思想と關連し、唐の長安城型で北魏にはじまると氏が考えるものは、陰陽思想・五行思想の太極の考えに結びつくのではないか、と書き、今後の課題とされた。そして、この陰陽・五行思想と長安型都城との關係については、拙稿「中國の都城」などにも指摘がある、と附記されている。

しかしながら、拙稿ではそのような議論を展開していない。おそらく同じ論題の、駒井和愛「中國の都城」（前揭）と取り違えられたのであろう。ただし私は、中國における都城の思想を説明するにあたっては、那波によっては無視された、陰陽説を取り入れるべきであると考えている。しかも理念法典とされる『周禮』の「面朝後市」の解釋に際してこそ、必要なのである。

那波は、前掲論文で『周禮』考工記を解釋される際に、『欽定禮記義疏』に附錄された「禮器圖」巻一の朝市廛里の條を採用された。ところが、その文中に、

君は朝を立て、后は市を立つ。もとよりもって義を先とし利を後とするの權を寓す。

君立朝而后立市。固以寓先義後利之權。

とある「后」の字が、氏がよられた俗本（漢文大系本？）では「後」の字に誤植されているのに氣づかれなかった。そのために、市場を立てる皇后と朝廷を立てる天子とを、陰陽の關係において對置しているのを無視されてしまったのである。

考工記よりも古いとされる『周禮』天官・冢宰の內宰の條に、

およそ國を建つるに、后を佐けて市を立つ。その次を設け、その敍を置き、その肆を正し、その貨賄を陳べ、

その度量と淳制を出す。これを祭るに陰禮をもってす。

凡建國、佐后立市。設其次、置其敍、正其肆、陳其貨賄、出其度量淳制。祭之以陰禮。

とあり、これに對して漢の鄭玄は、

王は朝を立て、后は市を立つ。陰陽相成の義なり。

王立朝而后立市。陰陽相成之義。

と注している。以上のような理由から、私は「面朝後市」を陰陽で説明された上田早苗「古代中國の都市」（藤岡謙二郎編『講座考古地理學　古代都市』學生社、一九八三年）や福山敏男「『周禮』考工記の「面朝後市」の説」（『橿原考古學研究所論集』七、吉川弘文館、一九八四年）の所説に左袒するのである。

國家の存立にとって最重要の、政治と經濟の中樞機構を象徴する朝廷と市場は、それぞれ天子と皇后とによって主宰されるべし、という理念が、實際の歴史過程ではたして機能しえたか否かを、問いただす必要はあるまい。それよりも、この朝と市とが、中國では陽と陰とでもって説明されていたということ、そして、藤原不比等の娘で聖武天皇の皇后となる光明子が、立后以前に市に入って市人に秤尺の使い方を教えたという傳承が、『周禮』の思想にもとづくことを確認しさえすれば十分なのである。

左右民廛

前稿「中國の都城」において私は、先學の諸業績を斟酌しつつ、日本の都城は北魏の大洛陽城とそれにひきつづく隋唐の長安城との都城制を移入したのである、と述べた。それ以後も續々と發表される都城關係の諸論考を、折にふれて閲讀し、多大の裨益をうけるとともに、それらに觸發されて、以前には氣づかなかった問題點を見いだすこともあった。岸俊男編集の巻への稿を了えるに當たり、大膽な假説を提示するようにとの編者の意向に、いくぶんなりとも沿うべく、未成熟ながら私見の二、三を書きとめておくことにしたい。

隋で大興城と呼ばれた唐の長安城では、宮城と皇城（官廳街）とが都城の中央北詰に偏在していたので、『周禮』考工記の都城思想について那波が掲げられた四原則のうちの「中央宮闕」の原則に背馳していたことと、皇城はさすがに宮城の南に密着していたものの、東市と西市とは宮城からみて東南と西南とに位置していたから「後市」の原則にも背馳していたことは、誰の目にも明らかである。

また「左祖右社」の原則とは、宮城の疆域外の左方すなわち東方に祖先のみたまやたる宗廟をまつり、同じく右方すなわち西方に土地神たる社と五穀神たる稷をまつることをいうのであるが、唐の長安城では、皇城の東南隅に太廟と太廟署が置かれ、西南隅に太社と郊社署が置かれていたから、「左祖右社」の原則はきちんと遵守されていたことになる。ただし、この宗廟と社稷を置く思想は、日本の都城制には採用されなかった、という點は、常識ではあっても、確認しておかねばなるまい。

ところで、唐の長安城では、宮城・皇城の前方たる、朱雀門街の兩側の四列におのおの九坊、總計三六坊が設けられていて、宮闕の前方部域内に臣庶の居住を許さないという「左右民廛」の原則に背馳していたとされてきた。私も前稿ではそのように解説したのであった。しかし、はたしてそうなのであろうか。

長安城内には、朱雀門街の東に五五坊と東市、朱雀門街の西に五五坊と西市、全部で一一〇の坊市があった。そのうち、皇城の南の三六坊は、それぞれ東西の二門だけをもち、坊の中央には東西の路だけが通じたのに對し、それ以外はすべて東西南北の四門をもち、中央には十字路があったという事實は、何を意味するのであろうか。

文獻によると、朱雀門街をはさむ一八坊の東西の廣さが三五〇歩（一歩は一・四七メートル）、つぎの兩側にある一八坊の東西の廣さが四五〇歩なのに對し、そのほかはいずれも六五〇歩である。このように、皇城の南の三六坊は、東西の廣さが短かったので、南北の二門は開かれず、南北の路は通じなかった、と從來は見なされてきたようである。

しかし、圖1からも讀みとっていただけるであろうように、これら三六坊の各坊の南北の長さはいずれも三五〇歩ずつだったのであるから、坊內の住民の交通の便だけであれば、南北の二門を開き、南北の路を通じ、その代わりに東西の二門を閉じ、東西の路を通じないようにしてもよかったはずなのである。してみると、東西の廣さが短かったからという理由だけでは說明しきれないことになる。唐代において、霖雨が止まないときに坊市の北門を閉じて晴れるのを祈った史實を勘案すると、隋で大興城が新たに造營された際に、これら三六坊に坊の北門を開けさせなかったことは、陰陽說の影響も少しはあったであろうが、「左右民廛」の原則がやはり顧慮された結果と考えるべきではなかろうか。

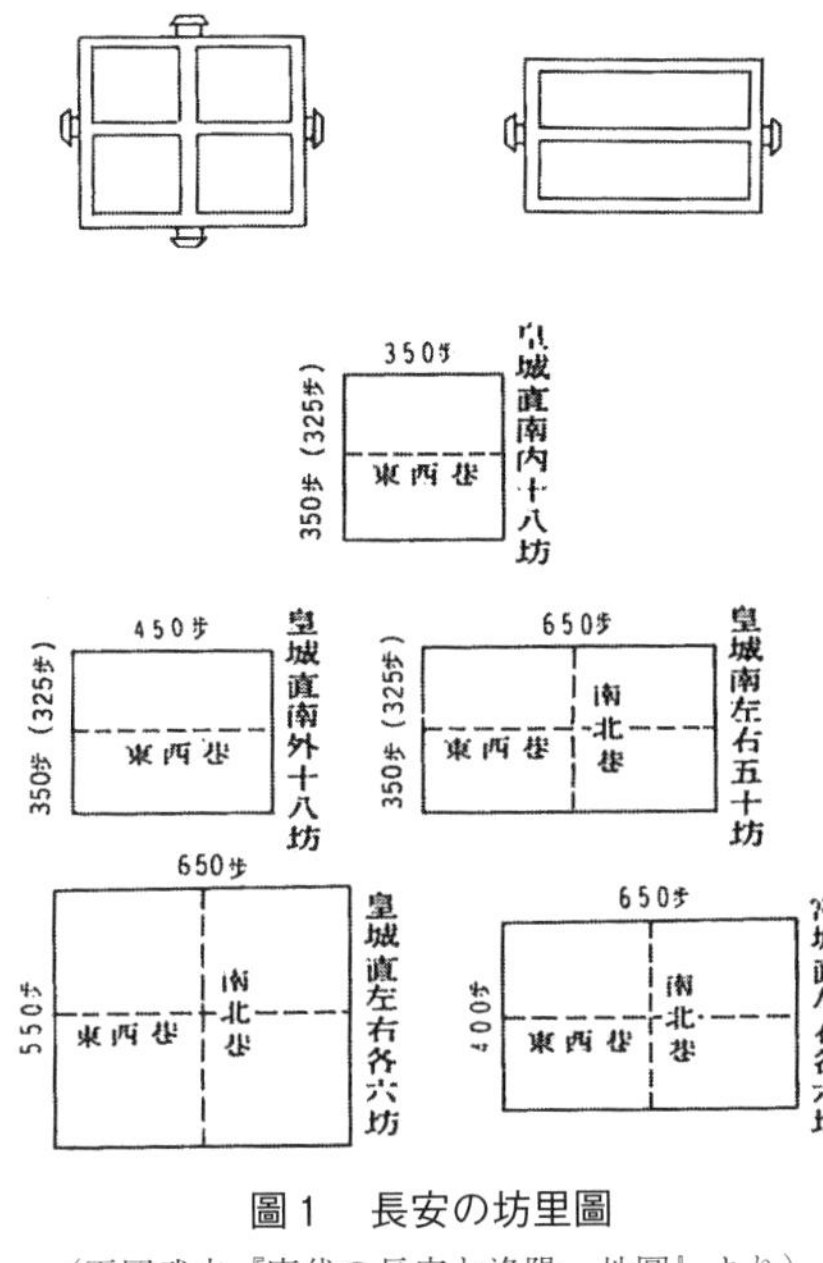

圖1　長安の坊里圖

（平岡武夫『唐代の長安と洛陽　地圖』より）

九六と九五

藤原京が東西四里に南北六里の大きさをもち、その源流である北魏洛陽城の內城が俗に「九六城」と呼ばれていたことに着目された岸は、縱橫の比率が九對六＝三對二であることから、この系列の都城を「四六判の都」と呼ばれた（『古代宮都の探究』、および前掲「日本都城制總論」第二節の「藤原京と中國の都城」參照)。かたちの比率でいえば、いかにもその通りなのであるが、九六城が四六判の都に置きかえられてしまうと、中國では古來、「九六」という數字を最も尊重してきた、という大事な觀點が缺落してしまいはすまいか、という不安が胸を過るのである。

九と六は黃金分割の比率に近い。それと同時に、九は奇數つまり陽數の代表、六は偶數つまり陰數の代表で、「九六」といえば一義的に「陰陽」を意味することが多いのである。

『唐代の長安と洛陽　地圖』(前揭)の「序說」にもとづき、九と六の數字に着目しつつ、唐の長安城の規模と都市計畫に焦點を合わせて、整然と美しく街づくりされている王都を再現されたのが平岡武夫「唐の長安」(『歷史教育』一四―一二、一九六六年)で、短篇ながら、示唆するところきわめて大きい論文である。

そこで平岡も指摘されていることであるが、長安城のメイン通りたる朱雀門街には、龍首山の裾野がのびた六つの丘陵が橫切っていたので、當時の人は六坡と呼び、易の乾の六爻、つまり☰☰のかたちになぞらえていた。そして北から順に初九、九二、九三、九四、九五を經て上九までの六爻にあて、その解釋から天子の位にあたる九二の丘に宮城を、君子の位にあたる九三の丘に官廳街たる皇城を、至上位の九五の丘には一般の庶民を住まわせることを望まなかったので、東に佛寺の代表たる大興善寺を、西に道觀の代表たる玄都觀を置いたというのである。

漢以來の長安城を捨て去って、その東南にあたる龍首原の地をえらび、まったく別の、大興城と名づけられる新都の造營を命じた隋の文帝は、幼名を那羅延(佛教の守護者)といい、佛教寺院で生まれ育ったという誕生說話が傳えられている(文帝は若き日に大興郡公に封ぜられた)。

文帝は幼名に恥じず、即位するやただちに、北周の武帝によって斷行されていた佛教と道教とに對する彈壓を撤回させた。佛教と道教の大々的な復興は、無宗教政治のもとに潛伏していた民衆の不滿を解消させ、新朝廷への慶祝に沸きたたせることに成功した。

塚本善隆が『唐とインド』（『世界の歴史　4』中公文庫、中央公論社）三二九頁以下の「文帝の佛教復興」の條で、見事に描寫されたごとく、文帝一代のあいだに、寺三七九二、僧尼二三萬、寫經四六藏一三萬二〇八六卷、古經の修理三八五三部、新佛像一〇萬六五八〇體、古像の修理一五〇萬八九四〇體、というほどの復興なのであった（數字は、法琳『辯正論』卷三にもとづく）。

特に大興城の建設に際して國立の佛寺として建てられた大興善寺は、城名と「大興」の二字を共有して、靖善坊の一坊全域を占め、隋・唐の二代にわたって内外の名僧が住して翻譯や講説を行ない、中央における随一の名刹となるのである。文帝が死ぬまでに長安城内に建てられた佛寺は、名稱が知られているものだけでも五二を數え、道教の道觀の七よりもはるかに多かった（圖2參照）。

大興善寺と玄都觀を、九五の至上位の場所に置くことは、佛道二教復興の政策を天下に明示するのに大いに役立ったはずである。長安城内の六つの丘を乾の六爻になぞらえる傳承を、單なる後世の附會だと片づける向きが多いようであるが、『元和郡縣圖志』卷一や『唐會要』卷五〇にもみえる記事であって、私は信憑性は高い、と考えている。圖3は、『歴史地理』第三輯（上海人民出版社、一九八三年）に掲載された馬正林「唐長安城總體布局的地理特徴」にみえる「唐長安六坡地形說明圖」にもとづいて作成したものである。ただし、馬は、第一條高坡を九一とし、第六條高坡を九六とされているが、易の術語に沿って、それぞれ初九と上九とに改めておいた。

玄奘三藏ゆかりの大慈恩寺の名はよく知られても、大興善寺の名には馴染みのない方が多いかもしれない。しかし、隋唐時代には最も格式の高かった佛寺で、圓仁などの多くの入唐僧が訪れたのであった。一九八六年四月十三日、「昭和の遺隋使」と名のる法隆寺の一行が、小野妹子派遣後一三八〇年を記念して訪れ、聖徳太子像を奉納安

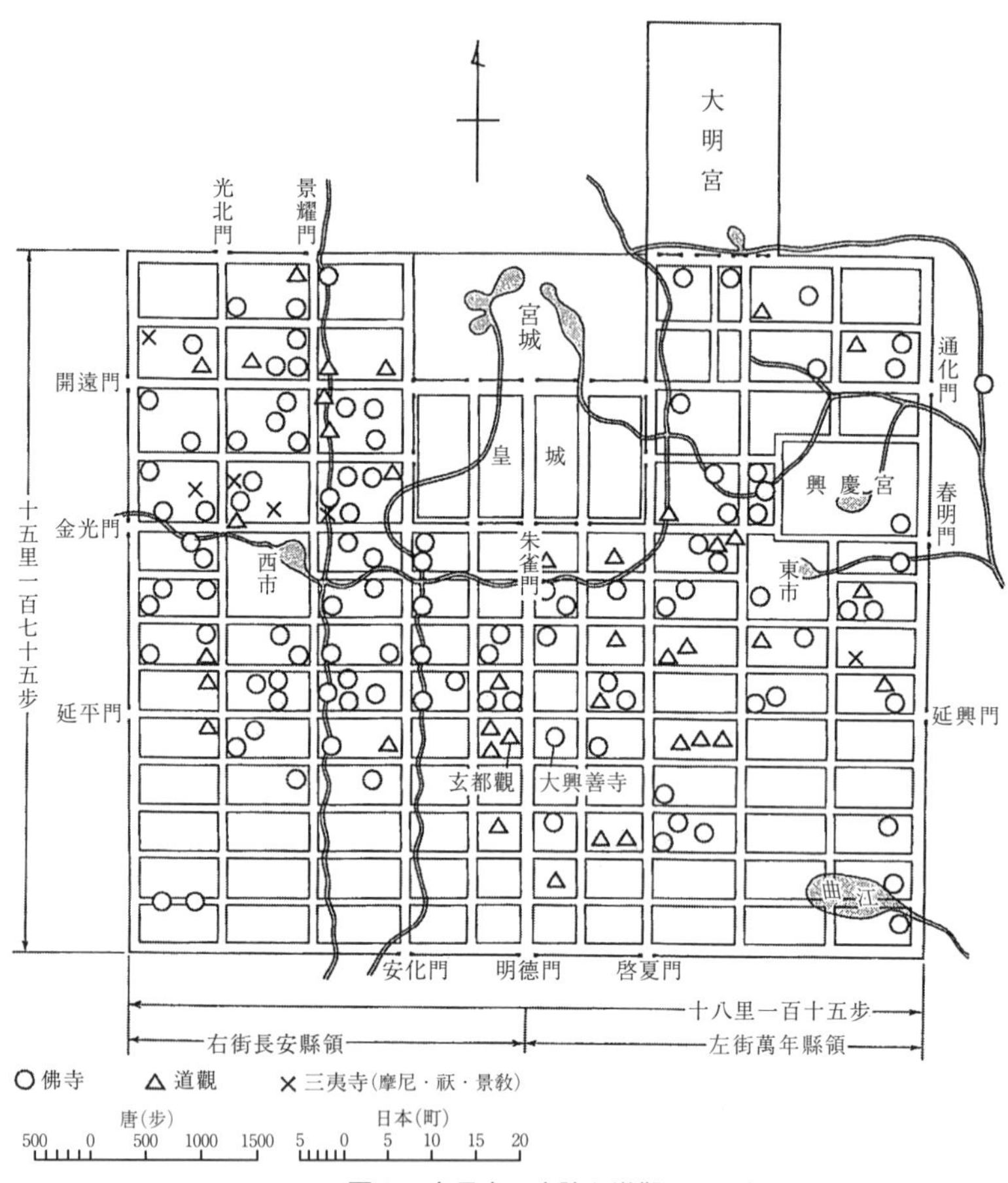

圖2　唐長安の寺院と道觀

(塚本善隆『唐中期の淨土教』東方文化學院京都研究所第4册より、一部改變)

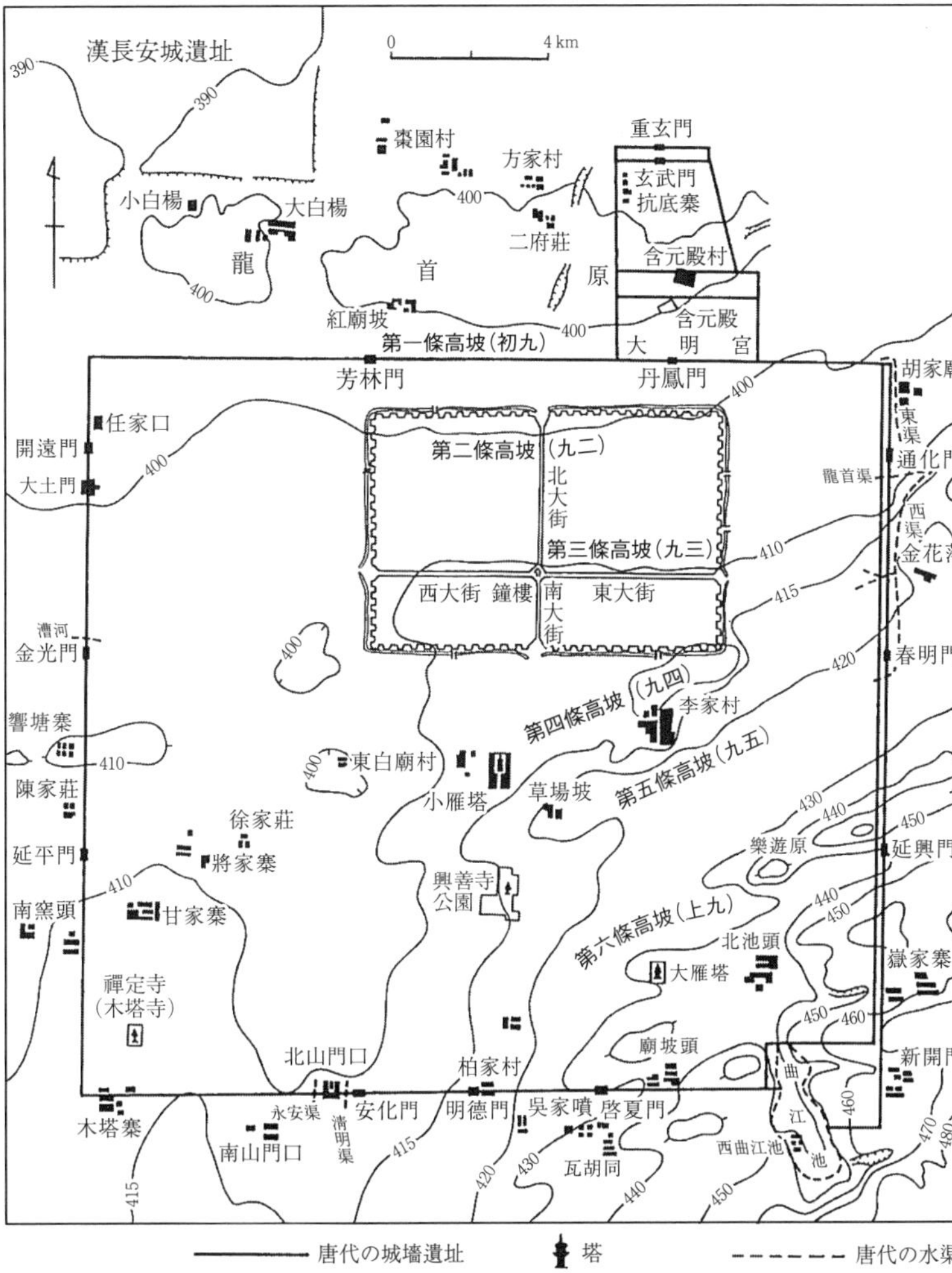

唐代の城墻遺址　塔　唐代の水渠
現存・明代の城墻　寺院・道觀

圖3　唐長安の六丘陵圖

（馬正林「唐長安城總體布局的地理特徵」『歷史地理』三にもとづき作成）

置したのが、この大興善寺なのであった（『ＮＨＫ大黄河　４　佛陀の道』日本放送出版協會、一九八七年、一〇三頁以下の「古都長安の日中共同法要」參照）。

倉庫群の位置

岸俊男は「難波の大藏」（『難波宮址の研究』七、論考篇、大阪市文化財協會、一九八一年）において、大津宮や難波宮の大藏が宮室のどのあたりに位置していたかは確かでないとしつつも、少なくとも平城宮と平安宮においては大藏省が宮室の北邊に位置することを論證され、東大寺の正藏院も伽藍の西北邊にあったことを指摘された。岸は、その論文の末尾に、「こうした問題を考えるには、中國の都城・宮室において同様な機能を果たした倉庫群がどういう關係位置を占めていたかを參照する必要があるが、現在はそれに應える十分な準備ができていないので、課題として殘さざるをえない」と述べられた上、

たとえば唐の長安城に關して、呂大防の『長安城圖』（石刻）においては、太極宮内の西、掖庭宮の北に「太倉」が描かれているが、この位置には疑義が出ている。平岡武夫『長安と洛陽』地圖篇解說。

という注を施しておられた。

岸が、この論考を脱稿された段階で、隋唐時代の長安城における太倉の規模と所在地を論じた拙稿「隋唐時代の太倉と含嘉倉」（『東方學報　京都』五二、一九八〇年。本書第Ⅱ部第三章）が刊行されたので、補注を書き加えられ、

礪波氏は洛陽の含嘉倉と長安の太倉の位置について論じ、長安城の太倉はやはり呂大防の『長安城圖』に示す太極宮の西部、掖庭宮の北が正しいとし、洛陽城の含嘉倉が逆に東城の北に置かれているのは、洛陽城の西部が河水の氾濫を恐れて當初の計畫を變更してカットされたため、含嘉倉の位置も對稱的な東に變更されたので

圖４　呂大防「唐太極宮殘圖」拓本
（陝西省西安碑林博物館藏）

あろうと述べている。とすれば、太倉と含嘉倉の位置は平城宮・平安宮の倉庫群を考える上でも示唆的である。

と、的確な要約をしてくださったのであった。

岸が、ここで論及されている呂大防の『長安城圖』とは、宋の元豐三（一〇八〇）年に陰刻されたもので、その一斷片は「唐太極宮殘圖」と名づけられて、現在、拓本とともに陝西省の西安碑林博物館のなかに展示されている。圖４は、『考古專報』第一卷第一號（一九三五年）より複寫したものである。

唐の長安城內における太倉の位置は、掖庭宮つまり後宮の北にあったとした私の論證は、最近出された張弓『唐朝倉廩制度初探』（中華書局、一九八六年）によっても支持されたことではあり、あらためて論じることもあるまい。ここで筆をとめておけば、勇み足をすることはないのであるが、どうしても氣にかかることなので、蛇足をつけることにしたい。

『周禮』の考工記にはじまる都城の思想において、一貫しているのは、都城内における建物配置が、左右對稱つまり東西對稱となっていることである。左祖右社はその典型である。唐の長安城の場合でいえば、皇帝の起居する場所を含む太極宮をはさんで、東の皇太子のいる東宮と西の皇后以下の后妃のいる掖庭宮が、左右對稱として、向かい合っていると考えられてきたのは、ごく自然な見方であった。

ところが、呂大防の圖では、掖庭宮の北に掖庭宮よりも廣く描かれた太倉が存在していたのである。この事實は、左右對稱の原則にもとるのであろうか。そうではあるまい。この穀物倉たる「太倉」は、「市」の分身と考えるべきではあるまいか。

そのような假定が許されるならば、北に向かって「市」の責任を負うべき皇后が、この場合には理念的に掖庭宮の北の「太倉」の責任を負っていたのではあるまいか。そうすると、太倉は廣義の掖庭宮のなかに包含されて、東宮と左右對稱となっていたことになる。それにとどまらず、『周禮』以來の「面朝後市」が、「面朝後倉」のかたちで、長安城ひいては平城宮・平安宮にまで生きつづけたのではあるまいか。この僻說に對し、岸先生のご高見をもはや拜聽しえないのは、無念の一語につきる。

［中國の］市 ［中國の］宮廷・都城

［中國の］市

中國では、市という言葉は、古典のなかにもしばしば登場し、重視されていた。『易經』の繫辭傳によれば、神農は「日中に市をなし、天下の民を致し、天下の貨を聚め、交易して退き、おのおの其の所を得た（日中爲市、致天下之民、聚天下之貨、交易而退、各得其所）」とし、『孟子』などにみえる「市に歸く（おもむく）が如し」とは、市場に赴くように先を争っていくことなのであった。國都の造營にあたっては、「面朝後市」つまり朝廷を南面する天子の居處の南に置き、市を北に置くものとされ、「朝市」つまり朝廷と市場は人目につく場所の代表格なのである。春秋戰國時代から秦・漢にかけての中國の聚落形態は、ほぼ都市國家のかたちをとったと考えられ、そこでは市がギリシアのアゴラ、ローマのフォルムに似た役割を果たした。市は單に商品を賣買するための特定の地區にとどまらず、娯樂場であり、社交場であり、ときには政治運動の場でもあった。

市という語は、商店の立ち並んだ一定の商業區域を指す場合と、特定の場所に日を定めて開く定期市を指す場合があった。秦・漢から唐にかけての時代には、國都はもとより、州縣城などの地方の政治的都市にも、城郭內の一區畫を限って市に指定し、店舗を設けて商業を營むことを許した。たとえば漢代の長安では、城內に東市と西市があり、すべて國家の監督のもとに運營され、市令以下の官吏が置かれ、市場の流通秩序の維持にあたって、市租あるいは市籍租と呼ぶ一種の營業税を徵收した。市の內部では同業者が店舗を並べて肆あるいは列と呼ぶまとまりをなしていたが、その活動はだいたいにおいて個別的であり、相互扶助の機能を有する團體の結成はみられない。このような市の制度は、魏晉南北朝から隋・唐時代を通じて行なわれ、市租の制度も、北魏では徵收しない時期もあったがおおむね存續した。唐の長安城にも東市と西市がそれぞれ左街と右街のやや北寄りに置かれ、東市は隋の大興城の都會市、西市は利人市をうけついだものである。これら東西市については、發掘が行なわれて、その構造がかなり明らかとなった。

まず東市の規模は南北が一〇〇〇メートル餘り、東西が九二四メートル、西市は南北一〇三一メートル、東西九二七メートルの長方形を呈し、市の內部には南北と東西に走る幅一六メートルの街道が二條あり、四街が交差して九個の長方形の區畫をともなった井字形をなしている。中央の區畫に市署、平準署といった役所が置かれたものと考えられ、そのほかの長方形の街に面した部分に店舗が設けられたようであり、下水道も完備していた。唐末までは、これら兩市においてのみ商業が營まれたので、大いに賑わった。物資運搬のための運河が入っていた兩市は、一日中は開かれていず、日中（正午）に鼓三〇〇を合圖にして開かれ、日沒前に鉦三〇〇を合圖にして閉じられた。東市の雜踏は西市の賑わいに一歩ゆずり、西市では附近に外國から流寓者が多かったため、ペルシアやアラビアの商人、西域地方出身の歌姬や輕業師などが人目をひいていた。市は人の集まるところなので、古來、死刑の執行される場所とされたが、唐代でも同じであった。市の內部で同種同業の商店が店舖を並べた點は漢代と同じであるが、唐代では同業者ごとに「行（こう）」という團體を結成し、ギルドのような運營がなされた。東市の「肉行」「鐵行」、西市の「絹行」「藥行」などの名が傳えられており、行に屬する商人は行人と呼ばれ、それぞれ行頭とか行首と呼ばれる者によって監督された。このような行は、國都の長安のみではなく、地方の政治都市でも作られたのであって、蘇州の「金銀行」、揚州揚子縣の「魚行」が文獻にみえ、トルファン（吐魯番）出土文書や、河北の房山で發見された佛典石經の題記に、唐代の行關係の史料が見いだされる。

商業區域としての市の制度は、唐の中頃以後、しだいにゆるんでほかの坊にも進出し、北宋になると坊制の廢止に乘じて商店は街頭にも現れ、南宋になると都市內の至る所にみられるようになり、夜間營業の禁もおのずからすたれた（開封・杭州）。一方、南北朝時代から唐・宋時代にかけて、地方の小集落や州縣城の郊外の交通の便利な場所に「草市」と呼ばれる商業地域が現れ、ときには「鎭」と呼ぶ行政單位に昇格することもあった。「草市」も元來は定期市であったらしいが、宋以後の市制度の崩壞後、「定期市」が地方都市や鄉村のみならず國都でもみられるようになった。定期市は集・市・市集などと呼ばれ、華南地方では墟あるいは墟市と呼ばれ、寺廟の行事と結びつくと廟市あるいは廟會と呼ばれた。定期市が開かれるときを集期あるいは會期というが、一年に何回か開かれる年市と、一〇日ごとに何回か開かれる旬市と、毎日開かれ日常品を扱った日市があった。つまり、西洋の週市の代わりに旬市があったことになる。交通の便のある河畔や橋畔などに、佛寺や道觀、そして廟の祭日などを利用して賑わった定期市は、そののち元・明・清の時代を通じてますます盛んとなったのであって、たとえば舊中國の北京では、東城の隆福寺、西城の護國寺、白塔寺、外城宣武門外の土地廟が四大廟會として有名であった。ちなみに定期市は、一般的に華北や華南に多く、華中でも特に長江（揚子江）下流域ではかえって少なかったといわれる。

［中國の］宮廷

中國では、宮廷というのは帝王の居處のことであり、宮庭とも書かれ、「朝廷」「宮闕」あるいは單に「朝」

「闕」といわれ、しばしば商品交易の場である「市」と對して呼ばれた。『周禮』考工記によれば、國都を造營する際には、中央に王宮を置き、東に宗廟、西に社稷、前方つまり南に「朝」、後方つまり北に「市」を設けたし、『周禮』全體の記述からみると、天子には三朝があったことになり、路門より內側を天子の日常起居する場所である燕朝といい、路門外、應門內を天子が每日臨御して政事をみる場所たる治朝といい、應門外、皐門內を朝士が政事を掌る場所たる外朝といったとされ、全體を內朝と外朝とに二大別するときは燕朝と治朝をあわせて內朝といったのである。

秦・漢以後の歷代の宮廷つまり朝廷が、『周禮』に記述されていた通りの構造をもっていたわけではないが、大綱においては、その構想は尊重されていたとみてよい。すなわち、天子たる皇帝を中心に皇后をはじめとする多くの女官や宦官、外戚の勢力の渦まいた內朝と、宰相をはじめとする中央官僚たちがひしめいた外朝は、歷史的にみると、つねに微妙な緊張關係に置かれていた。皇帝が、宰相以下の百官のいる外朝を信賴しきった時期もあれば、內朝の宦官や外戚の意向に從って政治を行ない、外朝の中央政府を單なる事務執行機關と化してしまった時期もあったのである。宮廷あるいは朝廷というのは、內朝と外朝をあわせた總稱であるが、ごく一般的な用法でいえば、內朝のみが宮廷であり、外朝は政府とみた方がよかろう。

宮廷に建てられた宮殿は、それぞれの時代文化を代表するものであった。秦の始皇帝は阿房宮をはじめとする七〇〇餘りの宮殿を建てたというし、漢代の未央宮や甘泉宮なども大規模なものであった。隋・唐時代の長安もこれらと同じであって、たとえば唐の長安城の北端中央に置かれた宮城たる太極宮には、儀式場たる太極殿や兩儀殿のほか、門下省と中書省の建物があり、太極宮の西に掖庭宮、東に東宮が位置していた。これら三宮の南に皇城と呼ばれる官廳街が林立していたのであって、太極宮が內朝に、皇城が外朝にあたるわけである。

ところが、太極宮（西内）の地域が濕度の高い惡條件の場所だったので、太宗のときに東北の地に大明宮（東内）を建て、さらに玄宗のときには皇城の東の方に造られた興慶宮（南内）が事實上の宮城となった。これらを總稱して三大内と呼んだ。宋の宮殿も唐制をつぐが、いわゆる征服王朝であった遼の上京と金の上京は、本城に接續して漢城を設け東を正面にしたし、元の大都では宮城が南端近くにあってモンゴルの風習に從うところが多かった。明・淸時代に北京紫禁城に造營された宮殿の規模は、故宮の名で現存している。南の天安門から午門を經て儀式場である太和・中和・保和の三殿が縱に並び、その東西に文華殿と武英殿が配されていて、これが外朝にあたる。乾清門の北が內庭つまり內朝であって、乾清宮、坤寧宮などが配された。

歴代の宮廷は、政治の中心であっただけではなく、宮廷音樂、宮廷文學の場であり、宮廷畫家が活躍した。漢代には、雅樂が天地祖先をまつる儀式音樂として制定されたし、賦という文學形式が宮廷でもてはやされた。三國時代には魏の曹操父子のいわゆる三曹が當時の文學界をリードしたし（建安文學）、南朝齊の竟陵王や梁の簡文帝のサロンではまさに宮廷文學が花開き、宮體と呼ばれる詩體が流行した（永明文學）。唐代では、特に玄宗治世の宮廷で、西域傳來の音樂などが異國情緒をただよわせたのであって、王建が七言絕句のかたちで詠んだ宮詞は、當時の宮廷內部の祕事や遺聞を今に傳えてくれる。なお、畫院に屬した宮廷畫家は、漢代以降いつも存在したが、特に宋の徽宗が藝術を好んだために重んぜられたし（翰林圖畫院）、淸代にはイエズス會修道士カスティリオーネ（郎世寧）のごとき宮廷畫家さえ出現したのである。

［中國の］都城

都城とはもともと城郭に圍まれた都市を指すが、一般には特に國の首都ないし副都となった都市を指すことが多い。中國で最初の統一王朝を建國した秦の始皇帝は、長安（現西安）の北西にあたる咸陽城を擴張して統一帝國の首都にふさわしい大都城としたが、秦の滅亡の際にすっかり燒き拂われた。前漢は長安に、後漢は洛陽にそれぞれ都城を置いて以後、これら長安と洛陽は、しばしばのちの王朝の首都あるいは副都となった。すなわち長安は五胡十六國時代の前趙・夏・前秦・後秦と西魏・北周・隋・唐の各王朝の首都であり、洛陽は三國の魏・西晉・北魏・後唐の首都で、隋と唐の副都とされた。そして日本で「千年の古都」と稱される京都が、平安時代に西半分の右京が長安、東半分の左京が洛陽の別名をもった、という事實が示唆するように、日本古代の都城は、中國の長安と洛陽との兩都城を模倣したものなのであり、さらに時代を限定すると、北魏王朝の首都たる洛陽城と、それにひきつづく隋・唐王朝の首都たる長安城との都城制を移入したのである。ただし留意すべきは、儒教の古典たる禮制に記載され、傳統的に中國人一般が抱いてきた都城のイメージにおいて、北魏の洛陽城と隋・唐の長安城とは、ともに正統ではなく異端の位置にあったという點である。換言すれば、日本古代の都城制は、中國における都城の建設史の上で正統ではなかった北魏洛陽城と隋唐長安城の都城制を繼受したことになる。朝鮮半島では慶州などに條坊制をもった都城が建設されたが、中國の都城制に忠實な例は、李朝の漢城（ソウル）において成立した。

中國の都城については、漢代以後、儒教の古典として尊重されてきた『周禮』考工記の匠人の條によると、都城は九里四方の方形で、四周にはそれぞれ三門ずつ門が開かれ、また城内には南北と東西に九條ずつ道路が通じ、その道幅は車のわだちの九倍である。さらに中央に位置する宮室の左、つまり東には祖先の靈をまつる祖廟（宗廟）が、右つまり西には土地の神をまつる社稷があり、前方つまり南には朝廷を、後方つまり北には市場（市）を置き、その市場と朝廷はともに一夫つまり一〇〇歩平方の面積を占める、と記されている。ただし、この『周禮』考工記に代表される、都城の中央に宮城を置くという傳統的な都城建設プランは、必ずしも歴代の王朝によって採用されはしなかった。前漢の首都となった長安は、自然的に發達した集落をのちに整理したものであるから、このプランに合致しない點が多いし、後漢の首都たる洛陽については、文獻の上からは詳細は不明である。文獻の上で、傳統的な都城計畫に依據した首都として挙げられるのは、三國の魏の當初の首都であった鄴城であり、ついで西晉の首都となった洛陽であった。西晉の洛陽は漢・魏の舊を踏襲した蓋然性が強く、後漢の洛陽も傳統的な都城プランによっていたと考えられる。さらに降って、北宋の首都たる開封府、金の中都、元の大都、明の金陵（南京）、明代と清代の北京城は、いずれも傳統的な都城建設プランにもとづいて造營された。ところが、その中間の時代、日本の古代王朝の首都がモデルにしたという、北魏の洛陽城と隋・唐の長安城のみは、都城の中央北詰に宮城が置かれ、傳統的な都城プランとは、著しい相違をしめしているのである。

三國時代から南北朝にかけて、北中國の都市で最も繁榮したのは、洛陽であった。華化政策をすすめた北魏の孝文帝が、五世紀末に平城から洛陽に遷都した當初は、漢以來の都城をそのまま踏襲したので、「九六城」と呼ばれたように、ほぼ南北九里、東西六里（一里は約四三五メートル）の縦長の矩形であったが、六世紀初頭に多數の人夫を動員して都城を擴張し、東西二〇里、南北一五里の横長の矩形とし、それまでの「九六城」を內城、擴張部分を外郭とし、外郭內には居住區として一邊三〇〇歩の方形の坊（里）を二二〇設定したのであった。

この北魏洛陽城の都城形式にならって、漢以來の長安城の南東の龍首原の地に新たに建設されはじめたのが、六世紀末の大興城であり、七世紀初めの唐代に完成して長安城と呼ばれた。舊城を捨てて新都を造營した理由の一つとして、舊城附近の水の鹽分が多くなって生活に適さなくなっていたことが指摘されている。この隋・唐の長安城の規模は東西九・七キロメートル、南北八・二キロメートルで、外郭城の周圍にめぐらされた羅城は、すべて版築でつくられた土城であり、その厚さは城基の部分で、九―一二メートルあった。その中央最北部に宮城、その南に官廳街ともいうべき皇城がそれぞれ位置し、皇城の南東と南西にそれぞれ商業區域たる東市と西市が置かれた。城內の中央を南北に走る幅一五〇メートルの大街道たる朱雀門街によって分けられた東半分の左街は萬年縣、西半分の右街は長安縣の行政下にあり、それぞれ五五坊ずつの居住區を、東市、西市とあわせ管轄した。宮城と皇城の東西の距離はそれぞれ二・八キロメートル、南北は宮城が一・五キロメートル、皇城が一・八キロメートルであった。そして東市と西市は、それぞれ東西が一キロメートル餘り、南北は九三〇メートル弱であった。日本の平城京と平安京のおよそ四倍の面積を有したこの廣大な都城に住んだ人口は、およそ一〇〇萬人と推定されており、この一〇〇萬人の居住者をもってしても、この廣大な都城をうめつくすことは困難だったのであって、城內の南三分の一ほどの地域は、人家も少なくさびしい有様であったという記錄が殘されている。

なお、傳統的な都城プランにのっとった明・淸時代の北京城內の宮城は、皇城の中央部を占めて紫禁城と呼ばれ、東西およそ七〇〇メートル、南北約一キロメートルの地に多くの宮・殿が群立し、高い城壁で圍まれていたが、今では故宮博物院として、一般に公開され、北京を訪れる內外の觀光客で賑わっている。

第三章　神都洛陽の四面闕

古代日本の都城制の源流である漢から唐にかけての中國都城の形態と構造を考察するに際しては、儒教の古典たる『周禮』や『禮記』を無視できない。『周禮』考工記の匠人、營國の項には、王城つまり首都を建設する計畫案がしめされていて、そのなかに「左祖右社、面朝後市、市朝一夫」という文言がみえる。中央に天子のいる宮闕の左つまり東には祖先の靈をまつる宗廟を置き、右つまり西には土地の神をまつる社稷を置く。前面つまり南には朝廷を、後方つまり北には市場を置く。その市場と朝廷はともに一夫つまり一〇〇歩平方の面積を占める、というのである。また『周禮』天官・內宰の條には「およそ國を建つるに、后をたすけて市を立つ。その次をもうけ、その敍をおき、その肆をただし、その貨賄をならべ、その度量と淳制を出す。これを祭るに陰禮をもってす」とあり、漢の鄭玄は「王は朝を立て、后は市を立つ、陰陽相成の義なり」と注しているのを參看すると、國家の政治と經濟の中樞機構を象徴する朝（朝廷）と市（市場）は、それぞれ天子と皇后によって主宰される、と陽と陰の概念で說明が施されていたことになる。『東大寺要錄』卷一に收められている、「延曆僧錄」を出典とする、仁政皇后菩薩傳に、聖武天皇の皇后となる光明子が、立后以前に父の藤原不比等に相談して市に入って商人たちに秤尺の用い方を教えた、と記述されるのは、『周禮』の理念を踏襲しているわけである。

この市は、漢から唐に至る中國の都城では、城郭内のいくつかの區畫だけに限定し、國家の監督のもとに店舗を設けて商業を營むことを許可し、時には市の內部で一種の營業税が徴收された。市に對する法令は、『周禮』天官・大宰の條に、九賦つまり九種の租税收入を列記したなかに「關市之賦」があったように、通行税を徴收する關と一括されるのが普通であって、湖北省雲夢縣の秦墓から發見された竹簡の秦律にも、關市の職務についての條文がみえる。ただし、『禮記』王制をはじめ、『孟子』梁惠王下などで話題になったように、關所における通行税と市場における營業税を徴收しないのが、理想の政治とされてきたのである。

關と市については、通行税や營業税を徴收すべきか否かが歴代の王朝で論議のまととなったので、上古から十世紀の五代の諸王朝に至る君臣の政治についての事跡を集大成した『册府元龜』では邦計部に「關市」門がたてられて卷五〇四の大半を占めていたし、特に唐代については『唐會要』卷八六の「關市」の項が簡便な沿革史を提供していた。唐代の關と市についての通則は、『唐六典』と『唐律疏議』のほか、仁井田陞『唐令拾遺』の關市令に、日本の養老關市令や『倭名類聚抄』所引の唐令をも參照した一四條が復舊されていることは、あらためて特記することもあるまい。

ところで、唐代の關と市のうち、後者の市については內外の學者による研究業績が積み重ねられているので措いておき、前者の關について一石を投じてみることにしよう。關をも含む唐代の交通については、つとに中國經濟史料叢編の唐代篇之四として、鞠清遠主編『唐代之交通』（國立北京大學出版組、一九三七年。一九七四年に臺北の食貨出版社より複印）が出され、青山定雄『唐宋時代の交通と地誌地圖の研究』（吉川弘文館、一九六三年）には「唐代の陸路」「唐・五代の關津と商税」といった論文が集録されていた。そして一九八五年には全一〇卷を豫定した嚴耕望『唐代交通圖考』（臺北、中央研究院歴史語言研究所）が刊行を開始し、京都關内區を對象とした第一巻から河東河北區の第五巻までは出版されたが、河南淮南區を扱うはずの第六巻以下がいつ刊行されるのかは不明である。これら先學の勞作を通讀した現時點において、最も氣掛りなのは、七世紀末から八世紀初頭にかけて、唐朝を中斷して則天武后が建てた周王朝（六九〇―七〇五）の事實上の首都であった神都洛陽の四面關についての適確な説明がなされていないという點である。

『唐六典』巻六・刑部の司門郎中員外郎の條に、關では税をとりたてないことを明記するに先立ち、

凡そ關は二十有六にして、上中下の差をなす。京城の四面關にして驛道ある者を上關となす。餘關の驛道あると、及び四面關の驛道なき者を中關となす。他は皆な下關となす。中と外とを限り、華と夷とを隔て、險を設け固めを作し、邪を閑ぎ暴を正す所以の者なり。

凡關二十有六。而爲上中下之差。京城四面關有驛道者。爲上關。餘關有驛道。及四面關無驛道者。爲中關。他皆爲下關焉。所以限中外。隔華夷。設險作固。閑邪正暴者也。

と規定されていたように、七世紀前半期における唐代の關には、京城の內と外を限る四面關と、中華と四夷を隔てる邊境關の二種があり、明らかに京城の四面關の方が重要視されていた。李林甫らの注によれば、京城長安の周圍に設けられた四面關のうち、驛道の通過する上關は、京兆府の藍田關、華州の潼關、同州の蒲津關などの六關であり、四面關のうち驛道の通らないのと邊境ながら驛道の通る關である中關は一三、そして驛道の通らない邊境關である下關は七であって、合計二六關、隋代に關官が置かれた四九關に比べて半減していた。その內容は前記の青山定雄「唐・五代の關津と商税」に附された關名一覽表に詳しいが、廢されたのは河南省の洛陽周邊の一〇關をはじめ、山東省の四關といった國內の諸關であって、長安周邊の四面關と邊境の諸關にはほとんど變化がなかったので

ある。九世紀中葉の入唐僧圓珍が將來した關津の通行證明書たる二通の過所が、潼關と蒲津關においてのみ勘過をうけていたのも、京城の四面關の重要性を如實にしめしている。なお、唐代と日本古代の過所と交通政策については、青山論文をも踏まえた館野和己「日本古代の交通政策」（岸俊男教授退官記念會編『日本政治社會史研究　中』塙書房、一九八四年）が有益である。

國都長安の四面關がかくも重視されていた史實に鑑みると、武周王朝期において神都洛陽に四面關を設置したか否かは、興味深い課題であろう。弘道元（六八三）年の年末に高宗が亡くなると、則天武后はたてつづけに自分の子を中宗、睿宗として擁立するが、名目だけであって、大權はみずからの手中に握りしめ、武周革命への道を歩みつづけた。嗣聖元（六八四）年九月に、副都の待遇が與えられてきた東都の洛陽を神都と改めて事實上の首都にし、官廳名と官職名の改稱も行なった。載初元（六九〇）年に神都洛陽において皇帝の位につき周王朝を開いた武太后は年號を天授と改元した。その翌年正月には社稷を改めてこの神都に遷し、七月には關內より數十萬戶を洛陽に徙すことにした。その前後に洛陽近邊の諸州を王畿內に入れたり、長安の地たる雍州を五州に分かって畿內に入れたりし、長安と洛陽との中途にあった潼關を廢止し、洛陽の南面・東面・北面に新たに關所を設置するといった畿內制度の改變を斷行したのである。ところが、このときに發せられた制敕の節略文が、通行本の『唐會要』卷八六・關市の項に「天授二年七月九日敕。其雍州已西安置、潼關、卽宜廢省。洛州南北面各置關」として記載されていたために、鞠清遠主編『唐代之交通』五頁にもそのまま轉載され、青山定雄は「唐・五代の關津と商稅」の注（前揭書、一五四頁）において、潼關を廢して洛州の南北兩面に關を置くことにしたと記した上で、『唐大詔令集』卷九九などの關連史料に言及されたのであった。

『唐會要』所引の天授二年七月九日敕にのみ依據すれば、このときに洛州の東面には關は置かれなかったことになる。しかし、洛陽の四面のうち、廢止せんとする西面の潼關はいざ知らず、南面と北面に關を置くも東面には關を置かなかったとは、どうしても考えられない。黄巾の亂が勃發した後漢末の中平元（一八四）年に京師洛陽の周圍に八關都尉官が置かれたうちの、東面の旋門關の後身たる虎牢關は、隋末唐初の群雄たちによる必争の地點だったのであって、武牢關と改稱されたこの關所を復舊させなかったはずはなかろう。考證の詳細は省略するが、『唐大詔令集』巻九九や『文苑英華』巻四六四に收録されている「置鴻宜鼎稷等州制」をていねいに吟味すれば、『唐會要』所引の敕の後半は「洛州南面東面北面、仍各置關」とあるべきで、「面東面」の三字が脱落してしまったと見なさないわけにはいかないのである。

京城長安の四面關は『唐六典』によると一一關あったのに對し、このとき神都洛陽の四面關はいくつ設置しようとされたのかを確認する史料はない。ただし、黄巾の亂の折に都尉官が置かれた八關の地は、いずれも交通の要衝に立地していて（曹爾琴「洛陽從漢魏至隋唐的變遷」『中國古都研究　第三輯』浙江人民出版社、一九八七年、二二六頁參照）、洛陽のことを「八關都邑」と稱することさえあるとのことなので（任華光『古都洛陽紀勝』河南人民出版社、一九八五年の「洛陽八關」の條を參照）、『隋書』地理志に洛陽周邊に關官の置かれた縣が一〇あったことを考慮に入れると、長安と同じく一〇關前後の設置を立案したのではなかろうか。

武周朝では關津に課税すべきや否やについて論議されたが、『新唐書』巻一〇〇によると張知泰が「東都諸關十七所」を置いて課税せんとしたが、米價などが騰貴して中止になったし、長安二（七〇二）年に關市において工商のみならず一般の通行人にも課税せんとしたが崔融の反對論によって中止されたという。これらは同一の史實を傳えたものかもしれないが、ともあれ聖曆元（六九八）年五月十九日に出された「却置潼關制」（『唐大詔令集』巻九九、『文苑英華』巻四六四などに所收）に「その神都四面のまさに須らく關を置くべきの處は、宜しく檢校文昌虞部郎中の王玄珪をして、卽ちに往きて檢行し、……還るの日に圖樣を具して奏聞せよ（其神都四面應須置關之處、宜令檢校文昌虞部郎中王玄珪。卽往檢行、……還日具圖樣奏聞）」とあれば、聖曆元（六九八）年段階で、潼關をも含む神都の四面關の圖面の作製が、工部の虞部郎中によってなされんとしたことは確實であった。しかし、政情は不安定となり、神龍元（七〇五）年二月には中宗が復位して武周王朝は崩壞し、國號は唐に復し、神都は東都の舊稱に戻されたので、神都四面關も沙汰やみとなった。半世紀のちに安史の亂が勃發して藩鎭割據の時期を迎えると、各地で舊來の關津を復活させ獨自に通行税を徵收しだす次第については、すでに諸家の說かれる通りである。

第四章　唐代の畿內と京城四面關

はじめに

先に唐代史研究會の報告論文集に發表した前稿「唐代食實封制再考」（唐代史研究會編『律令制——中國朝鮮の法と國家——』汲古書院、一九八六年、二七五—三〇三頁。本書第Ⅱ部第一章）の前半「二、七丁封戶」と「三、代國長公主碑」の兩節は、舊稿「隋の貌閱と唐初の食實封」(1)に對する山根清志の批判(2)に應答したものであった。それらの論點については、そののち、利光三津夫「再び初期食封制について」(3)においてていねいな再吟味がなされているので、多少の私見もないわけではないが、今はふれないことにする。

前稿の眼目は、後半の「四、畿內縣と通邑大都」と、「五、堂封の開始」の兩節であり、從來の研究史でほとんど取り上げられなかった論點を呈示したものである。そのうち、後者の、封爵の授與にともなうのではない、宰相という官職にともなって食實封が與えられるという、「堂封」の制が、唐の玄宗朝の開元十（七二二）年十一月に開始されて宋代にうけつがれるのであって、これこそまさに、日本の獨自性と說明されがちであった。「職封」にあたると指摘した點については、あらためて論及する必要はなかろう。しかし、唐代における封爵の授與にあたって、名山大川に封地を與えないという規定は前代の諸王朝でも採られていた方針であるのに對し、畿內の縣にも封地を與えないというのは、（隋朝についてはわからないが）唐朝の封爵制の特徴である、と前者の「四、畿內縣と通邑大都」で述べた點については、よりいっそうの背景說明がもとめられるであろう。

名山と大川に封地を與えない、という考えは古く、『禮記』王制に二カ所みえる。まず、

凡そ四海の內には九州あり。州は方千里。州ごとに百里の國三十、七十里の國六十、五十里の國百有二十を建つ。

凡四海之內九州。州方千里。州建百里之國三十。七十里之國六十。五十里之國百有二十。

凡そ二百一十國。名山・大澤は以て封ぜず。その餘は以て附庸・間田と爲す。

凡二百一十國。名山大澤不以封。其餘以爲附庸間田。

とあり、漢の鄭玄の注では、

名山・大澤は以て封ぜずとは、民と財を同じくし、障管するを得ず。亦た之に賦稅するのみ。

名山大澤不以封者。與民同財。不得障管。亦賦稅之而已。

と記すとともに、これらは殷の制であると述べられていた。のちに唐の杜佑が『通典』巻三一・歷代王侯封爵の殷制の條に『禮記』王制のここの本文をそのまま收録したのは、鄭玄の說にもとづくわけである。『禮記』王制には、九州における封國の法を論じた個所にも、「名山大澤不以封。其餘以爲附庸間田」とまったく同一の表現が現れる。『通典』巻三一・歷代王侯封爵の晉代と梁代の條に、それぞれ「名山大澤不以封」とあるのは、『晉書』巻二四・職官志(4)と『隋書』巻二六・百官志上の文を收録したものである。

『禮記』王制から唐初に編纂された『晉書』と『隋書』に至るまで、名山大川とは書かれず、名山大澤となっているとはいえ、これらの地域に封地を與えない、というのは、唐以前の諸王朝で採られてきた政策であった。たと

え正史に「名山大澤不以封」あるいは「名山大川不以封」といった文言は殘されていなくても、社會通念として、ひきつづき繼受されていたと考えて大過なかろう。ところが、畿內の縣にも封地を與えないというのは、前代までの文獻には見當たらず、唐朝の封爵制の特徵らしいのである。畿內の縣に封地を與えない、という政策は、漢代の二十等爵制において列侯に次ぐ高爵であった第十九爵の關內侯が原則として空爵であって食邑はなかったとされることと、何らかの關連があるのかもしれないが、確認はできそうもない。なぜならば西嶋定生が述べられたように[5]、漢代の關內侯についての文獻は一概に信賴できないからである。ただ唐初の顏師古が『漢書』卷一九上・百官公卿表の「十九關內侯」に注して、

侯號ありて京畿に居るを言う。國邑なし。

言有侯號而居京畿。無國邑。

と解していたことは、隋末唐初の頃には、漢代の關內侯が食邑を與えられていなかったとする解釋が有力であった、といえよう。

唐代の食實封の特徵を闡明する上からも、唐代特に唐前期と武周朝における畿內制度について考察を加えておきたい。

一　唐前期の畿內

畿內の制は、大化改新の際に日本に導入されたが、關晃の執筆にかかる『國史大辭典』第四卷（吉川弘文館）の「畿內」の項に[6]、

この畿內の制は京師の周圍の一定範圍を區別して王畿・邦畿・京畿・都畿などと呼ぶ特別區域とした中國の周代以來の制に倣ったものとされてきたが、わが國の畿內は都の位置に關係なく、はじめからその境域は歴史的にほぼ確定していたようで、その後都が大津京など畿外に出ても變更される氣配は全くなかった。また律令國家の中央官人任用資格は原則的にはほぼ畿內出身者に限られていた。

とあるように、日本の畿內制は中國の畿內制を模倣しつつも改變がなされたものであった。日中の畿內制についての專論としては、關も參考文獻欄に擧げている曾我部靜雄「日中の畿內制度」(7)(『史林』四七―三）があるのみなので、その紹介からはじめよう。

曾我部は、まず「一　周禮の畿內制度」で、畿とは限界の意味であって王畿だけをいうのではなかったが、『周禮』の制度では、王畿が國家の中央で、政治の中心であったから、王畿だけが强調され、後世では王畿だけが殘って王畿內すなわち畿內の語となって、王城を中心とする近傍の地域を呼ぶこととなったようである、と述べられた。ついで「二　中國の畿內制度」では、中國の中世において畿內制度を實施したのは北魏の太武帝であって、その首都の平城附近に方千里の地域を畫して畿內としたが、北魏が東西魏に分かれた後、長安に都した西魏・北周では畿內の制度は採られず、鄴に都した東魏・北齊では首都近傍の一〇郡あるいは八郡をもって畿內とした。全國を統一した隋では、畿內の制度は文帝のときには採られず、煬帝の大業三（六〇七）年に令が改定されたことによって畿內と畿外の制度が施かれたもののようである、と述べられた。さらに、隋に替わり長安に首都を置いた唐も、初めは畿內の制度が施かれなかったのは、唐が隋の煬帝の制度を棄てて、隋の文帝の制度を採用したがためであろう、唐では玄宗の開元二十一（七三三）年になってはじめて畿內・畿外の地域が畫定された、とした上で「三　我が國の畿內制度」において從來の研究史を跡づけ、「四　結語」において、

> 周禮に定められている畿內の制度は、中國では奇しくも中國人でない北魏の鮮卑人によって中世に實施され、平城型と鄴型の兩種の形式を生むに至ったが、この形式がそのままで我が國に輸入され、しかも實施の順序も彼の順序で行なわれた。これは唐の影響以前のものである。我が國と中國とは、唐の時に至って急に親しくなり、その文化が急に多く將來されるようになったが、しかし唐以前の影響も無視することが出來ないのであり、史上には我が國との關係は全く記されてないと思われる北朝の影響なども、大いに考慮しなければならないようである。　（五七頁）

と結論づけられるに至ったのである。この結論は、曾我部が提示された史料のみに依據すれば、いかにも說得的である。しかし、北魏が東西に分裂して以後、唐の玄宗の開元年間に至る約二〇〇年間、長安に首都を置いた西魏・北周・隋・唐の諸王朝において、隋の煬帝期のみを例外に、畿內制度は施かれなかったとするのは、あまりにも強引な主張といわざるをえない。

　曾我部は、この『史林』論文を論文集『律令を中心とした日中關係史の研究』(8)に再錄されるに際し、斷ってはおられないが、かなり大幅な添削をなされた。特に西魏と北周に關して、『史林』論文で「この西魏・北周は長安に都したが、ここでは畿內の制度は採らなかった」（四四頁）とされていたのを、論文集では「この西魏・北周は長安に都し、矢張り畿內制度を施いた」（四六六頁）と正反對に書き換えた上、西魏の權力者であり、北周の祖となった宇文泰は、周を慕って『周禮』を直譯したような制度を立てて、それを實施したから、その畿內制度も『周禮』に定められている方千里のものであったのであろう、と推論されている。曾我部が、西魏と北周でも畿內制度はつづけられた、と訂正された點は首肯しうるものである。しかし、東魏では首都近傍の一〇郡をもって皇畿すなわち畿內・畿郡とし、北齊の畿內・畿郡は八郡からなっていたのに對し、西魏・北周における畿內制度は『周禮』

に定める方千里のものであったか否かについて、議論の殘るところであろう。西安市地圖集編纂委員會編『西安市地圖集』が、西魏の京畿は七州、北周の京畿は八州、として說明し、地圖化している方[9]が、妥當ではあるまいか。

ところで、曾我部は、隋から唐の玄宗朝にかけての部分では、わずかの手直しをされただけであった。『史林』論文では隋に關して「畿內の制度は、初めの高祖文帝の時には採らなかった」（四五頁）とあったのを、「畿內の制度は、初めの高祖文帝の時には、採用しなかったのではないかと思われる」（四六九頁）と斷定を避けられ、『史林』論文では畿內の制度は開元二十一（七三三）年に創まるとしていたのを（四七頁）、開元十七（七二九）年に創設されたとするのが正しい、に變えられはしたものの（四七二頁）、唐初に畿內の制度は施かなかったとする主張を變更されはしなかったのである。關連史料の少ない隋の文帝朝については、斷言を避けざるをえないが、唐の高祖・太宗朝から玄宗朝にかけての時期に畿內の制度はなかったとする曾我部說は成立しない。武周朝については節を改めて論じることにして、高祖・太宗朝に畿內制が施かれていたことを明示する史料を列擧しておこう。

高祖李淵が唐朝を建國してから一年にも滿たない武德二（六一九）年閏二月二日壬寅の日に、皇太子建成をして京城側近の諸縣を巡らせ、秦王世民に京城以東を巡らせ、左僕射裴寂に京城以西を巡らせて、民情をさぐり、賑恤を加えたことを、『新唐書』卷一では「巡于畿縣」畿縣を巡る、と記している。つぎの太宗李世民が卽位した翌年たる貞觀元（六二七）年の記事として、『唐會要』卷八四・移戸の條に、

> 貞觀元年、朝廷、戸おき處は、寬鄉に徙るをゆるさんことを議す。陝州刺史の崔善爲、上表していわく、畿內の地は、これを殷戸といい。丁壯の民は、ことごとく軍府に入る。若し移轉をゆるさば、便わち關外に出でん。これ則わち近きを虛にし遠きを實にするものにして、經通の義にあらず、と。その事ついに止む。
>
> 貞觀元年。朝廷議戸殷之處。聽徙寬鄉。陝州刺史崔善爲上表曰。畿內之地。是謂殷戸。丁壯之民。悉入軍府。若聽移轉。

　便出關外。此則虛近實遠。非經通之義。其事遂止。

とみえる。この崔善爲の上表については、かつて軍府州の偏在にかかわる人民の移住の觀點から検討を加えたことがあるが[10]、その文言のなかに「畿內之地」がキー・ワードとして使われているのである。

ついで貞觀八（六三四）年正月に十六道黜陟大使を全國に派遣しようとした際に、最も大事な畿內道大使の人選が難航し、魏徵を推薦した當の李靖が任命された經緯が、『唐會要』巻七八・黜陟使の條、『貞觀政要』巻一四・忠義の條、『資治通鑑』巻一九四などにみえ、『舊唐書』巻六七・李靖傳では、

　八年、詔して畿內道大使となし、風俗を伺察せしむ。

　八年。詔爲畿內道大使。伺察風俗。

とあり、『新唐書』・巻九三・李靖傳では、

　時に十六道に遣使して風俗を巡察し、靖を以て畿內道大使となす。

　時遣使十六道巡察風俗。以靖爲畿內道大使。

とあって、畿內の制がなかったとする曾我部説を認めるわけにはいかないのである。ちなみに、『資治通鑑』では、當時全國は一〇道に分かれていただけなのに「十六道黜陟大使」という會要や統紀の記事に疑問を抱き、「諸道黜陟大使」として李靖ら一三人を天下に分行させたと述べているが、『新唐書』李靖傳の記事からみても、「十六道」の一として「畿內道」が存在したことを否定すべきではなかろう[11]。なお、『新唐書』巻九七・魏徵傳に載せる貞觀十三（六三九）年の上疏の一節に、

　貞觀の初め、頻年に霜旱あり、畿內の戸口、並びに關外に就く。……このごろ徭役に疲れ、關中の人、勞弊もっとも甚だし。

貞觀初。頻年霜旱。畿內戶口。並就關外。……比者疲於徭役。關中之人。勞弊尤甚。

とあるように、唐代では畿內の語は關中あるいは關內と同義語と見なされた。したがって唐代の畿內を題材とする以上、長安周邊の關について、すなわち京城の四面關について言及しなければなるまい。そこで、武周朝の畿內について述べる前に、京城の四面關についてふれておくことにしよう。

二　京城の四面關

『周禮』天官・大宰の條に九賦つまり九種の租稅收入の七番目として「關市之賦」が擧げられていたように、通行稅を徵收する關は營業稅を徵收する市と一括されて關市と呼ばれることが多かった。一九七五年の年末に湖北省雲夢縣の秦墓から發見された竹簡の秦律十八種のなかにも「關市」の職務についての條文が含まれていた。ただし、『禮記』王制のなかで「古者は公田は藉りて稅せず。市は廛して稅せず、關は譏して征せず（古者公田藉而不稅。市廛而不稅。關譏而不征）」と述べ、『孟子』の梁惠王下と公孫丑上にも「關は譏して征せず」の句がみえるように、關所における通行稅と市場における營業稅を徵收しないのが、理想の政治とされてきた。

關と市で課稅しないのが理想ではあれ、財政收入が逼迫すると、課稅對象に選ばれがちだったので、歷代の王朝で論議のまととなった。上古から十世紀の五代の諸王朝に至る君臣の政治についての論議を集大成した『冊府元龜』では、邦計部に關市門がたてられて卷五〇四の大半を占めていたし、唐代については『唐會要』卷八六の關市の條が簡便な沿革史を提供している。特に唐代の關についての通則は、『唐六典』卷六の司門郎中員外部の條や『唐律疏議』卷八・衞禁律などにもとづいて復舊された仁井田陞『唐令拾遺』の關市令に網羅されている。そして唐代の關の廢置については、青山定雄の「唐・五代の關津と商稅」[12]（『唐宋時代の交通と地誌地圖の研究』吉川弘文館、一九六三年）が、詳細に論じているのである。青山論文に依據しつつ、唐初における關の廢置の狀況にふれておこう。

南北朝時代には時に關で通過稅が課されることもあったが、隋代に廢され、唐にひきつがれた。隋初には邊關や首都防衛のために新たに置かれた關もないわけではなかったが、全土統一の實があがるにつれて廢される關もあり、『隋書』の卷二九と卷三〇の地理志によれば、四九カ所に關官が置かれていた。唐代になると、太宗が卽位した直後の武德九（六二六）年八月十七日壬申に出された詔の一節に、

それ潼關以東の緣河の諸關は、悉く宜しく停廢すべし。それ金銀綾綺等の雜物の格に依りて關を出づるを得ざりし者も、並びに須く禁ぜざれ。

其潼關以東。緣河諸關。悉宜停廢。其金銀綾綺等雜物。依格不得出關者。並不須禁。

とあるように[13]、太宗は國內の交通商業や國外との交易の利便を圖るべく、潼關以東に置かれていた黃河の諸關を廢止したにとどまらず、從來は格によって關外へ持ちだすことを禁じていた金銀や綾綺の帶出をも許す政策を打ちだしたのである。

『元和郡縣志』卷六・陝州靈寶縣の條によれば、縣の西北三里にある沍津は、隋の義寧元（六一七）年に關が置かれていたが、一〇年後の貞觀元（六二七）年に關を廢して津を置いた、という[14]。つまり、前年の武德九年八月の詔によって停廢された諸關の一が、沍關あるいは沍津關であったことになろう。この詔によって、唐の高祖朝を通じて、潼關以東の黃河沿いに諸關が置かれていたことが確認でき、洛陽北邊にもいくつかの關が置かれていたことを推測させてくれる。

『唐六典』巻六・刑部司門郎中員外郎の條には、關では課税しないことを明記するに先立ち、

凡そ關は二十有六にして、上中下の差をなす。京城の四面關にして驛道ある者を上關となす。餘關の驛道あると、及び四面關の驛道なき者を中關となす。他は皆な下關となす。中と外とを限り、華と夷とを隔て、険を設け固めを作し、邪を閑ぎ暴を正す所以の者なり。

凡關二十有六。而爲上中下之差。京城四面關有驛道者。爲上關。餘關有驛道。及四面關無驛道者。爲中關。他皆爲下關焉。所以限中外隔華夷。設險作固。閑邪正暴者也。

と述べられているように、玄宗朝開元年間（七一三―四一）における唐代の關には、京城の內と外を限る四面關と、中華と四夷を隔てる邊境關の二種があり、明らかに京城の四面關の方が重要視されていた。李林甫らの注によれば、京城の四面關のうち、驛道の通過する上關は、京兆府の藍田關、華州の潼關、同州の蒲津關、岐州の散關、隴州の大震關、原州の隴山關の六關であり、四面關のうちで驛道の通らないのと邊境ながら驛道の通る關である中關は一三、そして驛道の通らない邊境關である下關は七であって、合計すると二六關で、隋代に關官が置かれた四四關に比べて、ほぼ半減していた。『隋書』地理志に記載されながら、『唐六典』に登場しないのは、河南省の洛陽周邊の一〇關をはじめ、山東省の四關といった國內の諸關であって、京城周邊の四面關と邊境の諸關にはほとんど變化がなかったのである。河南省と山東省の諸關は、太宗卽位直後の詔によって廢止されたのであろう。[15]

『唐六典』の注にみえる二六關のうち、京城の四面關はいくつあったのであろうか。その定義から、上關の六關はすべて京城の四面關である。これら六關のうち、開元二十一（七三三）年に全土が一五道に分けられた際に增置された京畿道に所屬する京兆府・華州・同州・岐州に置かれた藍田關・潼關・蒲津關・散關の四關については問題ないとして、岐州の西に位置する隴州の大震關と、さらにその北に置かれた原州の隴山關が、[16]京城の四面關と認定

されていたことは、注目に値する。つまり六盤山の南北端を横切る驛道に設けられた大震關と隴山關も、京城の四面關だったのである。この事實から類推すると、中關とされた一三關のうち、京兆府の子午關・駱谷關・庫谷關、同州の龍門關のほか、原州の木峽關をあわせた五關が、京城の四面關に含まれていたに違いない。すると、京兆府の藍田關・子午關・駱谷關・庫谷關の四關が南面關で、華州の潼關と同州の蒲津關・龍門關の三關が東面關、岐州の散關と隴州の大震關が西面關で、西北に置かれた原州の隴山關・木峽關の二關が北面關とされていたのであろう。

三　武周朝の畿內と四面關

第一節に引用した關晃の所說によると、日本の畿內は都の位置に關係なく、はじめからその境域はほぼ確定していて、都が大津京など畿外に出ても變更される氣配はまったくなかった(17)。しかし、中國では呼稱はさまざまではあれ、都が移れば、それに應じて周圍の一定範圍を特別地域とし、畿內などを設置した。そして畿內と畿外を區切る交通の要衝に四面關を設ける事例が多かったのである。では、七世紀末から八世紀初頭にかけて、唐朝を中斷して則天武后が建てた周王朝（六九〇―七〇五）の事實上の首都であった神都洛陽の畿內と四面關は、どのようにして設定されたのであろうか。神都洛陽の四面關についてはすでに小文をつづったが(18)、配附先が限定されていたので、重複を厭わず、再說しておこう。

唐の高宗が永淳二（六八三）年十二月に亡くなると、則天武后はたてつづけに自分の子を中宗・睿宗として擁立するが、名目にすぎず、大權はみずからの手中に握りしめ、武周革命への道を歩みつづけた。まず文明元（六八四）年九月五日に光宅と改元するとともに、副都の待遇が與えられてきた東都の洛陽を神都と改めて事實上の首都にし、(19)官廳名と官職名の改稱を行なった。載初元（六九〇）年九月に、神都洛陽において皇帝の位につき周王朝を開いた武太后は、年號を天授と改元し、その翌天授二年正月には、この神都に社稷をあらためて置いた。そして四月には、『大雲經』によって革命の理論づけを提供した佛僧への論功行賞を行なうとともに、佛教を道教の上に置き、公式の會合で僧侶は道士よりも上位の席次を与えられることになった。武周朝が畿内制の改變をはじめるのは、この四月の末のことである。

『文苑英華』巻四六四・廢潼關雍洛州開鄭汴許衛等州府制は標題の下に「詔令作以鄭汴等州爲王畿制」とする夾注があり、本文中の三カ所に「詔令作某」との夾注があるが、通行本の『唐大詔令集』には収録されていない。おそらく闕巻となっている巻八七から巻九八のどこかに収められていたのであろう。『全唐文』巻九五には「以鄭汴等州爲王畿制」と題して収められているが、文字の異同からみて、文苑英華本に依據している、といえよう。(20)ともあれ、この制のなかに、

洛の東の鄭州・汴州、南の汝州・許州、西の陝州・虢州、北の懷州・澤州・潞州、東北の衛州、西北の蒲州を以て、王畿の內と爲すべし。鄭州・汴州・許州は、八府を置くべし。汝州は二府を置くべし。衛州は五府を置くべし。別兵は皆な一千五百人。云云。

可以洛東鄭州汴州。南汝州許州。西陝州虢州。北懷州澤州潞州。東北衛州。西北蒲州。爲王畿內。鄭州汴州許州。可置八府。汝州可置二府。衛州可置五府。別兵皆一千五百人。云云。

とあり、『文苑英華』によれば天授二年四月二十九日に出された制である。『文苑英華』の標題が正しければ、潼關と雍州・洛州がこの時點で廢止されたはずであるが、制文のなかで言及はされていない。この制によって潼關以東の神都洛陽の周邊に位置した一一州が王畿の內、つまり畿內に入れられたにとどまらず、それまで折衝府の置かれ

ていなかった五州に合計三一の折衝府が置かれることになった。つまり畿內に編入されることは、當時にあっては有軍府州にされることを意味したのである。

神都洛陽の周圍の一一州を畿內に入れてから二カ月餘りたった天授二年七月九日に、「置鴻宜鼎稷等州制」が出された。その全文は『文苑英華』巻四六四と『唐大詔令集』巻九九に收められている。それによると京兆の雍州の管內において五州を析置するとともに、潼關を廢止すべし、と述べたのちに、

雍州ならびに析する所の州と、同州・太州は並びに畿內に通入し、洛州の南面・東面・北面、仍お各おの關を置けば、云云。

雍州幷所析州。同州太州。並通入畿內。洛州南面東面北面。仍各置關。云云。

とあり、そのつぎに雍州の舊管と同州・太州などの住民が、神都で編貫するのを情願する場合は許可するとともに、三年間の給復を認めているのである。つまり雍州の管轄下にあった地域と同州・太州（かつての華州）を畿內とするとともに、そこの住民が神都洛陽に移住することを奬勵した。この奬勵策により、數十萬戶が洛陽に移住したのである。

この七月九日の制によって、雍州長安と神都洛陽との中途にあった潼關が廢される一方で、洛陽の南面・東面・北面に新たに關所を設置することが決定された。ところが、この制敕の節略文が、通行本の『唐會要』巻八六・關市の項に、

天授二年七月九日敕。其雍州已西安置。潼關。即宜廢省。洛州南北面各置關。

として記載されていたために、鞠清遠主編の『唐代之交通』[(21)]五頁にもそのまま轉載され、青山定雄は前掲の「唐・五代の關津と商稅」一五四頁の注（17）において、潼關を廢して洛州の南北兩面に關を置くことにした、と記した

上で、關連史料に言及されたのである。しかし、『唐會要』の最後の個所は「洛州南面東面北面」とあるべきで、「面東面」の三字が脱落してしまったと見なさないわけにはいかないのである。

玄宗開元年間において京城長安の四面關は、前節で論じたごとく一一關あったのに對し、武周朝初年における神都洛陽の四面關がいくつ設置されんとしたのかを確認する史料はない。ただし後漢の末期、黄巾の亂に際して都尉官が置かれた八關の地は、いずれも交通の要衝に立地していて、(22)洛陽のことを「八關都邑」と稱することさえあるとのことなので、(23)『隋書』地理志に洛陽周邊に關官の置かれた縣が一〇あった例を考慮に入れると、長安と同じく一〇關前後の四面關ならぬ三面關の設置を立案したのではなかろうか。

武周朝では少なくとも二度にわたって關津に課税すべきや否やの論議がなされた。最初は、年月は定かでないが、武周革命の直後に張知泰が東都に諸關一七所を置いて課税するように、と上奏したが、米價などが騰貴して中止になった。(24)二度目は長安二（七〇二）年の正月か二月に、關市において工商のみならず一般の通行人にも課税する案が出されたのに對し、鳳閣舍人の崔融が猛反對して中止になったのである。(25)

二度目の關市への課税論議に先立つ聖暦元（六九八）年五月十九日に出された「却置潼關制」（『文苑英華』巻四六四、『唐大詔令集』巻九九などに所收）では、先に潼關を廢止したが、弊害が多いので舊來通りに安置するとした上で、

その神都四面のまさに須らく關を置くべきの處は、宜しく檢校文昌虞部郎中の王玄珪をして、卽ちに往きて檢行し、要害を詳擇して、務めて省功に在らしめ、古今を斟酌して、必らず折衷せしめ、還るの日に圖様を具して奏聞せよ。

其神都四面應須置關之處。宜令檢校文昌虞部郎中王玄珪。卽往檢行。詳擇要害。務在省功。斟酌古今。必令折衷。還日

具圖樣奏聞。

と書かれている。この制により、聖曆元年段階で、潼關をも含む神都の四面關の圖面の作製が、工部の檢校虞部郎中によってなされんとしたことは確實なのである。

崔融が關市における課稅案に反對してからちょうど三年のちの神龍元（七〇五）年一月に、軍事クーデタが行なわれ、中宗が卽位し、翌二月に國號をもと通りの唐に復し、百官の名稱なども舊に復した。同時に神都の名も東都の舊稱にもどされたので、畿內と四面關も變改されたに違いない。『唐六典』卷六で注記される京城四面關の制に移っていくのである。

おわりに

神龍元（七〇五）年に復活した京城長安の四面關は、半世紀のちの天寶十四（七五五）載十一月に勃發した安史の亂によって、脚光を浴びることになる。范陽から南下し、たちまちのうちに洛陽を陷落させた安祿山軍が、西に向かい、攻めあぐんだのちに潼關を突破すると、長安の宮廷は混亂の極に達した。玄宗は西に逃れ散關を經て蜀の成都に向かい、皇太子は西北して平涼つまり原州を經て靈武に達し、その地で卽位した。肅宗である。肅宗による最初の人事の一つが、關內采訪使を節度使に昇格させて、前蒲津關防禦使の呂崇賁をそれに任じたことであった(26)。

安史の亂が鎭壓されてからわずか半年後の代宗廣德元（七六三）年七月、突如として吐蕃の軍隊が大震關を破って攻め込み、長安を一時的に占領さえした。その間、代宗は潼關を東して陝州に避難した。これ以後、畿內の西北部が吐蕃の支配下に入ってしまう。敦煌をはじめとする河西のオアシス都市も吐蕃に占領される。京城の北面關が置かれた原州一帯の諸關が唐朝に收復されるのは宣宗大中三（八四九）年六月のことで、八十數年間は北面關の機能を喪失していたのである。

安史の亂が勃發して、藩鎭割據の時期を迎えると、各地で關津が增設され、獨自に通行稅・商稅を徵收しだす次第については、先學諸家の說かれる通りであり、特に靑山定雄の前掲「唐・五代の關津と商稅」が詳しい。その附表によれば、『唐六典』所掲の關津が二六であるのに對し、『新唐書』地理志には八七の關津名が記載されているのである。

註

（1）拙稿「隋の貌閱と唐初の食實封」（『東方學報　京都』三七、一九六六年、一五三―一八二頁。のち補注と補記を加えて『唐代政治社會史硏究』同朋舍出版、一九八六年、第Ⅲ部第一章、二四九―二九一頁に再錄）。

（2）山根淸志「唐食實封制に於ける所謂〝七丁封戶〟の問題について」（『中嶋敏先生古稀記念論集　上卷』中嶋敏先生古稀記念事業會、一九八〇年、一五七―一八三頁）・同「唐朝前半期における食實封制について」（『歷史學硏究』五〇五、一九八二年、三五―五二頁）。

（3）利光三津夫「再び初期食封制について」（島田正郞博士頌壽記念論集刊行委員會編『東洋法史の探究』汲古書院、一九八七年、四六七―四八八頁。のち『續　律令制の硏究』慶應通信株式會社、一九八八年、第二部第二章、二二七―二五八頁）。

（4）張鵬一編著・徐淸廉校補『晉令輯存』（三秦出版社、一九八九年）二四四頁に、王公侯令第二四の一條として復舊された「名山大澤不以封」は、『晉書』職官志によっている。

（5）西嶋定生『中國古代帝國の形成と構造』（東京大學出版會、一九六一年）の第一章第二節の「二　關內侯について」六四―七〇頁參照。

(6)『國史大辭典』第四卷一七一―一七二頁（吉川弘文館、一九八四年）「畿內」の項。

(7)曾我部靜雄「日中の畿內制度」（『史林』四七―三、一九六四年、三五―五八頁）。

(8)曾我部靜雄『律令を中心とした日中關係史の研究』（吉川弘文館、一九六八年）の「第五章　京師畿內制度における日中關係」の「第二節　日中の畿內制度」四五三―四八六頁。

(9)西安市地圖集編纂委員會編『西安市地圖集』（西安地圖出版社、一九八九年）の「古都演變圖組」〝西魏京畿七州〟〝北周京畿八州〟の地圖と解說（一一二―一一三頁）を參照。

(10)拙稿「兩稅法制定以前における客戶の稅負擔」（『東方學報　京都』四三、一九七二年。のち前揭註（1）『唐代政治社會史研究』に再錄）三三〇―三三二頁、および三五一頁の注（1）參照。

(11)『唐會要』卷七七・巡察按察巡撫等使の條によれば、貞觀十八（六四四）年に「十七道巡察」使を遣わした、とある。なお、程志・韓濱娜『唐代的州和道』（三秦出版社、一九八七年）八四―八七頁、および王仲犖『隋唐五代史』上冊（上海人民出版社、一九八八年）四七八―四七九頁參照。

(12)青山定雄「唐・五代の關津と商稅」は『橫濱大學論叢』二―三（一九五〇年）五〇―七七頁に發表され、のち論文集『唐宋時代の交通と地誌地圖の研究』（吉川弘文館、一九六三年）一二七―一五九頁に再錄された。本稿では後者を用いる。

(13)『唐大詔令集』卷一〇八・廢潼關以東緣河諸關不禁金銀綾綺詔。『册府元龜』卷五〇四・邦計部・關市門では「唐太宗。武德九年八月甲子卽位。是月壬申。詔曰」としてこの詔が引かれ、『唐會要』卷八六・關市の條では、「武德九年八月十七日詔」として、詔を節略して引用している。

(14)『新唐書』卷三八・地理志二・陝州陝郡の靈寶縣の條も同じ。なお靈寶縣の名は天寶元（七四二）年に命名されたもので、もとは桃林縣であった。

(15)前揭註（12）に擧げた青山論文に關名一覽表が附されていて、それによると『隋書』地理志にみえる關官の合計は四四であり（一五一頁）、一二九頁の本文で四九カ所とするのと違っている。
(16) 嚴耕望『唐代交通圖考』第二卷（河隴磧西區）三九三頁によると、隴山關とは六盤關のことである。
(17) 關晃「畿內制の成立」（『山梨大學學藝學部研究報告』五、一九五四年、六一―六七頁）六五頁參照。
(18) 拙稿「神都洛陽の四面關」（金田章裕編『アジアにおける都市の形態と構造に關する歷史地理學的研究』研究成果報告書、京都大學文學部、一九九〇年。二一―二三頁。本書第Ⅰ部第三章）。
(19) 『資治通鑑』卷二〇三では、改元して東都を改めて神都にした日附を九月甲寅つまり六日とするが、『文苑英華』卷四六三・減大理丞廢刑部獄制と『唐大詔令集』卷三・改元光宅詔の文中に「自九月五日昧爽已前」の犯罪に對して大赦していることからみて、九月五日の方が正しい。
(20) 武則天研究會・洛陽市文物園林局編『武則天與洛陽』（三秦出版社、一九八八年）一四六頁の注⑥で、この制の典據を『唐大詔令集』卷九五とするのは、信じがたく、おそらく『全唐文』卷九五の誤記であろう。
(21) 鞠清遠主編『中國經濟史料叢編・唐代篇之四・唐代之交通』國立北京大學出版組、一九三七年。臺北の食貨出版社より一九七四年に影印版が刊行された。
(22) 曹爾琴「洛陽從漢魏至隋唐的變遷」（『中國古都研究』第三輯、浙江人民出版社、一九八七年、二一二―二三三頁）二二六頁參照。
(23) 任華光『古都洛陽紀勝』（河南人民出版社、一九八五年）の「洛陽八關」の條（一四九―一五二頁）參照。
(24) 『新唐書』卷一〇〇・張知謇傳に「武后革命、（張）知泰奏置東都諸關十七所、譏斂出入。百姓驚駭、樵米踊貴。卒罷不用。議者羞薄之」とある。
(25) 崔融の上疏は、『舊唐書』卷九四・崔融傳に詳しく記載され、『冊府元龜』卷五〇四・邦計部・關市門では長安二（七〇二）年二月のこととする。『文苑英華』卷六九七では「請不稅關市疏」と題し、長安三年の作とする。『唐文粹』卷二七では「諫稅關市疏」と題している。『唐會要』卷八六・關市の條では長安二年正月のこととした上で、節略した上議を載せている。

（26）『資治通鑑』卷二一八・至德元載七月甲子の條。

コラム2

過所

漢から五代後梁にかけて、關を通過する際に携帶を義務づけられた旅行證明書。關を通過しない場合は公驗を携帶した。唐代の關は、京城の內と外を限る四面關と、中華と四夷を隔てる邊境關の二種があり、合計二六カ所あった。唐代の過所の傳世品としての實物は、中國では知られず、入唐僧の圓珍が求法巡禮の旅をした際に、越州都督府と尙書省司門から發給された大中九（八五五）年の二通が、三井寺（滋賀縣）に傳世されている。出土品としては、吐魯番阿斯塔那墓群の五〇九號墓からの司法關係文書のなかに、多くの過所の副本のほか、瓜州都督府がソグド商人の石染典に發給した開元二十（七三二）年の過所の實物が含まれていた。唐における過所の發給は、京つまり長安にあっては尙書省の刑部司門が、地方にあっては都督府あるいは州が行なった。過所には、姓名・年齡・交附年月日などが記載されたが、數字の記載は、一・二・三・四は使わず、壹・貳・參・肆などの「大字」で書かれた（拙著『隋唐佛教文物史論考』法藏館、二〇一六年、第Ⅳ部第三章參照）。

コラム3

唐代の都城と關所

「繪地圖を讀む」という共通テーマに格好の唐代繪地圖として、葉驍軍編『中國都城歷史圖錄』第二集（蘭州大學出版社、一九八六年十二月）に清・王森文の「漢唐都城圖」唐城部分（模本）が公表されたので、それを紹介し、あわせて長安と洛陽周邊の關所について、南宋・程大昌『雍錄』卷一所收の「漢唐宮苑城闕圖」などを用いて私見を披露する。

唐都長安城に對する本格的な研究は、那波利貞「支那首都計畫史上より考察したる唐の長安城」（『桑原博士還曆記念東洋史論叢』弘文堂書房、一九三〇年）と足立喜六『長安史蹟の研究』二冊（東洋文庫論叢、一九三三年十二月）にはじまる。那波の雄篇は、先驅的業績にありがちな、大らかな史料操作がままみられて安易な孫引きは避けねばならないものの、今なお傾聽すべき數多の論點が提示されているし、足立の第二冊に收められた一七〇枚に及ぶコロタイプの寫眞圖版は、繙くたびに眼福をえさせてくれる。これらから四半世紀後に平岡武夫編『唐代の長安と洛陽』三冊（京都大學人文科學研究所、一九五六年）が「唐代研究のしおり」の一環として出版され、特に地圖篇には、長安と洛陽について宋代以後に描かれてきた內外の地圖類がほぼ網羅されていたので、ただちに楊勵三によって中國譯され、かつての長安の地たる西安の陝西人民出版社から刊行されたのも當然であった。この地圖篇には、第二圖として前田直典の提供にかかる石刻拓本にもとづいて、宋・呂大防の長安城圖（一〇八〇年）が復元されたことは特筆されるが、殘念ながら全體の五分の一程度にとどまるのである。

ところが、中國科學院考古研究所編著『唐長安大明宮』（科學出版社、一九五九年）に附錄として、西安市文史研究館の所藏にかかる王森文の木版の繪地圖「漢唐都城圖」が、全圖と漢城部分・唐城部分・文字部分のあわせて四枚の寫眞と解說のかたちで載せられた。「石門碑釋」の著者として知られる王森文（一七五九年生）は、陝西南部の安康と略陽の知縣としての經歷を生かし、諸書を參照して「漢唐都城圖」を完成させたという（後記は一八二〇年）。全體の寸法は、長さ二〇四センチ、廣さ一〇七センチ。しかし殘念ながら、せっかくの寫眞圖版は不鮮明な代物だったのである。

今回『中國都城歷史圖錄』に插入された模本は、全體の八分の一程度にあたる唐城部分で、『唐長安大明宮』の附圖參に該當する。この見やすく讀みやすくなった繪地圖を眺めると、まず整然とした都市計畫、とりわけ佛寺と道觀の多さに目を奪われる。唐の長安城は何よりも宗教都市と呼ぶべきではないか、の思いを強くさせる。つぎにこの都城圖をも參考にして編纂された徐松（一七八一―一八四八）の『唐兩京城坊考』所收の諸圖、ならびに呂大防の石刻長安城圖と詳細に對比すると、とりわけ宮城と皇城の官廳配置圖のあたりに、檢討すべき問題點が多い。太極宮の西にあった掖庭宮には、ごく狹いスペースしか與えられていない。呂大防圖ではかなり廣く、その北半は太倉の所在地とされていたのにである。皇城のなかでも、宮城の正門たる承天門に眞近い最重要區畫には、東に「門下外省」、西に「中書外省」の建物だけが描かれている。呂大防圖と徐松の西京皇城圖ではそれぞれ「門下外省・殿中省・左千牛衞・左衞」「中書外省・四方館・右千牛衞・右監門衞・右衞」とあったばかりでなく、それらにつづく南の區畫が「左監門衞・左武衞・左驍騎衞」と「右武衞・右驍騎衞」

であったのに、この都城圖ではまったく削除されている。同じように、東宮の南に置かれた太子左右衛等率府の名もみえない。つまり唐の朝廷を武力でもって護衛する殿中省と近衛十六軍らの重要性が、すなわち國家體制における軍事機構の役割が、王森文には認識されていなかった、といえよう。古地圖は間違っているからおもしろい、と喜んではいられないのである。

唐代では、かつての貴族のごとき家の特權を享受できたのは、五品以上の官僚たちであった。盛唐時代に、一般に中央政府の代名詞とされる三省六部に屬する五品以上の定員を合計すると七六人なのに對し、近衛十六軍らの武官の定員は一三〇人も數えたのであって、無視することは許されない。中國の國家體制は、現今に至るまで、いったん緩急の際における軍事權の掌握を最重要としたのである。

名例律を別格とすると、唐律で筆頭の地位を占めるのは衛禁律である。そこには皇帝とその周圍の警護に關する宮衛の諸條につづき、首都と國境を護る關所の取り締まりが規定されている。『雍錄』所收の「漢唐宮苑城關圖」は唐代長安の四面關の所在を圖示しているが、武周期に神都洛陽に設置しようとした四面關の所在を圖示した繪地圖は知られていない。洛陽の古墓からでも、そのような繪地圖が出土してくれないものであろうか。

コラム4

京都と京・都

伊藤東涯（一六七〇—一七三六）著の『制度通』全一三巻は、天文・暦法・地理・官制・税役制といった中國歴代の制度全般の沿革と、それに對應する日本の制度を「本朝之制」と題して、項目別に述べた著作で、江戸時代の著書でありながら、今なお信頼に足るという希有の文獻である。そこで私は、受業生の森華修士と共同で校訂した『制度通』一・二を、平凡社の東洋文庫七五四・七五五として出版した。

東涯は、京都堀川の東岸に古義堂という私塾を開いていた仁齋の長子であった。三人の息子がいたが、長男と次男は早世し、三男の東所が古義堂を繼ぐ。こと經學（儒學）の分野に關しては、東涯は仁齋が唱導した古學の忠實な紹述者であったが、そのほかに中國の歴史と語學の分野で優れた業績を擧げた。前者の代表作こそ本書『制度通』である。東所によって校訂され、施政堂藏版として上梓されたのは、東涯の沒後六一年目であった。

本書を翻刻した活字本としては、まず大正初年に飯田傳一校訂『制度通附釋親考』（金港堂書籍、一九一二年）が刊行された。句讀點を加え、頭注を設けて主要な語句を掲げ、また索引を附している。誤植が多いとはいえ、ていねいな編集である。

つぎに瀧本誠一編「日本經濟叢書」巻三三・抄錄乾巻（日本經濟叢書刊行會、一九一七年）の一三頁分に、社會經濟史にかかわる文章を抽出した。瀧本は「日本經濟叢書」につづく「日本經濟大典」を編集刊行した際、第一〇巻（史誌出版社、一九二八年）の三五五頁分を『制度通』全巻の移録に充てた。そして今も時々復刊される、吉川幸次郎校訂『制度通』上下（岩波文庫、一九四四年・一九四八年）は、小尾郊一が校訂の實務にあたったそうだ。

『制度通』活字本の刊行經過からみて、『國史大辭典』（吉川弘文館）の「制度通」の項目の末尾に、「『日本經濟叢書』三三、『日本經濟大典』一〇、『岩波文庫』に收められている」とある部分の「『日本經濟叢書』三三」を削除し、代わりに飯田校訂の「金港堂書籍本」を入れるべきであろう。

『制度通』の各條の「本朝之制」の部分を繼承した著作としては、明治中期に上梓された、萩野由之・小中村義象の共著である和本『日本制度通』全三巻（一八八九年・一八九〇年）を擧げうる。該書は好評を博し、洋裝の活字本が吉川弘文館から發行された。ただし、巻一の目次が「皇位御繼承の事、三種神器の事、后妃の事、皇族の事、云々」とあるように、皇室に關する記事を中心に編集され、明治維新前後における皇室觀の變化を明示している。

今回の『制度通』校訂本出版の直接の契機は、平成十三年度と次年度に文部科學省科學研究費補助金を受領したことである。これにより、古義堂文庫（天理圖書館）所藏の、『制度通』刊本時の底本である伊藤東所の校本と、刊本の際に刪った東涯『制度通刪』の複寫を入手できた。そこで施政堂藏版を底本とし、「東所校本」や岩波文庫などを參照した校訂本を編集したのである。

ただし、この「東所校本」は、岩波文庫本が時に注記する「東所校本」とは異なる。私のは『古義堂文庫目録』が〔制度通〕の章で「東所校本」と命名し「刊本時の底本たりしものにして、東所諸原稿と校正加減苦心の跡歴然たり」と注記しているものであるが、岩波文庫本のは「初刷東所手澤本」か「改訂東所手澤本」のいずれかを指すらしいのである。

今回の校訂は、あくまでも底本とした施政堂藏版を、忠實に再現することであった。引用漢文を訓讀し、ルビを附すが、本文には手を加えなかった。校訂にあたって苦心したのは、ルビであった。「朱雀」は「すじゃく」なのか、「しゅじゃく」なのか。またルビを附さなくとも、索引の配列のために必要な〈讀み〉に戸惑ったのである。

ルビといえば、『負け犬の遠吠え』（講談社、二〇〇三年）の著者酒井順子が、『小説新潮』に連載のエッセイを編集した近著『都と京』（新潮社、二〇〇六年）は、興味深い。「都」と「京」の両方に「みやこ」とルビし、帶には「京都と東京。二つの〈みやこ〉への愛と困惑から生まれた、出色、痛快な都市論」とみえる。そして「流通　市場と市場」の章では、ひと口で「市場」といっても、今や「イチバ」と「シジョウ」とは違う意味をもつのであり、京都は大原の朝市や、古くからの市場が商店街になった錦市場などの「イチバ」に對して、東京の築地市場のような中央卸賣市場的なものが「シジョウ」である、と述べている。

酒井の『都と京』なる書名に拘ると、漢語の世界では「京都」はさほど珍しくないが、「都京」とはつづらない。また『詩經』などの古文獻では、天子のいるミヤコは「京師」と書かれ、「京都」と呼ぶのは例外であった。しかし晉になり、景王司馬師の諱を避け、「京師」を「京都」と呼ぶようになった。

では、唐の盛期における「京都」は長安を指すのかというと、そうではない。『唐六典』や『通典』に卽していえば、「京都」は「京と都」と讀むべきで、西「京」の長安と東「都」の洛陽の兩方を指すのである。『唐六典』巻三・戶部の最後に、「凡そ都の東の租は、都の含嘉倉に納め、含嘉倉より轉運して京の太倉を實す（凡都之東租、納於都之含嘉倉、自含嘉倉轉運以實京之太倉）」と述べる。「都」が洛陽を指し、「京」が長安を指すことは明らかである。

『通典』巻一五・選擧典・大唐の制に、玄宗の開元年間の道教優遇策について「玄宗まさに道化を弘む。二十九年に至り、始めて京師に於て崇玄館を置き、諸州に道學を置く。生徒に差あり。これを道學と謂う（玄宗方弘道化。至二十九年、始於京師置崇玄館、諸州置道學。生徒有差。謂之道學）」と述べ、その注に、「京都はおのおの百人。諸州は常員なし（京都各百人。諸州無常員）」とある。「各」字がなければ、「京都」は上文の「京師」と同じく長安を指すと讀めそうだが、「京都はおのおの百人」とある以上、「京と都は」の意味になる。中華書局刊本は「京、都各百人」と標點している。

『制度通』の場合、巻二の「郡縣大小等差の事」の條で、唐の開元年間に「京都の治むる所を赤縣とす」という「京都」も、巻一一の「學校の事」の條で言及する唐の「京都」も、いずれも長安と洛陽の兩方を指す。しかし、底本も東所校本も、ともに「京都」と傍線を施していて、東涯がミヤコの長安を指すと考えていたことは確かである。

念のために申し添えると、諸橋轍次『大漢和辭典』や『漢語大詞典』などに、「京都」の項目はあるが、唐では「京・都」の意味だと指摘するものは見當たらない。

コラム5

「中國歴代王朝の都市管理に關する總合的研究」はしがき

中國都市の研究は、わが國では古くからの蓄積を有する。それは中國都市自身への關心もさることながら、古代日本の都城のモデルとして意識されてきたからであった。そうした積み重ねのなかから、兩者の繼承關係とともに、建都の背後に横たわる思想の違いが浮き彫りにされてきた。私もその一翼を擔った、上田正昭編『日本古代文化の探究　都城』（社會思想社、一九七六年。本書第Ⅰ部第一章）と岸俊男編『日本の古代9　都城の生態』（中央公論社、一九八七年。中公文庫、一九九六年。本書第Ⅰ部第二章）は、東アジア世界という大きな枠組みのなかに古代日本の都城を位置づけることを主題としながら、同時に中國・朝鮮の都市の特色を探る試みでもあった。

これらの研究により、都市の造營計畫、景觀については、かなり明らかになった。しかし、「造營まで」に比して「その後」の問題が等閑視されている。つまり、都市造營に込められた理念の先にある現實の都市管理の問題に相應の注意が拂われていないと感じ、本研究を構想した。中國歴代王朝の都市管理の問題、より具體的には、城郭・街區・關津港灣などの空間の管理、生產・流通の統制、民族・階層の隔離・融合の調整、犯罪・訴訟の處理、宗教・文化に對する監視、消費・慈善活動などの生活面の規制ないし自主管理の問題を扱いたいのである。

前近代の中國は、他の歴史社會と同じく、いやそれ以上に壓倒的な農業社會と觀念されてきた。王朝倒壞がいわゆる農民反亂によってしばしばひきおこされたことも事實である。しかし地方反亂の散發は、それだけで王朝にとっての脅威とはなりにくい。農業社會に點在する都市に反亂が及ぶ、あるいは都市が反亂を鎖狀に連結する作用を果たすときこそが、帝國にとっての眞の危機となる。藤田弘夫『都市の論理――權力はなぜ都市を必要とするか――』（中公新書、一九九三年）が鋭く指摘したように、都市の危機管理こそが權力維持の要諦なのであり、帝國の神經系統の集中した都市においてこそ、その矛盾が尖鋭なかたちで表れる。

都市管理というテーマを掲げた本研究は、フラヌール＝都市遊歩者の視線をもって宋都杭州を考察したジャック・ジェルネ（Jacques Gernet）の名著（*La Vie quotidienne en Chine*, 1959. 栗本一男譯『中國近世の百萬都市』平凡社、一九九〇年）を模範とし、單に上からの支配を意味するものではなく、上からの俯瞰と街路を這う眼差しを合わせもとうと意圖したのである。

中國における都市史研究は、一九八〇年代になって本格的となり、都市管理に焦點を合わせた研究もはじまっていた。たとえば、周寶珠『宋代東京開封府』（河南師大學報增刊、一九八四年）の第一章は、「北宋定都開封及其行政管理制度」と題し、張永祿『唐都長安』（西北大學出版社、一九八七年）の第一二章は「都城管理與居民生活」と題されていた。

かかる動向は一九九〇年代に入っても繼續し、たとえば、韓大成『明代城市研究』（中國人民大學出版社、一九九一年）の第八章は「城市的特點及其管理」であり、蕭斌主編『中國城市的歴史發展與政府體制』（中國政法大學出版社、一九九三年）の第四章は「中國古代城市的管理」であり、于光度「遼金時代北京城市生活」（『北京城市生活史』開明出版社、一九九七年十月、第一章）の第六節は「城市管理及社會關係」と題される。試みに、

『中國城市的歷史發展與政府體制』の蕭進安の分擔執筆にかかる「第四章　中國古代城市的管理」の細目次を掲げておこう。

四、中國古代城市的規劃管理

（一）古代城市規劃的管理機構　（二）古代城市規劃的管理制度

私どもの共同研究の開始と時を同じくして出版された張仲禮『東南沿海城市與中國近代化』（上海人民出版社、一九九六年七月）の第十三章の二が、「新式市政管理的開始」と題されている。とりわけ興味深いのは、田濤・郭成偉整理『清末北京城市管理法規』（北京燕山出版社、一九九六年九月）であって、中國歴代王朝の最末期たる二十世紀初頭に、首都北京の都市管理に關して制定された一連の法規三九種、三九冊からなる抄本が發見され影印された。卷頭の「中國城市管理走向近代化的里程碑――新發現的清末城市管理法規研究」によれば、これらは日本の明治維新以後に制定された法規を淵源とするそうである。

中國を統治する者にとっては、「禹貢」の時代から今日に至るまで、洪水對策すなわち治水事業が重要な政治課題である點は不變である。蔡蕃『北京古運河與城市供水研究』（北京出版社、一九八七年）や吳慶州『中國古代城市防洪研究』（中國建築工業出版社、一九九五年）といった論著が出された。

中國歴代の都市研究に必須である歴史地圖集の編纂に關しても、一九八〇年代に出版された葉驍軍『中國都城歴史圖錄』四卷（一九八六―八七年）や侯仁之編『北京歴史地圖集』（一九八六年）につづいて、『廣東歴史地圖集』（廣東省地圖出版社、一九九五年）、史念海編『西安歴史地圖集』（西安地圖出版社、一九九六年）や『武漢歴史地圖集』（地圖出版社、一九九八年）などの有益な成果を手元に置けるようになった。今後が樂しみである。

第五章　唐代洛陽の都市管理

一　はじめに

私が唐宋の變革と使職をテーマにし、特に三司使の成立について考察せんとした卒業論文を、「地理學の目的が諸事象の充塡された地域の個性の認識であるのに對して、歴史學は各時代の性格を認識することを目的の一つとしている」と書きだしたのは、當時メンバーであった地理同好會の主宰者、藤岡謙二郎の持論に心酔していたからであった。その藤岡編『朝倉地理學講座7　歴史地理學』（朝倉書店、一九六七年三月）に、中國の都市と交通に關する概說を執筆したのは、一九六七年のことである（次節參照）。その際、諸先學によって積み重ねられた研究を精讀し、漢代になると、以前の戰國時代に比して、都市成立の基盤は軍事政治的よりもむしろ經濟的なものへと移り、唐代中期まで、洛陽を頂點とする河南地方が中國的世界經濟圏の中心地となっていたことを確認できた。唐末から宋にかけて發展した諸都市は華中・華南に集中し、經濟的な樞軸は、古代には東西方向であったのに對し、隋唐以後は南北方向へと變化した。すなわち內陸交通時代から運河時代への移行である。また陸上交通は各王朝の中央集權體制の存立基盤として重要で、陸路の維持と制度的整備には多くの力をそそぎ、たとえば唐代では都の長安を中心として七つの主要幹線路が走り、都の四圍の要害の地に關門を設けて護りとしたことを强調した。

中國の都城について、とりわけ唐の長安と洛陽に關する研究史を整理したのは、上田正昭編『日本古代文化の探究　都城』（社會思想社、一九七六年）に「中國の都城」の章を擔當したときであった（本書第Ⅰ部第一章）。それは「一　長安と洛陽」「二　都城の思想」「三　北魏の洛陽城」「四　隋唐の長安城」「五　洛陽の含嘉倉――結びに代えて」の五節からなり、日本古代の都城制がモデルとしたのは、隋唐の長安城であったとする通説に對し、北魏の首都たる洛陽城と隋唐の首都たる長安城との兩都城を模倣したものであったと述べた。その際、『周禮』の冬官・考工記・匠人の條にみえる首都建設プランを解說した、那波利貞「支那首都計畫史上より考察したる唐の長安城」（『桑原博士還曆記念東洋史論叢』弘文堂書房、一九三〇年）の所說に疑義を呈した。そして、北魏の洛陽城と隋唐の長安城に關する從來の研究成果を再檢討したが、隋の煬帝のときに漢魏の舊城の西方一五キロメートルの地點に新たに造營され、唐の高宗と則天武后の治世に重視された隋唐の洛陽城については、米穀を貯藏する含嘉倉の發掘について紹介しはしたが、都城プランについては、簡單に言及するにとどめた。

隋唐時代の洛陽城の一角に造營された含嘉倉については、長安城の太倉とともに、かなり詳細な考證論文「隋唐時代の太倉と含嘉倉」（『東方學報　京都』五二、一九八〇年三月。本書第Ⅱ部第三章）を執筆し、同時にその要旨を「太倉と含嘉倉」と題して唐代史研究會の報告集に掲載した（唐代史研究會編『中國聚落史の研究――周邊諸國地域との比較を含めて――』唐代史研究會報告第Ⅲ集、刀水書房、一九八〇年三月、本書第Ⅱ部第二章）。

洛陽城の歷史地圖として屈指の書として、崔靜一・郭順祥・彭子尹・冷文編『洛陽歷代城池建設』（洛陽市地方志編纂委員會・洛陽市地名委員會・洛陽市城鄉建設局、一九八五年三月）があり、卷頭のカラー寫眞八頁、目次七頁、本文と附錄合わせて七五頁、歷代洛陽城池建設圖版一〇〇幅を網羅したB５判の精裝本で、きわめて有益な出版物である。しかし「內部發行　注意保存」と特記されている。なぜかは知る由もないが、あるいは平岡武夫『唐代の長

安と洛陽　地圖』（京都大學人文科學研究所、一九五六年）の中國譯である楊勵三譯『長安與洛陽』（陝西人民出版社、一九五七年九月）などからの複寫を圖版に多用しているのに關係があるのかもしれない。いずれにしろ、私が「中國都城の思想」（岸俊男編『日本の古代9　都城の生態』中央公論社、一九八七年。中公文庫、一九九六年。本書第Ⅰ部第二章）を執筆した際、本書をも利用したが、「內部發行　注意保存」の文言に配慮して、參考文獻の欄に記しはしなかった。

隋唐の首都および陪都であった長安と洛陽の都市管理について考察しようとすれば、四圍の關所と、通行證明書である過所と公驗に關する認識を深めねばならない。そこで私は「唐代の畿內と京城四面關」（唐代史研究會編『中國の都市と農村』汲古書院、一九九二年。のち胡寶珍譯「唐代的畿內與京城四面關」『河北師院學報』一九九三年第四期。本書第Ⅰ部第四章）と「唐代の過所と公驗」（礪波護編『中國中世の文物』京都大學人文科學研究所、一九九三年。のち冀衞國譯「入唐僧帶來的公驗和過所」『魏晉南北朝隋唐史資料』第一三輯、武漢大學出版社、一九九四年。原論文はのち『隋唐佛教文物史論考』法藏館、二〇一六年に再錄）の二論文を執筆する。それらの公刊に先立って、短篇の「神都洛陽の四面關」（本書第Ⅰ部第三章）と講演要旨「唐代の都城と關所」（本書第Ⅰ部コラム3）を世に問うたのである。

以下に、『朝倉地理學講座7　歷史地理學』に掲載した「中國の都市と交通」を紹介しておきたい。

なお、本書第Ⅰ部コラム5「「中國歷代王朝の都市管理に關する總合的研究」はしがき」で言及した、藤田弘夫『都市の論理――權力はなぜ都市を必要とするか――』（中公新書、一九九三年十月）の扉裏には、「現在、世界は未曾有の繁榮を享受する一方で、歷史上かつてない膨大な饑餓人口をかかえている。しかも、第一次產業への就業率の高い國ほど食料事情が惡化し、都市化した國ほど飽食するという傾向は顯著である。食料を消費する側の都市より生產する側の農村が饑えに苦しむというパラドックスはなぜ生じるのか。本書は、食料という人類の根源的課題を軸に、權力の鏡としての都市の可能性と役割を斬新な視覺から問い直す試みである」と記されていた。本書に刺激を受けて、「中國歷代王朝の都市管理に關する總合的研究」と題する共同研究を組織し、唐代の洛陽を分擔することを決めた當初は知らなかったが、朱紹侯編『中國古代治安制度史』（河南大學出版社、一九九四年十二月）で、隋唐を擔當した郭紹林は「第八章　隋朝的治安制度」の第三節の「三、東都洛陽的營建和治安功能」と「第九章　唐朝的治安制度」の「第四節　東都洛陽的治安措施和治安功能」で、示唆に滿ちた論述を行なっている。いつか機會をみつけて、紹介してみたい。

二　中國の都市と交通

1　都市の起原

中國上代の文化は、華北の黃河流域に開花したが、その擔い手は、城郭をともなった邑と呼ばれる都市國家にあった。それらの邑の代表的なものが殷墟址である。殷代後期の王都はすでに城と郭との二重形態のものであったと考えられる。都市國家から領土國家の段階へと進んだ戰國時代には、商業の發達が著しく、各地が商業活動によって相互に結びつけられるに至った。この經濟的結合が中國を政治的統一に導く重要な要因になったといわれる。商業活動の活發化は必然的に都市の發展をともなう。したがって、戰國時代はまた都市發展の時代でもあった。しかし、この戰國時代における都市の發展をすべて經濟的理由だけに求めることはできない。

都市の成立が地域間の經濟的結合によるものではなくて、非經濟的な要因によるところが大きかったということ、それが第一位都市、第二位都市……という都市網（rank size rule）の形成を阻止していた理由である。したがって、政治的・軍事的機能をともなう第一位都市以外は、それらの機能を缺如した大なる集落という著しい懸隔がみられたのである。たとえば、戰國齊の首都の臨淄（山東省）は七萬戶あり、最大の人口を誇ったが、領內にはこれにつづく第二位、第三位の大都市が存在していたわけではなかった。齊以外の戰國の七國の場合にも、都市網の缺如という點においては同じであった。一流都市で萬戶、二流都市で千戶、そのほかに至っては、二、三百戶の農業都市という狀態が普通であった。單に都市規模の點ばかりでなく、中央の大都市と地方の小都市のあいだには、文化の上でも雲泥の差があったのである。當時の、紀元前四・三世紀の代表的な都市としては、北の陶（山東省）と黃河に面した衞（河南省）が擧げられる。

古代帝國としての確立をみた漢代になると、陶に代わり濟陰（山東省）が最も多くの人口を集積し、繁榮を極めた。濟陰をはじめとする東方の大都市は、東西と南北との兩水路交通の結節點に位置していたのである。漢代になると、戰國時代に比べて、都市成立の基盤は、軍事政治的よりもむしろ經濟的なものへと移っていった。したがって、この時代の大都市は、その再生產圈の大きさによって都市の規模を確立していった。前漢初期の濟陰は、いわば全國的な經濟圈の中心であったのである。漢代の盛期になると、經濟の中心は三河地方に移った。そこは、今の河北・山西・河南の交界附近を含み、天下の交通路はすべてここに通じ、物資がここから全國に集散された。その經濟活動の中心都市が河南の洛陽であった。

洛陽は、西に國都長安を、東に陶・睢陽（河南省商邱）を、南には宛（河南省南陽）などを有し、都市網の成立と、都市機能の分化をみせていた。さらに、この洛陽を頂點とする河南地方は、當時開發途上にあった廣大な華中・華南を經濟圈のなかに組み入れつつあった。それが、華中・華南の開發が進むにつれて、中國的世界經濟圈の中心としての河南地方の位置・役割を高め、唐代中期まで、この地が政治・經濟・文化の上における中心地となったのである。

　では、都市の數はどれくらいあったのであろうか。漢代における地方制度の末端組織である縣・鄉・亭は、いわば古代都市國家の名殘りともいうべき城郭都市と考えることができる。前漢末紀元二年に比定される調査統計によると、その全都市數は三七八四四になる。しかし、後漢の一五三年の全都市數は一七三〇四であり、わずか一五〇年のあいだに半減してしまっている。この都市數の減少傾向は唐代までつづく。唐代になると、城郭をもった都市はだいたい縣城以上であるが、唐代の縣の數は、貞觀十三・開元二十八（六三九・七四〇）年の調査ともに、いずれも一六〇〇以下である。城郭をもった都市全體の數は何ほどもこれを上回っていなかったであろうと考えられる。その數は唐代を通じほぼ固定し、增加するのは宋代以後である。

　以上の前漢から唐代に至るあいだにみられた都市數の急減とその固定化という現象は、どういう要因によってもたらされたのか。その說明として、第一には、中心都市が周邊の小都市を吸收しつつその規模を擴大していったこと、第二には、後漢頃から地方の小都市の住民が町をはなれて村落生活を營む傾向がみられたことが擧げられる。前漢頃まで典型的にみられた農業都市の崩壞と、それに代わる農村集落の分散化現象がみられたのである。この都市と農村の一體化から、都市と農村との對立的形成へ、という中國都市史の轉換期は六朝時代に求められる。

2　都市の發達

　隋唐時代には大運河をはじめとして國內交通網の整備がみられ、また經濟中心が華中・華南に移動していった。大運河が機能を發揮した唐中期以後、ことに商業活動の繁榮がみられた。この時期の商業の隆盛は農村を變貌せしめたのみならず、都市の形態をも一變した。唐初までの都市內には、行政・治安の單位としての坊制が施行されていた。坊は周圍に道路と坊壁をめぐらせた長方形の小區畫であり、坊內と外部との交通はわずかに二つないし四つの坊門によってのみ行なわれていた。坊はあたかも一の都市內の閉鎖的な小城郭であり、警察の一單位をもなしていた。この坊の集合が唐中期までの都市の內部形態であり、都市はさらに周圍に堅固な城壁をめぐらしていた。一、二の坊には官設市場が設けられ、そこが商業活動の獨占的な擔い手であった。店舗を設けるのはこの官設市場の內部のみに限られる。これが市制である。都市が政治權力によって作られた色彩が強く、都市の自生的發展の基盤である商業活動は副次的な意味しか有していなかった。しかるに唐末頃より、この坊市の制が崩壊をはじめ、宋代に至ってほとんど完全な商業都市に變質した。この端緒は草市の發達にある。草市は官許によらない自生的な市場である。草市がさらに發展すると鎮と稱されて、縣の役所の出張所が設けられるようになる。鎮の大なるものは城壁を有し、それがさらに縣に昇格されることも珍しくなかった。草市はしばしば都市の城門外に發生した。城內は取り締まりが嚴重であって市以外には店舗を開くことができず、夜行の禁もあったりして法制に束縛されたからである。草市がしだいに繁昌すると、この風が城內に及んでいった。城內においても大路の兩側にはじめは出店が、さらには常設的な店舗が並び、坊壁を破って內部と接續し、ついには坊壁がまったく無視されるに至った。

　このようにして坊制も市制も崩壊し、都市內の官設市場はその意義を失い、ほとんど都市內全區が商業地區と化した。この變化は唐末より起こり、五代を經て宋初に完成されたのである。

　唐が滅んで五代になると、揚子江以南が中國史上はじめて政治的抗爭の場となり、南唐などの十國が割據した。これらの諸國はいずれも海岸線あるいは內陸水路の一部を占據して國を建てたのである。したがって、五代の分裂は同時に交通線の分斷であり、國內市場の分割を意味した。これらの分立國家群は、その交通上の位置からして通商による富國策を講じ、産業振興に努力した。その結果、それぞれの國の內部において地域的分業が進展し、特産地の形成をみた。それらを背景に地方都市が發展した。

五代の後をうけた宋の政治的統一は、國内市場の再統一であった。宋代には、かつての五代各國の國都は政治的中心都市としての機能を失ったが、商業都市として再生し、ことに唐代以來運河の沿線に發生した商業都市群はますます發展をとげた。

唐末から宋にかけて發展した諸都市は華中・華南に集中している。これは秦漢の代表的な都市がみな北方にあったのとは大きく相違する。たとえば戸數一〇萬以上の府州は、唐代八世紀中期の統計によると、北の一〇に對し南は四であった。しかるに宋代十一世紀中期の統計によると、北方が一四、南方が三五とまったく逆轉している。これは、唐中期まで優位を保っていた北方の都市が、安史の亂後、唐末の變動期を經て、南方にその地位を讓ったことを明らかにしている。唐代の揚州、南宋の杭州や蘇州などの大都會は、いずれも江南と華北を結ぶ大運河沿いに位置した。この時代における華北の一大中心である開封も、大運河と黄河の會合點という位置を占めていたのである。

北方民族による中國大陸最初の統一國家、元に至って、北京が國都となった。そして運河はさらに北へ延長された。ほぼ今日の大運河の系統が出來上がった。經濟的な樞軸は、古代には東西方向であったのに對し、隋唐以後は南北方向へと變化した。これは内陸交通時代から運河時代への移行である。

清初の劉獻廷『廣陽雜記』巻四によると、天下の四大都會として、北の北京、南の佛山、東の蘇州、西の漢口を擧げている。北京が元明以來の國都として、北方の一大中心であったのは當然であるが、蘇州は揚子江デルタの中心にあたり、明清を通じ江南第一の大都會であり、漢口は明末以後揚子江上流の物資の集散地、佛山は廣東の上流四、五〇里の西江と北江との合流點を占める河港であった。これらの大都市はすべて、河川や運河によって發達した河川交通の中心地であった。この四大都會に數えられている湖北省の漢口と廣東省の佛山は、宋以後に新たに興隆した商工業都市たる鎭であり、河南省の朱仙と江西省の景德とともに淸代には中國四大鎭と稱された。このことは、唐代以後自生的な小商業中心地として萌芽した鎭が、全國的な流通網の中心地として發展していったことを意味している。

淸末になると、西洋諸國との貿易の比重が高まり、開港場が近代都市として建設されるに至った。この海上交通の時代となると、北京の外港としては天津が、蘇州に代わり上海が、佛山に代わっては廣東さらには香港が、海洋貿易の港としてすばらしい發展をした。漢口だけは依然として繁榮をつづけたが、それは單なる河港ではなく、增水時には一萬トン級の外洋船が自由に航行できるという、惠まれた條件をもっていたからである。新中國になっても、これらの大都市は依然として厖大な人口を擁し、同時に、消費都市から工業を基盤とする生產都市としての機能を强化しつつある。

3　交通路の變遷

北中國と南中國とは、中國世界の二つの中心である。淮河―秦嶺線以北の北方は、モンスーンの範圍外の亞熱帶地帶に屬し、南方はモンスーンがもたらす濕潤地帶である。この自然環境の相違は「南船北馬」という言葉に集約されている。文化的にも南と北は相違する。

北部は長安・洛陽を中心とする文化圈を形成し、それは黃河の河谷また內陸の乾燥地帶を通ずるシルクロードを介して、西域と密接な交涉をもっていた。これに對して南部は海上交通によって、むしろ南海と結ばれていた。この北中國と南中國をつなぐ交通路は、人爲的な努力の結果、成立したのである。それは、西高東低の中國では東西方向に大河が貫流し、これら河川流域を境する分水嶺の存在が、南北方向の交通の發達を阻害してきたからである。いわば、南北方向の交通路の整備によって兩中心は結ばれ、そこに多様性のなかに統一性を有する中國文化が形成されたのである。この南北方向の交通において重要な役割を果たしてきたのは運河であった。

南北を結ぶ運河は、古くから部分的に存在したのであるが、それを整理統一し、系統ある大運河に組織して、北方は白河より、黃河・淮水・揚子江をつらぬき、南は錢塘江口に至る水路網を完備したのが隋の煬帝であった。これは中國内の各地を結びつける役割を果たしたのみでなく、ユーラシア大陸の東端をめざす南北の海陸二大幹線を直結するという、世界史的意義を有する大事業であった。

大運河が機能を發揮しはじめた唐代において、西方のアラビア人・ペルシア人は、長安・廣東にとどまらず、運河上の要地、揚子江畔の揚州に來住し、繁榮せる居留地を構えて商業に從事するもの數千人に上ったほどである。この大運河は、江南の地の開發が進むにつれて、その經濟的價値を高め、同時に大運河そのものも整備擴充されていった。唐代に至って長安を中心とする關中の地はすでに經濟的利用價値の限界に近づいた。唐政府は國都における官僚と軍隊を含む總人口を、これまでの王朝とは異なって、關中の農業生產のみによっては維持しえなくなった。ことに東方あるいは揚子江下流の米作地帶より每年莫大な米穀を移入しなければならなかった。このことが大運河の役割を高めた。

唐朝の滅亡とともに、新王朝の後梁は、運河と黃河との會合點たる開封に國都を置いた。以後の歷代の王朝がいずれも運河沿線に國都を置いたのも、こうした運河交通の重要性を考慮した結果にほかならない。ことに宋代以後は運河中心の時代であり、海上交通が發達するのは、ヨーロッパの影響が直接及んできた清末をまたねばならなかった。

一方、陸上交通も、各王朝の中央集權體制の存立基盤として重要であり、ことに北方ではそうであった。したがって各王朝とも陸路の維持と制度的整備には多くの力をそそいできた。たとえば唐代では國都の長安を中心として七つの主要幹線が走り、都の四圍の要害の地に關門を設けて護りとした。このような主要幹線路は、その細部においては幾多の變遷があったが、秦漢以後、唐宋を經て近代に至るまで、大體一定していたといってよい。

交通制度の一つの形態としての驛傳の制は、秦漢の統一國家が成立して以後、全土にわたって行なわれた。「驛傳」の「驛」は騎馬に、「傳」は馬車に乘って往來するのに用いられ、近代的な交通通信機關の發達以前には、郵舗の設備とともに中央集權體制の維持に重要な役割を果たした。漢代には地方各郡、ときにはその下の縣の治所にも「傳」の設備があり、公用で往來する官僚には、使用許可書ともいうべき傳符が發給された。しかし、馬車の速力にはおのずから限度があり、廣大な全土にわたる交通往來の必要をみたすことができず、しだいに驛が整備されるようになった。

南北朝時代を經た隋唐時代には、貴族的官僚による政治體制の强化にともない、驛制度が完備されたのである。唐代には三〇里（約一三・六キロメートル）ごとに一驛の規定であった。都の長安の都亭驛を中心として全國の幹線路には驛が配置され、その數は一六三九に及んだ。支線には驛に代わって館が設けられ、宿泊飲食に利用された。

官用の驛制の發達は、民間の交通施設の整備をうながし、唐中期には、華北の主要街道で客商に宿泊と乘用の便を供する驛驢が現れだした。唐末には驛傳の制はすたれたが、宋代以後中央集權體制の强化とともに、驛の復舊よりも、官文書の遞送のための郵舗が整備されることになった。このような驛や舗は、多少は變遷しつつも、清末に鐵道や郵便制度が設けられるまで、繼續して利用されたのである。

現代の中國において最も輸送量の大きい鐵道も、當初は列强資本主義の控制のために、工業分布と同じく、沿海地區に偏在していた。新中國になってからは、西北・西南方面の鐵道建設にもっぱら力がそそがれるようになり、自動車道路の整備と相俟って、全國的な交通網が張りめぐらされるようになったのである。

附　章　唐宋時代における蘇州

一　蘇州と杭州

中唐時期に河南の鄭州新鄭縣に生まれ育ち、香山居士とも號した白居易（七七二―八四六）は、十四、五歳の頃に江南の蘇州と杭州を訪れ、當時の兩州刺史であった韋應物と房孺復の風流雅韻な豪人ぶりに感佩し、「異日、蘇と杭、苟しくも一郡を獲ば足らん」と心中に呟いた。三七年の歳月が經過して、政府中樞部における政爭の餘波を浴びた擧句に、少年の夢はかない、中書舍人の榮職から杭州刺史に除せられ、ついで蘇州刺史の印綬を佩した。彼は、二郡の景觀と人情は昔時と異ならないのに、おのが齒髮のみ往年の面影がうせたのを嗟きつつ、かつての蘇州刺史・韋應物の警策「郡宴」つまり「郡齋にて雨中に諸文士と燕集す」（『韋江州集』巻一）と題する詩の後に、みずからの「旬宴」つまり「郡齋の旬假に宴を命じ、座客に呈し郡寮に示す」（『白氏文集』巻五一）[1]と名づけた詩一章を附し、石に刻して初心を記念し、「吳郡詩石の記」（同巻五九）という文章をしたためたのであった。彼は、あわせて足掛け五年に及ぶ杭州と蘇州の長官時代に、兩州の風物と人情についての數多の詩文を殘したほか、蘇州時代は激務で體調をしばしば崩したにもかかわらず、のちには「蘇杭兩州の主」を歷任したことを誇らしげに詠いもしたのである。

南宋時代に、石湖居士とも號した蘇州呉縣の人、范成大（一一二六―九三）は、その晩年の編纂にかかる『呉郡志』巻五〇・雜志の條に「諺にいわく、天上の天堂、地下の蘇・杭。又いわく、蘇と湖と熟せば、天下足る（諺曰。天上天堂。地下蘇杭。又曰。蘇湖熟。天下足）」という、有名な二つの諺を紹介している。第一の諺は、十三世紀の後半に中國に滯在したマルコ＝ポーロにおそらくは誤解され、『東方見聞録』で蘇州と杭州の地名の由來を説明して杭州を天の都市、蘇州を地の都市と述べているものとして有名で、十六世紀の中葉、明代の郎瑛の「蘇杭湖」（『七修類稿』巻二二）によれば、「上に天堂を說き、下に蘇杭を說く」ともいわれた。また第二の諺は、同時代の陸游（一一二五―一二〇九）が嘉泰四（一二〇四）年に書いた「常州の奔牛閘の記」（『渭南文集』巻二〇）によれば、宋の朝廷が故都つまり開封に置かれていたとき、實に東南に財賦を仰ぎ、そのなかでも呉中がまた東南の根柢であって、「語にいわく、蘇と常と熟せば、天下足る（語曰。蘇常熟。天下足）」ともいわれていたそうで、「湖」が「常」に入れ替わっていても、「蘇」が中心である點は變わらない。范成大は、二つの諺を紹介し、「湖は固より蘇に逮ばず。杭は會府たり。諺に猶お蘇を先にし、杭を後にす。說く者これを疑えり」と述べた上で、白居易の「霅川（湖州）は殊に冷僻、茂苑（蘇州）は太はだ繁雄。惟だ錢塘都（杭州）のみ有りて、閑忙まさに中に適う」という詩を引用し、「則わち唐時にあっては、蘇の繁雄たる、固より浙右の第一となす」と結論している。[2]

華北の生まれであれ、江南の人であれ、中唐から南宋にかけての文人知識人たちにとって、蘇州と杭州は魅力あふれる都會なのであった。漢から唐に至る時代の中國の都會を代表する華北・中原の長安と洛陽については、日本古代の都城制のモデルとして、先に概觀を試みたので、[3]今回は中國近世の都市像を描かんとする研究班の一員として、華中・江南の蘇州と杭州を格好の對象に選んだ上で、杭州についてはほかの班員の方々が詳しく檢討を加えられているので、蘇州の都市像の一斑について述べることにしたい。

宋代の杭州臨安に關しては、南宋時代の國都であったからして、南宋時代に編纂された周淙撰『乾道臨安志』・施鍔撰『淳祐臨安志』・潛説友撰『咸淳臨安志』の三志が傳わり、特に元來最も詳細な内容をほこる『咸淳臨安志』は全一〇〇巻のうち九六巻までもが現存し（『乾道志』は一五巻のうち三巻、『淳祐志』はおそらくは一〇巻のうち六巻が現存している）、その巻一に收められた皇城圖・京城圖・浙江圖・西湖圖の四葉の概念圖は、杭州の繁華記たる宋・呉自牧撰の『夢粱錄』などを繙く際は手放せないものである。一方、蘇州呉郡に關しては、宋代編纂の文獻史料として、北宋時代、大中祥符年間官撰の『呉郡圖經』は殘念ながら佚われてしまったが、元豐年間に補なわれた續篇たる朱長文撰『呉郡圖經續記』三巻のほか、南宋時代に編纂された范成大撰『呉郡志』五〇巻がかなり詳しい情報を提供してくれるし、唐代に編纂された地方志として貴重な陸廣微撰『呉地記』一巻が殘されているばかりか、同時代のものとしてはほかに類をみない石刻史料としての『平江圖碑』が、蘇州の府學に保存されて、現在は蘇州碑刻博物館に收藏されている、という僥倖に恵まれている。南宋の理宗紹定二（一二二九）年に刻されたこの『平江圖碑』には、當時の平江府、つまり蘇州の城壁・城門から、城内を走る河渠・道路をはじめ、官署・寺觀・坊表・橋梁に至るまで、ことごとくその名を載せて、當時の蘇州城内の都市像を彷彿とさせてくれるからである。ただし、この『平江圖碑』は、清・王昶撰の『金石萃編』などにも著錄されず、この圖碑が近代の東西の東洋學者によっていかに注目され研究されてきたかについては、後節にあらためてふれることにして、行論の必要上、ここではこの碑をも利用して、宋代の蘇州の都市像に言及した、加藤繁「宋代に於ける都市の發達に就いて」（『桑原博士還曆記念東洋史論叢』弘文堂書房、一九三〇年。のち『支那經濟史考證』上巻、東洋文庫、一九五二年刊に、『平江圖碑』の拓本寫眞のみが割愛されて再錄）・同「蘇州今昔」（『支那學雜草』生活社、一九四四年）、およびF. W. Mote, "A Millennium of Chinese Urban History: Form, Time, and Space Concepts in Soochow", *Rice University Studies* Vol.

59 No. 4, 1973. と、特にこの『平江圖碑』を取り上げた最新の研究として、伊原弘「唐宋時代の浙西における都市の變遷——宋平江圖解讀作業——」（『中央大學文學部紀要』史學科・二四、一九七九年）・同「宋代浙西における都市と士大夫——宋平江圖坊名考——」（『中嶋敏先生古稀記念論集』上卷、一九八〇年）・同「江南における都市形態の變遷——宋平江圖解析作業——」（『宋代の社會と文化』汲古書院、一九八三年）の三つの專論の名を擧げておくにとどめたい。

二　白居易の詩文よりみた唐代の蘇州

長安の中央政界にあって、牛僧孺・李宗閔と李德裕をそれぞれの領袖とする、いわゆる牛李の黨爭がようやく表面化していた敬宗寶曆元（八二五）年三月四日、左庶子（正四品上）分司東都の名目のもとに俸祿だけをもらい「散地」と呼ばれる、職務のほとんどない日々を洛陽で送っていた白居易は、にわかに使持節蘇州諸軍事守蘇州刺史を授けられた。その前年の五月に、一年十カ月つとめた杭州刺史の任を去っていた白居易は、洛陽の履道里に邸宅を購入し生活の本據としたばかりの頃合であった。三月二十九日に東都洛陽城を發った白居易は、汴州開封をよぎり、淮水・長江を渡って常州を通り、一カ月餘りのちの五月五日に蘇州に到着した。着任して早速にしたためた「蘇州刺史、謝して上まつるの表」（『白氏文集』卷五九）には、型通りに身に餘る光榮である旨が述べられているが、その文中に、

いわんや當今の國用、多く江南より出ず。江南の諸州、蘇こそ最も大となす。兵數は少なからず、稅額は至って多し。土は沃ゆと雖ども尚お勞あり、人は徒らに庶きもいまだ富まず。

況當今國用。多出江南。江南諸州。蘇最爲大。兵數不少。税額至多。土雖沃而尚勞。人徒庶而未富。

と書き、藩鎮が各地に割據していた當時の唐朝政府は國家財政の財源の大半を、江南の諸州に依存しており、なかでも蘇州への期待が大きかったが、住民の生活は嚴しい狀況に追いこまれていたことを如實に表明している。

『元和郡縣志』巻二六・江南道一によれば、常州晉陵郡が八世紀中葉、開元年間（七一三—四一）の九萬六四七五戶から、九世紀初頭、元和年間（八〇六—二〇）には五萬四七六七戶に、杭州餘杭郡が八萬四二五二戶から五萬一二七六戶に、湖州吳興郡が六萬一一三三戶から四萬三四六七戶にと軒並みに著しく減少したなかで、ここ蘇州吳郡のみは、開元年間に六萬八〇九三戶であったのが、一〇萬〇八〇八戶へと逆に激增していたのであった。つまり、安史の亂（七五五—六三）直前には杭州より登錄人戶數の少なかった蘇州が、白居易が兩州の長官たる刺史をつとめた八二〇年代には、逆に杭州のほぼ倍近くの人戶を擁するに至っていたのである。戶數の異常な減少が好ましくないことはもちろんであるが、短年月のあいだにおける住民數の激增も、困ったことに違いなかった。三年近く溯った穆宗長慶二（八二二）年七月、中書舍人から外藩たる杭州刺史を拜命し、政爭の渦まく國都の長安を後にした白居易は、ときあたかも正常のルートである汴路が宣武軍の反亂によって不通になったばかりだったので、西に大回りした襄漢路のルートを通り、水陸七千餘里を晝夜奔馳して、十月一日に漸く任地の杭州に到着した。はじめて郡齋に登廳した日の夜、友人である近隣の湖州刺史錢徽と蘇州刺史李諒に寄せた諧謔の詩、「初めて郡齋に到り、錢湖州・李蘇州に寄す」を作ったが、そのなかに、

吏稀秋税畢　　吏稀にして秋税畢り
客散晚庭空　　客散じて晚庭空なり
霽後當樓月　　霽の後　樓に當るの月

湖來滿座風　　湖來りて座に滿つるの風
霅溪殊冷僻　　霅溪は殊に冷僻
茂苑太繁雄　　茂苑は太はだ繁雄
唯此錢塘郡　　唯だ此の錢塘郡のみ
閑忙恰得中　　閑忙あたかも中を得たり

と詠っている。多少の字句の異同はあるが、これこそ、范成大が『吳郡志』巻五〇に引用していた五言詩なのである。當時の錢塘郡つまり杭州刺史の任は、霅溪つまり湖州刺史ほど閑ではなく、茂苑つまり蘇州刺史ほど忙しくはない、との認識をもっていた。この詩とほぼ時を同じくして書かれた「杭州刺史、謝して上まつるの表」（『白氏文集』巻四四）には、まず、たまたま汴路がいまだ通ぜず、襄漢路を取って赴任した旨をしたため、また先帝のときに六年間、左遷されていたことなどを記した後に、「恭んで詔條を守り、勤めて人庶を卹み、下は凋瘵を蘇がえらし、上は憂勤に副わん（恭守詔條。勤卹人庶。下蘇凋瘵。上副憂勤）」とみえる。當時の杭州は蘇らせねばならぬほどの凋瘵の狀態にあったのである。

杭州刺史のポストが、おのれにとって「閑忙あたかも中を得たり」と自覺していた白居易には、「太はだ繁雄」である蘇州の刺史は、杭州刺史よりも、たしかに忙しすぎた。杭州時代とは異なり、蘇州の官舍に入って一〇日がすぎても、公務に專念するだけで、宴遊する餘裕はなかった。「郡齋に到りてより、僅んど旬日を經るに、まさに公務に專らにして、いまだ宴遊に及ばず、閑を偸みて筆を走らせ、二十四韻を題し、兼ねて常州賈舍人・湖州崔郎中に寄せ、仍お吳中の諸客に呈す」（『白氏文集』巻五四）という長い題をもつ詩篇は、

渭北離鄉客　　渭北　鄉を離るるの客

江南守土臣　　江南　土を守るの臣
渉途初改月　　途に渉り初めて月を改め
入境已經旬　　境に入りて已に旬を經たり
甲郡標天下　　甲郡は天下に摽く
環封極海濱　　環封は海濱を極む
版圖十萬戶　　版圖　十萬戶
兵籍五千人　　兵籍　五千人

と詠みはじめられていた。また、「閶門に登りて閑望す」（『白氏文集』巻五四）という題の詩は、

閶門四望鬱蒼蒼　　閶門より　四望すれば鬱として蒼蒼
始覺州雄土俗强　　始めて覺ゆ　州は雄にして土俗は强し
十萬夫家供課稅　　十萬の夫家　課稅を供し
五千子弟守封疆　　五千の子弟　封疆を守る

と詠みはじめられ、

曾賞錢唐嫌茂苑　　かつては錢唐を賞し茂苑を嫌う
今來未敢苦誇張　　今來いまだ敢てはなはだしくは誇張せず

で締めくくられている。課稅を負擔する一〇萬戶の人家と、封疆を守る五〇〇〇人の兵士たちが、蘇州城内にひしめいていた。錢唐つまり杭州刺史に着任した早々、はなはだ繁雄で忙しすぎる茂苑つまり蘇州を嫌うと詠った白居易であったが、その蘇州に長官として赴任してきた以上は、その見解を撤回はしないまでも、誇張できようはずは

なかったのである。着任後、足掛け三カ月たった七月に、はじめて一〇日に一度の公休日たる旬假の日の宴會を開き、のちにみずから「旬宴」と略した「郡齋の旬假に宴を命じ、座客に呈し郡寮に示す」詩（『白氏文集』巻五一）を作ったのである。この詩の初めには、

公門日兩衙　　公門　日ごとに兩衙あり
公假月三旬　　公假　月ごとに三旬あり
衙用決簿領　　衙はもって簿領を決し
旬以會親賓　　旬はもって親賓を會す
公多及私少　　公多く私に及ぶこと少なく
勞逸常不均　　勞と逸と常に均しからず
況爲劇郡長　　況んや劇郡の長たりて
安得閑宴頻　　安んぞ閑宴の頻りなるを得んや
下車已三月　　車を下りて已に三月
開筵始今晨　　筵を開くは始めて今晨なり

とつづられ、劇郡の長たる蘇州刺史の役目がら、連日の朝衙と晩衙での簿領の決裁に明け暮れ、毎月一日・十一日・二十一日の三回與えられる公休日に友人たちを集めて宴會を開くことさえできなかったと述べており、この詩を、その直後の七月二十日に、韋應物の詩の後に附して石に刻したのであった。當時の多忙さは、これにつづく「西亭に題す」（同上）という詩にも、

朝亦視簿書　　朝にまた簿書を視

暮亦視簿書　暮にまた簿書を視る
簿書視未竟　簿書　視ていまだ竟らざるに
蟋蟀鳴座隅　蟋蟀　座隅に鳴く

と詠われている。あまりの多忙さについに健康を損なって、一五日間の病休をとり、一〇日間を北亭に臥せざるをえなかった。九月九日の重陽の節句の宴會でつづった「九日の宴集に、醉いて郡樓に題し、兼ねて周・殷二判官に呈す」（同上）と題する詩には、蘇州城內の現況を、

半酣憑檻起四顧　半酣　檻に憑り起ちて四顧す
七堰八門六十坊　七堰八門六十坊
遠近高低寺間出　遠近高低　寺間出し
東西南北橋相望　東西南北　橋相望む
水道脉分棹鱗次　水道は脉分し　棹は鱗次し
里閭碁布城册方　里閭は碁布し　城は册方たり
人烟樹色無隙罅　人烟　樹色　隙罅なく
十里一片青茫茫　十里一片　青くして茫茫たり

と述べたのである。蘇州城內には、七つの堰、八つの門、そして六〇の坊があり、數多くの寺と橋の並ぶのが特色で、河道は脈のごとく分かれ、河上をいく舟の棹はあたかも鱗のつらなるごとく、里閭つまり各坊は碁盤の目のごとく、城の形は方形、云々と歌うこの詩は、中唐時期の蘇州城內の様子を大觀したものとして有名で、先人たちが蘇州について語る際にしばしば引用している。特に日野開三郎は、『唐代邸店の研究』（自費出版、一九六八年）で

唐代城坊制の概要を述べ、大城邑の戸口規模を確認された際に、この詩と、のちに言及する白居易の「人稠過揚府。坊鬧半長安」の句などを引用した上で、

首都長安の外城が周圍六十七里餘であったのに對し、蘇州城は宋代の所傳ではあるが周圍四十七里であったとあり、又白居易の「七堰八門六十坊」の詩句の續きに、「里閭碁布城册方。人煙樹色無隙罅」とあって、蘇州の城形は長安と似た正方形に近い方形で、城内諸坊は人家がすきまなく塡まっていたということから、右兩城の周圍の里數に基いて大雜把にその面積の比を考えるに、蘇州は長安のほぼ半ばであったことが察せられる。又長安の坊數は約百十であったのに對し蘇州は六十坊であるから、此れ亦半數であったことになり、延いては一坊の面積は兩者ほぼ同じ廣さであったことになる。此れらの諸坊は、白居易によって「人煙樹色無隙罅」と詠まれ、又「人稠過揚府」とも詠まれている程に居民が充實していたのであるから、蘇州城内の居民家數は長安の半ば程度であったと見て誤りないであろう。卽ち城の大いさ、坊數、居家數すべて長安の約半分で、坊の大いさのみほぼ同じであったということになる。云云。（三一六―三一七頁）

と論ぜられたのであった。ところで、伊原弘は、「唐宋時代の浙西における都市の變遷――宋平江圖解讀作業――」（前揭）において、やはりこの詩を引用し、特に「里閭碁布城册方」の句について、「城は册方」とは訓まずに、「城册は方」と訓まれた上で、城の周圍には「册」すなわち「册」「柵」があったと推測できる、とし、

蘇州についていいえば、白居易がうたった「城册」もまた柵のようなもので、焚いたりできる脆いものであったろう。そして潤州の例から類推すれば、柵や壘が組み合わさって羅城が形成されていたと思われる。すなわち形を變えやすいものであった。そしてこれらの比較的脆弱な造りであった都市が、唐末五代の變化の中でしだいに整えられてゆくのである。（五一―五二頁）

とまで論ぜられるに至ったのである。しかし、この「城卌方」は前の句の「棹鱗次」と對をなし、「棹は鱗のごとく次し」「城は卌のごとく方なり」と訓まれるべきであるから、伊原のごとき説明はとうてい成立しがたい、というべきであろう。『佩文韻府』の「卌方」の條には、この白居易の句を引くほかに、楊萬里の詩に「開門山色都爭入。只放靑蒼一卌方」とみえるという。

數えきれぬほどの唐代の詩人たちのなかで、やや冗舌の印象を與える白居易の詩と文章は、その冗舌さのゆえに、ほかの文人詩人たちからは得ることのできない唐代社會に關する情報をわれわれに提供してくれる。蘇州の街並についても、この「九日宴集云云」の詩のほか、翌寶曆二（八二六）年正月三日に、街を經めぐっての感懷を、「正月三日閑行」（『白氏文集』巻五四）と題して、

黃鸝巷口鶯欲語　黃鸝巷口に鶯語わんと欲し
烏鵲河頭氷盡銷　烏鵲河頭に氷盡く銷ゆ
綠浪東西南北水　綠浪　東西南北の水
紅欄三百九十橋　紅欄　三百九十の橋

と歌ったが、二句目の下に「黃鸝は坊の名。烏鵲は河の名」と注するとともに、「三百九十橋」の下には、「蘇州官橋の大數なり」の自注が入っている。つまり城内六〇坊のうちには「黃鸝坊」という坊があり、東西南北に流れる綠浪の水の上には、紅色の欄干をもつ官橋が三九〇もかけられていたというわけである。しかし白居易は二月末には落馬して足を痛め、一カ月も床につき、五月末には眼がきりきり痛みだしたので、辭任を前提とした一〇〇日の休假をもらい、休假明けの九月の初め、蘇州刺史の職を辭したのである。前年の五月五日に着任してから、わずかに一年四カ月、そのうち四カ月以上を病床という不體裁な結果に終わった。蘇州刺史の職を辭してから出發までの

あいだにつくった詩の一つ「齊雲樓に晩望し、偶たま十韻を題し、兼ねて馮侍御・周・殷二協律に呈す」（同上）は、

潦倒宦情盡　　潦倒たり　宦情盡き
蕭條芳歳闌　　蕭條たり　芳歳闌く
欲辭南國去　　南國を辭して去らんと欲し
重上北城看　　重ねて北城に上りて看ん
複疊江山壯　　複疊として江山壯ん
平鋪井邑寬　　平鋪として井邑寬し
人稠過揚府　　人の稠なるは揚府に過ぎ
坊鬧半長安　　坊の鬧なるは長安に半ばす

と詠いだされる。標題の下に、「樓在蘇州」という自注が各本ともに施されているが、「人稠過揚府」と「坊鬧半長安」の下に、諸本にはみえないが、菅家本の『白氏文集』[4]には、それぞれ、「按食監籍。蘇州人口多於揚州」と「長安坊百廿。蘇州坊六十」という注が施されている。「按食監籍」の四字、何らかの筆寫の誤りがあるかと思えるが、いずれにせよ、白居易が蘇州にいた當時、蘇州の人口は、唐後半期にその繁華ぶりが「揚一蜀二」と稱された揚州よりも多かったことになる。ともあれ、蘇州刺史を辭した白居易が、旅の途中、親友の劉禹錫と半月間も廣陵で遊んだりして洛陽の履道里の家に歸りついたのは、新春になってからであった。年末の十二月に敬宗が宦官に弑せられて、文宗が卽位し、新しい年は大和という年號になり、人心一新のために、人望ある人びとが中央政府に呼び寄せられ、三月十七日、白居易も祕書省の長官たる三品官の祕書監を命ぜられ、榮光ある紫衣と金魚袋を着用す

ることになった。白居易は、ふたたび長安の新昌里の家に移り住んだのである。

唐代の蘇州の位置について語った文人は、ひとり白居易にとどまらない。たとえば、蘇州城内の西半部である呉縣は、東半部の長洲縣に比べてより繁榮したことで知られるが、大曆十四（七七九）年に書かれたその「呉縣令廳壁記」（『文苑英華』卷八〇四）は梁肅の手になり、そのなかに、

京口より南、淛河に被ぶまで、望縣十數ありて、呉を大となす。國家、上元の際に當りて、中夏難きこと多く、衣冠南に避け、茲の土に寓し、編戶の一に參ず。是に由り人俗舛雜し、號して難治となす。しかのみならず州將は握兵按部の重あり、邑居は水陸交馳の會に當る。承上撫下の勤、征賦郵傳の繁、他縣に百倍し、その中に夥しきこと、紀するに勝うべからず。

自京口南。被于淛河。望縣十數。而呉爲大。國家當上元之際。中夏多難。衣冠南避。寓于茲土。參編戶之一。由是人俗舛雜。號爲難治。加以州將有握兵按部之重。邑居當水陸交馳之會。承上撫下之勤。征賦郵傳之繁。百倍他縣。夥乎其中。不可勝紀。

の文がみえ、上元の際、つまり安史の亂による混亂を逃れて、中原地方から多くの貴族たちが蘇州の呉縣にやってきて住みついたため、それまでの秩序が崩れて、縣政が難しくなったことを指摘しているわけである。ただ白居易ほど、蘇州の景觀を具體的に寫しだそうとした唐代の文人は、やはり珍しかったといってよいであろう。

唐末・僖宗朝頃の人物とみられる陸廣微撰、蘇州の歷史地理書、『呉地記』一卷の現行本には北宋人による後集一卷が附せられ、『四庫全書總目提要』をはじめとする先人の文獻批判によって、本卷にも、內容に五代以後の記事を含んでいるので、後人による竄入があることは疑いえず、宋代になって何度か整理改編を經たものであろうとされているが、蘇州七縣の單なる地誌的記載にとどまらず、唐代後半期における、管內七縣のそれぞれの「兩稅茶

鹽酒等錢」つまり兩稅および稅茶・榷鹽・榷酒の收入額を傳え、支出額としては蘇州全體として送使・留州・上供に配分した額を傳えていて、藩鎭支配下における地方行政を考察するにあたって、ほかに類例のない貴重な史料なので、つとに日野開三郎が『支那中世の軍閥』で解説されたのであった。(5) 七縣のなかに海鹽縣が含まれているので、その統計が九世紀中葉の會昌四（八四四）年に、海鹽縣が縣に昇格した年を去ることそう遠くない時期の數字とすると、それはまさに白居易が蘇州刺史として赴任してから二〇年ばかりのちの情況をしめしていることになる。白居易は、詩のなかで、蘇州につき一〇萬戶、六〇坊、官橋三九〇、といった數字を擧げていたが、『吳地記』が傳える蘇州七縣のそれぞれの鄉數と戶數は、

吳縣（郭下）	三〇鄉	三萬八三六一戶	三〇坊
長洲縣（郭下）	三〇鄉	二萬三七〇〇戶	三〇坊
嘉興縣	五〇鄉	二萬七〇五四戶	
崑山縣	二四鄉	一萬三九八一戶	
常熟縣	二四鄉	一萬三八二〇戶	
華亭縣	二二鄉	一萬二七八〇戶	
海鹽縣	一五鄉	一萬三二〇〇戶	

ということになる。坊數は郭下の吳縣と長洲縣のみを傳え、それぞれが三〇坊ずつ、合わせて六〇坊であるから、白居易の詩にいう「六十坊」は概數ではなく、正確な數字だったことになろう。それぞれの坊の名稱については、『吳地記』の終わりの部分に、つぎのように記錄されている。

古坊六十所

通波　三譲　水浮　闔閭　坤維　館娃　調啁　平權　金風　南宮　通闕　盍簪　吳趨　白賁　南祀　長干　望
館　曳練　葨楚　處暑　棠棣　白華　卽次　甘節　吳愉　洊雷　義和　噬嗑　嘉魚　陋蜀
已上三十坊在吳縣
遷善　旌孝　儒教　繡衣　太元　黄鸝　玉鉉　布德　立義　孫君　青陽　建善　從義　迎春　載耜　開氷　麗
澤　釋菜　和令　夷則　南政　仲呂　必大　豸冠　八貂　同仁　天宮　布農　富春　循陔
已上三十坊在長洲縣

白居易の「正月三日閑行」詩のなかにみえた坊名、「黄鸝」は城内東部の長洲縣にあったことが確認されるわけである。「古坊六十所」の「古坊」とは唐代にそう呼ばれようはずはないから、宋代になってからの呼稱であろうが、『吳地記』の末に附された「吳地記後舊本原文」は、

羅城は亞字形を作し、周の敬王六年丁亥に造られ、今唐乾符三年丙申に至るまで、凡そ一千八百九十五年なり。また大宋淳熙十三年丙午に至るまで、總て二千二百十五年なり。その城は南北の長さ十二里、東西は九里、城中に大河あり、三は横にして四は直なり。蘇州、名は十望を標し、地は六雄と號す。七縣(ママ)八門あり、みな水と陸を通ず。郡郭に三百餘巷あり、吳・長二縣、古坊は六十、虹橋は三百有餘あり。地は廣く人は繁く、民は殷富おおく、古跡と靈踪と、實に□異事。後に王郢の叛亂せるにより、羅城すなわち以て重修す。今は姑く圖畫を纂成し、以て後來者の添修を俟つ。

羅城作亞字形。周敬王六年丁亥造、至今唐乾符三年丙申。凡一千八百九十五年。又至大宋淳熙十三年丙午。總二千二百十五年。其城南北長十二里、東西九里。城中有大河。三横四直。蘇州名標十望。地號六雄。七縣八門。皆通水陸。郡郭三百餘巷。吳長二縣。古坊六十。虹橋三百有餘。地廣人繁。民多殷富。古跡靈踪。實□異事。後因王郢叛亂。羅城乃以

重修。今姑纂成圖畫。以俟後來者添修矣。

で締めくくられている。この文章に矛盾の多いこと、すでに『四庫全書總目提要』などに指摘されていることなので、今は問わない。ただ城中に大河があって、横つまり東西に三水路、直つまり南北に四水路あったことを傳える。白居易の詩には「七堰八門六十坊」と詠い、ここでは「七縣八門。皆通水陸。……呉長二縣。古坊六十」と述べる。蘇州に七縣あったことは確かであるが、前後の文とつづかないから、この「縣」の字、「堰」の字の誤字と見なすべきなのであろう。門はいずれも水門と陸門からなるという。白居易の詩の「紅欄三百九十橋」、ここでは「虹橋三百有餘」と記されている。

三　『平江圖碑』にみる宋代の蘇州

中國各地で出版された簡便な地方史、史話のなかで、廖志豪等撰の『蘇州史話』（江蘇人民出版社、一九八〇年）は、武伯綸編著の『西安歷史述略』（陝西人民出版社、一九七九年）に次ぐ好著である。四三節からなるこの『蘇州史話』には「宋代蘇州的三大石刻」なる節が設けられ、蘇州の碑刻は內容が豐かで數量が多く學術價值の高いことで有名であるが、なかでも最も價值があって稀世珍品と稱しうるものとして、宋代の三大石刻つまり『平江圖』『天文圖』と『墜理圖』を擧げ、それら三圖についての簡にして要をえた解說が施されている。實は蘇州には『天文圖』『墜理圖』と一連の石刻圖として『帝王紹運圖』があり、あわせて宋代の四大石刻と稱すべきはずのところを、『帝王紹運圖』のみをことさらに無視して除外し、三大石刻と稱しているのである（圖1―4）。

『平江圖碑』は、ほかの三石刻ともども、嘉慶十（一八〇五）年の自序をもつ清・王昶撰『金石萃編』に收めら

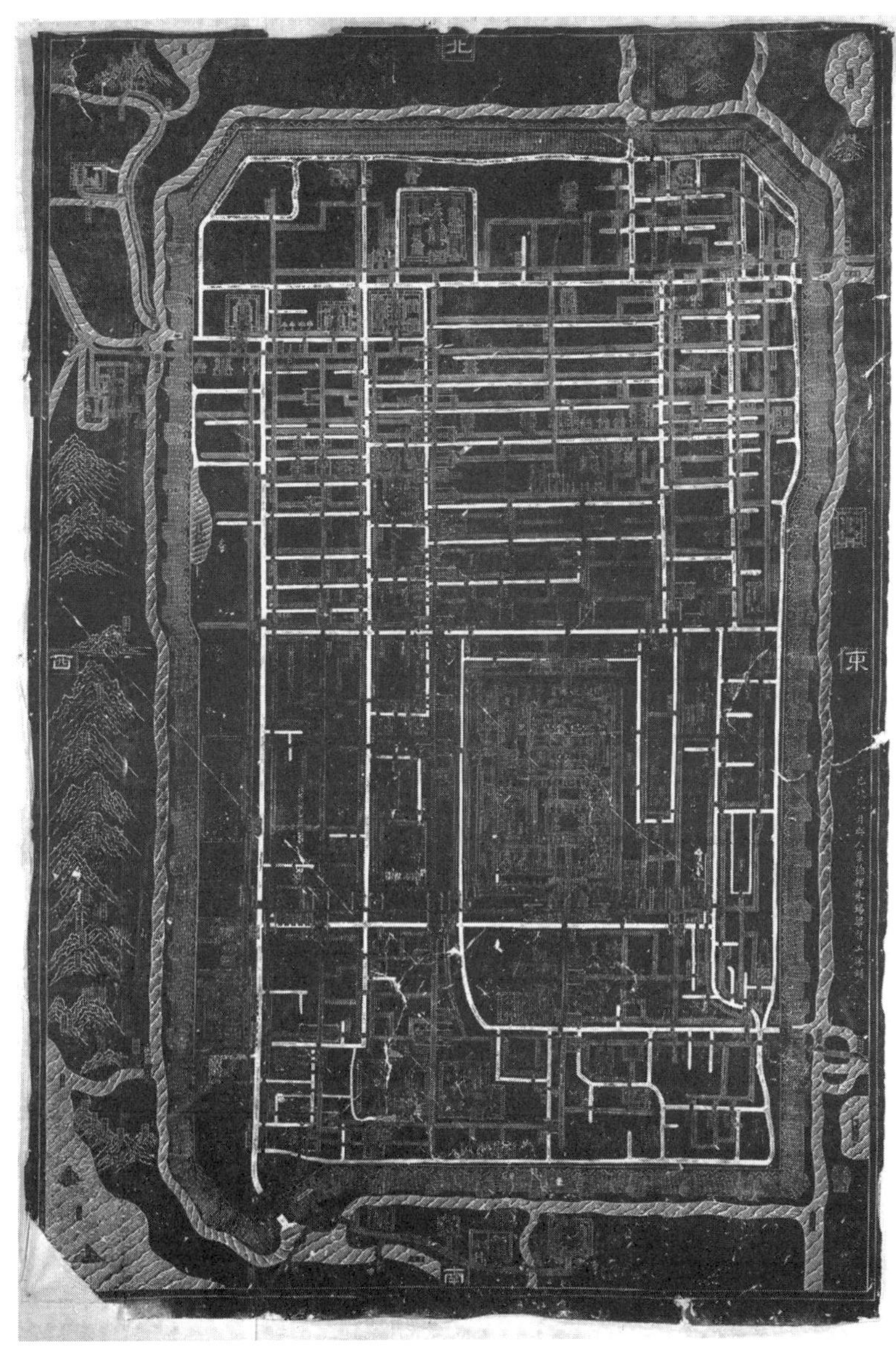

圖1　平江圖　拓本

（京都大學人文科學研究所藏）

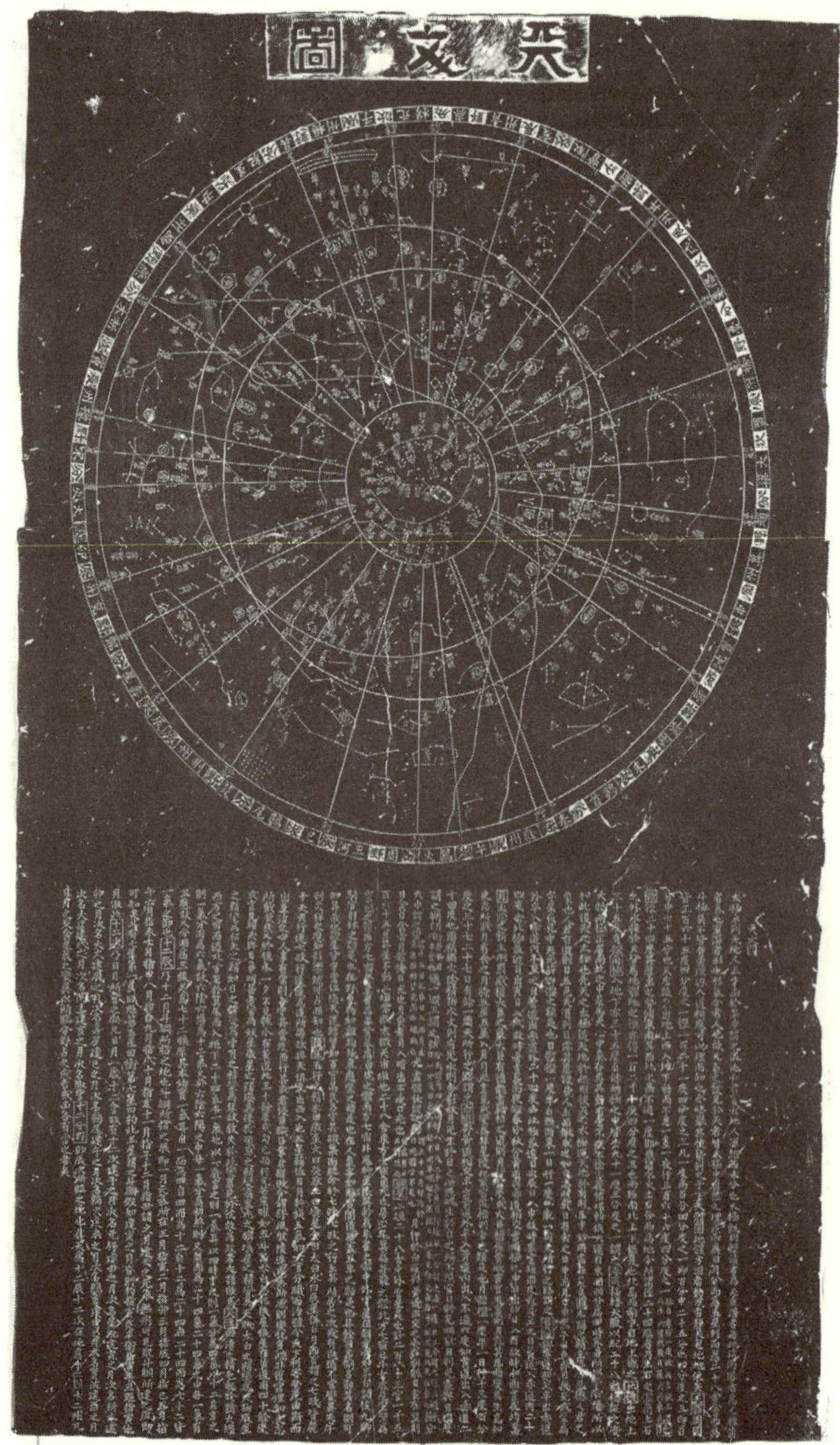

圖2　天文圖　拓本
（京都大學人文科學研究所藏）

圖 3　墜理圖　拓本

（京都大學人文科學研究所藏）

圖4　帝王紹運圖　拓本
（京都大學人文科學研究所藏）

れず、咸豐元（一八五一）年の自跋をもつ清・程祖慶撰『吳郡金石目』には著錄されていたが、世人の注目をひくことはなかった。一八七五年に、イギリスの歴史地理學者ユール（Sir Henry Yule）が、マルコ＝ポーロの『東方見聞錄』の譯注本 *The Book of Ser Marco Polo* の第二版（初版は一八七一年）を出版したとき、友人の宣教師ワイリー（A. Wylie 中國名は偉烈亞力）から送られた『平江圖碑』の拓本にもとづく、蘇州城の都市圖を掲載したのであった。ユールは、ワイリーの情報に従い、蘇州には元來、四つの地圖たる、(1)都市圖（つまり平江圖）、(2)帝國圖（つまり墜理圖）、(3)天空圖（つまり天文圖）、(4)不詳の圖（つまり帝王紹運圖）があり、いずれも黃兼山によって描かれ、王致遠によって一二四七年に刻されたと述べた。ワイリーがかく判斷したのは、『墜理圖』の下截、解說文の末尾に、

右の四圖、兼山黃公、嘉邸の翊善たりし日に進むる所なり。致遠、もと此の本を蜀に得たり。右浙に司臯し、因りて摹刻して以って其の傳を永くせんとす。淳祐丁未の仲冬、東嘉の王致遠書す。

右四圖。兼山黃公。爲嘉邸翊善日所進也。致遠舊得此本於蜀。司臯右浙。因摹刻以永其傳。淳祐丁未仲冬。東嘉王致遠書。

と刻されていて、淳祐丁未七年が西曆の一二四七年にあたるからであった。黃兼山とは黃裳（一一四六―九四）のことで、『宋史』卷三九三に立傳されており、嘉王（のちの寧宗）府の翊善であったとき、「地理圖」などの八圖を王に獻じたことも記錄されているし、黃裳の地圖に對する識見は、同時代人の朱熹から高く評價されていたことでも知られている[6]。それはさておき、このときユールが掲げた蘇州の都市圖は、のちに加藤繁が前掲「宋代に於ける都市の發達に就いて」（一九三〇年）の注5で指摘しているように、實際にはもとの『平江圖碑』に比べると、寸法が一〇分の一に縮小されたばかりでなく、內容がかなり省略されたものだったのであるが、それでも識者の關心を

惹起するに十分であった。

一九〇八年に蘇州を訪れ、ユールによって言及された四石刻を親しく目睹したヴァッカ（M. G. Vacca）が、フィレンツェで發行されていた *Rivista Geografia Italiana* の一九一一年三月號に、中國地圖史に關する劄記（"Note sulla storia della cartografia cinese"）の第一として、一二四七年の中國地圖つまり『墬理圖』について紹介したときも、『平江圖』を含む四圖をいずれも一二四七年に刻されたものと見なしたのである。わが國の小川琢治が「近世西洋交通以前の支那地圖に就て」の論文で、宋代に刻された地圖の一つとして、蘇州にある『墬理圖』を『地學雜誌』二二巻二五八號に紹介したのが同じく一九一一年で、それをみたフランスの東洋學者シャヴァンヌ（Edouard Chavannes）が友人の榊亮三郎に手紙を書いて拓本の入手を依賴したところ、富岡謙藏から當該の『墬理圖』のみでなく一二四七年に刻されたとする四圖の拓本を一括して寄贈されたのであった。大喜びしたシャヴァンヌは、早速一九一三年刊の *Mémoires Concernant l' Asie Orientale*, tome 1. に「一一九三年における中國の皇太子教育」（"L' Instruction d'un futur empereur de chine en l'an 1193"）と題する雄篇を發表し、それら四石刻圖の拓本のコロタイプを載せ、それぞれについてのていねいな解說を施した。一一九三年とは、黃裳が嘉王府の翊善であった頃だったからである。シャヴァンヌは、四圖の拓本の寸法を『墬理圖』は縱一八五センチで横一〇〇センチ、『帝王紹運圖』は縱一八二センチで横九四センチ、『天文圖』は縱一八五センチで横一〇二センチ、『平江圖』は縱一九七センチで横一三七センチ、最後の拓本には（複製しないが）縱三八センチ、横二〇センチの題額がある、と注記している。これらの寸法と石刻の內容とからみて、『平江圖』がほかの三圖とは異質のものであることは歴然としているし、『宋史』巻三九三の黃裳傳によれば、黃裳が作成して嘉王（のちの寧宗）に獻じた八圖とは「太極」「三才本性」「皇帝王伯學術」「九流學術」「天文」「地理」「帝王紹運」「百官」であって、『平江圖』は含まれていないにもかかわらず、ユールに情報を提供したワイリー、また原碑を目睹したヴァッカが、いずれも『平江圖』を含めた四圖が、『墜理圖』の下截末尾に刻された「右四圖」にあたると見なしていたので、さすがのシャヴァンヌの慧眼を曇らせてしまったのであろう。蘇州には、銭大昕が『潛研堂金石文跋尾』巻一七で述べたごとく、今は佚われてしまった圖の碑刻がもう一つ別にあったはずで、『平江圖』はそれらとは無關係ということになろう。シャヴァンヌは、『平江圖碑』がほかの三圖碑とともに一二四七年に王致遠によって刻されたとした上で、この碑の左端の欄外の下にみえる「呂挺・張允成・張允迪」の三人の姓名に注目しつつ比定しかねていたのであるが、程祖慶は『呉郡金石目』において、これら刻圖人のうち張允成・張〔允〕迪の兩人は嘉定八（一二一五）年・慶元六（一二〇〇）年・紹定二（一二二九）年の碑にみえる刻工姓名なので、この『平江圖碑』は南宋の寧宗（在位一一九四―一二二四）のときか、理宗（在位一二二四―六四）初年のものであろう、と斷じていたのである。

ヨーロッパの東洋學者によって注目を浴びてきた『平江圖碑』は、ついに地元の識者の關心を惹き起こした。民國六（一九一七）年八月、葉徳輝と朱錫梁は工夫人を督して深刻させ、碑の右端下方に「丁巳秋八月郡人葉徳輝朱錫梁督工深刻」と明記させた(7)。したがって、深刻する以前の採拓にかかる、次頁に影印した京都大學文學部東洋史研究室所藏の拓本（圖5）やシャヴァンヌ論文と小川琢治『人文地理學研究』（古今書院、一九二八年）巻首に掲載の拓本には、この一行は刻されていない。葉徳輝らがわざわざ深刻させたと明記させただけあって、京都大學文學部所藏の舊拓本などには、文字不鮮明で判讀不能の個所があまりにも多い。そこで、本論文に拓本寫眞を插入するに際し、あえて舊拓本を採らず、葉らの深刻を經た後に採拓された京都大學人文科學研究所所藏（內藤湖南博士舊藏）の新拓本を用いた（圖1）。以下の拙稿の敍述にあたって、『平江圖』にみえる建築物や橋梁の名稱に言及するときは、いずれもこの新拓本にもとづいている。なお、原碑の碑頭では題額「平江圖」の三文字の左右に龍が配置

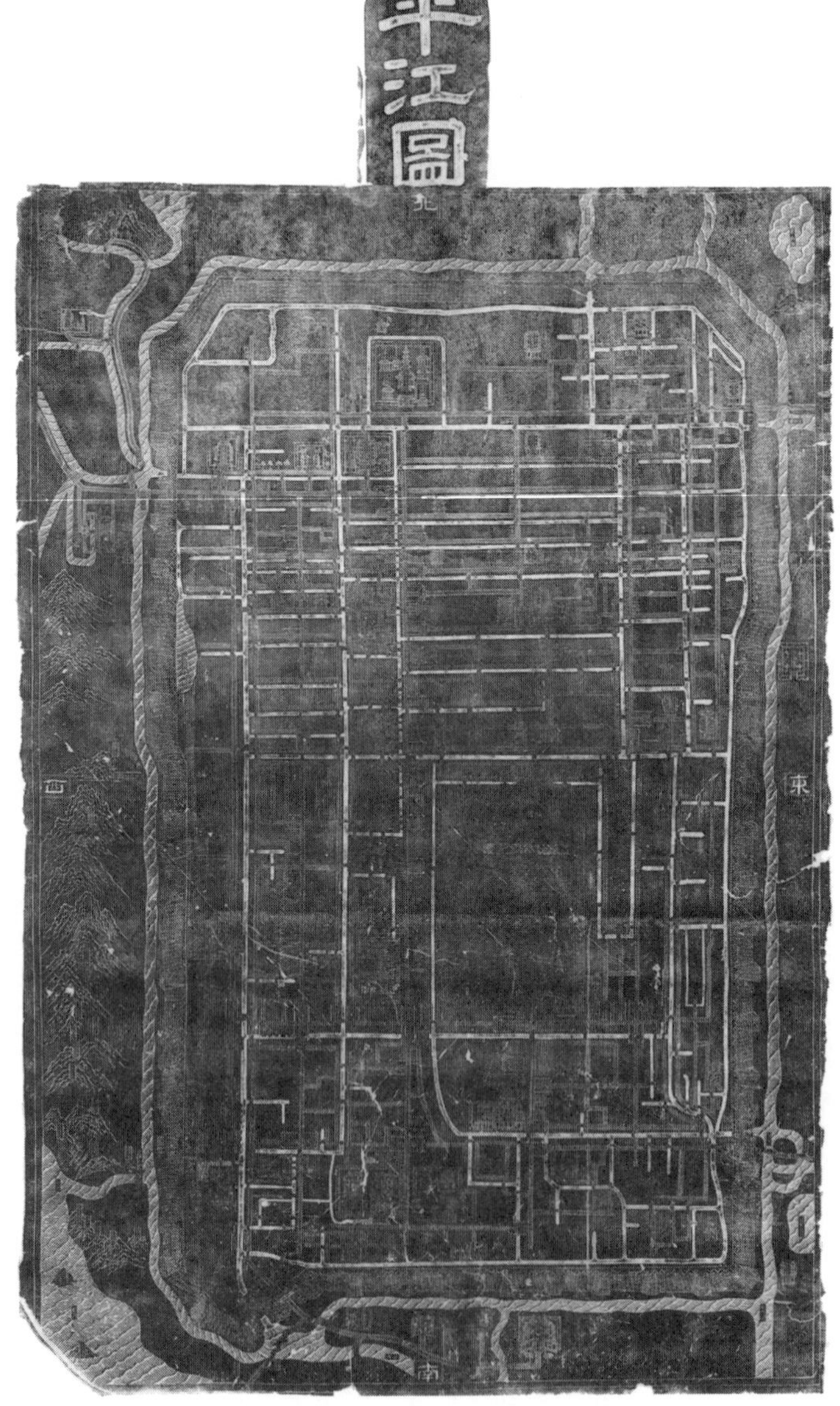

圖5　宋代紹定２（1229）年刻『平江圖碑』舊拓本
（京都大學文學部東洋史研究室藏）

されていて、その螭首を冠した姿は前掲『蘇州史話』の巻頭に載せられた拓本寫眞にみられる。

ついで民國十四（一九二五）年十月、呉縣の王謇は『宋平江城坊攷』五巻なる勞作を著し「呉中氏族志攷補」「呉中故市攷」を附して出版した(8)。王謇は、本書の自序において、『平江圖碑』に刻されている公署と寺觀はいずれも紹定二（一二二九）年春夏以前に建てられたものばかりで、秋冬以後に新しく建てられたものはみえないことを確かめたのであった。蘇州に郡守として着任した李壽朋が、范成大の晩年の編纂にかかる『呉郡志』の未刊なるを惜しみ、平江府府學教授の汪泰亨らに依頼し、增補して出版させたのが紹定二年であり、同時に坊市の故實を重建させていた。その事業の記念碑として建立させたのがこの『平江圖碑』であると考えて大過なかろう。つまり、宋代地方志中の模範とされる范成大撰『呉郡志』五〇巻の刊行と、唐宋時代の蘇州の都市像を彷彿させてくれるものとしてかけがえのない石刻『平江圖碑』の建立は、ともに紹定二（一二二九）年に郡守の李壽朋の發案によって行なわれたことになる。

王謇撰の『宋平江城坊攷』は、清・徐松撰『唐兩京城坊考』と清・繆荃孫撰『京師坊巷志』を模範にしたというだけあって、『平江圖』に刻された坊表・橋梁・寺觀・官宇・第宅・園林・山水などに附された題榜のすべてにわたって一一考證を加えており、實に有益な研究である。范成大撰の『呉郡志』巻六・坊市門には、

樂橋東南

孝義坊（東憩橋巷）　＊通闤坊（金母橋西）　繡錦坊（大市）　＊儒教坊（飲馬橋南）　旌義坊（蔡匯頭）　孝友坊（南園東巷）　玉淵坊（南星橋）　儒學坊（烏鵲橋南）

袞繡坊（烏鵲橋北）　狀元坊（醋庫巷黃魁所居）　呉會坊（府治東）　晉寧坊（濠股口）　＊和令坊（楊郡王府前）　＊繡衣坊（南倉橋北）　孔聖坊（南倉橋南）

積善坊（府治西）　皁通坊（夏侯橋西）

樂橋東北

干將坊東市門　＊建善坊干將巷　眞慶坊天慶觀巷　＊遷善坊草橋　＊布德坊顧家橋　＊豸冠坊仁王寺前　＊富仁坊魚行橋東　聞德坊周太尉橋東　＊崇義坊禪興寺橋南　乘鯉坊張馬步橋南　閭丘坊張馬步橋北　大雲坊天慶觀西　碧鳳坊天慶觀前　＊慶源坊大郎橋東　＊天宮坊迎春巷　＊迎春坊百口橋

樂橋西南

武狀元坊樂橋南紙廊巷林魁所居　吳歈坊西憩橋巷　＊平權坊跨街樓南　＊館娃坊果子行　和豐坊米行　＊麗澤坊吉利橋北　＊通波坊吉利橋南　＊孫君坊孫老橋　賔興坊貢院南　好禮坊富郎中巷　＊義和坊杉瀆橋東　靈芝坊侍其巷　晝錦坊南營西　＊載耜坊開元寺東　＊坤維坊瑞光寺東　＊同仁坊金獅巷　＊南宮坊南薗巷

樂橋西北

西市坊鐵瓶巷　太平坊太平橋　＊嘉魚坊魚行橋西　流化坊吳縣東　武狀元坊雍熙寺東周魁所居　文正范公之坊范家園　＊盍簪坊張馬步橋北　德慶坊禪興寺橋西　＊甘節坊承天寺東　樂圃坊三太尉橋北　＊立義坊北寺西　清嘉坊朱明寺橋北　仁風坊十九勝巷　至德坊泰伯廟前　＊吳趨坊臯橋西

と樂橋を座標軸の原點に据えて四隅に分け、それぞれに一五ないし一七の坊名を列擧した上で、

右の六十五坊、紹定二年の春に、郡守の李壽朋ならびに新たに之を作れり。壯觀は昔に視べて加うる有り。

右六十五坊。紹定二年春。郡守李壽朋並新作之。壯觀視昔有加。

という補注がつけ加えられている。これらの坊名のうち、＊印をつけた二八坊は、唐の『吳地記』に載せられている「古坊六十所」にみえていたものである。これら六五の坊名の内には、紹定二年に李壽朋によって新たに命名されたものが多かったというのであるから、元來の范成大の稿本にはこのあたりいかなる敍述がなされていたか、興味をそそられるが、うかがう術はない。いずれにせよ、これら六五坊のすべてが『平江圖碑』のなかで明瞭に圖示

されていることを確認することができる。座標軸の原點に採られた樂橋は、『平江圖』の中央には位置してないで、東西に走る三大水路のうちの第二、いわゆる第二横河の中央よりかなり西にかかる橋であり、この橋の上を南北に走る大街が、後世に至るまで蘇州城内を東西に兩分する役割を果たしたのである。ただし嚴密にいえば座標軸の原點とされたのは樂橋そのものではなく、明・盧熊撰『洪武蘇州府志』巻五・坊市門に、

ここに城内の樂橋まさに市心に居るを以て、故に橋下よりやや北の十字街に就き、その坊市を界して四隅となす。

茲以城内樂橋正居市心。故就橋下少北十字街。界其坊市爲四隅。

とあるように、樂橋のすぐ北にある十字街であったとみてよかろう。同巻六・橋梁門によれば、樂橋の西は呉縣に屬し、東は長洲縣に屬していたことになるが、唐代の蘇州城を東西に三〇坊ずつに二分していたのも、樂橋の上を走る大街であったと考えてよかろう。王謇の『宋平江城坊攷』もやはり樂橋を中心にして蘇州城内を大きく四分している。ただし、その配列は、范成大撰『呉郡志』が樂橋東南・樂橋東北・樂橋西南・樂橋西北の順序であったのが、盧熊撰『洪武蘇州府志』では樂橋西南・樂橋西北・樂橋東南・樂橋東北の順となり、この『宋平江城坊攷』では巻一が西南隅、巻二が東南隅、巻三が西北隅、巻四が東北隅、巻五が城外であり、その順に考證が施されているのである。

王謇は、南宋の臨安府杭州に關する元・周密撰『武林舊事』巻六・諸市以下の項の例にならって、平江府蘇州について「呉中故市攷附物産小識」一巻を書き、『宋平江城坊攷』に附錄した。『平江圖』とこの「呉中故市攷」をも利用しつつ、宋代における坊制ならびに市制の崩壊についての本格的な論述をはじめて行なったのが、一九三〇年に發表された加藤繁の「宋代に於ける都市の發達に就いて」であった。特に蘇州について加藤は、一九四四年四月

には「蘇州今昔」を執筆し、樂橋や盤門などの寫眞のほか、葉らの深刻を經た後の『平江圖碑』拓本の寫眞と「現代蘇州圖」の同寸法の折り込みを掲載した上で、

試みに紹定二年の平江圖碑と今の蘇州の地圖とを比較すると、城垣の形狀、並に河渠道路の布置など、大體に於いて殆ど節を合する如くである。城垣は或は毀たれ、或は造られ、又た城壁の造り方なども時に依つて變つて居るけれども、その規模は南宋以來大體一定して動かなかつたやうに見える。さうして南宋の州城の規模は、北宋、溯つては唐五代のそれを承けついだものであらうから、州城の規模は唐の頃から大體一定して居つたと謂ふことが出來るであらう。（『支那學雜草』二七頁）

と述べられたのであった。加藤が『平江圖』と民國時代の蘇州圖とを對比したのを承けて、一九七三年秋にプリンストン大學のモート（F. W. Mote）は、*Rice University Studies*, Vol. 59 No. 4 に"A Millennium of Chinese Urban History: Form, Time, and Space Concepts in Soochow" を發表し、一九四五年にアメリカ空軍が撮影した蘇州の航空寫眞を、臺灣中央研究院藏の深刻『平江圖碑』の拓本寫眞と並べて掲載した上で、七一六年の歳月を隔て、人口は三〇萬人から六〇萬人へと倍增したにもかかわらず、都市形態が眞に驚くべき不變性をしめしていること、それに匹敵する例はほかのいかなる文明圈にも見いだせないこと、マルコ＝ポーロがヴェニスに歸還した十三世紀末の時點で、中國のヴェニスと呼ばれた蘇州は、橋の數はどちらも四〇〇ながら、都市規模ではヴェニスの三倍あったことなどを「二、都市史としての蘇州」の節で論じたのである。モートの論文は、わが國では閲讀しにくかったが、スキナー（G. W. Skinner）が編著 *The City in Late Imperial China*, Stanford University Press, 1977. の序論で、航空寫眞と『平江圖』を再掲載しつつ詳しくモートの所説を紹介したことにより、廣く知られることになった。そして加藤、モート兩氏の研究をおさえた上で、丹念に平江圖の解讀作業・解析作業をつづけているのが伊原弘なので

ある。

伊原は、まず「唐宋時代の浙西における都市の變遷」（一九七九年）の「二、宋平江圖解讀作業」において、唐末五代のあいだに蘇州の擴張が行なわれ、城內の構造が大きく變化した、と述べられたのであった。その論點のなかには興味をそそられる部分も多いのであるが、ここでは氏が力說された論點のうちの一つ、唐代の蘇州城內では「十二街」が畦のように町を仕切っていたとし、その有樣を『宋平江圖』のなかから讀みとろうとされた個所を吟味しておきたい。前節で引用した白居易の「九日宴集云云」（『白氏文集』巻五二）の詩に「七堰八門六十坊。……里閭碁布城冊方。……」とあるのを蘇州の狀態を詠ったものとされたのは問題ないとして、同じく白居易の「觀音臺に登りて城を望む」（同巻五五）詩に、

百千家似圍棋局　　百千家は圍棋の局に似
十二街如種菜畦　　十二街は種菜の畦の如し
遙認微微入朝火　　遙かに認む微微たる入朝の火
一條星宿五門西　　一條の星宿　五門の西

と詠う狀態をも蘇州のものと見なし、この「十二街」が町を仕切るという文が、坊制解讀の手掛りとなると同時に城內の構造解說の手掛りでもある、として議論を展開されたのは、いかがなものであろうか。日野開三郎が『唐代邸店の研究』二九三頁でなされた誤解をそのまま踏襲されてしまわれたのであろうが、詩の後半にみえる「入朝」や「五門」という語からみて、この詩は國都長安を詠ったものであり、「十二街」というのも詩語で、一義的に國都を指すに違いないからである。そして、『白氏文集』の巻五五に收められたこの詩は、白居易が健康に自信を失い蘇州刺史の任を辭した翌大和元（八二七）年に名譽あるポストながら俗に「宰相病坊」と呼ばれた祕書監を拜命

して國都長安に移り住んだ時期に作られた、とする花房英樹の文獻研究の成果を否定する材料は何一つないのである。(9)

伊原は、「宋平江圖解讀作業」という副題を附された前稿とほぼ同時に、「宋平江圖坊名考」を副題とする別稿「宋代浙西における都市と士大夫」（一九八〇年）を執筆され、今回は「宋平江圖解析作業」を副題とする新稿「江南における都市形態の變遷」（一九八三年）を發表された。この新稿では、まず「宋平江圖及び近代蘇州地圖解說」など、前稿「唐宋時代の浙西における都市の變遷――宋平江圖解讀作業――」の成果を再錄した上で、唐代蘇州の都市形態と明・淸時代蘇州の都市形態についての素描を行ない、唐代の蘇州は全體が整然と區畫されつつも西北部の閶門一帶が繁榮していたこと、明・淸代も西部が盛んであったが各所に差異が生じ、機能・構造の違いが居民の階層・貧富ひいては氣質にも及んだことを指摘された。ついで兩時代のあいだにおける宋代蘇州の都市形態について、城內の地名・官衙・寺觀・亭館・橋の位置などを『宋平江圖』および范成大撰『吳郡志』をつき合わせることによって檢討し、〔Ⅰ〕官衙および文教施設の所在地、〔Ⅱ〕經濟および都市構造に關する地名・橋名、〔Ⅲ〕寺觀・庭園・湖沼所在地、〔Ⅳ〕都市士大夫居住地および人名に關する地名・橋名、をそれぞれ地圖の上に圖示し、最後にこれら四圖を一つの地圖上に集約した〔Ⅴ〕宋代蘇州の都市構造圖を作り、官公廳地區、寺觀集合地區、主要酒樓・亭・庭園などの所在地を示し、一目瞭然たらしめたのである。私自身も、本稿の起稿に際し、このような作業の必要性を認め、主として『宋平江城坊攷』に依據して準備も進めてきたが、伊原の新稿が出たので、すべてはそれに讓り、あわせ參看されんことを望むことにして、今は伊原が言及されなかった社會福祉施設についてのみ、少しくふれておくことにしたい。近世中國の開幕期たる宋代社會は、中國における社會福祉事業の歷史の上でも畫期的であったことについては、王德毅・梅原郁兩氏らの研究を參照されたい。(10)

宋代における社會福祉事業ないし社會救濟制度については、『宋史』巻一七八・食貨志振恤門に概観がなされている。北宋時代、京師開封には東西南北四つの福田院が置かれたこと、十二世紀初頭、徽宗の崇寧年間（一一〇二—〇六）に宰相蔡京が居養院・安濟坊と漏澤園を置いたことを述べ、南宋の初年に關しては、

　高宗の南渡するや、民の從う者、市に歸するが如し。既にしてこれが衣食をつくりて以て其の饑寒を振い、又これが醫藥をつくりて以て其の疾病を救う。其の戈甲に隕ち道路に斃るる者あれば、則わち度牒を給してこれを瘞埋す。〔注〕丐者のごときはこれを居養院に育て、其の病するやこれを安濟坊に療し、其の死するやこれを漏澤園に葬り、歳ごとに以て常となす。

　高宗南渡。民之從者如歸市。既爲之衣食以振其饑寒。又爲之醫藥以救其疾病。其有隕於戈甲斃於道路者。則給度牒瘞埋之。〔注〕若丐者育之於居養院。其病也療之於安濟坊。其死也葬之於漏澤園。歳以爲常。

と書きおこしている。養老院と孤兒院を兼ねた施設ともいうべき「居養院」、醫療施設たる「安濟坊」、無縁墓地あるいは共同墓地たる「漏澤園」は、國都のみでなく、地方の主要都市に置かれたが、蘇州の場合を『平江圖碑』に卽してみてみよう。

　まず、「居養院」は、『平江圖』の下端、南の城壁の中央部內側に接した地にみえる。韓園（滄浪亭）の南で、社壇の東にあたっている。『洪武蘇州府志』巻八、官宇門に「居養安濟院在社壇東」とあることなど、關連史料は『宋平江城坊攷』巻二・第四葉以下に輯錄されている。されば「安濟坊」も同一の地に置かれたということになるのであろう。『平江圖』の左下隅、盤門外にみえる「通濟院」および右下隅、葑門外と左上隅、閶門外にみえる二つの「利濟院」も「居養院」と同じ性格の施設であったと見なしてよかろう。醫療施設としては、「醫院」が『平江圖』の右下の中央、平江府治の東南部、鈐轄廳の東の地にみえ『洪武蘇州府志』巻八に「安養院在州鈐廳後。舊

曰醫院」とあること、やはり『宋平江城坊攷』卷二・第二六葉裏に引用されている。『平江圖』において、「醫院」の西、鈐轄廳をはさんだ地にみえる「惠民局」は太平惠民藥局のことで、この官營の藥局が慶元元（一一九五）年に建てられたこと、やはり『洪武蘇州府志』卷八によって知られる。そして「漏澤園」は、『平江圖』の右端、東の城壁の中央部の外側、運河の東にみえる。かなり廣い地域を占めていたのであろう。しかも、當時の共同墓地は、この「漏澤園」のみでなく、『平江圖』の下端、南の城壁の外側、先の「居養院」と城壁を隔て、吳縣尉司の北にみえる佛寺「齊昇院」も、同じ役割を果たしていたことが、范成大撰『吳郡志』卷三四・郭外寺の記事などから判明すること、やはり『宋平江城坊攷』卷五・第九葉、「齊昇院」と「漏澤園」の條に輯錄されている。『洪武蘇州府志』卷八には、「漏澤園」について「一在盤門外齊昇院。屬常平司。一在齊門外。屬本府」とある。齊門は北壁のやや東よりの門である。王謇は『平江圖』の東の葑門と婁門のあいだにみえる「漏澤園」を書き漏らしていると指摘しているが、あるいは、「齊」字が「婁」の訛字であり、『平江圖』の婁門の外にみえる「漏澤園」について述べているると見なすべきなのかもしれない。ちなみに、齊門については一九七八年に古水門が發見され、蘇州博物館考古組「蘇州發現齊門古水門基礎」（『文物』一九八三年第五期）として報告されている。なお『洪武蘇州府志』卷八によると、紹定四（一二三一）年に樂橋のすぐ北の橋たる魚行橋の東に居養院と同じ性格の「廣惠坊」が建てられ、その廣惠坊の左つまり東に「濟民藥局」も創設されたというが、これらは『平江圖』が刻されたと考えられる歲より二年後のことなので、寶祐年間（一二五三―五八）にはじめられた孤兒院たる「慈幼局」ともども、『平江圖』にみえないのは當然であろう。ともあれ、紹定二（一二二九）年という時點における蘇州平江府において、公的な社會福祉施設として經營されていた養老孤兒院、醫療機關、藥局、共同墓地の位置を、『平江圖』の上に確かめることができるのである。

四　建炎四（一一三〇）年の蘇州大虐殺

まず文學作品たる『白氏文集』と陸廣微撰『吳地記』によって唐代における、ついで石刻地圖たる『平江圖碑』と范成大撰『吳郡志』によって宋代における、蘇州の都市像の一斑を描くことに努めてきた。都市史を對象とする以上、これら傳世の史料の檢討のみでなく、現地における考古發掘の成果をも吸收すべきは重々承知していたが、『蘇州史話』の主編者である廖志豪が專論「從坊市遺址出土文物看宋代蘇州城市經濟發展」（『學術月刊』一九八〇年第一二期）を書かれているので、省略に從ったのである。『白氏文集』や『平江圖碑』によって蘇州の街わりの概觀、雰圍氣を垣間みてきたが、稿を了えるにあたり、南宋の初年、建炎四（一一三〇）年になされた、金軍による蘇州大虐殺の記錄を『燼餘錄』乙編から二カ條紹介し、當時の都市住民の構成、風俗の一端にふれておきたい。

『吳郡志』卷一・戶口稅租門には、賈耽撰『大唐國要記』(11)の記事を引き、唐代において兩浙地方に占める蘇州の賦入の盛んさを指摘した後、宋代における戶口稅租の增減變遷を述べ、徽宗の宣和年間（一一一九—二五）には四三萬戶になっていたのに、「中ごろ狄難をへ、掃蕩流離し、城中ほとんど十室において九は空なりき」と記している。また同卷一二・祠廟門・天王堂の條には「建炎の狄難、盈城宮室、ことごとく煨燼となる」とある。ここに狄難というのは、建炎庚戌四年二月末に北狄である女眞族の金軍の完顏宗弼によってなされた平江府城內の大虐殺を指す。『建炎以來繫年要錄』卷三一によると、二月丙申二十三日に金軍の游騎が平江城の東に至るや、兩浙宣撫使の周望は太湖に奔り、守臣の湯東野も遁れ、翌日には統制官の郭仲威さえ城中に火を縱って遁走し、戊戌二十五日に完顏宗弼が盤門から平江府に入り、府治に兵を駐留し、金帛と子女を鹵掠しつくすや、火を縱って城をやき、その煙焰は百餘里の地からみることができ、五日間もえつづけて消えたといい、同巻三二によれば、三月癸卯朔一日に完顏宗弼は平江府を去ったという。完顏宗弼は『金史』巻七七に立傳され、太祖阿骨打の第四子で、本名を兀朮（うじゅ）という。兀朮の軍の亂入による蘇州平江府での慘狀を、清・謝家福輯の望炊樓叢書に收められた元・徐大焯撰『燼餘錄』乙編の一條には、

建炎の庚戌、兀朮みなみに寇す。二月二十四日、盤・胥・葑・婁の四門を犯す。闔城の居民、北城の土寨に屬集す。よる五漏、兀朮、盤門を破りて入り、二十六日未明、寨また陷る。守將の趙秉文、僧の雲逸これに死す。黎明に寇おおいに至る。先ず兵士を驅けさせて寨外に戮し、次に丁男を脅かせて金を歸獻せしめ、金つきて之を殺し、次に老と婦と嬰兒を東北園において斬り、薪を積みて屍を焚く。兀朮、諸酋を天半樓に宴し、遂に寨に踞り、三月朔、始めて閶門を出でて去れり。初三日、諸軍、寨中に凱旋す。慶雲庵・旃檀庵・報恩寺・楊柳樓臺・張家祠・劉家祠・梅園・章園・孫園・蔡莊、寇の巣なるをもって燬たる。婦女二萬餘人、寇に従うをもって籍せらる。蔡隆興、倡議し、河中の男屍八萬五千餘、女屍十一萬一千餘、暴露せられし男屍六萬二千餘、女屍二萬五千餘、火化せられし男女の骨十五萬七千餘を瘞し、營妓二千三百餘人を贖回す。

建炎庚戌。兀朮南寇。二月二十四日。犯盤胥葑婁四門。闔城居民屬集北城土寨。夜五漏。兀朮破盤門入。二十六日未明。寨亦陷。守將趙秉文僧雲逸死之。黎明寇大至。先驅兵士戮寨外。次脅丁男歸獻金。金盡殺之。次斬老婦嬰兒於東北園。積薪焚屍。兀朮宴諸酋於天半樓。遂踞寨。三月朔。始出閶門去。初三日。諸軍凱旋寨中。慶雲庵旃檀庵報恩寺楊柳樓臺張家祠劉家祠梅園章園孫園蔡莊。以寇巢燬。婦女二萬餘人。以従寇籍。蔡隆興倡議。瘞河中男屍八萬五千餘。女屍十一萬一千餘。暴露男屍六萬二千餘。女屍二萬五千餘。火化男女骨十五萬七千餘。贖回營妓二千三百餘人。

と記錄され、同じく乙編の別の一條には、

兀朮の蘇を陥れし時、生靈を荼毒すること、歴古いまだ有らず。小兒の十歳以下、男子の四十以上、および四十以下の肩負にたえざると字を識る者、婦女の三十以上、および三十以下の向きにいまだ足を裹まざると已に生産せし者、ことごとく戮して遺すなし。尤とも奇なる者は、凡そ書籍を有するの民居と、簿記を有するの店肆は、必らず盡く其の屋をやき、盡く其の人を殺し、婦稚といえども遺さず。去るとき一衾をもって一女と一兒を絡み、兩男をして之を擔わしむ。おおよそ裹脅してもって去る者十萬人なり。城中わずかに病あるの婦女四千一百餘人を南寨に留め、遺黎の邵登轍ら四人をして之を守護せしめ、一萬六千七百餘人を北寨に留むるに、また病あるの婦女にして、蔡隆興ら十人をして之を守護せしむ。去るの前夕、邵を封じて千戶となし、蔡を萬戶となし、幷びに金帛を給すること差あり。よる所の合城の屋宇中の男子、病にして行くあたわざる者は盡く之を殺す。婦女の或いは驅せて寨に入るも、或いは亦た之を殺す。之を洗城と謂う。

兀朮陷蘇時。荼毒生靈。歷古未有。小兒十歲以下。男子四十以上。及四十以下不任肩負與識字者。婦女三十以上。及三十以下向未裹足與已生產者。盡戮無遺。尤奇者。凡有書籍之民居。有簿記之店肆。必盡火其屋。盡殺其人。雖婦稚不遺。去時以一衾絡一女一兒。使兩男擔之。大約裹脅以去者十萬人。城中僅留有病婦女四千一百餘人於南寨。使遺黎邵登轍等四人守護之。留一萬六千七百餘人於北寨。亦有病婦女。使蔡隆興等十人守護之。去前夕封邵爲千戶。蔡爲萬戶。幷給金帛有差。所據合城屋宇中男子病不能行者盡殺之。婦女或驅入寨。或亦殺之。謂之洗城。

と記されている。

二月二十三日に金軍の游騎が平江城の東に姿をみせてから、二十五日に大擧して城内に入り、掠奪狼藉の限りをつくし、殘酷目をおおうばかりの殺人放火を行なった擧句に三月一日に引き揚げ、三日に南宋の軍隊が凱旋してくるまで、ちょうど一〇日間、世界史上、現代においてさえ、時にみられる大虐殺の悲劇の一例であった。その「洗城」の様子の生ま生ましい記録を傳える『燼餘錄』乙編所收の幾條かは、五一五年のちの清・順治二（一六四五）年四月二十五日から五月五日までの一〇日間、揚州を占領した清軍による大虐殺の際の記錄文學として廣く知られている王秀楚撰『揚州十日記』に對して、「蘇州十日記」とも呼ぶべき内容を有している。ここに引用した後段の記事によって、蘇州平江城内で、十歳以下の小兒はすべて、そして男性の場合は、四十歳以上の者ばかりか、四十歳以下の青壯年でも重い荷物をかつげない者と知識人は殺害され、女性の場合は、三十歳以上の者ばかりか、三十歳以下でも纏足していない者と經産婦とは虐殺されたこと、書籍を藏している一般の住宅のみならず、簿記をつけている商店さえも、憎惡の對象とされ、家族もろとも殺害放火されたこと、纏足した女性と十歳以上の小兒一人ずつを一枚の衾でつつんで頑健な男性二人にかつがせ、拉致し去ったが、その數は一〇萬人に及んだことなどを知りうる。また引用した前段の記事によって、いったんは金軍に拉致された女性二萬餘人が、敵に從ったがゆえに、籍沒されたことや、城内での虐殺・放火の結果、運河に拋り込まれた男性の屍體が八萬五〇〇〇、女性の屍體が一一萬一〇〇〇、道路上などにさらされた男性の屍體が六萬二〇〇〇、女性の屍體が二萬五〇〇〇、燒けて男女の見分けのつかぬまでに化した骨が一五萬七〇〇〇人分ほどあり、それらを埋葬せんことを倡議したのが、兀朮によって萬戶に封ぜられていた蔡隆興であったことなどの情報をえられるのである。

わずか二カ條の引用によっても、建炎四（一一三〇）年の時點における蘇州城内で、傳聞によって數字には多少の誇張はあるであろうが、男女の構成比率の概略や、女性の纏足がかなり普遍的であり金軍がそのような女性を好んだこと、著名な寺院や庭園の名稱を知りえたわけで、當時の江南の都市、蘇州の社會風俗を考察するに際して、城北遺民徐大焯撰『燼餘錄』乙編が有用であることを指摘して稿を了えたい。

註

（1）『白氏文集』の巻數は、那波本を影印した四部叢刊所收本に從う。花房英樹『白氏文集の批判的研究』（彙文堂書店、一九六〇年）、および平岡武夫・今井清校定『白氏文集　第一册』（京都大學人文科學研究所、一九七一年）を參照。なお、蘇州刺史赴任前後の白居易の傳記については、花房英樹『白居易研究』（世界思想社、一九七一年）「第一章、白居易の生涯」を參照。

（2）桑原隲藏「歴史上より觀たる南北支那」（『白鳥博士還暦記念東洋史論叢』一九二五年。のち『東洋文明史論叢』弘文堂書房、一九三四年、および『桑原隲藏全集』二卷、岩波書店、一九六八年に再錄）の注（56）および注（60）を參照。

（3）拙稿「中國の都城」（上田正昭編『日本古代文化の探究　都城』社會思想社、一九七六年。本書第Ⅰ部第一章）。なお、村田治郎『中國の帝都』（綜藝舍、一九八一年）三三―四二頁參照。

（4）平岡武夫・今井清校定『白氏文集　第三册』（京都大學人文科學研究所、一九七三年）二〇四頁參照。

（5）日野開三郎『支那中世の軍閥』（三省堂、一九四二年。のちに『日野開三郎東洋史學論集』一巻、三一書房、一九八〇年に再錄）。論集本の七六頁に、「蘇州各縣別兩稅收入」などの表あり。ここでは「右統計は會昌以後の調査らしく」と書かれていたのに、のちに『唐代邸店の研究』三三二頁で、この『吳地記』に傳えられた唐代の蘇州七縣の統計戶數を表示された際「（元和）郡縣志よりもあと、元和末長慶年間か、又はそれより後のものと推定せられるが、その年代はともかくとして、云云」と述べておられる。舊說の方が妥當である。

（6）青山定雄『唐宋時代の交通と地誌地圖の研究』（吉川弘文館、一九六三年）五九八―六〇一頁、および王成組『中國地理學史上册』（商務印書館、一九八二年）七九―八一頁參照。

（7）京都大學文學部東洋史研究室編『東洋史辭典』（創元新社、一九六一年）、およびその新版たる『新編東洋史辭典』（東京創元社、一九八〇年）が、「平江圖」の項を設けたのは一つの見識であろうが、その說明に「この圖は南宋理宗の寶祐五年（一二五七）秋八月に、葉德輝、朱錫梁の二人が工人を督して刻せしめたと銘され」とあるのは、寶祐五年が丁巳歳に該當するとはいえ、明らかに深刻に惑わされたもので、訂正されなければならない。
(8)『宋平江城坊攷』は四册の活字本として出版された。宋史資料萃編第三輯の一として影印された際（臺灣、文海出版社、一九八一年）、附錄の第四册所收分が最初になっているのは、出版の際の手違いであろう。
(9)前揭註（1）花房英樹『白氏文集の批判的研究』六二二頁參照。
(10)王德毅『宋代災荒的救濟制度』（臺灣商務印書館、一九七〇年）、および梅原郁「宋代の救濟制度」（中村賢二郎編『都市の社會史』ミネルヴァ書房、一九八三年）を參照。
(11)榎一雄「賈耽の地理書と道里記の稱とに就いて」（『歷史學研究』六―七、一九三六年）を參照。

第Ⅱ部　隋唐の財政と倉庫

第一章　唐代食實封制再考

一　研究史の概觀

唐代の中國社會に行なわれた食封制については、つとに淸朝の乾隆・嘉慶の時期、つまり十八世紀から十九世紀にかけての學者たちによっても關心をもたれていた。たとえば趙翼は、『陔餘叢考』巻一六・漢唐食封之制の條で、『唐書』の列傳から封家による食封自徵に關する記事を引用しており、王昶は『金石萃編』巻四一に、「附攷唐宋諸碑系銜幷食邑實封」と題する文章を附載し、唐宋時代の食邑と食實封に關連する制度上の史料を政書類の文獻や正史のなかから引用注記した上で、彼が蒐集した石刻碑文の拓本に徵して合致しない實例を擧げたのであった。王昶がいみじくも「食邑實封」と題したように、唐代社會にあっては、食邑一般は名目にしかすぎないものとなってしまっており、實質上の封たる「實封」ないしは「食實封」こそが意味をもったのである。したがって、一九三七年頃に、「唐代經濟叢編」の第二種として、武仙卿の主編にかかる『土地問題』が國立北京大學出版組から出版された際、[1]二一三頁から三六頁にかけて、「實封」に關する史料を各級實封戶數、削奪實封、實封給租庸、封租的送納、實封的承繼、實封戶的流弊、の六項に分類して網羅せんとし、いわゆる虛封に關する史料を顧慮しなかったのは、見識のある編集方針であったといえよう。

それはさておき、唐代の封爵制および食封制に關するはじめての專論として發表されたのが、仁井田陞の「唐代の封爵及び食封制」(『東方學報　東京』一〇—一、一九三九年、一—六三頁)であって、『唐令拾遺』封爵令の復舊に際して蒐集された諸資料を驅使して制度的な概論を述べたにとどまらず、食封制の章に「四　食封制と唐代社會」と題する節をも設けて、食封なかんずく食實封の唐代社會に與えた影響についても論ぜられている。仁井田は、この論文のうち、封爵の相續と食封の相續についての成果を、一九四二年に東方文化學院から出版された『支那身分法史』[(2)]の五〇六頁から五三五頁にわたって、前後の時代へのごく簡單な言及をともないつつ、ほぼそのまま再錄されたが、論文全體は氏の研究論文の集大成ともいえる『中國法制史研究』全四册中に收錄されはしなかった。仁井田の論文が發表されるや、今堀誠二は「唐代封爵制拾遺」(『社會經濟史學』一二—四、一九四二年、八七—一一九頁)を執筆され、仁井田論文の成果を紹介顯彰しつつ、拾遺と若干の疑義を提示された。特に「五　食封制」の節で、太平公主時期と玄宗開元年間(七一三—四一)の實封數に關して『舊唐書』と『新唐書』の所傳が異なる點につき、いずれも『舊唐書』の記事を採って『新唐書』の記事を捨てるべきであるとされたのであった。

また、隋唐時代の政治過程、政治制度、財政、經濟の全分野にわたる詳細な研究史を執筆された山根清志が、その一環として封爵制と食封制の研究史についてふれられた際に指摘したごとく、仁井田・今堀兩氏による制度史的な研究に對し、「封爵制および食封制のうちでもなかんずく實封制を、しかもそれを通じて社會の在り方を問題にしようとするのが戰後の研究の特徵である」(山根幸夫編『中國史研究入門　上』山川出版社、一九八三年、三五〇頁)ということができるであろう。今にして思えば、そのような新しい研究動向の魁の役割を果したのが、拙稿「隋の貌閲と唐初の食實封」[(3)](『東方學報　京都』三七、一九六六年、一五三—一八二頁。以下、「前稿」と呼ぶ)であったことになろうか。仁井田論文に遲れること四半世紀にして書かれたこの「前稿」では、まず唐代の食封制の大まかな概觀だけをした上で、則天武后朝から中宗・睿宗の治世下にかけて政治問題・社會問題に發展した食實封の激增をめぐる當時の政界における議論や政策を檢討せんとしたものであった。その際、注（12）において、中宗朝と玄宗開元年間の實封數の所傳に關して仁井田と今堀とのあいだで見解が異なっていた點につき、仁井田の所說に贊意を表するとともに、注（17）において、封家が直接に封戶から租賦を徵收することを止め、まず太府寺に納めて、しかるのちに封家に給するように改めた詔敕發布の年月を、『通典』卷三一・歷代王侯封爵の條では開元二十（七三二）年五月とし、『唐會要』卷九〇・緣封雜記の條では開元十一（七二三）年五月十日としていて、仁井田もいずれかに誤りがあろう、として決しかねておられた點につき、『玉海』卷一三四所引の會要には「開元二十年五月十日敕」とあることを提示し、『通典』所傳の繫年が正しかったことを論證した。また、唐諸王つまり唐の封爵制と實封制に關する史料と諸家の議論を網羅する『文獻通考』卷二七五・二七六、「封建考」のなかに「唐天寶以後藩鎭」と題する章を附載していることに注意を喚起し、武韋時期の食實封制は、唐後半期の藩鎭體制と似通って、反中央集權的な、封建的な性格を有したのである、と論じたのであった。

「前稿」發表の直後、日野開三郎は「唐朝租庸調時代食封制の財政史的考察」（『東洋學報』四九―二、一九六六年、一―三八頁）と題する雄篇を世に問われ、まさに財政史的な觀點に立脚して、もっぱら實封制の推移をていねいに跡づけられた。日野は緖論で、食封制の研究をその基礎的段階の法制的解說から時代史的な考察に進めていくためには、まず第一に財政との關連におけるこの問題が必須であるとし、食封制の財政への影響はつづまるところ封丁數の多少につながっていたので、封家數・封戶數とともに封丁數を取り上げる必要があるし、また食封は宗室功臣に對する殊遇として、公主が一代限りであるほかは世襲とされていたので、世襲制度を改廢しない限り封家・封戶の數の累加は避けえなかったことになるわけで、相續制も食封制の財政的考察において見過せない、とされた。その上、封家が封丁の租庸調のすべてを取得分としえたのか否かの檢討とともに、封物徵收の手續きとして、封家が直接その徵收に干與するか、國家州縣でこれを徵收して封家に渡すかの違いについては、いずれにしても國家財政の收入面つまり封物收入の色と額とには變わりがないはずであるが、これを唐朝と貴族權門との政治關係としてみるならば、封家の徵收干與に比べて國家州縣のみによる徵收支與ははるかに國家權力の强化をきたすものであるから、徵收方式の相違も財政面における國權の伸縮として見逃しえない、と述べられた。かくて本論を、「Ⅰ　封家數」「Ⅱ　封戶數と相續制」「Ⅲ　封丁數と分食制」「Ⅳ　封物とその徵收制」「Ⅴ　財政と食封制の推移」の五項目にわたって詳述されて、玄宗の食封制改革は、封家數の削減をあえて意圖せず、封戶數と封丁數との削減に力をそそいだこと、玄宗は開元三（七一五）年五月に早くも封物を州縣が徵收して京師に送り、そこで封家に受け取らせるように改革し、ただ特別の敕をえた者のみが徵封使を遣わし封地に就いて收納しうることになった點を强調し、開元二十年五月に至って封物徵收制度に對する根本的な大改革を行なったことなどを論じられた。そして結論として、「唐の食封制は封戶內課丁の公稅たる租庸調を封物として封家に與えるのみで、封土は與えず、又封家の恣意的な稅役徵收も許していなかつたのであるから、封家に領主的性格はなく、從つて食封制は名は封というも封建の實體とは程遠いものであつた。この制度の由來は往古の封建に筋を引いているにしても、その遺制は封物徵收に對する封家の立會權に微かにその影を映しているのみで、それも玄宗の改革によつて全く失われ、食封制の實體は封物の年金的給與と化していた」と斷ぜられ、また「食封を受けるのは唐家の連枝である諸王・公主と唐家の扶護繁榮に卓功を建てた少數の高官とで、共に最高の貴族的身分層を構成していた。つまり封家は國家的貴族であつたのである」（共に三六頁）と規定された上で、「封物徵收立會權の喪失、減降襲封規定、平均封戶數及び一封戶內封丁數の低減等は、國家の體質强化の必要に迫られた玄宗が財政權の强化・財力の充實という立場から推進した食封制改革の結果として出て來たものであるが、こうした財政的な改革が國家貴族としての封家の甚しい地歩低落を致さしめたのである」（三七頁）という文章で締めくくられたのである。日野は、のちに自家版の大著『唐代租調庸の研究』をまとめられた際、この論稿を少しく配列・體例を變えた上で、「Ⅲ　課輸篇下」（一九七七年）に「一一食封制と封丁」（五九三―六三九頁）と題して再録された。

ところで、隋唐の律令制を繼受したわが國は、その一環として食封制も受け入れていたので、唐代の食封制についての研究動向は、日本の法制史・古代史專攻の研究者たちの關心を惹かざるをえなかった。一九六六年に相繼いで發表されながら、唐代の食實封制を封建制に似通ったものと見なす私の「前稿」と、封建の實體とは程遠いものであったとする日野の論稿とは、史的位置づけに關してはまったく相反する見解を表明するものでありはしたが、兩論文で呈示された實證的な成果は、早速に活用されたのであって、その代表的な論考として時野谷滋『律令封祿制度史の研究』（吉川弘文館、一九七七年）の「第一篇　食封制度の研究」（八七―二〇一頁）を擧げることができる。

一九六〇年代の終わりになると、松島才次郎がまず「唐の封爵について」（『信州大學敎育學部紀要』二〇、一九六八年、一二三―一三五頁）を發表し、唐代の爵は遞減または遞降という方法でうけつがれた點を重視して、爵は決して家柄・門閥を高めるための制度ではなく、個人に對する恩寵として用いられたこと、そして食封こそ實質的恩遇の最たるものであったと說き、ついで「唐の食封について」（同二一、一九六九年、一〇七―一一六頁）において、爵位と實封とのあいだには相關的な關係、つまり一定の比率はなかったようである、などと論じられた。松島の兩篇が從來の研究史をまったく無視して執筆されているのに對し、研究史をていねいに跡づけつつ斬新な見解を表明されたのが、一九八〇年代初頭に書かれた山根清志の「唐食實封制に於ける所謂〝七丁封戶〟の問題について」（『中嶋敏先生古稀記念論集　上卷』中嶋敏先生古稀記念事業會、一九八〇年、一五七―一八三頁。以下、「山根一九八〇」

と呼ぶ）と「唐朝前半期における食實封制について」（『歴史學研究』五〇五、一九八二年、三五―五二頁。以下、「山根一九八二」と呼ぶ）の兩論文である。山根が取り上げられた論點は多岐にわたるとはいえ、その主たる鋒先は私の「前稿」に向けられているようなので、この機會に同氏の批判に答えつつ、あらためて私見を呈示しておきたい。「唐代食實封制再考」と題するゆえんである。

二　七丁封戶

前節で研究史の概觀を行なった際に少しふれたように、武后朝から玄宗開元年間（六八五―七四二）の食實封數に關して、『舊唐書』と『新唐書』とのあいだに異なった記事がみられる。すなわち、『新唐書』卷八二・十一宗諸子傳の玄宗三十子の條の末に附せられた文章には、つぎのようになっている。(4)

〔A〕(1)　唐の制、親王の封戶は八百、增して千に至り、公主は三百、長公主は六百に止む。(2)　高宗の時、沛・英・豫の三王と太平公主は、武后の生む所にして、戶はじめて制を踰ゆ。垂拱中に、太平は千二百戶に至る。聖曆の初め、相王と太平はみな三千、壽春等の五王は各おの三百なり。神龍の初め、相王と太平は五千に至り、衞王は三千、溫王は二千、壽春等の王はみな七百、嗣雍・衡陽・臨淄・巴陵・中山王は五百なり。安樂公主は二千、長寧は千五百、宣城・宜城・宣安は各おの千なり。相王の女の縣主となりしは各おの三百なり。相王は增して七千に至り、安樂は三千、長寧は二千五百、宜城より以下は二千なり。相王・太平・長寧・安樂は、七丁を以て限となし、水旱といえども蠲せず、國の租庸を以て之を滿たす。中宗の遺詔にて、雍・壽春王を進めて親王となし、戶は千なり。(3)　開元の後、天子は兄弟を敦く睦み、故に寧王の戶は五千五百に至り、岐と薛は五千、申王は外家の微なりしを以て、戶は四千、邠王は千八百、帝の妹は戶千、中宗の諸女もかくの如くし、通じて三丁を以て限となす。皇子の王に封ぜらるるに及んで戶二千、公主は五百なり。咸宜公主は母が惠妃なりし故を以て、封は千に至り、これより諸公主は例として千戶に止む。

唐制。親王封戶八百、增至千、公主三百、長公主止六百。高宗時、沛英豫三王太平公主、武后所生、戶始踰制。垂拱中、太平至千二百戶。聖曆初、相王太平皆三千、壽春等五王各三百。神龍初、相王太平至五千、衞王三千、溫王二千、壽春等王皆七百、嗣雍・衡陽・臨淄・巴陵・中山王五百。安樂公主二千、長寧千五百、宣城・宜城・宣安各千。相王女爲縣主、各三百。相王增至七千、安樂三千、長寧二千五百、宜城以下二千。相王・太平・長寧・安樂、以七丁爲限、雖水旱不蠲、以國租庸滿之。中宗遺詔、雍壽春王進爲親王、戶千。開元後、天子敦睦兄弟、故寧王戶至五千五百、岐薛五千、申王以外家微、戶四千、邠王千八百、帝妹戶千、中宗諸女如之、通以三丁爲限。及皇子封王、戶二千、公主五百。咸宜公主以母惠妃故、封至千、自是諸公主例千戶止。

これに対し、『舊唐書』卷一〇七・玄宗諸子・壽王瑁傳の末に附せられた文章は、つぎの通りである。

〔B〕(1) 唐の法、親王の食封は八百戶、一千戶に至るあり。公主は三百戶、長公主は三百戶を加え、六百戶に至るあり。(2) 高宗朝に、沛・英・豫王と太平公主は武后の生む所なりしを以て、食は制を逾ゆ。垂拱中に、太平は一千二百戶に至る。聖曆の初め、皇嗣は封ぜられて相王となり、食封は太平と同じく三千戶なり。長安中に、壽春王の兄弟五人は、並びに實封三百戶を賜う。神龍の初め、相府は太平と同じく〔五〕[5]千戶に至り、衞王は三千戶、溫王は二千戶、成王は七百戶なり。壽春王は四百戶を加え、前と通ねて七百戶なり。嗣雍・衡陽・臨淄・巴陵・中山は各おの二百戶を加え、前と通ねて五百戶なり。安樂の初封は二千戶、長寧は一千五百戶、宣城・宜城・宣安は各おの一千戶なり。相王の女の縣主となりし者は各おの三百戶なり。衞王ついで儲位に升るや、相府は增して七千戸に至り、太平は五千戸に至り、安樂は三千戸、長寧は二千五百戸、宜城より已下は各おの二千戸なり。相府・太平・長寧・安樂は、皆な七千を以て限となし、水旱と雖ども亦た損免を破さず、正租庸を以て數に充つ。唐隆元年、遺制にて嗣雍王の守禮と壽春王の成器を以て封じて親王となし、各おの實封一千戸を賜う。(3)(i) 開元の後、朝恩親を睦み、寧府は最長なりしを以て、封は五千五百戸に至る。岐と薛は愛弟著動により五千戸、申府は外家の微なりしを以て四千戸に至り、邠府は外枝なりしを以て一千八百戸に至る。皇妹の公主となりし者は食封一千戸、中宗の女も亦た同じ。(ii) 其の後、皇子の王に封ぜられし者は封二千戸を賜い、皇女の公主となりし者は封五百戸を賜う。咸宜は湯沐を賜い、母が惠妃なりしを以て封は一千戸に至り、諸皇女の公主となりし者は、例として加えて一千戸に至る。(iii) 其の封は開元より已來、皆な約して三千を以て限となす。

唐法、親王食封八百戸、有至一千戸。公主三百戸、長公主加三百戸、有至六百戸。高宗朝、以沛英豫王太平公主武后所生、食踰於制。垂拱中、太平至一千二百戸。聖曆初、皇嗣封爲相王、食封與太平同三千戸。長安中、壽春王兄弟五人、並賜實封三百戸。神龍初、相府與太平同至〔五〕千戸、衞王三千戸、溫王二千戸、成王七百戸。壽春王加四百戸、通前七百戸。嗣雍・衡陽・臨淄・巴陵・中山各加二百戸、通前五百戸。安樂初封二千戸、長寧一千五百戸、宣城・宜城・宣安各一千戸。相王女爲縣主者各三百戸。衞王尋升儲位、相府增至七千戸、太平至五千戸、安樂三千戸、長寧二千五百戸、宜城已下各二千戸。相府・太平・長寧・安樂、皆以七千爲限、雖水旱亦不破損免、以正租庸充數。唐隆元年、遺制以嗣雍王守禮・壽春王成器封爲親王、各賜實封一千戸。開元之後、朝恩睦親、以寧府最長、封至五千五百戸、岐薛愛弟著動五千戸、申府以外家微至四千戸、邠府以外枝至一千八百戸。皇妹爲公主者、食封一千戸、中宗女亦同。其後、皇子封王者賜封二千戸、皇女爲公主者賜封五百戸。咸宜賜湯沐、以母惠妃封至一千戸、諸皇女爲公主者、例加至一千戸。其封自開元已來、皆約以三千爲限。

この二つの記事を比べてみると、〔A〕の『新唐書』巻八二の方は、〔B〕の『舊唐書』巻一〇七とほぼ同じ內容を傳えながら、文意を損なうまでに文章を縮めているだけでなく、〔A〕の(2)の原文で「相王・太平・長寧・安樂、以七丁爲限、雖水旱不蠲、以國租庸滿之」とあり、(3)の原文で「開元後、……通以三丁爲限」とあるのに對し、〔B〕の(2)の原文では「相府・太平・長寧・安樂、皆以七千爲限、雖水旱亦不破損免、以正租庸充數」とし、(3)(iii)の原文では「其封自開元已來、皆約以三千爲限」となっているのが注目される。同一の內容を傳えたものであるはずなのに、「以七丁爲限」「以三丁爲限」とあれば、一封戶のなかに含まれる封丁數の最高限を意味するであろうし、「以七千爲限」「以三千爲限」とあれば、一封家に與えられる封戶數の最高限を意味するであろうから、どちらの所傳を正しいと認定するかによって、食實封制が當時の社會に與えた影響についての評價が大きく變わることになる。

私は「前稿」を執筆した際、『唐會要』巻九〇・緣封雜記に、景龍三（七〇九）年の敕として、

其の安樂・太平公主の封は、また富戶を取り、損免の限に在らず。百姓の封戶に著せらるる者は、征行よりも甚だし。

其安樂・太平公主封、又取富戶、不在損免限。百姓著封戶者、甚於征行。

とみえるのを引用しつつ、「安樂公主や太平公主、それに相王や長寧公主も、數千戶の封戶を有し、水旱であっても蠲免しなかったのである」と述べ[6]、その個所に附記した注（12）に、先の『舊唐書』〔B〕(2)と『新唐書』〔A〕(2)のそれぞれ一部分を引用しつつ、

仁井田氏は「以七丁爲限」の記事を採用されたが、今堀氏は「以七千爲限」の記事を採るべきであるとされた。わたくしは、この個所は仁井田氏と同じく、新唐書の「以七丁爲限」を採用する。

と書きとめておいたのであった。

ところで、山根清志は前掲の「山根一九八〇」論文を執筆され、「七丁」と「七千」との異同をめぐって、それまでの研究者がどのように取り扱ってきたのかを詳しく検討されたのである。この異同についてつとに言及されたのは仁井田陞であって、『唐六典』巻三の「開元中定制、以三丁爲限……」を念頭に置きつつ、

> 尤も、一戸内の丁數を以て、徴封の制限とすることは、開元前にもなかつたわけではない。新唐書十一宗諸子傳に「相王太平長寧安樂、以七丁爲限」とあるものこれである。この「七丁」の文字に誤なしとせば、相王太平公主等は封戸の計算上封丁七人ある戸をも一戸として數へて居たこと、又、封家によつては封丁の數が七丁を超える場合にも之を一戸として數へたことを考へ得るであらう。

といわれている(7)、と引用された上で、私が「前稿」でこれを承けて注記したことにふれ、私が援用を意圖した比重で仁井田の言を積極的に受け止めてよいかどうかは疑問なしとしない、仁井田自身、この「七丁」の文字に誤なしとせば、とて留保條件をつけておられるのであり、檢討の末かくあるべしとされたものではないのである、と注意を喚起されたのである。ついで山根は、「七丁」と「七千」との異同について少しく本格的に論及されたのが今堀誠二であるとして(8)、その主張を紹介され、『新唐書』の記事を捨てて『舊唐書』の方を採るべきとされた今堀の結論に贊成された上で、より詳しく關連資料の分析を行なわれた。そして『舊唐書』〔B〕にみえる「七千」「三千」は信を置くに値するものと認められ、また『新唐書』〔A〕にみえる「七丁」「三丁」は誤寫などの結果であるとは認めがたく、「七千」「三千」をば故意に改變したものである可能性を浮かび上がらせるなどと論じられ、「新唐書巻八二、十一宗諸子傳での七丁記事を以て、少なくともそれを基本的根據に〝七丁封戸〟を直接イメージしたり、七丁限制の存在を云云することは、さしあたり私には憚られるのである」という文章で締めくくられた。山根は、この

論證を得意とされ、のちの「山根一九八二」論文五二頁の注（67）において、『唐六典』卷二の舊制「戸皆三丁已上」を『新唐書』卷八二の「以七丁爲限」をあわせて論じる見解[9]もあるが、その七丁が七千の誤なること、「山根一九八〇」において明らかにした、と斷ぜられているのである。

山根が指摘されたごとく、仁井田は、この「七丁」の文字に誤なしとせば、という留保條件をつけておられたのであるから、私が「前稿」で單に、仁井田と同じく、『新唐書』の「以七丁爲限」を採用する、と書いたのは、いかにも輕率であったと認めざるをえない。しかし、だからといって、今堀を承けた山根が、『舊唐書』〔B〕⑵の「以七千爲限」が正しく、『新唐書』〔A〕⑵の「以七丁爲限」は誤りであって、當時の社會に七丁封戸というような封戸の存在形態をイメージすべきではない、とされる見解に贊成することはできないのである。そこで以下に、贊成しがたい主な理由を、山根の論點に卽して述べることにしたい。

山根がしめされたように、「以七丁爲限」の記事を含む『新唐書』〔A〕と同じ系列の關連史料としては、『資治通鑑』卷二一四・玄宗開元二十三年七月の條に「唐初、公主實封止三百戸。中宗時、太平公主至五千戸。率以七丁爲限。開元以來、皇妹止千戸、皇女又半之、皆以三丁爲限」とあるのと、『文獻通考』卷二七六・封建一七の條に、『新唐書』〔A〕の記事をそっくりそのままに移錄しているのを擧げうるのに對し、「以七千爲限」の記事を含む『舊唐書』〔B〕と同じ系列の關連史料としては、『唐會要』卷五・諸王の條の冒頭に、「舊制」として、『舊唐書』〔B〕とほとんど同じ文章を掲げながら、肝心の「相府・太平・長寧・安樂、皆以七千爲限」と「其封自開元已來、皆約以三千爲限」の個所が、それぞれ「長寧・安樂、皆以七千戸爲限」と「其封自開元以後、約以三千戸爲限」となっているのを擧げうるであろう。山根は、『唐會要』が「以七千戸爲限」「以三千戸爲限」と作っていることに注目し、少なくとも『唐會要』の編者には、『舊唐書』〔B〕の記事全體が、そのように理解すべきものとして受けとめられていたことの明證ではあるまいか、と述べられたのであった（一六六頁）。『唐會要』巻五のこの個所は、通行本たる武英殿聚珍版書の系統の國學基本叢書本、中華書局本などでは、いかにも「七千戶」「三千戶」となっている。しかし、『唐會要』は、『四庫全書總目提要』史部一三・政書類にも明記するごとく、鈔本として傳來するあいだに脱誤などがすこぶる多くなってしまっているので、校勘資料として『唐會要』を利用する際には、愼重さが要求される。事實、殿版の元になった汪啓淑家藏本そのものたる臺北の國立中央圖書館藏鈔本によると、この巻五の冒頭の部分は、通行本とかなり多くの異同がみられるのであって、問題の個所も「其封數、神龍中、相王・太平・長寧・安樂公主、皆以□□爲限」および「開元以後、以□□爲限」となっており、通行本の「七千戶」「三千戶」という三字ずつの代わりに、それぞれ二字分が空格として殘されているのである。このようなテキスト間での異同がみられる以上は、『唐會要』の編者の見解を推測することはできず、『舊唐書』〔B〕の記載內容を補強する資料として『唐會要』巻五を用いることは差し控えるべきであろう。

山根は論點の第二として、『舊唐書』〔B〕の⑵の部分に「相府・太平・長寧・安樂、皆以七千爲限」とあり、⑶の(iii)に「其封自開元已來、皆約以三千爲限」とある個所に檢討を加えられ（一六七頁以下）、「皆」にしろ「皆約」にしろ、現實には「すべて」「おおむね」のニュアンスを含んで解すべきようであり、あるいは⑵の「皆」が單に約字を脱してしまった可能性もなお殘されているであろう、と述べられた。そして、「約」とは「おおむね」「ほぼ」の意味であるとした上で、神龍元（七〇五）年から唐隆元（七一〇）年にかけて、相府・太平・安樂・長寧のそれぞれが、少なくとも一萬戶、一萬戶、四千戶、三千五百戶という實封額の域に到達し、平均して約七千戶弱という巨額を算えることになるので、「皆以七千爲限」がもとは「皆約以七千爲限」であったとすればなおのこと好都合であろう、とさえ述べ、「現存史料によるかぎり、唐代限制の行われた明證は他のどこにも見當らない」と斷ぜられた。しかし、ここで使われている「約」は、「おおむね」「ほぼ」の意味ではなく、『通典』巻三一・歴代王侯封爵・大唐・開元十年の條の原注および『唐會要』巻九〇・緣封雜記・開元十年の條に、

此の輩、たみに何の功ありてか、とみに厚封を食むや。之を約して儉嗇を知らしむるも、また可ならざらんや。

此輩何功於人、頓食厚封。約之使知儉嗇、不亦可乎。

とみえる「約」と同じく、「ひきしめる」「つづめる」の意味であろうから、氏の論證に從うわけにはいかないのである。

すでに引用したごとく、『唐會要』巻九〇・緣封雜記の條の景龍三（七〇九）年の敕[10]の一節には「其の安樂・太平公主の封は、また富戶を取り、損免の限に在らず。百姓の封戶に著せらるる者は、征行より甚だし」といい、『新唐書』巻一一六・韋嗣立傳に、

安樂・太平公主に至りては、率ね高貲多丁の家を取り、復た平民の如く損免する所ある無く、封戶となりし者は、軍興よりすみやかなり。

至安樂・太平公主、率取高貲多丁家、無復如平民有所損免、爲封戶者、亟於軍興。

といい、また『資治通鑑』巻二〇九・景龍三年十一月の條の宋務光の上疏の一節に、

太平・安樂公主は、また高貲多丁の者を取り、刻剝過苦す。あらゆる封戶に充てられし者は征役より甚だし。

太平・安樂公主、又取高貲多丁者、刻剝過苦。應充封戶者、甚於征役。

とあるのを參照すれば、當該の『舊唐書』〔B〕(2)にみえる「相府・太平・長寧・安樂、皆以七千爲限、水旱亦不破損免、以國租庸滿之」の「七千」は「七丁」の誤寫であったと見なすべきであろう。この部分に關して、『新唐書』〔A〕(2)にみえる「相王・太平・長寧・安樂、以七丁爲限」の方を採用する、とした私の「前稿」の見解は、やはり妥

當なものであったことを再確認しておきたい。

數千戸もの食實封を與えられた封家たる太平公主や安樂公主が、「富戸」あるいは「高貲多丁者」や「高貲多丁家」と稱された家を特に選んで自己の封戸に充てていたと史料に書かれていても、一戸のなかに「七丁」つまり七人もの丁男をもつ封戸の存在を想像することは困難であると考えられるかもしれないが、『唐大詔令集』巻四に收められた天寶元（七四二）年正月一日の「改元天寶赦」に、

聞くが如くんば、百姓の內、或いは戸高く丁多きもの、苟くも規避をなし、父母見に在りて、乃ち籍を別かち居を異にするあり。宜しく州縣をして勘會せしむべし。其の一家の中、十丁以上ある者は、兩丁の征行賦役を放ち、五丁已上の者は一丁を放ち、卽ち籍を同じうし居を共にし、以て風敎を敦うせしむ。

如聞百姓之內、或有戸高丁多、苟爲規避、父母見在、乃別籍異居。宜令州縣勘會。其一家之中、有十丁以上者、放兩丁征行賦役、五丁已上者、放一丁、卽令同籍共居、以敦風敎。

とあるように[11]、「戸高丁多」と呼ばれる百姓とは、唐中期の社會にあっては、一戸內に十丁以上いる者や五丁以上いる者を指していたのである。

なお、唐代の食封制をうけいれたわが國の場合、封戸の丁數に關して發せられた二つの格が、『令集解』巻一三・賦役令の封戸條に收められている[12]。一つは慶雲二（七〇五）年十一月四日の格であって[13]、「四丁を以て一戸に準ずる也（以四丁准一戸也）」とし、つぎは天平十九（七四七）年六月一日の格であって[14]、「請うらくは、一戸ごとに正丁五六人、中男一人を以て率となせ（請每一戸、以正丁五六人、中男一人爲率）」という。唐朝で封家たる相王（のちの睿宗）や太平公主に與えられた封戸內の封丁の最高限を七人とするという措置がとられていた八世紀の初頭、わが國では封戸の正丁の數について、四丁をもって一戸に準ずるとする格が出され、そののち、行財政改革に熱意

をみせた玄宗治下の唐朝では、一封戶內の丁數の最高限を三人に抑制する措置がとられたにもかかわらず、わが國では八世紀の中期になって、封家に對する優遇策たる、一封戶の基準を「正丁五六人、中男一人」とする格が出されたのである。この正丁五人ないし六人と中男一人でもって一封戶とせんとする案が、八世紀初頭の唐朝で論議された「七丁封戶」とまったく無關係であったとは考えにくいのである。

三　代國長公主碑

前節では、七丁封戶に關して書かれた山根清志の「山根一九八〇」論文、すなわち「唐食實封制に於ける所謂〝七丁封戶〟の問題について」で提起された論點を否定することに終始してしまったが、つぎに「山根一九八二」論文、すなわち「唐朝前半期における食實封制について」の所說を紹介しておきたい。

山根が時期を唐朝前半期に限られたのは、日野開三郎が指摘されたごとく、それ以後の食實封は年金的給與化し、地域社會との直接的な關係を切斷されたものへと變容してしまい、諸制度の運用のあり方から地域社會における當時の現狀をうかがってみようとされる氏の關心にとって、不適當な素材であったからである。この論文は、食實封制を反中央集權的という意味では唐末五代の藩鎭體制とも同一な封建制ととらえた私の「前稿」の見解に對する批判を基調として執筆されている。まず「I　唐朝前半期における食實封制の展開と封戶の身分」の「1　高宗朝中・晚期以前の食實封制」によると、この段階では、封戶とほかの一般「百姓」とのあいだにおいて、その被收奪物の納められる先がそれぞれ封家と國家であるという形式的差異が存在していること以上には、實體的かつ本質的にみとめられる差別性はなかったことになろう、とされている。つぎに「2　極盛期の食實封制と封戶の身分」では、特に貝州に數千戸の實封を有した武三思の封戸の租庸調損免問題にかかわった宋璟・李邕・張廷珪らの議論と、景龍二年三月十一日敕とを詳しく吟味された。その上で、高宗朝中・晩期から睿宗朝にかけての食實封制の運用は、封家自徵のごとくに事實において封家—封戸關係をば内に含んで展開したが、にもかかわらずそれは、基本的にいって「租税」寄生的な性格のものであるにとどまり、したがって、あくまでも當該國家による律令的「百姓」支配のもとに下位規定されていたのであり、そのように在地支配的要因を缺いた封家—封戸關係においては、時として封家がどのような恣意的收奪を封戸に對して實現しえたとしても、客觀的にはいかなる獨自な「在地の身分關係」も展開する餘地はなかったのである、という認識をしめされた。そして、「百姓」と封戸、というタームからくる違いよりも、かえって國家身分における兩者の同一性の方が、封戸の存在形態にとってのむしろ一義的規定性を付與する歴史的現實であったのであって、封戸の莊園化さえみとめられる十世紀日本の場合などとは、大きく様相が異なるものというほかはない、と述べられた。つづいて「在地支配の要因を缺いた寄生者が、據って立つ基盤もなく反中央集權的であるというのは、現實の矛盾ではなくしてむしろ論理の矛盾に歸屬することであろう」という文章でこの節を締めくくられたのは（四六頁）、私の「前稿」の趣旨に對する全面的な否定を意圖されたものであった。ついで「Ⅱ　封戸及びその母體たる「百姓」に就て」では、求めて封戸になろうとした「百姓」の事例には、いまだかつて一例として出會ったことはない、と强調されるとともに、食實封制下にあっては、「高貲多丁家」などと呼ばれた在地の新興階層こそが、あたかも抑壓の相においてとりわけ封家に收奪されようとしたことに注意を喚起され、當時の政權の性格をめぐる議論とからんで、科擧・濫官（賣官）などにより支配身分へとさらに上昇しえた幸運な「庶族地主」については指摘されることが多いが、他方で、かかる側面の存在していたことも見落としてはならない、と述べ（五〇頁）、ここでも私の「前稿」のもつ一面性に釘をさされた。そして「おわりに」の最後で、「封戸に由來する莊園が、のちに存在したという例をみないのである」（五一頁）と斷定されている。

食實封制に關する從來の研究史を踏まえて執筆された「山根一九八二」論文は、封戸の身分としての位置づけをていねいになされるなど、多大の示唆を與えられたことに、まず敬意を表しておきたい。食實封制の盛行が唐代社會に與えた影響の評價や解釋などに關しては、同意しがたい點もあるが、ここでは措いておくことにして、唐前半期に展開した食實封制は、開元二十（七三二）年五月十日の敕による「開元中定制」＝「開元新制」をもって、その固有な歴史的役割を終えたとされ、それ以後に封戸に由來する莊園が存在したという例をみないのである、とされた點についてのみふれておこう。

封戸の莊園化というとき、唐の食封制をうけいれたわが國において、ことに十世紀以降に顯著にみられたことは、安田元久『日本莊園史概說』（吉川弘文館、一九五七年）の第一部第二章の「二　封戸の莊園化と杣・牧の開發」（七〇―八一頁）においても明確に指摘されていたが、唐の場合については、これまでほとんど議論されることはなかった。そこで、今後の議論への一素材を提供せんがために、『金石萃編』卷七八と『欽定全唐文』卷二七九に收められている「代國長公主碑」を特に取り上げておきたい。

代國長公主とは、睿宗の第四女で名を華、字を華婉といい、母は劉皇后で、玄宗の仲妹にあたる。開元二十二年六月二十九日に河南府の修業里の第で薨じ、享年は四十八であった。同年十二月三日に蒲城縣に營造されていた睿宗の橋陵に陪葬された。碑文は夫君の鄭萬鈞が撰し、息子の鄭聰が書したもので、陝西省文物管理委員會「唐橋陵調査簡報」(15)によれば、代國公主墓は橋陵の東八キロメートルの地にあり、この碑も完好の狀態で建っているという。また、この碑文の拓本は京都大學人文科學研究所にも收藏されている。碑文によると、十七歲のときに鄭萬鈞に降嫁し、代國公主として食封千四百戸を與えられて邑官を置かれ、玄宗の卽位にともなって代國長公主となった。二男四女に恵まれ、四人の娘たちはそれぞれ范陽の盧氏、博陵の崔氏、范陽の盧氏、太原の王氏に嫁している。晩年に及んで（といっても三十歳代の後半のことだが）佛門に歸依し、開元二十二年六月末に臨終を迎えた。その際の有様を、つぎのように述べている。

正寢において寐ね、齋時に炯然として目を開き、諸王・公主および諸親らに告別し、……一切すべて放ち、情願せざる者は、諸荘において安置せられよ。これよりさき司農の小兒も亦たこれに准ずるも、家生の者はこの限りに在らず。品官と給使は、放ちて上臺に歸せられよ。封分の一半は寺觀家に施し、餘は平分して女に與えられよ。請うらくは橋陵に陪葬し、厚葬するをえざれ。金銀銅器を著けることなかれ、と。それがしの手を執りて曰く、恩愛たてり、云云。

於正寢而寐、齋時炯然開目、告別諸王公主及諸親等。……一切揔放。不情願者、於諸莊安置。先是司農小兒亦准此、家生者不在此限。品官給使、放歸上臺。封分一半、施寺觀家、餘平分與女。請陪葬橋陵。不得厚葬。莫著金銀銅器。執蒙手曰、恩愛斷也、云云。

この遺言は、唐代の賤民制の研究にとっても貴重な史料であったので、「放歸上臺」までの部分を、濱口重國は『唐王朝の賤人制度』（東洋史研究會、一九六六年）一三〇頁に引用され、「右は公主が終焉に際して賤人の末に至るまで恩德を施した美行を傳えたもので、司農小兒とは司農寺から官給されていた官奴婢もしくは官戸の子息の謂であり、これに對し家生者とは公主自身の持った私賤人を指すものと推測される」と述べられたが、「封分一半、施寺觀家、餘平分與女」の部分以下を引用されはしなかった。この代國長公主の妹である鄎國長公主も開元の初年にやはり封邑千四百戸を與えられたことは、『新唐書』卷八三・睿宗十一女傳にみえ、張說撰「鄎國長公主碑」（『金石萃編』卷七五）にも記されている。(16)

開元二十二年六月末という時點で代國長公主によって遺言され、五カ月後の十二月三日に建てられた神道碑に「封分の一半は寺觀家に施し、餘は平分して女に與えられよ」と刻された一文は、いったいいかに解釋すべきなのであろうか。文字通りに解すれば、代國長公主の食實封の半分は佛寺と道觀に寄進し、殘りは名族の家に嫁いでいる四人の娘たちに均等に分與されることになり、佛寺や道觀に寄進された以上は、寺領莊園などの一部になったのであろう。しかし、『唐六典』卷三・戸部郎中員外郎の條には、「公主の食實封のごときは、則ち公主薨ずれば乃ち停む（若公主食實封、則公主薨乃停）」とあり、これまで、公主の食邑は一代限りで、相續制とは關係がない、と理解されてきている。[17]その上、遺言されてから神道碑が建てられる時期のちょうど中間にあたる開元二十二年九月には、『唐會要』卷九〇・緣封雜記によると、王公以下のあらゆる封家に對し、代替わりの際に二割を減じて襲封せしめるという、襲封削減の强化を意圖した敕が發せられているのである。[18]今は疑問符の存したまま、史料の呈示をしておくことにしたい。ちなみに、一九三七年に出版された鞠清遠の主編にかかる中國經濟史料叢編・唐代篇之三『寺院經濟』[19]（國立北京大學出版組印）は、第三一項、つまり寺觀莊田の「施捨莊田」の項にこの史料を引用している。

四　畿內縣と通邑大都

前節の末に、代國長公主が食封の遺產分配を述べた遺言を解釋する際の參考として、開元二十二（七三四）年九月に出された襲封削減に關する敕に言及した。その敕を載せる『唐會要』卷九〇・緣封雜記には、つづいて、

諸そ名山・大川および畿內の縣は、並びに封ぜず。

諸名山大川及畿內縣、並不封。

という記事を載せている。この部分は、開元二十二年九月にはじめて出された敕なのではなく、襲封に關する令文を改訂した際に、名山大川と畿內縣にかかわる令文をこの時點で再確認した敕と見なすべきであろう。これと同一の內容をもった史料としては、

凡名山大川、及畿內縣、皆不得以封。　（『唐六典』卷二・司封郎中員外郎）

凡名山大川、及畿內諸縣、皆不以封。　（『舊唐書』卷四三・職官志・司封郎中員外郎）

名山大川、畿內之地、皆不以封。　（『新唐書』卷四六・百官志・司封郎中員外郎）

などがあり、多少の文字の異同があるとはいえ、元來は唐令であり、少なくとも開元七年令の一部であったと考えられるからである。

ところで、仁井田陞は『唐令拾遺』[20]の「序說第二　唐令拾遺採擇資料に就いて」のなかで、

又、令と明記なく、或は、令ではないが、復舊資料として重要な文獻は唐六典及び開元禮の類である。但し、令文であらうかと思ふものも、之に相當する隋唐宋令の逸文、或は日本令のない場合は多く之を割愛した。たとへば、

凡名山大川、及畿內縣、皆不得以封、云云　（『唐六典』卷二）

の如きこれである。　（六〇頁）

と述べておられた。つまり、唐令の文章に違いないが、ほかに相當する史料や日本令に對應する條文のない場合に、あえて割愛されざるをえなかった條文の代表格として擧げられたのが、封爵の授與にあたって名山大川と畿內の縣を除外する、というこの文章だったのである。確實な史料集を江湖に提供せんとして『唐令拾遺』を編纂されるに

あたり、この條などをあえて割愛された仁井田の方針は十分に納得できるのであるが、前後の時代とは異なる唐代社會の特性を見極めんとする際には、また日唐令の比較研究にとっても、仁井田があえて割愛された史料こそ、注意深く檢討し吟味すべき對象として取り上げるべきであろう。

　仁井田は、一九三九年に「唐代の封爵及び食封制」を發表された際にも、「封爵の授與」の節で「尙、唐六典によると、名山大川及び畿內縣には封ずるを得ず」（一一頁）と書き、その個所に附せられた注に「尙、唐前、たとへば晉代でも名山大川に封ぜず」と述べられ、「受封者への租賦給與」の節では「封國名と、實際の食邑の所在地が一致してゐるとは限らないが、兩者の一致せる場合もなかつたとは云へない。唐六典によると、名山大川及び畿內縣には封ずるを得ざるものとなつてゐたが、これは前章第二節にも一言した」（四三頁）と書かれたが、それ以上の考察をなされはしなかったのである。『通典』卷三一・歷代王侯封爵の條を檢すると、晉代のこととして「凡名山大澤、不以封」とあり、梁代のこととして「名山大澤、不以封」とあるが、「畿內縣」「畿內諸縣」あるいは「畿內之地」についての言及はみえない。つまり、名山大川に封地を與えないというのは、前代の諸王朝でも採られた方針であったが、畿內縣にも封地を與えないというのは、（隋朝についてはわからないが）唐朝の封爵制の特徵ということになり、これは唐朝における食實封の封戶の所在地にも密接な關係があったに違いないのである。

「前稿」でも一六八頁から一七二頁にかけて私が關連史料を譯出しつつ論じたように、八世紀の初頭、武周王朝崩壞後の中宗・睿宗朝に、封戶の激增ぶりと食實封制のもたらした矛盾をめぐる政治議論が、朝廷で活發に行なわれた。封戶の所在地に關しても、スタイン將來敦煌文獻一三四四號の「開元戶部格斷簡」[21]にみえる景龍二（七〇八）年九月二十日の敕には、

　諸色のあらゆる食實封家の封戶、一たび定まりてより已後、みだりに移改あるをえざれ。

諸色應食實封家封戶、一定已後、不得輒有移改。

とあって、その當時、封家が收益の增加をめざして、すでに決まっていた封戶を勝手に變えることが珍しくなくなっていた狀況を察知できるし、『新唐書』卷一一六・韋嗣立傳には、景龍中の有様として、封戶は凡そ五十四州、みな天下の上腴に據り、一封は數州に分食し、土の宜しき所に隨い、利入を牟取す。

封戶凡五十四州、皆據天下上腴、一封分食數州、隨土所宜、牟取利入。

と述べ、一四〇餘の封家に與えられた封戶の所在地は五四州におよび、なかには有利な封戶を求めて數州に跨がって分食する者もいたことを傳える。特に、『唐會要』卷九〇・緣封雜記の條には、中宗が亡くなった直後の唐隆元(七一〇)年六月十三日の敕として、

安國相王と鎭國太平公主は、宜しく各おの一州の全封を食み、其の州は公主みずから簡べ。

安國相王・鎭國太平公主、宜各食一州全封、其州公主自簡。

とあり、相王には相州の全封を食み、太平公主には本人が希望する州の全封を食むことを許されたという。では太平公主は、文字通り唐朝の領域內のどの州を選んでもよかったのであろうか。

府兵制の施行された唐朝前半期にあっては、『唐六典』卷三・戶部郎中員外郎の條、樂住の制の原注に、

畿內の諸州は、畿外に住するをねがうをえず。京兆・河南府は、餘の州に住するをえず。その京城の縣は、餘の縣に住するをえず。軍府あるの州は、軍府なきの州に住するをえず。

畿內諸州、不得樂住畿外。京兆河南府、不得住餘州。其京城縣、不得住餘縣。有軍府州、不得住無軍府州。

とあるように、畿內の諸州（その全部が軍府州、つまり折衝府の置かれた州でもある）から畿外へ、軍府あるの州から軍府なきの州への移住は許されなかった。この條項を勘案すると、直接に證據だてる史料は持ち合わせていないが、

太平公主が指定できた州には、畿內の諸州と軍府の置かれていた州は含まれていなかったとみるべきではなかろうか。このように考える以上は、先に一四〇餘の封家に租賦を納める封戶が所在したとあった五四州は、いずれも軍府なき州であったと想定することになる。つまり、八世紀の初頭に、桑蠶の產地でもあるがゆえに、封戶が集中したとされる河南・河北の諸州は、いずれも軍府州ではなかったであろう、と考えるのである。ちなみに、七縣のうち五縣もが封境となった滑州や、武三思の數千戶の實封の置かれた貝州は、谷霽光「唐折衝府考校補」（『二十五史補編』第六册）によっても、軍府州のなかには入っていない。河南・河北の物產豊富な諸州に封戶が集中していた異常事態の收拾策が段階的になされ、食實封のいわば年金化への改革が積み重ねられた玄宗の開元年間（七一三—四一）が、軍府州の偏在という制度の矛盾を克服しきれないままに府兵制が崩壞していった時期でもあったことは、單なる偶然とは思えないのである。

食實封制と「畿內縣」とのかかわりを述べたので(22)、この機會に、仁井田が前揭の「唐代の封爵及び食封制」で取り上げられた「通邑大都」に關する二つの史料を再檢討しておきたい。その一は、景龍三（七〇九）年十一月に河南巡院監察御史の宋務光が書いた上疏であって、『唐會要』巻九〇・緣封雜記によると、

臣聞くならく、珪を分ち土を列するに、おのおの方位あり。通邑大都、以て封錫せず、と。前猷いまだ遠からず、古義また深し。このごろ侯を命ずるに、やや舊式と殊なり、墝瘠に居るなく、專ら雄奥を擇ぶ、徐州の貢土、方色すでに乖き、寢邱は封を辭し、德に讓って嗣がず。且つ滑州なる者は、國の近甸にして、帝畿に密邇し、地は縑紈を出だし、たみ趨附すること多し。ゆえに縣を列すること惟だ七にして、分封すること五あり。王賦は侯租より少なく、入家は輸國に倍するなり。云云。

臣聞。分珪列土、各有方位。通邑大都、不以封錫。前猷未遠、古義亦深。自頃命侯、稍殊舊式、莫居墝瘠、專擇雄奥。

徐州貢土、方色已乖、寢邱辭封、讓德不嗣。且滑州者、國之近甸、密邇帝畿、地出縑紈、人多趨附。所以列縣惟七、分封有五。王賦少于侯租、入家倍于輸國。云云。

とある。仁井田は五〇頁から五一頁にかけて要約されたが、「徐州貢土、方色已乖寢邱、辭封讓德不嗣」と誤って句讀されたために、文意をややずらせて解釋されてしまわれた。それはさておき、宋務光は、通邑大都には封錫しないのが本來のあり方であったのに、封家は今ではかつての彭城の地たる徐州や、寢丘の志で名高い寢丘のごとき墝瘠の地を避けて、滑州のごとき國都に近く物產豐富な地を選ぶようになり、その結果、國庫に納まる租庸調の額よりも、封家に入る租庸調の額の方が多くなってしまった、と指摘しているのである。

その二は、『唐大詔令集』卷三三・封建の條に收められている「封申王成義等制」[23]であって、蘇頲の手になり、唐隆元（七一〇）年六月二十七日の日附がある。韋后と安樂公主らを斬殺し、相王であった睿宗が卽位した直後に出されたこの制は、衡陽郡王の成義らを申王などの諸王に封じ、それぞれ實封一千戶を食ましめるとするのであるが、その文中に、

門下。古えは、帝王命を受けて、以て萬國に臨み、子弟に封を建て、用て五等を尊ぶ。其の由來するところ尙し。……朕つつしみて曆數を奉じ、旁ら載籍を稽え、克く王室を輔け、いわゆる通邑大都を唐の藩たらしめ、もとより能く帶河礪嶽にし、云云。

門下。古者帝王受命、以臨萬國、子弟建封、用尊五等。其所由來尙矣。……朕祇奉曆數、旁稽載籍、克輔王室、所謂通邑大都、俾爲唐藩、故能帶河礪嶽。云云。

と書かれている。帶河礪嶽とは、たとえ黃河が帶のごとく小さくなり、泰嶽が礪石のごとく平らになろうとももと、封國の子孫への承襲を保證した封爵の誓詞をしめす文言であるが、それはさておき、ここでは通邑大都にこそ諸王

を封ずべきだとあるわけで、七カ月前に宋務光が述べた古義、つまり通邑大都には封錫しないというのと、まったく食い違っている。これは、太平公主と組んで、クーデタによって韋后や安樂公主を倒して卽位したばかりの睿宗と太子隆基（のちの玄宗）父子が、新政權の安定を圖るために、我田引水の口實を設けたのである、と解釋しておくのが穩當であろう、と考える。

五　堂封の開始

四節にわたり、唐代の食實封をめぐって積み重ねられてきた研究史を整理し、一五年ばかり前の「前稿」すなわち「隋の貌閱と唐初の食實封」での自說を再確認する作業をするとともに、新たにいくつかの私見を呈示してきた。山根清志による批判點になるべく卽して敍述しようと意圖したこともあり、事項ごとの劄記の形式をとることになってしまったので、唐代における食實封制の建前および推移・展開の實狀については、是非とも前揭の仁井田陞「唐代の封爵及び食封制」と日野開三郎「唐朝租庸調時代食封制の財政史的考察」をあわせ參看されるようお願いしたい。

「前稿」で唐初の食實封を取り上げた際は、唐宋の變革を考察する視點の一つとしてであったので、「三　唐初期の食實封」の節を、

宋代にも食實封の規定はあったが、實封が與えられたわけではない。只の食封の戶數が一二三十の數字を用いるのに對し、食實封の戶數が壹貳參拾の數字を用いるというだけの辭令の書き方の差別にすぎなくなった。ここに至って、封建制は實質的に消滅してしまうのである。

という文章で締めくくったのであった。

「前稿」の直後に發表された日野の前掲論文では、玄宗による食封制の諸改革を重視され、開元三（七一五）年五月と開元二十（七三二）年五月の改革を經て、天寶六（七四七）載三月に至り、封家と封地・封戶との徵收面での直接接觸が一切斷たれたことを强調された上で、

封戶形式の食封制は兩稅法時代に入つて後も存續せられているが、稅法の根本的な變改によつて封物の實體も一變せざるを得なかつた。詳細は專考に俟つとして、ここに一言しておきたいのは、その封物所得の給與化は一層確立し、封戶の一戶は給與の單位たる役割を果すに止まり、例えば貞元二十一年の定めでは節度使の食實封は一戶が布絹八端匹、絹ならば綿六兩の添給となつていた。ここに至つて食封制の給與化は成文化の段階に達したのであるが、その素地は租庸調時代に既にほぼできていた。（三三二頁）

と論ぜられたのであった。稿を了えるにあたり、財政史的考察に重點を置かれた日野論文によってはふれられなかった食實封制の改革、「堂封」の開始が開元十（七二二）年十一月になされた點について特に述べておきたい。

『舊唐書』巻八・開元十年十一月乙未の條に、

初めて宰相をして共に實封三百戶を食ましむ。

初令宰相共食實封三百戶。

とあり、『舊唐書』巻九八・源乾曜傳に、

俄かにまた上書する者あり、おもえらく、國の執政は、其の休戚を同じくす、若し稍や崇寵を加えざれば、何をもって其の盡心を責めん、と。十年十一月、中書門下に敕し、共に實封三百戶を食ましむ。乾曜および張嘉貞より始まるなり。

俄又有上書者、以爲國之執政、同其休戚、若不稍加崇寵、何以責其盡心。十年十一月、敕中書門下共食實封三百戶。自乾曜及張嘉貞始也。

とあり、『新唐書』巻一二七・源乾曜傳では同じ内容につづき、

堂封これより始まる。

堂封自此始。

と書かれている。この堂封の開始により、封爵の授與にともなうのではなく、中書門下、つまり宰相という官職にともなって食實封が與えられることになったのである。『資治通鑑』巻二二五・大暦十二（七七七）年八月癸卯の條によれば、宰相の一員に加わった常袞は堂封を辭退しようとしたが、同列の者の反對に會い、取り止めたという。堂封の制が定着しだすと、律令官制内の宰相、中書門下にとどまらず、ついには令外の官たる使職の代表格ともいえる節度使以下にも食實封が與えられるに至ったのであって、引用したばかりの日野の文章に、貞元二十一（八〇五）年の定めとして、「節度使の食實封は一戶が布絹八端匹、絹ならば綿六兩の添給となつていた」とあったような有様となったのである。

封爵にともなう食實封という體系のほかに、宰相や節度使への食實封の授與、これこそ加藤繁が「中國の社會」（『中國經濟史の開拓』櫻菊書院、一九四八年）で、「宋の爵制も大體唐に準據したものであつた。但し宋では文武の要職にあるものには實封を與へた」（一一一頁）と述べられたような、そして『宋史』巻一七〇・職官志・食邑の條と食實封の條に、授與される者の順序として、宰相・親王・樞密使・兩府・使相・節度使・宣徽使・皇子上將軍、等々とみえるような、宋代における食封制の濫觴となる、制度史的には畫期的な措置だったといえよう。(24)

ちなみに、わが國では封爵令は存在せず、食封に關する規程は祿令食封條にあり、位階または官職に應じて定量

の食封が給付された。つまり一品から四品の親王と內親王には品封が、太政大臣・左右大臣・大納言には職封が、正一位から從三位の者には位封が給された。そのうち、太政大臣・左右大臣・大納言といった議政官に支給された職封は、唐令と比較しようにもこれにあたるものは唐令にはないので[25]、その獨自性の考察がなされてきたわけであるが、唐では開元十（七二二）年十一月になって、まさにわが國の「職封」にあたる、封建の實を失った「堂封」が開始され、宋代にうけつがれるのである。

註

（1）一九七四年に臺北の食貨出版社から、食貨史學叢書の一として、陶希聖主編の名のもと、『唐代土地問題』と改題した影印版が出版されている。
（2）一九八三年に東京大學出版會から、『中國身分法史』と改題した縮刷影印版が出版されている。
（3）拙著『唐代政治社會史研究』（同朋舍出版、一九八六年）に再錄。
（4）史料の呈示にあたっては、『舊唐書』『新唐書』の順にすべきであろうが、論述の都合上、「山根一九八〇」の記號と段落をほぼ踏襲することにする。
（5）中華書局、一九七五年刊の標點本『舊唐書』三二七三頁の校勘記にも指摘されていることではあり、〔五〕の字を補う。
（6）拙稿「隋の貌閱と唐初の食實封」（『東方學報　京都』三七、一九六六年）一六九頁。
（7）仁井田陞「唐代の封爵及び食封制」（『東方學報　東京』一〇—一、一九三九年）五三・五四頁。
（8）今堀誠二「唐代封爵制拾遺」（『社會經濟史學』一二—四、一九四二年）一一四—一一七頁。
（9）日野開三郎「唐朝租庸調時代食封制の財政史的考察」（『東洋學報』四九—一、一九六六年）および松島才次郎

「唐の食封について」（『信州大學教育學部紀要』二一、一九六九年）を指す。
(10) 『册府元龜』巻五〇五・邦計部俸祿一によれば、景龍三年十月の敕とする。
(11) この個所は、『舊唐書』巻四八・食貨志にもみえる。
(12) 日本思想大系3『律令』（岩波書店、一九七六年）、六一四頁、祿令補注10「食封制の起源および沿革」および時野谷滋『律令封祿制度史の研究』（吉川弘文館、一九七七年）第五章第一節「鄉別丁數規定の史料」一六三―一六五頁、第四節「大寶令の丁數基準」一七九―一八五頁參照。
(13) 『令集解』巻一二・田令の置官田條に、翌年の慶雲三（七〇六）年の格にいうとして、「一戶之內、八丁以上爲大戶、六丁爲上戶、四丁爲中戶、二丁爲下戶、一丁不在計例也」とある。
(14) 『續日本紀』巻一七・天平十九年五月戊寅三日の條に、「太政官奏曰云云」としてほぼ同文がみえ、五月三日の太政官の奏議にもとづいて六月一日にこの格が出されたことがわかる。
(15) 『文物』一九六六年第一期、四三―四五頁。
(16) ただし、『張說之文集』巻二一「鄎國長公主神道碑」では「食邑一千百戶」とし、『文苑英華』巻九三三および『唐文粹』巻五五下では「食邑一千二百戶」とする。
(17) 仁井田陞「唐代の封爵及び食封制」五六頁および日野開三郎「唐朝租庸調時代食封制の財政史的考察」一〇頁參照。
(18) 「二十二年九月敕。諸王公以下食封薨、子孫應承襲者、除喪後十分減二。仍具所食戶數奏聞。無後者、百日後除」とある。
(19) 一九七四年に臺北の食貨出版社から、食貨史學叢書の一として、陶希聖主編の名のもと、『唐代寺院經濟』と改題した不完全な排印本が出版されている。原本では七二頁の一行目にこの史料がみえ、臺北本では七三頁の一二行目にみえる。
(20) 一九三三年、東方文化學院東京研究所刊。縮刷影印版が、東京大學出版會から一九六四年と一九八三年に出されている。

（21）仁井田陞『中國法制史研究　法と慣習　法と道德』（東京大學出版會、一九六四年）第三部「西域發見の唐律令格式」第一六章「唐の律令および格の新資料」第四節「開元戶部格斷簡」二八三―三〇一頁。

（22）賀昌羣『漢唐間封建土地所有形式研究』（上海人民出版社、一九六四年）四〇三頁參照。

（23）『文苑英華』卷四四四・翰林制詔には「封衡陽郡王成義爲申王等制　蘇頲」と題して收める。なお『舊唐書』卷七・睿宗本紀では六月戊申の條に「衡陽王成義封申王、巴陵王隆範封岐王、彭城王隆業封薛王」とある。

（24）宋代の食邑と食實封については、梅原郁『宋代官僚制度研究』（同朋舍出版、一九八五年）八頁を參照。

（25）西川重幸「初期食封制について」（『日本書紀研究』第九册、塙書房、一九七六年）二五七頁。

第二章　太倉と含嘉倉

都市あるいは城の歴史を考察しようとする際、都市住民ないし城の居住者の經濟生活を支える倉庫の存在を無視するわけにはいかない。百濟の滅亡後、唐と新羅の連合軍がわが國をおそうであろうことを恐れて、大和と河內の國境に天智六（六六七）年に築かれたとされる高安城の遺構が發見され、話題を提供したが、その遺構とは、六棟の倉庫跡なのであった。都市あるいは城が、統一王朝の國都クラスの大都城で、多大の消費人口をかかえるに至った場合には、大倉庫の機能がとりわけ重視される。一口に倉庫といっても、『唐律疏議』卷一五・廏庫律の疏議に「倉とは粟麥の屬を貯うるを謂い、庫とは器仗綿絹の類を貯うるを謂う」とあるように、穀物倉は「倉」と呼ばれたが、中國史上、隋唐交替期の巨大な穀倉は、この時代の社會史を跡づけようと志す者にとって、すこぶる興味をそそられる對象となる。のちに『食貨半月刊』を創刊したり、社會史論戰の論客として活躍し、『南北朝經濟史』『唐代經濟史』の共著者となる陶希聖が、一九三〇年に執筆した「唐代中國社會之一斑――讀舊唐書列傳隨筆――」（『中國社會現象拾零』一九三一年、新生命書店、二四八―二七四頁）が、まず「倉與民衆」の條から書きはじめているのも、おそらくそのような關心からであったと考えられる。

隋代中國に設けられた大穀倉の規模に關しては、『通典』巻七・食貨典・歴代盛衰戸口と丁中の條の末に附された杜佑の論文のなかで、隋氏の資儲が天下に遍ねし、と述べた際、その原注に、

隋氏、西京の太倉・東京の含嘉倉・洛口倉・華州の永豐倉・陝州の太原倉、米粟を儲すること多き者は千萬石、少なき者も數百萬石を減ぜず。天下の義倉、またみな充滿す。京都および幷州庫の布帛、おのおの數千萬。而して錫賚勳庸ならびに豐厚に出で、亦た魏晉より以降これ未だあらざるなり。

隋氏西京太倉、東京含嘉倉・洛口倉・華州永豐倉・陝州太原倉、儲米粟多者千萬石、少者不減數百萬石。天下義倉、又皆充滿。京都及幷州庫布帛、各數千萬。而錫賚勳庸、並出豐厚、亦魏晉以降之未有。

と書いており、また『資治通鑑』巻一八〇・大業二（六〇六）年の條には、

洛口倉を鞏の東南の原上に置く。倉城を築くに、周圍は二十餘里なり。三千の窖を穿ち、窖ごとに八千石以還を容る。監官ならびに鎭兵千人を置く。十二月、回洛倉を洛陽の北七里に置く。倉城は周回十里にして、三百窖を穿つ。

置洛口倉於鞏東南原上。築倉城、周圍二十餘里。穿三千窖、窖容八千石以還。置監官幷鎭兵千人。十二月、置回洛倉於洛陽北七里。倉城周回十里、穿三百窖。

とあり、私ははじめてこれらの記事に接したとき、そのあまりにも壯大な穀倉の規模に驚きの念を抱いたことであった。しかし、文獻史料が傳える、このような隋唐の大穀倉の遺構が、やがて科學的な考古發掘によって、われわれの前に姿を現そうとは思いもよらなかったのである。當時の倉が窖ごとに八〇〇〇石も收容しうる、という點については、『大業雜記』にも記載されていたが、文化大革命の期間中に一窖ごとに約八〇〇〇石の收容能力をもつ窖を三〇〇〇も設けていたとする洛口倉の位置が確認されたという。すなわち、『鞏縣文物簡介』（鞏縣文物管理

委員會、一九七九年）の「隋唐洛口倉遺址」（八―九頁）の條によると、文化大革命中に、洛口倉遺址に對して何度も調査が行なわれ、七里鋪大溝の北嶺上で、長さ一〇〇餘メートル、廣さ一〇メートルばかりの城墻一段が發見され、それは最も高い處で四メートルないし五メートルあり、大量の隋唐時期の甎瓦や陶片などの文物を包含していて、明らかに、唐代に屬する城墻であるとのことで、圖版五に「洛口倉附近的唐城墻」の寫眞も掲載されている。近い將來に洛口倉遺址に對する本格的な發掘が行なわれることを大いに期待したい。

洛口倉遺址については、城墻の遺構の一部が發見されたにすぎないが、隋唐の東都洛陽の含嘉倉の遺址が、やはり文化大革命中の一九六九年末に發見され、發掘が開始されたのであった。復刊第一號の雜誌『文物』（一九七二年第一期）に掲載された「無產階級文化大革命期間出土文物展覽簡介」の河南省の部に「洛陽隋唐含嘉倉遺址」の報告がなされた。それによると、含嘉倉の遺址の面積は、四二萬平方メートルに達する。まわりは基部の厚さが一七メートルにも達する倉城で圍まれていた。倉城内の北半部の東部と、中部の西半の地域でやや精密なボーリング調査をした結果、大小と深淺それぞれ不同の圓形の窖穴が二〇〇餘座みつかった。口徑は六メートルから一八メートル、深さは五メートルから一〇メートル。試掘したいくつかの窖穴の狀況からみて、元來の倉窖は、地下式あるいは半地下式の窖穴で、窖頂の構造ははっきりしないが、當時の窖穴に對する防濕防腐の處理方法はすこぶる精密であった、という。この報告のうち、私にとって特に興味深かったのは、窖穴のなかから、文字を刻した甎の出土が傳えられるとともに、第一九窖から出土した銘甎の拓本寫眞が掲載されていたことであった。ときあたかも學界動向「隋唐――一九七一年の歷史學界――」（『史學雜誌』八一―五、一九七二年。本書附篇Ⅰ）を執筆中であったので、さっそくこの「出土文物展覽簡介」を紹介しておいた。

ついで『文物』一九七二年第三期には、河南省博物館・洛陽市博物館「洛陽隋唐含嘉倉的發掘」が掲載された。

それによると、含嘉倉城は、現在の洛陽老城の北側にぴたり隣りあっていて、倉城の北墻は隋唐故城の北墻とまったく一致している。倉城の東墻はかなり保存されており、西墻は目下調査中であるが、倉城の東西の長さは約六〇〇餘メートル、南北の長さは約七〇〇メートルになる。部分的なボーリング調査の結果、糧窖の分布はかなり密集しており、東西に列をなしていて、その行間距離は、おおむね六ないし八メートル、三メートル前後のものもあれば、一五メートル前後はなれているものもある。それら窖と窖との間隔は、おおむね三ないし五メートルで、二メートルに満たないものもある。そして大部分の糧窖の底には、木板と黑灰および火燒した痕跡がみられ、第一六〇窖には、その當時に儲藏された粟がまだ殘っていることがわかった。倉城內のボーリング調査によって、すでに二五九個の糧窖が確認され、それにもとづいた「洛陽含嘉倉城範圍及糧窖分布圖」が描かれている。そのうち、第一九窖・第五〇窖・第五八窖・第一六〇窖・第一八二窖・第二三四窖の六窖の發掘がなされた。窖は口が大きく底が小さい圓形の土穴で入口の部分の直徑に比べて、底部はおよそ半分の直徑となっている。第一九・第五〇・第一八二の各窖の土中からは、八方の銘甎が發見された。そのうち、一方だけが完全な姿で、あとの七方はいずれも不完全なものであり、銘甎一から銘甎八までの番號が附され、全文の移錄がなされている。また、銘甎に記載された貯糧の統計表のほか、「含嘉倉貯糧部分來源示意圖」も作成されている。

それ以後、大量の炭化した粟が殘っていた第一六〇窖の上に隋唐含嘉倉遺址陳列館が作られて、公開されたり、『文物』の一九七四年第二期には鄒逸麟「從含嘉倉的發掘談隋唐時期的漕運和糧食」が掲載されて、含嘉倉の發掘の意義を見極めるために、文獻史料にもとづいた隋唐時代の漕運と、隋代の六大官倉の概說が行なわれたりしているが、いまだに含嘉倉遺址に關する詳細な發掘報告書が刊行される氣配はみえない。ここでは、中國聚落史の研究の一齣として、含嘉倉窖から出土した銘甎を手掛りに、隋唐の國都長安の太倉の規模と所在地について考察することにしたい。

河南省博物館・洛陽市博物館「洛陽隋唐含嘉倉的發掘」の最後の節「五、重要出土遺物――銘甎」は、報告全體の半ば近くを占め、發掘をすませた六つの糧窖のうちの三つの糧窖のなかから發見された八方の銘甎のそれぞれの出土狀況と銘甎の解説がなされている。六つの糧窖のうち、第一九・第五〇・第一八二の各窖は一重底であるが、殘りの三つは二重底となっている。つまり、銘甎の發見された各窖はいずれも一重底の窖で、二重底の窖すなわち掘り直されたとみられる窖からは銘甎は一片も發見されていないことになる。

八方の銘甎のうち、ほぼ完全な姿で出土した〔銘甎一〕についていえば、第一九窖の底から一・七メートルの地點より出土。毎邊三二・五センチの正方形の甎で、厚さは六・五センチ。文は一〇行からなり、毎行は三字ないし一七字。則天文字を混えた正書、すなわち楷書で刻されている。この甎は、武周時代の萬歳通天二（六九七）年分として蘇州が納入すべき租米のうちの一萬石以上を、まる一年後の聖曆二（六九九）年正月八日に含嘉倉のこの窖に納入するにあたり、粟量と年月日、それに關係官廳の官吏たちの官職姓名を列擧したものである。前半の五行に、窖の位置・穀物の出荷地・粟量・搬入年月日などが刻されていて、後半の五行には、この糧窖に納入した際に關與した官吏の姓名が列せられている。その順序は、同じ官署のなかでは卑位の官吏から尊位の官吏への順序で書かれている。

このような窖甎は、當時の制度として、どのように作成するよう規定せられていたか、という點にまず簡單にふれておこう。武周朝の制度は、ほぼ唐朝の制度の通りに施行されたとみてよかろう。『唐六典』巻三・尙書戶部・倉部の條には、

凡そ都の東の租は、都の含嘉倉に納る。含嘉倉より轉運し、以て京の太倉に實す。洛より陝に至るまでは陸に

運び、陝より京に至るまでは水に運ぶ。其の遞運の節制を量り、使を置きて以て之を監統す。

凡都之東租、納於都之含嘉倉。自含嘉倉轉運、以實京之太倉。自洛至陝運於陸、自陝至京運於水。量其遞運節制、置使以監統之。

とあり、東都（六八四年以後は神都と呼ばれた）洛陽以東の租は、まず東都洛陽の含嘉倉に納入し、そののちに京城・京師たる長安の太倉に轉運することになっていた。そして、巻一九・司農寺・太倉署の條には、東都の含嘉倉についても太倉に準ずるとする文章などにつづいて、

凡そ窖を鑿ち屋を置くに、皆な甎に銘し、庾斛の數と其の年月日と粟を受領せる官吏の姓名を爲す。又た牌を立て、其の銘の如くにす。

凡鑿窖置屋、皆銘甎爲庾斛之數、與其年月日、受領粟官吏姓名。又立牌如其銘焉。

と書かれている。『唐六典』に殘された規定に準據して作られたのが、含嘉倉出土の銘甎なのである。甎に刻するのは、納入された米粟の數量と年月日、それに受領した官吏の姓名である、と規定されていたわけである。このような銘甎が、唐以外の時代にも必要とされていたか否か、詳しいことは知らない。ただ、『慶元條法事類』巻三六に載せる倉庫令および『永樂大典』巻七五一二所引の「宋金玉新書」に載せる倉庫令の一條に、

諸そ倉は板牌を敖門に置き、其の色數・年月・監專姓名を書く。

諸倉置板牌於敖門、書其色數年月監專姓名。

とあれば、甎に銘することはいざ知らず、前掲の『唐六典』巻一九に「又た牌を立て、其の銘の如くにす」とされた規定が、南宋時代の倉庫令にうけつがれていたことは確實なのである。また唐の規定では「粟を受領せる官吏の姓名」を甎に銘することになっていて、納入する側の官吏の姓名を要求していないが、含嘉倉出土甎の場合、入念

にも、輸送してきた州縣の官吏たる「綱」と「典」の姓名が刻されているのが特筆される。「綱」と「典」の姓名につづいてみえる「倉史」・「監事」・二人の「丞」・二人の「令」は、いずれも含嘉倉署の官職である。「知倉事」の役割を分擔した司農寺の丞の姓名につづいて、「左監門・右監門」を冠した姓名がみえるが、この場合、左監門・右監門とは、おそらく左監門校尉・右監門校尉にあたるのであろう。

左右監門衞は、それぞれ十六衞の一つであって、宮殿の諸門を管理し警備する任務が與えられていた。そして『唐六典』巻二五・諸衞府・左右監門衞の條には、

凡そ財物・器用のまさに宮に入るべき者は、所由が籍と傍とを以て、左監門將軍の判を取り、門司が檢して以て之を入れ、まさに宮より出づる者は、所由が亦た籍と傍とを以て、右監門將軍の判を取り、門司が檢してもって之を出だす。其の籍は月ごとに一換す。

凡財物器用應入宮者、所由以籍傍取左監門將軍判、門司檢以入之、應出宮者、所由亦以籍傍取右監門將軍判、門司檢以出之。其籍月一換。

とあるように、財物などを運搬して宮殿の門を出入する場合には、左右監門の官吏が、運搬する人物の門籍とともに財物の內容・數量を明示した門傍を點檢する役目を擔ったのである。門傍は門榜とも書かれる。〔銘甎一〕には監門の官吏につづいて、「押倉使」「監倉御史」そして最後に司農寺の〔卿〕の姓名が書かれていた。

洛陽の含嘉倉遺跡から出土した銘甎八方のうち、ほぼ完全な姿で出土した〔銘甎一〕の內容の檢討を通して、これら銘甎上の記載が、『唐六典』に規定されていた事項を、ほぼ遵守していた次第を確認することができた。これらの銘甎が、考古學者による發掘成果としての信頼しうる狀態で出土したことは、これまで長安の唐代の太倉から出土したと傳えられ、金石書に著錄されてきた五方の粟窖銘甎の史料價値をあらためて見直す機會を與えてくれる

ことになったのである。

古代から遼金時代までの金石文を集録し研究して一時期を畫した『金石萃編』は、嘉慶十（一八〇五）年の自序をもつ。この『金石萃編』には、粟窖銘甎は一方も收録されていない。ところが、嘉慶二十二（一八一七）年の夏、宜興の湯希山が西安の市上で、貞觀十四年十二月二十四日と貞觀二十三年十二月二十九日の日附をもつ和糴粟窖甎それぞれ一方を購入したのである。そして二年後の嘉慶二十四年には、同じく西安で、大中十（八五六）年と十一年の和糴粟窖甎が出土し、これらも湯希山の手に歸した。これら四方の粟窖甎の上に刻された文章は、さっそく『金石萃編』の補遺を意圖した『金石續編』巻四に「和糴粟窖甎文四種」と題して收録された。

その後、貞觀八年十二月二十日の日附をもつ粟窖銘甎が西安で出土したのであって、陸增祥撰の『八瓊室金石補正』巻三〇に「敖倉粟窖題字」と題して收録された。陸增祥は拓本しかみていなかったので、「此の文はまさに甎に刻せるなり」と記しているが、これは敖倉の粟を轉運して太倉に納入した際の銘甎なので、陸增祥の命名は不適當だったのである。この貞觀八年甎は、いつしか端方（一八六一—一九一一）の所有に歸し、現在は北京大學考古陳列室の所藏になっており、その拓本は京都大學文學部東洋史研究室にも藏されている。しかし、先に湯希山の處にあった四方の和糴粟窖甎は、原甎が所在不明であるばかりか、拓本の所在すら知ることはできない。

金石書に著録された西安出土と傳えられる唐太倉粟窖甎五方の寸法は、それぞれ一尺五分から一尺一寸餘のほぼ正方形ということであるから、一尺を三二センチとすると、傳太倉出土甎は三三・五センチから三六センチ程度の正方形ということになり、今度の含嘉倉出土甎の數値とほぼ一致することになる。

唐朝の國都と副都であった長安と洛陽の都城については、平岡武夫編『唐代の長安と洛陽』（資料・索引・地圖の三編からなる。京都大學人文科學研究所、一九五六年）が、基本的な資料を網羅している。本書を通觀すれば、洛陽城よりも長安城の方が詳細で、多數の地圖類も殘されていることは明白である。ところが、こと太倉と含嘉倉の所在地にかぎっては、含嘉倉が洛陽城の宮城の東で、東城の北に位置することは容易にみつけられるのに、太倉の所在地については諸說が併存し、地圖上への記載にも混亂がみられる。その結果、現在最も簡便な歷史地圖として通行している松田壽男・森鹿三編『アジア歷史地圖』（平凡社、一九六六年）においても、六四頁の「隋唐の洛陽」圖には含嘉倉城の一區畫が明瞭であるのに、六五頁の「唐の長安」圖には、どこにも太倉の名稱は見いだせないことになっている。しかも、今回の洛陽の含嘉倉城の發掘地は、從來、文獻を通して知られてきた所在地とまったく合致していたのである。では長安の太倉は、どこに位置していたのであろうか。長安城における太倉の所在地についての、從來の代表的な說をまず紹介しておこう。

(1)　**宋・宋敏求『長安志』**　太倉は宮城のはるか西北方にあって、東西一二里、南北一三里とする。一里を大尺によったとして五三〇メートルとすると、太倉と並び稱される含嘉倉城の遺跡が、東西およそ六〇〇メートル、南北およそ七〇〇メートルであったのと比べて、それぞれが、約一〇倍、面積にして約一〇〇倍ということになる。

(2)　**宋・呂大防「長安城圖」**　石刻されたこの圖では、太倉は宮城の西北部分を占めている。すなわち、宮城の中央の太極宮をはさんで、東に東宮、西に太倉と掖庭宮が配されていて、掖庭宮の北に隣接する太倉の方が掖庭宮よりも大きく描かれている。

(3)　**元・李好文『長安志圖』**　呂大防の「長安城圖」の全體についてはほぼ肯定しているのに、太倉については強く反對する。掖庭宮の遺跡は小さなもので、宮殿一つを入れるにすぎない。太倉をここに位置させることは宜しくないとして、呂大防圖で太倉と掖庭宮の占めていた區域全體を掖庭宮としている。

(4)　**清・徐松『唐兩京城坊考』**　徐松の自序は嘉慶十五年に書かれているが、張穆の校補を經て刊行されたのは道光二十八（一八四八）年、すなわち徐松の亡くなった歳である。本書の本文には太倉に關する記述はなく、「西京宮城圖」も、宮城の西部は掖庭宮のみによって占められている。ところが、巻一・皇城の「承天門街之東、宮城之南、第二横街之北」の見出しの下に、注目すべき長文の雙行注が書かれているのである。すなわち、嘉慶二十二（一八一七）年に湯希山が西安で購入した、貞觀十四年十二月二十九日の日附のある和糴粟窖甎二方を取り上げて引用し、銘甎に刻された「大街」は朱雀門外の「大街」ではあるまいから、皇城内の「大街」であろうか、と疑問を殘しつつ、太倉の所在地を、皇城内の承天門街と第二横街の交差する地域に同定しようとしたのである。

(5)　**平岡武夫『唐代の長安と洛陽　地圖』序說**　呂大防の「長安城圖」を、拓本の寫眞などにもとづいて復元された際、李好文の批判に贊意を表し、一〇〇萬石あるいは二〇〇萬石もの米を放出する太倉ははなはだ大きな倉で、宮城の西のような狹い區域にあるべきはずがない、とされ、掖庭宮に北接する太倉の所在地を、まったく認めておられない。

太倉は長安城のどのあたりに位置していたかについて、宋代以後に提出されてきた諸說のうち、代表的な五見解をごく簡單に紹介してきた。これを要するに、(2)呂大防の「長安城圖」に描かれた掖庭宮の北に隣接する太倉、を認めるか否かということになる。そして呂大防に先行する(1)宋敏求の『長安志』が、宮城のはるか西北方の廣大な地域にあったとするのを別にすると、(3)李好文の『長安志圖』と(5)平岡武夫とは、はなはだ大きな規模の倉である太倉が、掖庭宮のような狹い區域にあったはずがない、という理由で、呂大防の圖を認めようとせず、(4)『唐兩京城坊考』は、宮城の掖庭宮の條で太倉にまったく言及しない、というかたちで、呂大防圖に反對である立場をしめすとともに、傳太倉出土甎にみえる「街東」「大街」の語から、太倉は皇城内の承天門街と第二横街の交差する地域にあったのではないか、と注記していたのである。

唐の長安城における太倉の規模と所在地を考察するに際しては、つねに太倉と併稱された、洛陽城における含嘉倉の規模と所在地を考慮しなければならない。『唐兩京城坊考』が、新しく太倉から出土したと傳えられる粟銘甎にさっそく注目し、その甎にみえる「大街」の語を手掛りとして、太倉の所在地を確定せんとした點は、評價すべきであろう。しかし、今度の洛陽含嘉倉から出土した銘甎に、「東西大街」「南北竪街」の語がみえ、これらがいずれも含嘉倉城內の「大街」「竪街」であることが疑いえない現在、傳太倉出土銘甎にみえる「大街」も太倉內を南北に走る「大街」であったと考えるべきで、『唐兩京城坊考』巻一に施された注記は削除されねばならない。

つぎに、太倉ともあろう大規模な倉が、掖庭宮の北の一畫のごとき狹い地域にあったはずはなかろう、とする說を檢討してみよう。假に徐松の「西京宮城圖」によるとすると、宮城は中央の太極宮をはさんで、東に東宮、西に掖庭宮が位置する。近年の長安城に關する考古發掘の成果たる馬得志らの報告によると、いわゆる掖庭宮の遺構は、東西七〇二・五メートル、南北一四九二・一メートルであった。呂大防の「長安城圖」では、この地域の南に掖庭宮、北に太倉を圖示しているが、その廣さの比率は、掖庭宮の三に對して、太倉は七を占めている。假に太倉と掖庭宮とがほぼ同じ面積を占めていたとしても、太倉は東西七〇二・五メートル、南北七四六メートルとなり、今回發掘された洛陽含嘉倉城の東西六〇〇餘メートル、南北七〇〇餘メートルに比べて、むしろ少しばかり廣いという結果がえられるのである。

では、國都長安の太倉が太極宮の西隣の地域の北の一畫にあったとすると、東都洛陽の含嘉倉は宮城の東、東宮を隔てた東の地域の北の一畫にあり、兩者とも倉の北面が宮城の北面と同一線上にあるとはいえ、東西の位置がまったく逆になっている點について説明を求められるであろう。唐代の長安城と洛陽城とは、隋代に新造された大興城と東京城とをそれぞれ繼承したものであるが、完成した時點での東都洛陽城では宮城・皇城が都城全體の西北角を占めていて、隋の大興城すなわち唐の長安城が最北の中央に宮城・皇城を置き、東西兩市から一般民居の條坊に至るまで、まったく東西對稱であったのと比べて、大きく異なっている。

しかし、かつて岡崎敬が鋭く指摘されたように（「隋・大興＝唐・長安城と隋唐・東都洛陽城」『佛敎藝術』五一、一九六三年）、東都洛陽城でも當初は大興城と同じく東西對稱の條坊を割りつけようとしたのであるが、西の地域における河川の氾濫を慮って、西方の部分をカットし、それに相當する部分を東方に廣げたものと考えられる。されば、大興城＝長安城の太倉にあたる洛陽の含嘉倉が、宮城の東に位置するのも、當初は宮城の西に置こうとしていたのかもしれず、大興城＝長安城の太倉が太極宮の西に位置していたとしても、一向に不自然ではないわけである。

東西六〇〇餘メートル、南北七〇〇餘メートルの洛陽含嘉倉に對應する長安の太倉が、呂大防の「長安城圖」に描くような太極宮の西に、東西七〇二・五メートル、南北の長さ不詳の地域を占めていたと想定することが無理ではないことを述べてきた。この機會に、歴代の國都に置かれた大穀倉はどの程度の規模をもっていたかという點にふれておこう。

南北朝時代以前の太倉などについては、詳しいことは傳わっていないし、北宋時代の開封や南宋時代の臨安の諸倉は、城內外の各地に分散していたらしいが、それらの倉の占有面積を確かめる手立てはない。

しかし、明淸時代の北京については、今西春秋の解説が附された、北京故宮博物院藏『乾隆京城全圖』の影印本（興亞院華北連絡部政務局調査所、一九四〇年）によって、倉の規模や倉內の配置圖を目の當たりにみることができる。明淸時代の國都の穀倉は、北京の京師倉と通州の通州倉からなり、京通倉と總稱された。

乾隆年間（一七三六―九五）、京師倉は一三倉、通州倉は二倉からなり、一三の京師倉のうち城外にあるのが六倉、城内が七倉で、大運河の便からであろうが、大部分は城の東側の門の內外一帯にかたまっていたことがわかる。それらのうち、城內の七倉に關しては、『乾隆京城全圖』によって規模を知ることができる。すなわち、東直門內の一畫、東西およそ五二〇メートル、南北およそ三八〇メートルの地域に北新倉と海運倉が同居し、その南方の舊泰倉などの四倉が同居する一畫は東西およそ五二〇メートル、南北およそ五七〇メートル、それよりずっと南の祿米倉は、東西およそ二七〇メートル、南北およそ二〇〇メートルの一畫を占めている。これら三區畫のうち、四倉が同居して最大の面積を誇る區畫に注目すると、東面の中央に南新倉の、南面の中央に舊泰倉の、北面の中央に興平倉の、西面の中央に富新倉の、それぞれ倉門が一つずつ設けられており、全體を四倉に仕切るための內部の堀が南北に三本走っているうちの二本までがかなりの曲線を描いていることからも、倉の管理體制の必要上、四倉に分けられてはいるが、もともとは一つの巨大な倉として設計・造營されたことをうかがわせるに足るのである。しかも、これら四つの倉名のなかに舊泰倉すなわち舊太倉の名を見いだせる以上、この一畫が隋唐の太倉と同じ役割を期待されていたとみて大過なかろう。その規模は、含嘉倉遺跡よりも小さいのである。

ちなみに、この『乾隆京城全圖』で、一つの倉は一つの門のみから出入りを許されていたという點に關しては、北宋の宣和五（一一二三）年に高麗に行った宋の使者の見聞記たる『宣和奉使高麗圖經』に、倉庫にはかぎを施さず、外に墻垣をつくり、ただ一門のみを開いて、盜竊を防ぐ、といっているのが注意される。穀倉の管理體制の上からいって、一つの門からのみに出入りを限ることが大事なのであって、含嘉倉出土甎が、窖の所在をしめす際に、まず「東門」とか「倉中門」という語からはじめ、監門の官吏の姓名が刻されていたのも、穀倉の城門の重要性を端的にしめしているわけである。

洛陽隋唐含嘉倉の發掘によって出土した倉窖銘甎と、長安太倉から出土したと傳えられてきた倉窖銘甎を利用して、隋唐時代の太倉は呂大防圖のいうごとく太極宮の西部、掖庭宮の北に置かれていたであろうことを論じてきた。從來も、呂大防圖にみえる太倉の所在地をそのまま地圖化する書物としては、范文瀾の『中國通史簡編』修訂本第三編第二册や一九七七年に出された韓國磐の『隋唐五代史綱』修訂本などがある。しかし、馬正林『豐鎬—長安—西安』（陝西人民出版社、一九七八年）掲載の唐長安城圖のように、太倉の位置を明示しない書物がこれまでは多數を占めていた。私自身、「中國の都城」（上田正昭編『日本古代文化の探究　都城』社會思想社、一九七六年。本書第Ⅰ部第一章）を執筆した際、中國科學院考古研究所西安唐城發掘隊「唐代長安城考古紀略」（『考古』一九六三年第一一期）に附された長安城實測圖をそのまま轉載したため、東宮の範圍はせまく、また太倉の所在を書き落としてしまっている。ここに謹んで訂正しておきたい。

第三章　隋唐時代の太倉と含嘉倉

一　洛陽含嘉倉の發掘

かつて隋と唐初の國家權力の性格を考察せんとして、小論「隋の貌閲と唐初の食實封」（『東方學報　京都』四一、一九六六年）を執筆した折、史書にしばしば傳えられる、隋の國倉が穀物でみちあふれていたことの意味について言及した。そして當時、洛口倉・回洛倉といった巨大な穀倉に、いくら粟帛が積まれていても、それが一般民衆の生活の豊かさをしめすものではなく、一般民衆の生活水準は、倉儲の多少と必ずしも並行するとは限らない、隋朝の政策は、民間の財を取り上げて蓄積する强い傾向をもっていたのであって、表面に現れたほどには、繁榮していなかったのである、と述べた。その際、鞏縣の東南の原上に置かれた周圍二〇餘里の洛口倉城には三〇〇〇の窖が穿たれ、一窖ごとに約八〇〇〇石を收めることができ、洛陽の北七里の地に置かれた周圍一〇里の回洛倉城には三〇〇の窖が穿たれた、と傳える『資治通鑑』巻一八〇・大業二年の條を引用したが(1)、引用しつつ、そのあまりにも壯大な穀倉の規模に驚きの念を抱いたことであった。しかし、文獻資料が傳える、このような隋唐の大穀倉の遺跡が、まもなく科學的な考古發掘によって、われわれの前に姿を現そうとは思いもよらなかったのである。

一九六六年からはじまった文化大革命により『文物』『考古』などの學術誌が休刊となってから五年を經た、一九七一年七月二十四日號の『人民日報』は、無產階級文化大革命期間中に出土した珍貴な歷史文物の數々について、寫眞をともないつつ報道した。一面トップには、河北滿城漢墓の發掘とならんで、一九六九年末に、四十數萬平方メートルに及ぶ隋唐の東都洛陽の含嘉倉を發見し發掘を開始したという記事が載せられ、二面には、一九七〇年十月に、西安南郊の何家村から出土した唐代の窖藏のなかから、見事な細工の金銀器をはじめとして、一〇〇〇點を超える盛唐時代の文物がみつかったことが報ぜられたのである。やがて再刊第一號の『文物』（一九七二年第一期）の卷頭に、先の『人民日報』の記事が再錄されるとともに、「無產階級文化大革命期間出土文物展覽簡介」の河南省の部に「洛陽隋唐含嘉倉遺址」（七六頁）の報告がなされた。

この「出土文物展覽簡介」によると、含嘉倉の遺址の面積は、四二萬平方メートルに達する。まわりは基部の厚さが一七メートトにも達する土城で圍まれていた。倉城內の北半部の東部と、中部の西半の地域でやや精密なボーリング調査をした結果、大小と深淺それぞれ不同の圓形の窖穴が二〇〇餘座みつかった。口徑は六メートルから一八メートル、深さは五メートルから一〇メートトル。試掘したいくつかの窖穴の情況からみて、元來の倉窖は、地下式あるいは半地下式の窖穴で、窖頂の構造ははっきりしないが、當時の窖穴に對する防濕防腐の處理方法はすこぶる精密であった、という。この「簡介」のうち、特に私にとって興味深かったのは、窖穴のなかから、文字を刻した甎の出土が傳えられるとともに、第一九窖から出土した銘甎の拓本寫眞が掲載されていたことであった。ときあたかも學界動向「隋唐――一九七一年の歷史學界――」（『史學雜誌』八一―五、一九七二年。本書附篇Ⅰ）を執筆中であったので、とりあえず、この「簡介」を紹介し、

發掘された倉庫には文字を刻した甎があって、倉庫の位置、穀物の來源、貯藏量、搬入された年月日、管理者の官名と氏名がきざんであり、紀年は六九二年から六九九年のものが多く、倉史・監事・倉丞・押倉使・監倉

御史などの職名がみえるとのことであるから、將來、より詳細な報告書がだされた曉には、隋唐の官僚機構・財政史の研究に多大の貢獻をもたらすであろうことは、斷言できる。

と述べておいたのである。

「簡介」にひきつづき、『文物』一九七二年第三期には、河南省博物館・洛陽市博物館「洛陽隋唐含嘉倉的發掘」（以下の言及にあたっては「發掘報告」と略稱する）が掲載された。この「發掘報告」によると、含嘉倉城は、現在の洛陽老城の北側にぴたり隣りあっていて、倉城の北墻は隋唐故城の北墻とまったく一致している。倉城の東墻はかなり保存されており、西墻は目下調查中であるが、倉城の東西の長さは約六〇〇餘メートル、南北の長さは約七〇〇餘メートルになる。倉城の範圍内で、東北部と南寄りの部分の糧窖分布區を重點的にボーリング調查を行なった。その結果、糧窖の分布はかなり密集しており、東西に列をなしていて、その行間距離は、おおむね六ないし八メートル、三メートル前後のものもあれば、一五メートル前後はなれているのもある。そして窖と窖との間隔は、おおむね三ないし五メートルで、二メートルに滿たないものもある。また大部分の糧窖の底には、木板と黑灰および火燒した痕迹がみられ、第一六〇窖には、その當時に儲藏された粟がまだ殘っていることがわかった。

含嘉倉城内の全面的なボーリング調查によって、すでに二五九個の糧窖が確認され、それにもとづいた「洛陽含嘉倉城範圍及糧窖分布圖」が描かれている。そのうち、第一九窖・第五〇窖・第五八窖・第一六〇窖・第一八二窖・第二三四窖の六つの糧窖の發掘がなされた。いずれも壁面や底面に、木板やアンペラを敷き、米ぬかを敷き、そのなかに粟をばら積みで入れた。防濕處理としては、火で燒いて、アンペラを敷くことがなされていた。窖穴は入口の部分の直徑に比べて、底部はおよそ半分の直徑となっている。

第一九・第五〇・第一八二の各窖の土中からは、八方の銘甎が發見された。そのうち、一方だけが完全な姿で、あとの七方はいずれも不完全なものである。「發掘報告」では、銘甎一から銘甎八までの番號が附され、全文の移録がなされている。これらの甎については、節を改めて、檢討を加えることにしたい。この「發掘報告」では、銘甎に記載された貯糧の統計表のほか、「含嘉倉貯糧部分來源示意圖」も作成されている。『文物』誌上では同じ一九七二年第三期に短篇の京洛「洛陽隋唐含嘉倉糧食的加固處理」が發表されたし、一九七四年第二期には鄒逸麟「從含嘉倉的發掘談隋唐時期的漕運和糧倉」が掲載されて、含嘉倉の發掘の意義を見極めるために、文獻史料にもとづいた隋唐時代の漕運と、隋代の六大官倉の概説が行なわれた。それ以後、たとえば戴應新『關中水利史話』（陝西人民出版社、一九七七年）三一頁以下で含嘉倉の發掘成果にふれたり、何汝泉「關于武則天的幾個問題」（『歷史研究』一九七八年第八期）六四頁で、則天武后時代の社會經濟狀態を評價する史料として言及されはしても、いまだに含嘉倉遺跡の詳細な發掘報告書が刊行される氣配はみえない。

含嘉倉の遺趾そのものは、洛陽鐵道驛の構内につづく操車場の擴張工事の途中で發見されたそうである。さっそく大量の炭化した粟が殘っていた第一六〇窖の上に隋唐含嘉倉遺趾陳列館が作られ、窖のまわりに手すりがほどこされ、梯子で下に降りられるようにしたほか、粟などが炭化して層位をなしているのを切り取った標本を陳列し、一般に展觀されることになった。一九七三年四月に京都大學人文科學研究所學術代表團の一行が、この陳列館を外國からの最初の參觀者として訪れ、歸國後、林巳奈夫らによって、報告がなされた。また一九七四年夏に日本考古學者代表團の一員として同遺趾を訪れた岡崎敬も、「唐代の穀倉——含嘉倉——」についての見聞記を書かれている。(2) 特に、一九七八年九月に同地を訪ねられた布目潮渢の「隋唐時代の穴倉と帝陵——洛陽から西安へ——」（『東洋學術研究』一八—一、一九七九年）は、含嘉倉についての見聞記でもあるが、單なる見聞記にとどまらず、第一九窖出土の銘甎について考證も施されているのである。私も、先に言及した學界動向のほか、日本古代の都城制のモデルとして、長安と洛陽の都城についての概観を試みた際、洛陽の含嘉倉について簡單にふれたことではあり(3)、含嘉倉出土の銘甎について本稿でより詳しく檢討を加えるとともに、あわせて隋唐時代の長安の太倉の規模と所在地について鄙見を提示することにしたい。

二　含嘉倉出土の銘甎

河南省博物館・洛陽市博物館「洛陽隋唐含嘉倉的發掘」は、「一、前言」「二、含嘉倉初步調查」「三、糧窖的形制結構」「四、糧窖內的儲糧情況」の簡單な說明につづいて、「五、重要出土遺物——銘甎」の節が設けられ、報告全體の半ば近くを、この銘甎の解説にあてている。そして發掘をすませた六つの糧窖のうちの三つの糧窖、すなわち第一九窖・第五〇窖・第一八二窖、のなかから發見された八方の銘甎のそれぞれの出土狀況と銘甎の紹介がなされている。

銘甎の出土狀況を知る上からも、發掘された六つの糧窖の形態と統計とを「發掘報告」からまず引用しておくと、表1のようになる（五二頁の「糧窖形制統計表」にもとづく）。

表1　糧窖の形態と統計

糧窖の編號	上層窖底の形態	下層窖底の形態	口徑	上層底徑	下層底徑	深さ
第一九窖	平底		一二・四	六・二八		八・二五
第五〇窖	平底		一一・八	七		六
第五八窖	圓底	圓底	八・四	四・二五	三・四	六・七〇
第一六〇窖	平底	圓底	一一・一	八・六	＊	六・二
第一八二窖	圓底		一三・五	一〇・五		七
第二三四窖	圓底	平底	一一・三	八・二二	七	七・五

（單位はメートル）　＊印の部分「發掘報告」の原表に記載なし。

表1からも明らかなように、六つの糧窖のうち、第一九・第五〇・第一八二の各窖は一重底であるが、残りの三つは二重底となっている。そして、銘甎の發見された各窖はいずれも一重底の窖で、おそらく偶然の結果なのであろうが、二重底の窖からは銘甎は一片も發見されていないことになる。「洛陽含嘉倉城範圍及窖糧分布圖」によると、倉城內全體を四つに大區分するとして、第一九窖は東北地區の中央部に位置し、第五〇窖は東北地區のなかでも東北の隅に近く、第一八二窖は西南地區の中央よりやや北に位置している。つぎに、出土した八方の銘甎について、それぞれ簡單に紹介しておこう。

含嘉倉出土銘甎

〔銘甎一〕　第一九窖の1　倉窖の底から一・七メートルの塡土中から出土。每邊三二・五センチの正方形の甎で、厚さは六・五センチ。保存狀態はほぼ完全。銘文は一〇行からなり、每行は三字ないし一七字。正書、すなわち楷書で刻されている。

〔銘甎二〕　第一九窖の2　倉窖の底から出土。長さ三三センチ、殘寛は二二センチ。銘文は一〇行が殘存していて、每行は三字ないし一八字。正書。

〔銘甎三〕　第一九窖の3　塡土の下部から出土。殘長二五・一センチ、殘寛一四センチ。銘文は三行を殘存し、每行は二字ないし九字。正書。

〔銘甎四〕　第一九窖の4　塡土の下部から出土。殘長一九センチ、殘寛一二センチ。銘文は四行を殘存し、每行五字ないし一六字。正書。

〔銘甎五〕　第五〇窖の1　窖口より深さ二・六三メートルの塡土中から出土。殘長三六センチ、殘寛一八ないし二三センチ、厚さ六・三センチ。銘文は六行を殘存し、每行三字ないし二三字を殘存している。正書。

〔銘甎六〕　第五〇窖の2　窖底の南部のふちから出土。殘長二〇・五センチ、殘寛二六センチ、厚さ六・五センチ。銘文は八行を殘存し、毎行三字ないし一二字を殘存している。正書。

〔銘甎七〕　第一八二窖の1　三つの碎塊が、地表より六・五メートルの塡土中から別々に出土した。綴ぎ合わせると、殘長二〇センチ、殘寛三六センチ、厚さ六・五センチ。銘文は一一行を殘存し、毎行一字ないし九字を殘存している。正書。

〔銘甎八〕　第一八二窖の2　綴ぎ合わすことのできる二つの碎塊が、窖底に近い場所から別々に出土した。殘長は二六センチ、殘寛は一九センチ。銘文は八行を殘存し、毎行一字ないし一二字を殘存している。正書。

〔銘甎一〕の拓本寫眞は、すでに『文物』一九七二年第一期の「出土文物展覽簡介」に載せられたので、この「發掘報告」では〔銘甎二〕から〔銘甎八〕に至る拓本の小さな寫眞が掲載されるとともに、〔銘甎二〕から〔銘甎八〕までの全文が移錄されている。しかし本稿では、紙數の制約もあり、八方のうち、ほぼ完全な姿で出土した〔銘甎一〕のみをまず移錄し、あわせて隋唐含嘉倉遺趾陳列館に展示された拓本の寫眞（圖1）を掲げた上で、解說を施すことにしたい。なお、この〔銘甎一〕は、『文化大革命期間出土文物　第一輯』（文物出版社、一九七二年）九三頁に、原甎の寫眞が收録されていて、原甎の缺落といった傷み具合がはっきり識別できる。本文は則天文字を混えて書かれているが、移錄に際しては、便宜上すべて普通の文字で寫し、則天文字には右横に＊印を附すことにする。

〔含嘉倉銘甎一〕

含嘉倉

東門從南第廿三行從西第五窖

□□蘇州通天*二*年租糙米白多一万三

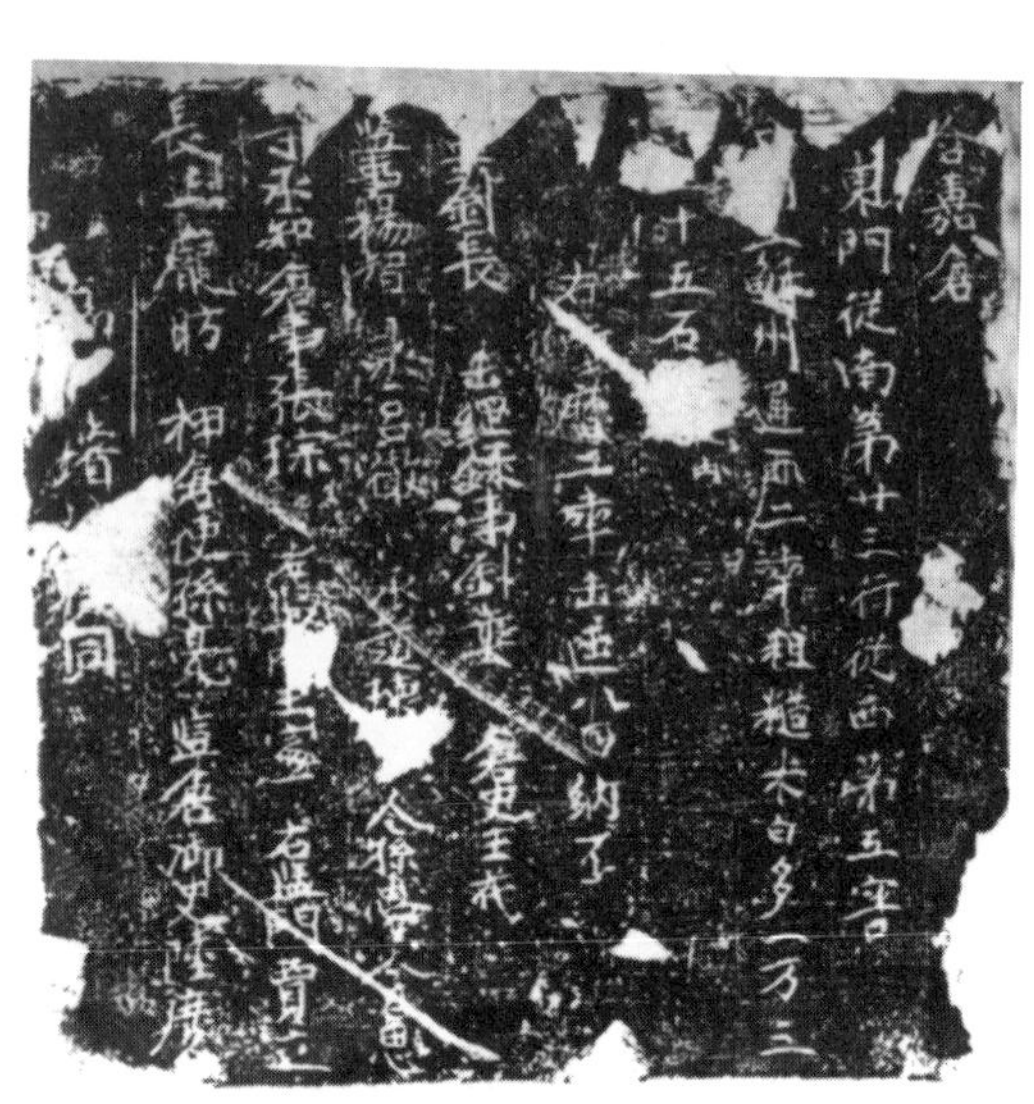

圖1　含嘉倉銘甎一　拓本
（林巳奈夫氏提供）

□□十五石□□内
右聖曆二年正月八日納了
□□劉長　正綱錄事劉爽　倉史王花
監事楊智　丞呂徹　丞趙瓌　令孫忠　令□思
寺丞知倉事張琮　左監門王宣?　右監門賈立
長上龐昉　押倉使孫亮　監倉御史陸慶
卿□璿□□同

この則天文字を混えた一〇行からなる〔銘甎一〕の全體を一瞥すれば、武周時代に蘇州からの租米を含嘉倉に納入するにあたり、粟量と年月日、それに關係官廳の官吏たちの官職姓名を列擧した窖甎であることが、容易に理解しうる。そこで、それぞれの内容の解說に先立ち、當時の制度として、このような窖甎はどのように作成するよう規定せられていたか、という點をまず確認しておきたい。

武周朝の制度は、ほぼ唐朝の制度の通りに施行されたと考えてよかろう。『唐六典』巻三・尙書戶部・倉部の條には、

凡そ都の東の租は、都の含嘉倉に納る。含嘉倉より轉運し、以て京の太倉に實す。洛より陝に至るまでは陸に運び、陝より京に至るまでは水に運ぶ。其の遞運の節制を量り、使を置きて以て之を監統す。

とあり[4]、東都（六八四年以後は神都と呼ばれた）洛陽以東の租は、東都洛陽の含嘉倉に納入し、そののちに京城・京師たる長安の太倉に轉運することになっていた。そして、『唐六典』巻一九・司農寺・太倉署の條には、「東都は則ち含嘉倉と曰う」すなわち、東都の含嘉倉については太倉に準ずるとする文章などにつづいて、

凡そ窖を鑿ち屋を置くに、皆な甎に銘し、庾斛の數と、其の年月日と粟を受領せる官吏の姓名を爲す。又た牌を立て、其の銘の如くにす。

と書かれている[5]。『唐六典』に殘された唐のこの規定に準據して作られたのが、含嘉倉出土の銘甎だったのである。甎に刻するのは、納入された米粟の數量と年月日、それに受領した官吏の姓名である、と規定されていたわけである。では「鑿窖置屋」すなわち「窖を鑿ち屋を置くに」とは、具體的には何を意味するのであろうか。これまで、「窖を掘って其の上に屋を架す」というふうに理解され引用されてきているようであるが、はたしてそのように解釋できるのであろうか。『唐律疏議』巻一五・廏庫律の疏議に、

倉とは粟麥の屬を貯うるを謂い、庫とは器仗綿絹の類を貯うるを謂う。積聚とは柴草雜物を貯うるの所を謂う。

皆な須らく高燥の處に安置すべし。

というように[6]、粟麥の屬を貯える「倉」は、原則的には高燥の場所に安置されるべきであって、地下に窖を營造するのは、乾燥度の高い華北の特定の地にのみ可能な、もともと例外的な措置だったはずである。一般的な倉の規定として「鑿窖置屋」という以上、「鑿窖」が地下の窖を營造する場合を指し、「置屋」は普通の地上の建物を造る場合を指したと見なすべきであろう。そして、『唐六典』巻一九・司農寺・諸倉の條に、

凡そ粟の出給する者は、一屋一窖ごとに盡す。賸（あま）る者は計に附し、欠ける者は事に隨いて科徵す。非理に欠損する者は、その所由を坐し、これを徵陪せしむ。

というように、(7)倉內の米粟を出給するときには、一つの倉屋、一つの倉窖の米粟を全部出してからつぎの倉屋・倉窖に移るべきことを規定している。ここの「一屋」と「一窖」が、先の「置屋」(8)と「鑿窖」に對應していることに、疑問をさしはさむ餘地はあるまい。この諸倉の條の文章は、おそらく唐令の一條だったであろうが、延曆交替式や政事要略にもとづいて復舊された日本の倉庫令の該當條には、「毎一屋一窖盡」の代わりに「毎出一倉盡」となっている。(9)地下の倉窖の存在を前提としえないわが國では、「一屋一窖」のままを令文とすることは不可能なので、「一倉」と改めざるをえなかったわけである。倉への納入に際して、このような銘甎が、唐以外の時代にも必要とされていたか否か、詳しいことは知らない。ただ、『慶元條法事類』巻三六に載せる倉庫令および『永樂大典』巻七五一二所引の「宋金玉新書」に載せる倉庫令の一條に、

諸そ倉は板牌を敖門に置き、其の色數・年月・監專姓名を書く。

とあれば、(10)甎に銘することはいざ知らず、『唐六典』巻一九に「又た牌を立て、其の銘の如くにす」とされた規定が、南宋時代の倉庫令にうけつがれていたことは確實なのである。含嘉倉出土の銘甎の內容を理解するための豫備知識として、當時の一般的な規定を提示することは、以上で終え、つぎに〔銘甎一〕の內容を順を追って檢討していきたい。

なお、「發掘報告」に載せられた〔銘甎二〕から〔銘甎八〕に至る七方の甎の拓本寫眞は小さくて不鮮明なので、讀みとりにくい。しかし、〔銘甎二〕の內容の檢討にあたってはこれらの甎を參照せざるをえないので、參考までに、「發掘報告」のままに移錄しておく。

〔含嘉倉銘甎二〕

含嘉倉

倉中門東西大街北南北竪街東從西向東數
　窖從南向北數行第八行第三窖
合納邢州長壽元年租小□七千五百石九
斗八升耗在內
　　長壽二年三月廿四日納了
輸典王簡　副綱青山縣丞張謙
　　張僑　倉史趙□　丞田□
　　　知倉事張琮

〔含嘉倉銘甎三〕
冀州
第十□行從西第二窖
萬肆千貳佰捌拾碩

〔含嘉倉銘甎四〕
向東第七窖
拾柒碩□□伍合柒勺壹撮捌抄
□州（六千七百十八石六斗六升八合正／六十七石一斗八升六合六勺八撮耗）

〔含嘉倉銘甎五〕
含嘉倉

倉中門東西大街北南北竪街東從西向東數窖從南
向北數第十二行第十二窖
合納德濮魏滄等州天授元年租粟八千六百九十五
石耗在內
六千廿石德州　一千二百八十石濮州　六百石滄州　七百九
〔含嘉倉銘甎六〕

東從西
十二行第
米租一萬三
升五合六勺
斗二升一合三勺四撮四抄正
四合一勺五撮六抄耗
廿日納了典王雋
縣尉孫賓
〔含嘉倉銘甎七〕

含嘉倉
倉中
向北

合納□州
內
輸典范亮
正綱□□張超　倉史譚
　　　　右金吾衛長
　　□道　左監門校
　　　押倉使姚朗
　　卿李玄挺檢

〔含嘉倉銘甎八〕

　　　　　□石
　　　　　耗
　調露　　十八日納了窖
楚州租典郭□　副綱淮陰縣□
滁州租典□□　副綱濤□縣丞劉
窖近□鎮兵□
倉史周儉　倉官監事王感
左監門革滿　右監門校尉張琰

含嘉倉〔銘甎一〕の第一行目にみえる「含嘉倉」の三字は、〔銘甎二〕や〔銘甎五〕にもみえ、この含嘉倉出土甎に共通した形式であることがわかる。第二行目の最初に書かれた「東門」は、この甎にだけみえ、〔銘甎二〕と〔銘甎五〕では「倉中門。東西大街北。南北豎街東」と刻され、倉中門の名がみえる。この「東門」の二字は、含嘉倉の東門であるとともに、その東門から出入する倉內のある範圍の地域を指すようであり、後節であらためて檢討を加えることにしたい。その「東門」の管轄範圍內で、「從南第廿三行。從西第五窖」すなわち、南から數えて第廿三行目、西から數えて第五窖目に、〔銘甎二〕の出土した第一九窖が位置していた、ということになる。第三行目の最初の二字は、抉られてほとんど讀めないが、殘された文字の字畫と、〔銘甎二〕・〔銘甎五〕によって、「合納」の二字であるとみて大過あるまい。「通天二年」の天と年の二字が則天文字で刻されていて、この甎が、武周期の萬歳通天二（六九七）年分として蘇州がまさに納むべき租米のうちの一萬石以上がこの窖に納入された際に造られたことをしめしている。萬歳通天二年は、九月に神功元年と改元される。「糙米」とは玄米のこと、「白多」は未詳。第四行目の末尾に小字で刻された「□□內」は、〔銘甎二〕・〔銘甎五〕によって「耗在內」と刻されていたことが判明する。「耗在內」とあれば、正米のほかに、めべり分としての耗米も含まれた數字ということになる。正米に對する耗米の割合については、〔銘甎四〕の夾注として、「六千七百十八石六斗六升八合正。六十七石一斗八升六合六勺八撮耗」の數字がみえることから、當時、ほぼ一パーセントとされていたのであろう。第五行目に「右、聖曆二年正月八日に納め了れり」とあれば、蘇州の通天二（六九七）年分の租米が、まる一年經過して、聖曆二（六九九）年正月八日に含嘉倉のこの窖に納入されたことが確認される。以上の窖の前半部分は、『唐六典』巻一九に載せられていた銘甎規定のうちの、米粟の數量と年月日を記すべしの部分に該當する。

第六行目から最後の第一〇行目までは、蘇州からの租米を含嘉倉のこの糧窖に納入した際に干與した官吏の姓名が列せられ、その順序は、同じ官署のなかでは卑位の官吏から尊位の官吏への順序で書かれている。第六行目の最初の二字は、〔銘甎二〕・〔銘甎七〕・〔銘甎八〕の例からみて、「輸典」あるいは「租典」の二字と考えられるが、〔銘甎六〕の例から「典」一字の蓋然性も残されている。「正綱録事劉爽」について、この〔銘甎一〕と〔銘甎七〕には「正綱」の姓名が刻されるが、〔銘甎二〕・〔銘甎八〕では「副綱」として、その州治下の縣丞の姓がみえ、〔銘甎六〕には正綱か副綱かは不明であるが縣尉の姓名がみえる。副綱が縣丞クラスということからして、ここの「正綱」に任じられた「録事」は、縣の録事と見なすよりも、蘇州の録事であったと見なす方が無難であろう。(11)「綱」と「典」については、『唐律疏議』巻一一・職制律下の、「諸そ使を奉じて部送するに」の條の疏議に「使を奉じて部送するとは、つかわされて綱・典となり、官物および囚徒・畜産の屬を部送するを謂う」とあり、また同書・巻一五・廄庫律の「諸そまさに輸すべき課と税および官に入れるべきの物」の條の疏議に「縣官のまさに連坐すべき者も、また節級して之に科す。州官が覺さざれば、おのおの縣官の罪より一等を遞減す。州縣の綱と典とが覺さざれば、おのおの本司の下從と同じく罪を科す。もし州縣の發遣すること法に依り、而して綱と典と路に在り、あるいは輸納のところにいたり、こと欺妄ある者は、州縣に罪なし」と解釋されている。(12)今の場合、蘇州録事の劉爽が正綱の役目を帯びて、典の劉長らを指揮し、蘇州からはるばる洛陽まで輸送し、含嘉倉に納入する責任を無事に果たしたわけである。『唐六典』巻一九の規定では「粟を受領せる官吏の姓名」を甎に銘することになっていて、納入する側の官吏の姓名を要求してはいないが、含嘉倉出土甎の場合、入念にも、輸送してきた州縣の綱典の姓名が刻されているのが特筆される。つぎにみえる「倉史王花」の「倉史」と、第七行目の「監事」、二人の「丞」、二人の「令」は、いずれも含嘉倉署の官職である。含嘉倉署の官員については、太倉に準ずることになっており、ましてや、この窖の造られた時點では、洛陽は東都の名が神都と改められて事實上の首都となり、武后もこの地に居住していたのであるから、『唐六典』の太倉署の官員への待遇を、當時の含嘉倉署の官員に適用して差し支えないであろう。『唐六典』巻一九・司農寺の太倉署の條によると、「令三人。從七品下」「丞六人。從八品下」「監事十人。從九品下」で、それ以外に「府十人」「史二十人」などがいた。第八行目の最初にみえる「寺丞知倉事」とは、司農寺の丞六人（從六品上）のうちの一人が「知倉事」の役割を分擔したわけである。この「寺丞知倉事」の張琮は、「長壽二年三月廿四日、納め了れり」という日附をもつ〔銘甎二〕でも「知倉事張琮」としてみえるから、ほぼ六年間、同じ仕事を擔當してきたベテランだったことになる。

第八行目の後半にみえる「左監門王宣?」と「右監門賈立」の「左監門」と「右監門」は、〔銘甎七〕・〔銘甎八〕に殘された文字からみて、おそらく「左監門校尉」と「右監門校尉」にあたるのであろう。左右監門衞は、それぞれ十六衞の一つであって、宮殿の諸門を管理し警備する任務が與えられていた。そして、『唐六典』巻二五・諸衞府・左右監門衞の條に、

> 凡そ財物・器用のまさに宮に入るべき者は、所由が籍と傍とをもって、左監門將軍の判を取り、門司が檢してもって之を入れ、まさに宮より出づる者は、所由が亦た籍と傍とをもって、右監門將軍の判を取り、門司が檢してもって之を出だす。其の籍は月ごとに一換す。

とあるように(13)、財物などを運搬して宮殿の門を出入する場合には、左右監門の官吏が、運搬する人物の門籍とともに財物の內容・數量を明示した門傍を點檢する役目を擔ったのである。門傍は門牓とも書かれる(14)。左右監門校尉は、『舊唐書』職官志、『新唐書』百官志によると三二〇人いたことになり、『通典』巻四〇によると、その官品は從六品上であった。

第九行目の最初の「長上」とは、もともと更番しない衞兵の稱であり、左右監門衞にも「長人長上二十人」「直

長長上二十人」がいたから、そのうちの一人であったと思われる。つぎの「押倉使」は、〔銘甎七〕にもみえるが、いわゆる令外の官たる使職の一つであって、特に含嘉倉の監押に任じた者であろう。よく似た名稱の使職として「監倉使」があり、『冊府元龜』巻一〇五・帝王部・惠民一に載せる、天寶十四載正月詔の文中に、「其の太倉・含嘉の出粟は、兼ねて監倉使をして、府縣とともに計會して處分せしむ」としてみえる。つぎの「監倉御史」、すなわち太倉あるいは含嘉倉を監督する任務を擔當した御史は、この銘甎の作成された當時、殿中侍御史（從七品上）であったのか監察御史（正八品上）であったのか、についてはにわかには斷定しがたい。『唐會要』巻六〇・殿中侍御史の項の文明元（六八四）年の記事につづき、

監倉庫は、もとこれ察院の職務なり。近ごろ移して院に入れ、第一人は倉を監し、第二人は庫を監す。

と書かれているが[15]、この「近ごろ」がいつのことか詳らかにしえないからである。

第一〇行目の「卿」は、司農寺の長官である司農卿で、官品は從三品であった。「□璿」の姓は確定しえないが、あるいは、長安元（七〇一）年の時點で殿中監の任にあった「王璿」であったかもしれない[16]。また、文末は「同」の字で終わっているが、〔銘甎七〕が「卿李玄挺檢」で終わり、その後に文字があった蓋然性があることをあわせ考えると、兩銘甎の最後は「檢同」だったとみることはできないであろうか。そして、「檢同」の意味は、文書類などに散見する「勘同」という語句と同じ、と考えたいのであるが、「勘同」の二字は、註（13）に引用した『唐六典』巻二五にもみえる。

洛陽の含嘉倉遺跡から出土した銘甎八方のうち、ほぼ完全な姿で出土した〔銘甎一〕の內容の檢討を通して、これら銘甎上の記載が、『唐六典』に規定されていた事項を、ほぼ遵守していた次第を確認することができた。これ

らの銘甎が、考古學者による發掘成果としての信頼しうる狀態で出土したことは、これまで長安の唐代の太倉から出土したと傳えられ、金石書に著錄されてきた五方の粟窖銘甎の史料價値をあらためて見直す機會を與えてくれることになったのである。章を改めて檢討を加えることにしよう。

三　傳太倉出土の銘甎

古代から遼金時代までの金石文を集錄し研究して一時期を畫した、清・王昶撰の『金石萃編』は、嘉慶十（一八〇五）年の自序をもつ。この『金石萃編』には、粟窖銘甎は一方も收錄されていない。ところが、嘉慶二十二（一八一七）年の夏、宜興の湯景濤（あざな希山）が西安の市上で、貞觀十四年十二月廿四日と貞觀廿三年十二月廿九日の日附をもつ和糴粟窖甎それぞれ一方を購入したのである。そして、二年後の嘉慶二十四年に、同じく西安で、大中十（八五六）年と大中十一年の和糴粟窖甎が出土し、これらも湯景濤の手に歸した。これら四方の粟窖甎の上に刻された文章は、さっそく『金石萃編』の補遺を意圖した陸耀遹撰の『金石續編』卷四に「和糴粟窖甎文四種」と題して收錄された。

そののち、貞觀八年十二月廿日の日附をもつ粟窖銘甎が西安で出土したのであって、陸增祥撰の『八瓊室金石補正』卷三〇に、「敕倉粟窖題字」と題して收錄された。陸增祥（一八一六―八二）は、拓本しかみていなかったので、「此の文はまさに甎に刻せるなり」と記している。この貞觀八年甎は、いつしか端方（一八六一―一九一一）の所有に歸して、その『匋齋藏石記』卷一七に「太倉窖銘專」と題して收められたのである。この甎の全文は、つぎに移錄するが、これは敕倉の粟を轉運して太倉に納入した際の銘甎なので、陸增祥の命名は不適當だったのである。この甎そのものは、近着の『考古』（一九七八年第六期）所載の宿白「隋唐長安城和洛陽城」によると、現在、北京大學考古陳列室の所藏になっている由で、そこに掲げられた拓本の寫眞（四一一頁）には「西安出土貞觀八年（公元六三四年）太倉窖磚拓本」と記され、その注⑧では「轉運敖倉粟磚」とされている。ところで、先に湯景濤の處にあった四方の和糴粟窖甎は、やがて呉榮光の呉氏筠清館の所有に歸したが、そののちの所在は杳として不明である。陸增祥も、『八瓊室金石補正』巻三四に、貞觀廿三年甎の半ば損缺した拓本にもとづく移録をなしたにとどまっている。

西安出土と傳えられる唐太倉粟窖甎五方のかたちを、『匋齋藏石記』巻一七と、『金石續編』巻四にもとづいて並べてみると、

〔傳太倉甎一〕　貞觀八年十二月廿日。甎の長さ一尺一寸七分。廣さ一尺一寸一分。七行。毎行は九字ないし一七字。正書。

〔傳太倉甎二〕　貞觀十四年十二月廿四日。長さ廣さ各一尺五分。八行。毎行は一〇字ないし一四字。正書。

〔傳太倉甎三〕　貞觀廿三年十二月廿九日。長さ廣さ各一尺五分。一一行。毎行は一四字ないし二〇字。正書。

〔傳太倉甎四〕　大中十年八月廿六日。長さ廣さ各一尺一寸。一〇行。毎行は一七字ないし一九字。正書。

〔傳太倉甎五〕　大中十一年十一月廿四日。長さ廣さ各一尺一寸。一〇行。毎行は一六字ないし一九字。正書。

ということになる。寸法は、それぞれ一尺五分から一尺一寸餘のほぼ正方形であって、一尺を三二センチとすると、傳太倉甎は三三・五センチから三六センチ程度の正方形ということになり、今度の含嘉倉出土甎の數値とほとんど一致する。三方は七世紀前半、太宗の貞觀年間（六二七—四九）、二方は宣宗の大中十（八五六）年と十一年の二群に分かれ、七〇〇年前後の紀年をもつ含嘉倉出土甎は、それら二群の中間の時期に位置するわけである。

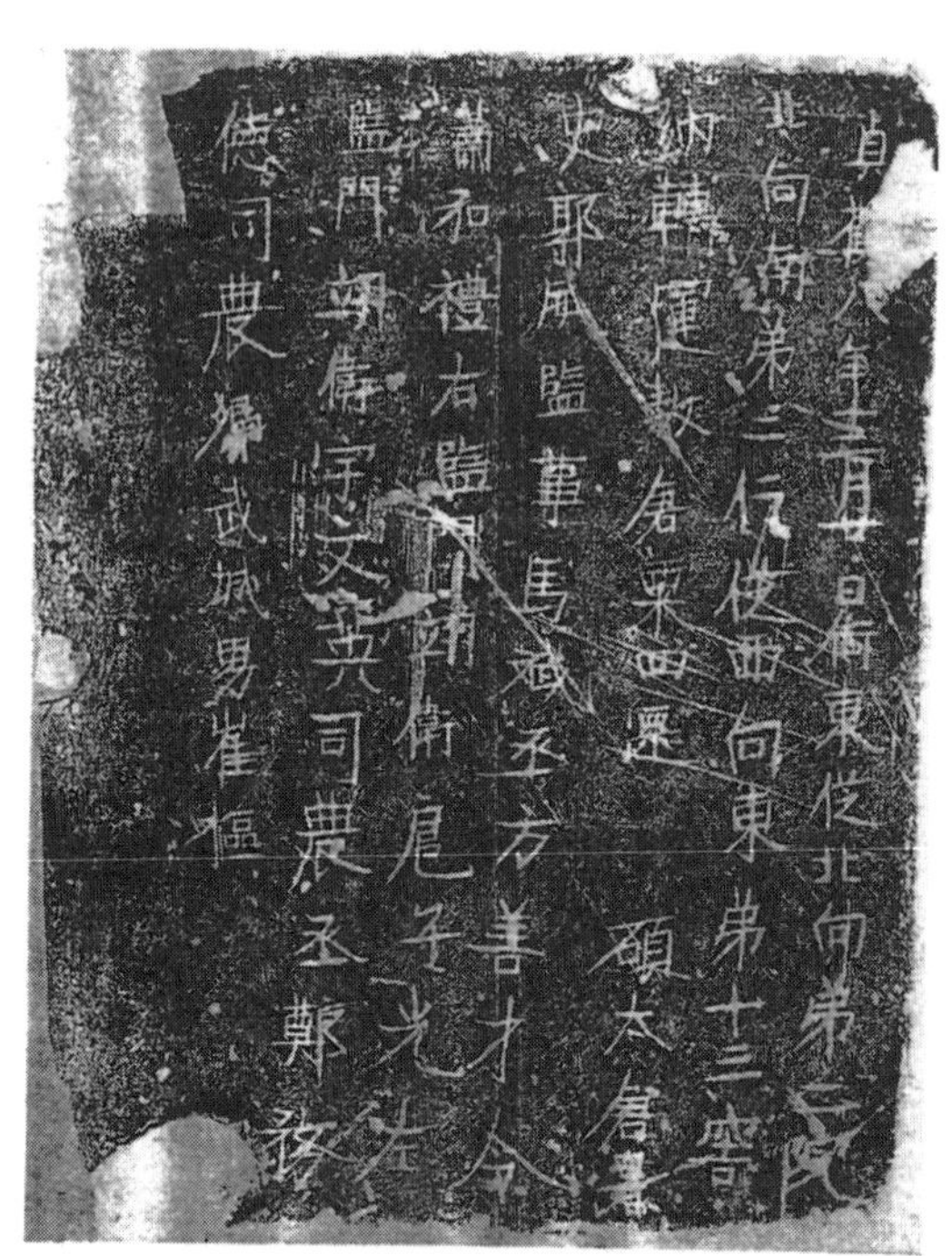

圖２　傳太倉出土銘甎一　拓本
（京都大學文學部藏）

さて、〔傳太倉甎一〕、すなわち端方から北京大學へと移っていった甎については、京都大學文學部東洋史研究室に、いつの採拓にかかるのかは確かめえないが、拓本が藏されているので、その拓本寫眞（圖２）とともに全文を移錄し、あわせて、簡單な檢討を加えておきたい。

〔傳太倉出土甎一〕

貞觀八年十二月廿日街東從北向弟二院
北向南弟二行從西向東弟十三窖
納轉運敕倉粟四遷　碩太倉署
史郭威監事馬斌丞方善才令
蕭和禮右監門翊衛扈子光左
監門翊衛宇文英司農丞鄭務
德司農卿武城男崔樞

貞觀八年十二月廿日。街東の北從り〔南に〕向う第二院、北より南に向う第二行、西從り東に向う第十三窖。敕倉から轉運せる粟四遷（＝千）碩を納る。太倉署の史の郭威、監事の馬斌、丞の方善才、令の蕭和禮。右監門の翊衛の扈子光、左監門の翊衛の宇文英。司農丞の鄭務德、司農卿の武城男の崔樞。

甎文から明らかなごとく、敖倉から轉運されてきた四〇〇〇石以上の粟を、太倉の街東の北から數えて第二院內の倉窖に納入した際に、刻された銘甎である。「遷」は「千」とまったく同音なので借用された。「敖倉」については、清・趙翼の『十七史商榷』巻八五・諸倉の條に詳細な考證がなされているように、唐代では滎陽縣に置かれていた。納入にあたっての關係官吏として名を列ねているのは、司農寺の「卿」と「丞」、太倉署の「令」・「丞」・「監事」・「史」で、官位の低い方から高い方への順で記され、その中間に、「左監門翊衛」と「右監門翊衛」がそれぞれ一人ずついる。貞觀年間の左右監門府、つまり龍朔二（六六二）年に左右監門衛と改稱される官廳の官吏が、窖粟銘甎に名を列ねる理由は、すでに含嘉倉出土銘甎の解説に際して述べておいたが、ここに「翊衛」の名がみえる點は注目に値する。というのは、左右衛をはじめとするいわゆる十六衛のうち、左右監門衛（府）と左右千牛衛（府）には、翊衛などの三衛は置かれていなかった、とされているからである。(17)『唐六典』巻二五、『通典』巻二八、『舊唐書』巻四四・職官志の、それぞれの左右監門衛の條によっても、翊衛の屬する翊府が置かれたとはいっていない。ただ、『新唐書』巻四九上・百官志の左右監門衛の條には、左右翊中郎將府が置かれており、伊藤東涯の『唐官鈔』巻下も、『唐六典』に從わず、『新唐書』によって「翊府一如上」としているのである。この銘甎によって、少なくも貞觀八（六三四）年の時點で、左右監門府に翊衛が所屬していたことが、判明するわけである。なお、第七行目にみえる司農卿の「崔樞」について、『八瓊室金石補正』は、『新唐書』の宰相世系表に祕書監になった清河大房の崔樞がいたことを指摘するが、これに比定しうるか否かの點では、斷定を避けている。

傳太倉出土甎五方のうち、湯景濤から吳榮光へと移り渡されていった〔傳太倉甎二〕から〔傳太倉甎五〕に至る、和糴粟窖甎四方は、原甎の所在が不明というだけでなく、拓本すら目にすることができず、どこで改行すべきかもわからないので、本文への移錄は諦めて、『金石續編』巻四に移錄されている文章を、註にそのまま引用するにとどめたい[18]。なお、これら四方の和糴粟窖甎は、かつて鞠清遠『唐代財政史』（史地小叢書、商務印書館、一九四〇年）の第六章・財務行政で、倉窖の管理の實例を擧げるに際して全文移録され（一四〇・一四一頁）、中嶋敏による邦譯『唐代財政史』（圖書出版、一九四四年。大安再刊、一九六六年。二二七—二二九頁）が出版されている。

ところで、〔傳太倉甎二〕は、貞觀十四年十二月廿四日に、「街東」の第二院に屬する窖に、和糴粟六五〇〇石を納入した際の銘甎であり、〔傳太倉甎三〕は、貞觀廿三年十二月廿九日に、「大街西」の第一院に屬する窖に、和糴米四四〇〇石を納入した際の銘甎である。これらに對し、〔傳太倉甎四〕は、東南場東南院に屬する窖に貯藏していた大中三年の戸部和糴粟一萬六九八二石を、七年後の大中十年八月に計量し直し、揚擲して入窖した際の銘甎であり、〔傳太倉甎五〕は、文字の缺落が多いが、同じく和糴粟一萬一九〇〇餘石を、大中十一年に計量し直し、揚擲して入窖した際の銘甎であって、どちらの甎にも、最初に納入したときの「元納」の官吏と、計量し直して再度納入した際の「承替入窖」の官吏の姓名が刻されている點が注目される。「揚擲」というのは、『舊唐書』巻四九・食貨志下および『唐會要』巻八七・鹽鐵轉運總敍に「これより先、米の京師に至るや、或いは砂礫糠粃、その間に雜わる。開元の初め、詔して揚擲してその虛實を較べしむ。揚擲の名、これより始まるなり」とみえ、加藤繁は「揚擲は穀物の俵を投げ揚ぐるならん」と注記しておられる[19]。

含嘉倉出土甎は、いずれも粟米の產地たる地方の州縣から租としてまず洛陽の含嘉倉に納入されてきた際に作成されたものであった。それに對し、傳太倉出土甎の場合、まず貞觀八年の〔傳太倉甎一〕は、滎陽の敖倉に貯藏されていた粟を長安の太倉に轉運してきて納入した際のものであり、〔傳太倉甎二〕と〔傳太倉甎三〕は、和糴によって買い入れた粟米を納入した際のもの、〔傳太倉甎四〕と〔傳太倉甎五〕とは、七年ほど前に和糴によって買い入れ納入されていた粟を、あらためて計量し直して再納入した際に造られた甎であった。ひとくちに倉窖甎といっても、多種多様なケースにおいて、作成されたことが確認できるわけである。特に、七年ほど以前に納入された粟を、もう一度、取りだして計量し直している例に關しては、『唐六典』巻一九・司農寺・太倉署の條に「凡そ粟は九年を支え、米および雜種は三年（貯すること三年を經れば、斛ごとに耗一升を聽し、五年已上は二升）」とあるのが參照されるであろう。ただし、貯藏があまりにも長年月にわたると、いわゆる紅粟となって、支給される者の不滿を呼び起こしたのである。[20]

一九七一年一月に發掘がはじめられた洛陽隋唐含嘉倉の倉窖から出土した八方の銘甎と、十九世紀に唐代の長安太倉から出土したと傳えられる五方の銘甎について、一應の紹介と解說をなしおえた。含嘉倉の發掘に關していえば、東西およそ六〇〇メートル、南北およそ七〇〇メートルの倉城遺跡は、洛陽の鐵道驛に隣接する操車場の下に位置するため、約四〇〇と推定される倉窖のうち、わずか六窖だけの發掘がなされたにすぎず、そのうちの三つの倉窖から八方の銘甎が發見されたのであった。したがって、いつの日にか、倉城遺跡全體の發掘が行なわれたならば、厖大な數の銘甎が出土するであろうし、そうなれば、隋唐時代の財政・經濟・社會を復元し再構成する上で、はかり知れない貢獻をなすことであろう。しかし、今は、含嘉倉からすでに發見された銘甎を手掛りに、唐代の太倉の規模と所在地について檢討を加えておくにとどめざるをえない。

四　太倉の規模と所在地

含嘉倉遺跡の第一九窖から發見された、長壽二（六九三）年三月納入の〔銘甎二〕には「含嘉倉。倉中門の東西大街の北、南北竪街の東、西より東に向って窖を數え、南より北に向って行を數うるの、第八行第三窖」とあり、第五〇窖から發見された、天授元（六九〇）年の租を納めた〔銘甎五〕には「含嘉倉。倉中門の東西大街の北、南北竪街の東、西より東に向って窖を數え、南より北に向って（行を）數うるの、第十二行第十二窖」と刻されていた。第一八二窖から出土した〔銘甎七〕にも「倉中」の字がみえることから、『文物』一九七二年第三期に載った「發掘報告」では、「倉中門」は含嘉倉の中部にあり、そこは東西大街と南北竪街の交差點上でもある、としている。そして、第一九窖から發見された、聖曆二年正月に納入の〔銘甎一〕には「含嘉倉。東門の南より第廿三行、西より第五窖」とあったことから、同じ第一九窖から發見された長壽年間の〔銘甎二〕が「倉中門」を座標點としていたのが、七年後の聖曆年間の〔銘甎一〕では「東門」を座標點としているのは、このあいだに則天武后による洛陽遷都が行なわれ、農民への搾取が增大するにともなって、新しい倉窖が掘られ、原來の糧窖管理區域が改變されたのであろう、と想定している。同じ第一九窖が、長壽二年から聖曆二年に至るあいだに、「倉中門」を基準とすることから「東門」を基準とするようになったのは、倉窖の增加による管理區域の變更に由來すると「發掘報告」がみるのは、妥當な考えであると思われる。しかし、同時に、〔銘甎二〕と〔銘甎五〕にみえた「東西大街」と「南北竪街」の名が、〔銘甎一〕では消えてしまっている點を見過ごしてはなるまい。

洛陽含嘉倉の「發掘報告」では、「倉中門」を倉內の「東西大街」と「南北竪街」の交差點に位置していた、と考えている。倉內の中央に位置する「倉中門」とは、一體どのような存在なのであろうか。ところで、『元河南志』卷四・唐城闕古蹟の東城の條に「北面の一門を含嘉門と曰う。南は承福門に當り、含嘉門の北は卽ち含嘉倉。倉の北を德猷門と曰う。門は外郭に出る」といい(21)、徐松の「洛陽宮城皇城圖」にも、含嘉倉城の南面に含嘉門、北面に德猷門を描いているのである。まったくの推測の域を出ないのであるが、〔銘甎二〕などにみえる「倉中門」は、『元河南志』のいう含嘉門か德猷門のいずれかを指すと考える方が自然ではなかろうか。そして、この含嘉門と德猷門をつなぐ道路が「南北竪街」であり、その中間で交差するのが「東西大街」だったのであって、倉城全體は「南北竪街」と「東西大街」で隔てられた四つの區域に大區分されていた。そののち、長壽二年から聖曆二年に至るあいだに倉窖が掘り直され、その際に管理區域が南北竪街を境界にして東西に二分され、東の區域は「東門」の管理區域となり、同時に東西大街が無視されるようになったのではなかろうか。將來、含嘉倉城の大規模な考古發掘が行なわれて、門趾の位置や倉城內の大街道の遺構が確認されるまでは、このような推測もなしうるであろう。「倉中門」「東門」いずれの場合でも、その門を通過して粟米を出し入れする際には、嚴重な點檢をうけたはずであって、「東西大街」と「南北竪街」の交差點に位置する「倉中門」のイメージは、私には涌いてこないのである。

唐朝の國都と副都であった長安と洛陽の都城については、平岡武夫編『唐代の長安と洛陽』（資料・索引・地圖の三篇からなる。京都大學人文科學研究所、一九五六年。一九七八年、同朋舍から復刊）が、基本的な資料を網羅している。本書を通觀すれば、洛陽城よりも長安城の記載の方が詳細で、多數の地圖類も殘されていることは明白である。ところが、こと太倉と含嘉倉の所在地にかぎっては、含嘉倉が洛陽城の宮城の東で、東城の北に位置することは容易にみつけられるのに、太倉の所在については諸説が併存し、地圖上への記載にも混亂がみられるのである。その結果、現在最も簡便な歷史地圖として通行している松田壽男・森鹿三編『アジア歷史地圖』（平凡社、一九六六年）においても、六四頁の「隋唐の洛陽」圖には含嘉倉城の一區畫が明瞭であるのに、六五頁の「唐の長安」圖には、どこにも太倉の名稱は見いだせないことになっている。そして、今回の洛陽の含嘉倉城の發掘地は、從來、文獻を通して知られてきた所在地とまったく合致していたのである。では長安の太倉は、どこに位置していたのであろうか。

長安城における太倉の所在地についての、從來の代表的な説をまず紹介しておこう。

〔1〕宋・宋敏求『長安志』

『長安志』は全部で二〇巻、趙彥若の序文は熙寧九（一〇七六）年二月に書かれている。巻六・唐の禁苑内苑章の條に、禁苑の説明につづき「苑西は卽ち大倉。北は中渭橋を距て、長安故城と相接す。東西十二里、南北十三里。亦た苑中に隸す」と述べられている。(22) 太倉は、宮城のはるか西北方にあって、一里を大尺によったとして五二九メートルとすると、東西が六三四八メートル、南北が六八七七メートルの廣大な敷地を占めていたことになる。太倉と並び稱される洛陽含嘉倉城の遺跡が、東西およそ六〇〇メートル、南北およそ七〇〇メートルであったのと比べて、それぞれが約一〇倍、面積にして約一〇〇倍ということになるわけである。

〔2〕 **宋・呂大防『長安城圖』**

この圖は石に刻されて京兆府公署の前に建てられていたが、戰亂のために破壞されて十三世紀の末にはすでにみることができなくなっていた。そして前田直典が所持されていた、「太倉」の地域を含むその殘石の拓本は、第二次大戰の際に燒かれてしまった。(23) しかし、「太倉」の南半部を含む區域の殘石そのものが、一九三四年三月に陝西省城南門內で發見され、(24)「唐太極宮殘圖」（圖3）と名づけられて、現在、拓本とともに陝西省博物館の西安碑林のなかに展示されている。呂大防のこの圖によれば、太倉は宮城の西北部分を占めている。すなわち、宮城の中央の太極宮をはさんで、東に東宮、西に太倉と掖庭宮が配せられていて、掖庭宮の北に隣接する太倉の方が、掖庭宮よりも大きく描かれている。また太倉の東面、やや南よりに嘉猷門があって、太極宮と連絡している。この圖に描かれた太倉の建物が、ほかの建物とは異なって、それぞれ屋上に通氣のために設けた氣樓をもっている點は注目される。

〔3〕 **元・李好文『長安志圖』**

三巻からなり、清・畢沅の校本が宋敏求の『長安志』二〇巻とともに經訓堂叢書などに收められ、最近は宋元地

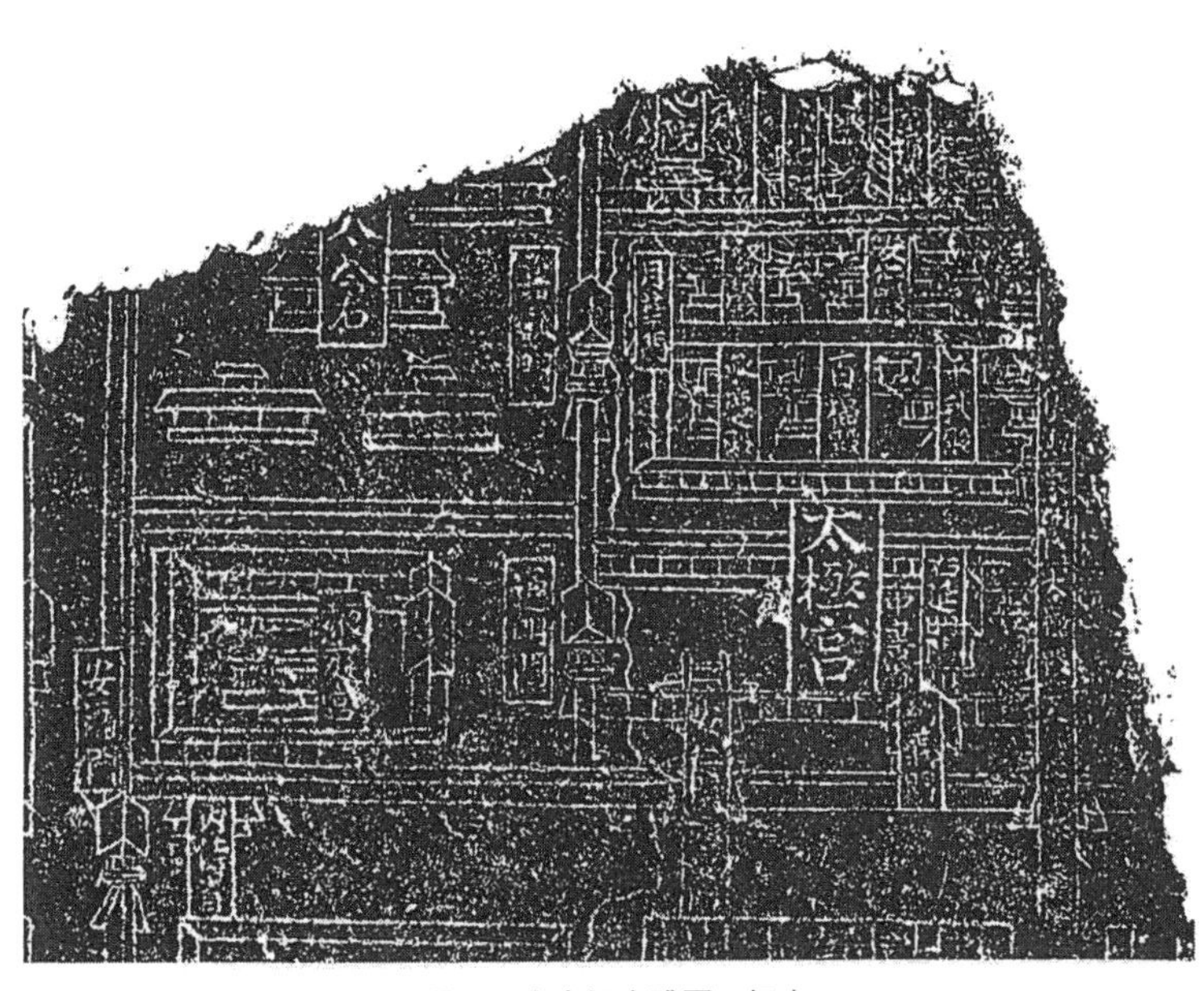

圖3　唐太極宮殘圖　拓本
（陝西省西安碑林博物館藏）

方志叢書に影印されている。巻中の圖志雜說で、呂大防の『長安城圖』の全體について「その布置を觀るに、大段みな是なり」とほぼ肯定しているのに、太倉については強く反對し、

　宮城の西偏、城に附して小城垣あり、卽ち掖庭宮なり。今その處を見るに、ただ一宮を容置すべきのみ。しかるに圖すなわち太倉をもって、その中に雜處するは、大いに宜しき所にあらず。

と述べている(25)。そして巻上に載せられた「唐宮城圖」も、宮城の西の、呂大防圖で太倉と掖庭宮の占めていた區域全體を、掖庭宮としているのである。

〔4〕　清・徐松『唐兩京城坊考』

本書は五巻からなり、徐松（一七八一―一八四八）の自序は嘉慶十五（一八一〇）年に書かれているが、『蒙古遊牧記』の著で知られる張穆（一八〇五―四九）の校補を經て連筠簃叢書の一として刊行されたのは道光二十八（一八四八）年、すなわち徐松の亡くなった歲である。本書の本文には太倉に關する記述はまったくなく、巻一の巻首に載せられた「西京外郭城圖」にもみえない。そして、「西京宮城圖」も、李好文の『長安志圖』に掲載されている「唐宮城圖」と同じく、宮城の西部は掖庭宮のみによって占められている。ところが、巻一・皇城の「承天門街之東、宮城之南、第二横街之北」の見出しの下に、注目すべき長文の雙行注が書かれているのである。すなわち、

近ごろ唐の納粟の磚を得る者あり。その文に曰く、貞觀十四年十二月廿四日、街東の第一院、北より南に向かう第六行、西より東に向かう第九窖、和羅の粟六千五百石を納る……。また一磚あり、文に曰く、貞觀廿三年十二月九日、大街、北より南に向かう第一院、北より南に向かう第六行、西より東に向かう第十三窖、和羅の米四千四百石を納る……。按ずるに、窖粟の地は考うべからず。而して謂うところの大街と街東なる者は、まさに是れ承天門街の第二横街なるべし。故に和羅の官人は多く是れ左右監門・左右衞・王府の人なり。皇城の地はみな廨舍なるを以て、故に窖を置くべし。若し朱雀門外の大街ならば、則わち諸坊の在るところ、民居相雜り、粟を儲すべきにあらざらん。此に附して攷を俟つ。

と述べている。[26] 嘉慶二十二（一八一七）年に湯景濤が西安で購入した、貞觀十四年十二月廿四日と貞觀廿三年十二月廿九日の日附のある和羅粟窖甎、すなわち前節で〔傳太倉甎二〕〔傳太倉甎三〕として取り上げ、註（18）に『金石續編』に從って移錄しておいた文章が、かなりの文字の異同をともないつつ引用された上、按語が附せられているのである。ここの引用および按語が、徐松自身の手に出るものなのか、校補者の張穆のものであるのか、今は問わない。というのは、「穆案……」とあれば、張穆の按語であることは明白なのであるが、この個所について、北京大學圖書館所藏にかかる『唐兩京城坊考』の稿本によられた宿白が、張穆の手になるとされているからである。[27] いずれにせよ、『唐兩京城坊考』が、嘉慶二十二年にはじめて世に出た〔傳太倉甎二〕に刻されていた「街東」と

いう文字と、〈傳太倉甎三〉の「大街」という文字から、長安の太倉の所在地を確定せんとして苦心したことだけは確かである。そして、銘甎に刻された「大街」は、朱雀門外の「大街」ではあるまいから、皇城內の「大街」であろうか、と疑問を殘しつつ、太倉の所在地を、皇城內の承天門街と第二横街の交差する地域に同定しようとしたのである。

〔5〕平岡武夫『唐代の長安と洛陽　地圖』

平岡の編集になる『唐代の長安と洛陽』三册が、隋唐時代の都城制研究者に與えた恩惠については、あらためて述べるまでもあるまい。特に三〇枚の圖版とともに、一〇六頁に及ぶ別册の序說が附された「地圖篇」は、一九五六年二月に出版されるや、翌年九月にはいまだ國交のなかった中國で、翻譯本が刊行されたほどである。では、平岡は太倉の所在地についてはどう考えておられたのであろうか。本書の第一圖・長安城圖（一）は、諸文獻を綜合された上での結論を圖示されたものであろうが、この圖では、宮城の西の一畫に太倉と掖庭宮の名稱が書きこまれている（ただし、太倉と掖庭宮とのあいだの境界線は描かれていない）。ところが、序說におけるこの第一圖の解說では、掖庭宮にのみ言及されて、太倉に關してはふれておられないのである。そして、呂大防の『長安城圖』を、拓本の寫眞などにもとづいて復元された第二圖・長安城圖（二）、すなわち太倉の氣樓をもつ建築物をしめす地圖について、

第二圖の特異さは、その北に太倉を描いていることにおいて、非常に人の注意を引く。李好文は、長安志と遺址と、そして呂氏の圖とを參照して、彼の長安志圖を作った。彼は大體において呂圖を認めている。しかし、この太倉については、激しい非難を浴せる。掖庭宮の遺址は小さなもので、宮殿一つを容れるにすぎない。太倉をここに位置させることは、とんでもないこと、という。長安志も、この太倉のことを記していない。開元

二一年の長雨に長安の人が饑えた時に二〇〇萬石の米を、また天寶一三年の八月から一〇月まで、六〇日を越える雨に坊里の塀がこわれるに至った時に一〇〇萬石の米を、〝太倉〟から出したこと、冊府元龜（巻一〇五、二五a・二六a）に見えている。それははなはだ大きな倉である。この狹い區域にあるべきはずがない。徐旭生氏は、いわゆる太倉とは別に、一つの倉が掖庭宮にあった。それを呂大防が誤って太倉と名づけたのではあるまいか、と言っている（前掲考古專報一巻一號五〇頁）。贊成できる意見である。しかし、第二圖のこの倉の形は興味を引く。

と書いておられる（序說、五六頁）。平岡は、掖庭宮に北接する太倉の所在地を、まったく認めておられないのである。

太倉は長安城のどのあたりに位置していたかについて、宋代以後に提出されてきた諸說のうち、代表的な五見解を簡單に紹介してきた。これを要するに、〔2〕呂大防の『長安城圖』に描かれた掖庭宮の北に隣接する太倉、を認めるか否かということになる。そして、呂大防に先行する〔1〕宋敏求の『長安志』が、宮城のはるか西北方の廣大な地域にあったとするのを別にすると、〔3〕李好文の『長安志圖』と〔5〕平岡武夫の『唐代の長安と洛陽地圖』序說とは、はなはだ大きな規模の倉である太倉が、掖庭宮の北のような狹い區域にあったはずがない、という理由で、呂大防の圖を認めようとせず、〔4〕徐松撰・張穆校補の『唐兩京城坊考』は、宮城の掖庭宮の條で太倉にまったく言及しない、というかたちで、呂大防圖に反對である立場をしめすとともに、（傳太倉瓢二）と（傳太倉瓢三）にみえる「街東」「大街」の語から、太倉は皇城内の承天門街と第二横街の交差する地域にあったのではないか、と注記していたのである。

長安城における太倉の規模と所在地を考察するに際しては、つねに太倉と併稱された、洛陽城における含嘉倉の規模と所在地を考慮しなければならない。『唐兩京城坊考』が、新しく太倉から出土したと傳えられる粟銘甎にさっそく注目し、その甎にみえる「大街」の語を手掛りとして、諸坊が所在し、民居のつらなる朱雀門外の「大街」とは考えられぬから、皇城内の「大街」だったであろう、と想定したのは、當時にあっては無理からぬことといえよう。しかし、今度の洛陽含嘉倉から出土した〔銘甎二〕〔銘甎五〕に「東西大街」と「南北竪街」の語がみえ、これらがいずれも含嘉倉城内の「大街」「竪街」であることが疑いえない現在、傳太倉出土銘甎にみえる「街東」「大街（の西）」も、太倉内を南北に走る「大街」であったと考えるべきで、『唐兩京城坊考』巻一に施された注記は削除されねばなるまい。

つぎに、太倉ともあろう大規模な倉が、掖庭宮の北の一晝のごとき狹い地域にあったはずはなかろう、とする説を検討してみよう。假に徐松の「西京宮城圖」によるとすると、宮城は中央の太極宮をはさんで、東に東宮、西に掖庭宮が位置する。一九五七年から一九六二年にかけて續行された長安城の考古發掘の成果の概報たる、中國科學院考古研究所西安唐城發掘隊「唐代長安城考古紀略」（『考古』一九六三年第一一期。執筆者は馬得志）による實測値は、中央の太極宮が東西の廣さ一九六七・八メートル、東の東宮の部分は東西一五〇メートル、西のいわゆる掖庭宮の部分は東西七〇二・五メートルで、南北は三宮ともに一四九二・一メートルであったとする。ただし、東宮の東西の廣さに關しては、馬得志・楊鴻勳「關于唐長安東宮範圍問題的研討」（『考古』一九七八年第一期）が、先の實測値一五〇メートルを東宮に比定したのは間違いで八三二・八メートルであったろうとし、太極宮は東西一二八五メートルであったろう、と訂正しているが、いわゆる掖庭宮の東西七〇二・五メートルについてはそのままである。毎歩を一・四七メートルとすると、七〇二・五メートルは四七八歩すなわち一里一一八歩になり、駱天驤『類編長

安志』巻二・掖庭宮の條に「掖庭宮の東西の廣さ一里一百一十五歩」というのと、ほぼ合致していることになる。(28)

現在の西安市の市街の眞下に眠っている唐代都城址の困難を極める田野考古工作であるから、完璧は期しがたいとしても、現段階までの考古學の發掘調査の成果として、いわゆる掖庭宮の遺構は、東西七〇二・五メートル、南北一四九二・一メートルという數値が出されているわけである。呂大防の『長安城圖』では、この地域の南に掖庭宮を、北に太倉を圖示しているが、その廣さの比率は、掖庭宮の三に對して、太倉は七を占めている。假に太倉と掖庭宮とがほぼ同じ面積を占めていたとしても、太倉は東西七〇二・五メートル、南北七四六メートルとなり、今回發掘された洛陽含嘉倉城の東西およそ六〇〇餘メートル、南北およそ七〇〇餘メートルに比べて、むしろ少しばかり廣いという結果がえられるのである。ちなみに、長安城の民居の所在する一一〇坊の大きさは、朱雀大路の兩側の四列すなわち皇城の南の三六坊が小さく、坊内に東西の路が通じ、東西の二門をもち、それ以外の坊はすべて東西南北の四門をもち、中央には十字路が通じている。二門をもつ坊の大きさは、南北が五〇〇ないし五九〇メートル、東西が五五〇ないし七〇〇メートル、四門をもつ坊のうちでは、皇城の東西にある一二坊が大きく、南北が六六〇ないし八三八メートル、東西は一〇二〇ないし一〇二五メートルとされている。すると、太倉の規模はしばらく措くとして、含嘉倉城の大きさは、長安城内の中クラスの坊の大きさに匹敵することになる。

先に太倉の規模と所在地を考察するに際しては、含嘉倉の規模と所在地を考慮しなければならない、と述べた。太倉と含嘉倉は、單に當時の文獻中に並稱されるばかりでなく、『唐六典』巻一九・司農寺・太倉署の條に「東都は則わち含嘉倉と曰う」とあり、ほかの太原倉・永豐倉・龍門倉などの諸倉と比べて、公式にも別格の扱いをうけていたからである。その觀點からみて、太倉が太極宮の西隣の地域の北の一畫にあったとすると、東都洛陽の含嘉倉は宮城の東、東宮を隔てた東の地域の北の一畫にあり、いずれも倉の北面が宮城の北面と同一線上にあるとはいえ、東西の位置がまったく逆になっている點について、說明を求められるであろう。唐代の長安城と洛陽城とは、隋の文帝開皇二（五八二）年に舊城の東南の龍首原に新造された大興城と、煬帝大業元（六〇五）年に舊城の西方の地に新設された東京城とをそれぞれ繼承したものであり、いずれの建設計畫においても、宇文愷（五五五―六一二）が重要な役割を果たしたのであった。完成した時點での副都たる東都洛陽城は、宮城・皇城が都城全體の西北角を占めていて、隋の大興城すなわち唐の長安城が最北の中央に宮城・皇城を置き、東西兩市から一般民居の條坊に至るまで、まったく東西對稱であったのと比べて、大きく異なっている。しかし、かつて岡崎敬が鋭く指摘されたように、洛陽城の宮城南面正門の應天門、皇城南面中央の端門、都城南端の定鼎門をつなぐ線は、北の邙山と南の龍門石窟のある伊闕を結んだ線上にあり、當初は、これを中軸として、大興城式の都城を造ろうとしたが、澗河の東南、洛水の南は最も河水の氾濫が多くて住むどころではなく、當初の設計を變更して、東へ發展するほかなかったに違いない、のである[29]。東都洛陽城の造營にあたっては、煬帝の意向に沿って邙山と伊闕を結ぶ中軸線がまず設定され、東西對稱の條坊を割りつけようとしたが、河水の氾濫を慮って、西方の部分をカットし、それに相當する部分を東方に廣げたものと考えられる。されば、大興城の太倉にあたる洛陽の含嘉倉が、宮城の東に位置するのも、當初は宮城の西に置こうとしていたかもしれず、大興城＝長安城の太倉が太極宮の西に位置していたとしても、一向に不自然ではないわけである。

東西およそ六〇〇餘メートル、南北およそ七〇〇餘メートルの洛陽含嘉倉遺趾に對應する長安の太倉が、呂大防の『長安城圖』に描くような太極宮の西に、東西七〇二・五メートル、南北の長さ不詳の地域を占めていたと想定することが無理ではないことを述べてきた。この機會に、歷代の國都に置かれた大穀倉は、どの程度の規模をもっていたかという點にふれておこう。南北朝以前の太倉などについては、詳しいことは傳わっていないし、北宋時代の開封や南宋時代の臨安の諸倉は、『東京夢華錄』や『咸淳臨安志』『夢粱錄』によると、城內外の各地に分散していたらしいが[30]、それらの倉の占有面積を確かめる手だてはない。しかし、明淸時代の北京については、今西春秋の解說が附された、北京故宮博物院藏の『乾隆京城全圖』の影印本によって[31]、倉の規模や倉內の配置圖を目の當たりにみることができる。明淸時代の國都の穀倉は、北京の京師倉と通州の通州倉からなり、京通倉と總稱された。乾隆二十九年敕撰の『欽定大淸會典』卷七二・工部・凡倉廒之制の條によると、京師倉は一三倉、通州倉は二倉からなり、一三の京師倉のうち、城外にあるのが六倉、城內が七倉で、大運河の便からであろうが、大部分は城の東側の門の內外一帶にかたまっていたことがわかる。それらのうち、城內の七倉に關しては、『乾隆京城全圖』によって、規模を知ることができる。すなわち、東直門內の一畫に北新倉と海運倉が併置されていて、東西およそ五二〇メートル、南北およそ三八〇メートルの地域を占めており、その南方、朝陽門にやや近い一畫に、南新倉・舊泰倉・興平倉・富新倉の四倉が同居していて、東西およそ五二〇メートル、南北およそ五七〇メートルの地域を占めていて、それよりずっと南にある祿米倉は、東西およそ二七〇メートル、南北およそ二〇〇メートルの一畫を占めているのである。これら三つの區域は、一九五七年、北京出版社刊の『北京遊覽手册』に附された「北京城區主要街道圖」でも、明瞭に認められる。これら三區畫のうち、四倉が同居して最大の面積を誇る區畫に注目すると、東面の中央に南新倉の、南面の中央に舊泰倉の、北面の中央に興平倉の、西面の中央に富新倉の、それぞれ倉門が一つずつ設けられており、全體を四倉に仕切るための內部の塀が南北に三本走っているうちの二本までがやや曲線を描いていることからも、倉の管理體制の必要上、四倉に分けられてはいるが、もともとは一つの巨大な倉として設計・造營されたことをうかがわせるに足るのである。しかも、これら四つの倉名のなかに舊泰倉すなわち舊太倉の名を見いだせる以上、この一畫が、隋唐の太倉と同じ役割を期待されていたとみて大過なかろう。その規模は、東西およそ五二〇メートル、南北およそ五七〇メートル、含嘉倉遺趾よりも小さいのである。明清の北京城は、都城の中央に宮闕を置く傳統的な都市計畫にのっとっているから、都城史の上でいわば異端の位置にあった隋唐の長安城・洛陽城との安易な比較はすべきではなかろうが、北京城內の舊太倉などの規模からみても、長安城內の掖庭宮の北の地域に太倉が置かれていたとするのは、決して不自然ではないといえよう。

太倉の所在地に關する呂大防の『長安城圖』に對して、元の李好文以來なされてきた批判は、顧慮しなくても構わないであろうことを論じてきた。つまるところ、平岡武夫『唐代の長安と洛陽　地圖』の第一圖・長安城圖（一）にしめされた太倉の位置が、正鵠をえていたことになる。[32]ところで、前掲の宿白「隋唐長安城和洛陽城」（『考古』一九七八年第六期）には、「宮殿區の西南部は宮人が居處する掖庭宮で、北部はかつて唐太倉窖磚を出土した太倉の所在である」（四一一頁）と述べられ、注⑧に、本稿で傳太倉出土甎として取り上げた五方の甎が、みな西安城西北隅の北から出土したと「相傳」しており、その地は呂大防『唐宮城圖』中に記された太倉の附近である、と注記されている。前世紀に出土した文物についてのこのような言い傳えは、それのみを論據とすることは危險であるが、今の場合、この言い傳えを傍證の一つにつけ加えることは許容されるであろう。

呂大防の『長安城圖』にみえる太倉の記載が、信賴するに足るものであることを述べてきたわけであるが、ではこの圖にみえる太倉の建物が、ほかの區域の建物とは異なり、屋上に氣樓のある獨特のかたちに描かれている點にふれておこう。穀物倉の屋上に空氣ぬきの氣樓を描くことは、すでに漢代の畫像甎にもみられる。[33]圖4の拓本寫眞は、重慶市博物館編『重慶市博物館藏四川漢畫像磚選集』（文物出版社、一九五七年）にもとづく。この畫像甎の場合は明らかに地上の倉屋であるから、呂大防圖によるかぎり、太倉は倉窖ではなく倉屋から成り立っていた、というふうに解釋したくなるが、すでにみたように、傳太倉甎五方にはいずれも倉窖の番號が刻されており、しかも

圖4　乞貸畫像磚　拓本

（重慶市博物館編『重慶市博物館藏四川漢畫像磚選集』文物出版社より）

〔傳太倉甎一〕と〔傳太倉甎二〕には「街東」とあり、〔傳太倉甎三〕には「大街西」とあって、太倉城の中央を南北に走る大街の東の區域と西の區域の雙方に數多くの倉窖が掘られていたことが確認されるのである。兩者を矛盾なく解釋するために、これらの倉窖は半地下式であって、屋上に氣樓が設けられていたと想定することも不可能ではないが、むしろ呂大防圖にしめされた氣樓のある建物は、倉屋であれ、倉窖であれ、要するに穀物倉を標示する符號にすぎなかった、と考えておきたい。同時に、太倉には地下の倉窖しか設けられず、地上の倉屋はまったく存在しなかった、と斷定することも、今の時點では避けておきたい。なぜならば、「凡そ窖を鑿ち屋を置くに、皆な甎に銘し……」という文章は、『唐六典』卷一九・司農寺の、まさに太倉署の條にみえていたからであり、また、唐初の算術書たる王孝通撰の『緝古算經』は、全部で二〇問答あるうち、七問答は倉や窖の容積に關するテーマによって占められていて、その第一〇問の前半には、

たとえば、粟が二萬三千一百二十斛七斗三升あるとす

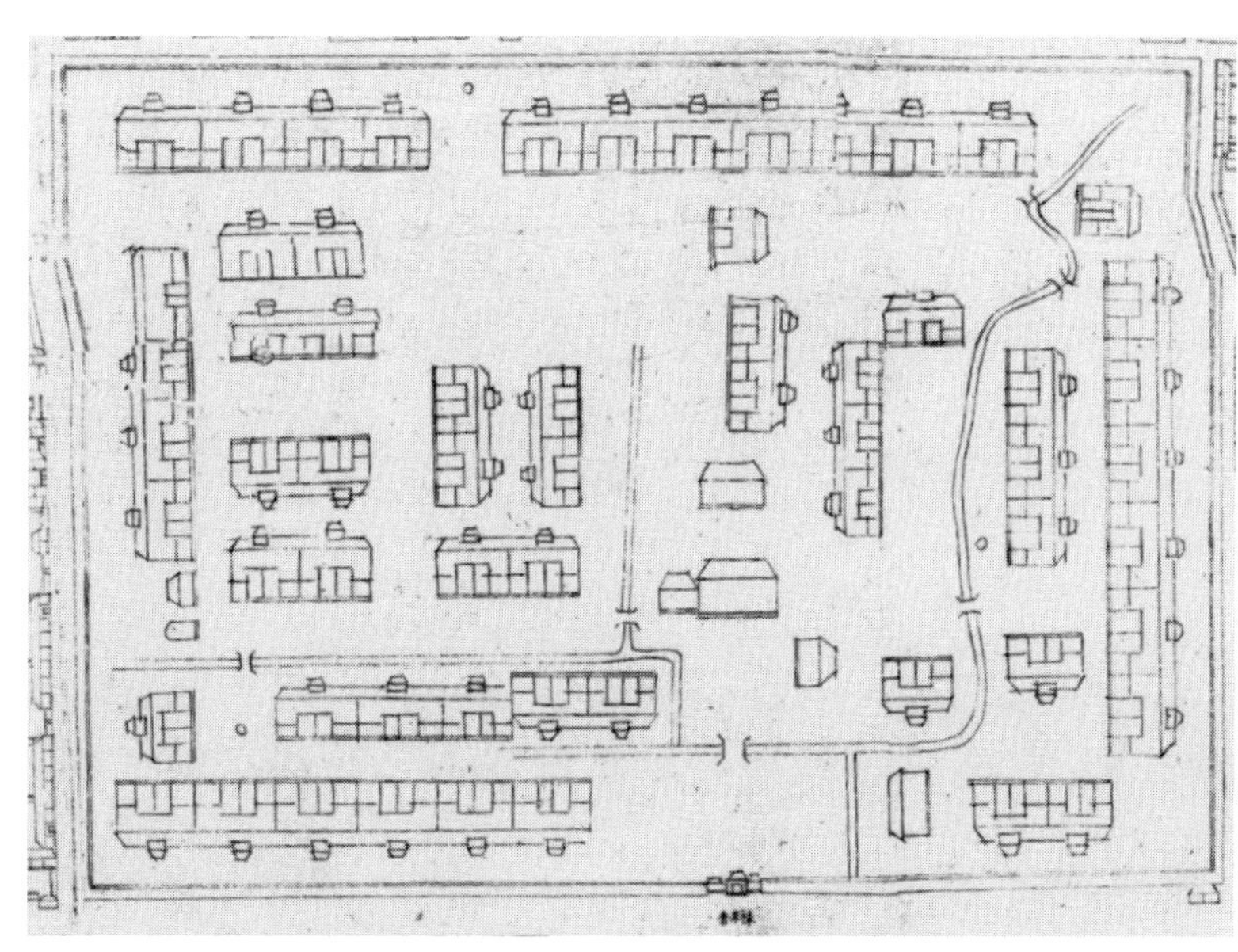

圖5　祿米倉
（『乾隆京城全圖』より）

る。方倉を一つと圓窖を一つとを作り、それぞれ中を滿たして粟がちょうど一杯になるようにし、高さと深さとを等しくし、方の面を圓の徑より九寸少なくし、高さより二丈九尺八寸多くしたい。圓周率は徑七に對し周二十二とする。問う、方と徑と深さはおのおのいくらか。答えて曰く、倉の方は四丈五尺三寸（粟一萬二千七百二十二斛九斗五升八合を容れる）、窖の徑は四丈六尺二寸（粟一萬三百九十七石七斗七升二合を容れる）で、高さと深さはおのおの一丈五尺五寸である。

と書かれていて[34]、ここの問答によって、一萬斛を超える收容力をもつ倉屋や倉窖が、算術書の例文に採用されるほどに、普遍的に存在したことが確認できるばかりでなく、同一の地域に倉屋と倉窖が併存しても一向に不思議ではなかったことをうかがわせるからである。なお、呂大防圖にみえる氣樓をもつ建物は、穀物倉を標示する符號であった、と考えるわけであるが、先に言及した『乾隆京城全圖』でも、穀倉の建物には屋上に氣樓が描かれている。舊太倉の部分は大きく、折本の兩册にまたがっているので、小さい方の祿米倉の寫眞を參考までに掲げておこう（圖5）。倉門は一カ所にしかなく、倉内には水溝がはりめぐらされるとともに、井戸が掘られている。(35)

五　おわりに

洛陽隋唐含嘉倉の發掘によって出土した倉窖銘甎と、長安太倉から出土したと傳えられる倉窖銘甎の內容を紹介解說し、あわせて隋唐時代の太倉は呂大防圖のいうごとく太極宮の西部、掖庭宮の北に置かれていたであろうことを論證せんとした當初の意圖は、果たし終えた。細かい史料操作に終始し、殘念ながら當時の政治の舞臺で論議された漕運問題などにふれる餘裕はなかったので、全漢昇『唐宋帝國與運河』（國立中央研究院歷史語言研究所專刊、一九四四年）をはじめとする、先學の秀れた研究(36)を參看されんことを特に希望しておきたい。

太倉と含嘉倉に關する小論を了えるにあたり、唐・杜佑撰の『通典』卷一二・食貨典・輕重の條に載せる、天寶八（七四九）年の諸色倉糧の統計にふれておこう。そこには「天寶八年、凡そ天下の諸色米、都て九千六百六萬二千二百二十石なり」とあり、その內譯の一つとして、

諸色倉糧總千二百六十五萬六千六百二十石。

北　倉〔六百六十一萬六千八百四十石。〕

太　倉〔七萬一千二百七十石。〕

含嘉倉〔五百八十三萬三千四百石。〕

太原倉〔二萬八千一百四十石。〕
永豐倉〔八萬三千七百二十石。〕
龍門倉〔二萬三千二百五十石。〕

という條項がみられる。諸倉の具體的な貯藏量を傳える史料としてははなはだ貴重なこの統計を、『唐六典』巻一九・司農寺の條の、太倉とそれに準ずる含嘉倉および太原倉・永豐倉・龍門倉のそれぞれの官員と職掌についての規定と照合すると、洛陽含嘉倉に對應するはずの長安太倉の收藏量が極端に少なく、『唐六典』には何らの言及のない北倉が最大の收容を誇ることに驚かされる。しかし、これは明らかに、太倉に貯藏されるはずの粟米のほとんどが、洛陽からの漕運の便のよい北倉(37)にとりあえず收納され、そこから南の太倉に運びこまれることが期待されていた、と見なして差し支えなかろう。太倉の貯藏量が、このように少ないのは、まったくの一時的な現象なのであって、『册府元龜』巻一〇五・帝王部・惠民の條に、五年後の天寶十三（七五四）載とその翌年にそれぞれ太倉から一〇〇萬石を時價より賤く出糶したという記事がみえているのである。ただし、江南地方から長安への漕運路が、反亂などの障害によって杜絶すると、「太倉に兼月の儲なし」（『陸宣公翰苑集』巻一八）といった史料が殘されるに至るのであって、「關中の窖廩、竭く」といわれた貞元二（七八六）年の夏、わずか三萬斛の米を韓滉が陝州まで運んできた、と陝州水陸運使の李泌が上奏するや、天子たる德宗が太子に向かって「吾が父子、生きるを得たり」と叫ぶような事態もひきおこされたのであった。

註

（1）『資治通鑑』巻一八〇・煬帝大業二年の條「置洛口倉於鞏東南原上。築倉城。周回二十餘里。穿三千窖。窖容八千石以還。置監官幷鎭兵千人。十二月。置回洛倉於洛陽北七里。倉城周回十里。穿三百窖。」なお、『文獻通考』巻二五・國用考三・漕運の條には「置洛口・回洛倉。穿三千三百窖。窖容八千。」という。

（2）林巳奈夫「中國の博物館・考古學遺蹟を見て」（『人文』八、一九七三年）。岡崎敬「洛陽考古見聞記」（宮川寅雄編『新中國考古の旅』秋田書店、一九七五年）。

（3）拙稿「中國の都城」（上田正昭編『日本古代文化の探究　都城』社會思想社、一九七六年。本書第Ⅰ部第一章）。

（4）『唐六典』巻三・尙書戶部・倉部の條「凡都之東租。納於都之含嘉倉。自含嘉倉轉運。以實京之太倉。自洛至陝運於陸。自陝至京運於水。量其遞運節制。置使以監統之。」

（5）『唐六典』巻一九・司農寺・太倉署の條「凡鑿窖置屋。皆銘甎爲庾斛之數。與其年月日。受領粟官吏姓名。又立牌如其銘焉。」

（6）『唐律疏議』巻一五・廏庫律「諸倉庫及積聚財物。安置不如法。……（疏議曰。倉謂貯粟麥之屬。庫謂貯器仗綿絹之類。積聚謂貯柴草雜物之所。皆須高燥之處安置。）」

（7）『唐六典』巻一九・司農寺・諸倉の條「凡粟出給者。每一屋一窖盡。賸者附計。欠者隨事科徵。非理欠損者。坐其所由。令徵陪之。」

（8）「置屋」という言葉で、地上の倉屋を建てたことをしめす史料として、『唐會要』巻八七・漕運の條に「元和三年四月。增置河陰倉屋一百五十間。」とある。

（9）日本の令義解・令集解が、唐令の復舊に際して貴重な文獻であることは言をまたない。しかし、残念ながら、三〇篇のうち倉庫令と醫疾令とだけは、古くに失われて、逸文が残されているだけである。國史大系本『令義解』に復舊された倉庫令第廿二の第一條には「凡倉。皆於高燥處置之。側開池渠。去倉五十丈內。不得置館舍。」とあり、第三條には「凡倉出給者。每出一倉盡。乘者附帳。欠者隨事徵罰。藏亦准此。」とある。

(10)『慶元條法事類』巻三六・庫務門一に載せる倉庫令の一條に「諸倉置板牌於敖門。書其色數年月監專姓名。」とあり、『永樂大典』巻七五一一・諸州倉の條に引く『宋金玉新書』に「八　色數年月姓名　諸倉置板牌於厫門。書其色數年月監專姓名。」とある。なお、仁井田陞・今堀誠二「金玉新書と淳祐新書考」（『東洋學報』二九―一、一九四二年）參照。

(11) 布目潮渢が「隋唐時代の穴倉と帝陵――洛陽から西安へ――」（『東洋學術研究』一八―一、一九七九年）で、

この「輸（租）典」と「正（副）綱錄事」はこの租を出した州、もしくは縣の役人で、正（副）綱錄事には、縣丞もしくは縣尉があたる場合が多かったようである。

と述べられている（二九頁）のは、従いがたい。氏はほかの含嘉甎の「副綱錄事青山縣丞」を例證に擧げられているが、もとの〔銘甎二〕には「副綱青山縣丞」とあって、錄事の二字はみえない。

(12)『唐律疏議』巻一一・職制律下に「諸奉使有所部送。而雇人寄人者。杖一百。闕事者。徒一年。受寄雇者。減一等。（疏議曰。奉使有所部送。謂差爲綱典部送官物及囚徒畜産之屬。而使者不行。乃雇人寄人而領送者。使人合杖一百。……）即綱典自相放代者。笞五十。取財者。坐贓論。闕事者。依寄雇闕事法。仍以綱爲首。典爲從。（疏議曰。或綱獨部送。而放典不行。或典自領行。而留綱不去。此爲自相放代。笞五十。……）」とあり、『同』巻一五・廏庫律に「諸應輸課稅。及入官之物。而廻避詐匿不輸。或巧僞濕惡者。計所闕準盜論。主司知情。與同罪。不知情。減四等。（疏議曰。……縣官應連坐者。亦節級科之。州官不覺。各遞減縣官罪一等。州縣綱典不覺。各同本司下從科罪。若州縣發遣依法。而綱典在路。或至輸納之所。事有欺妄者。州縣無罪。）」とあるように、綱と典とは官物を州縣から輸送する官吏である。なお、加藤繁譯註『舊唐書食貨志・舊五代史食貨志』（岩波文庫、一九四八年）一三三頁に「綱吏」の言葉の注として、「綱は茲にては官物輸送隊をいふ。綱吏は運送隊を監督する吏員なり」と述べている。

(13)『唐六典』巻二五・諸衛府・左右監門衛の條に「凡京師應以籍入宮殿門者。皆本司具其官爵姓名。以移牒其官。（若流外官承脚色。幷具其年紀顏狀。）以門司送于監門。勘同。然後聽入。」とあり、つづいて「凡財物器用。應入

宮者。所由以籍傍。取左監門將軍判。門司檢以入之。應出宮者。所由亦以籍傍。取右監門將軍判。門司檢以出之。其籍月一換。」という。

(14) 日本の律令時代の門籍・門牓の制度については、井上光貞等校注『律令』（日本思想大系3、岩波書店、一九七六年）六一六頁を參照。

(15) 『唐會要』巻六〇・殿中侍御史の條に、「文明元年。又制殿中裏行。以楊啓王侍徵爲之。準吏部式。以三員爲定額。監倉庫本是察院職務。近移入院。第一人監倉。第二人監庫。」といい、この記事が『永樂大典』巻七五一七に引用されているが、そこには「檢所移日月未獲」との注記が施されている。『冊府元龜』巻五一二・憲官部・總序の注にも「武后文明元年。置殿中裏行。以三員爲定。其殿中第一人監倉。第二人監庫。」とある。ちなみに、『唐六典』巻一三・御史臺・監察御史の條には、「知太府司農出納」とある。

(16) 王璿の父の王德儉が、永徽中に武后翊贊の功あったとして、長安元（七〇一）年、王璿に實封二百五十戸を賜った記事が、『舊唐書』巻八二・李義府傳にみえる。もし王璿だとすると、彼は長安三年七月に則天文字で刻された石龕阿彌陀像銘を造っており、『金石萃編』巻六五に収められている。

(17) 濱口重國「府兵制度より新兵制へ」（『秦漢隋唐史の研究』上巻、東京大學出版會、一九六六年）八頁。愛宕元「唐代における官蔭入仕について――衛官コースを中心として――」（『東洋史研究』三五―二、一九七六年）七七頁。

(18) 陸耀遹撰の『金石續編』巻四に「和羅粟窖甎文四種」として著録された文章を、そのまま移録し、句讀點だけを附しておく。

〔傳太倉甎二〕

貞觀十四年十二月廿四日。街東第二院。從北向南第六行。從西向東第九窖。納和羅粟六千五百石。第四頭。紀王府典籤陳元瑜。右監門直長鄭端・高買。太倉副使韓達。竪雲宮副監常明。副使晉王府掾陸元士。使人水部郎中柳仵臣。

〔傳太倉甎三〕
貞觀廿三年十二月廿九日。大街西從北向南第一院。從北向南第六行。從西向東第十三窖。納和糴米四千四百石。第一頭一千五百石。和糴官人右領軍騎曹賈仁素。左衞兵曹杜玄逸。第二頭二千九百石。和糴官人平准丞蔡彌。雍州參軍□師利。左監門校尉馮武達。右監門校尉素和陁。窖匠張阿蜀。太倉府歩勣。監事趙賢。丞宋夐。□田强。和羅副使左監門長吏王玄榮。大任殿中丞長孫文則。司農卿淸河公楊弘禮。

〔傳太倉甎四〕
東南場東南院。從北第三行。從西第二窖。貯大中三年戶部和糴粟壹萬陸阡玖伯捌拾貳碩。　從大中十年□月廿二日起。重毫量揚擲入窖。至八月廿六日畢。□用五石函。元納行概人南公素・王義・張榮。□□人李行儒。函頭段楚□□□拌入窖場□□雷昌培。元納監事焦密。　元納專知官陳洙。　丞替入窖專知官竇全眞
　元納卿薛從。　承替入窖卿盧籍

〔傳太倉甎五〕
□□□□□院。從南第一行。從西第三窖。□□□□□部和糴粟壹萬壹阡玖伯□□□□柒㪷。起大中十一年十一月廿二日。用□函。重毫量揚擲入窖。至廿四日畢。□數內伍阡參伯參碩玖㪷。東南場□入。　元納拌入窖行概人宋元杲・姚公□・張元振。元納函頭王文□・□文端。承替入窖龐叔亮。場官□王□雅。監事張魯萬。承替入窖監事□公鍇・張鉾。元納拌入窖倉令張仲玄。元納專知官陳洙。承替入窖竇全眞。元納卿薛從。承替入窖卿盧籍。

(19)『舊唐書』巻四九・食貨志下および『唐會要』巻八七・鹽鐵轉運總敍の天寶二載の記事につづけて「先是米至京師。或砂礫糠粃。雜乎其間。開元初。詔使揚擲而較其虛實。揚擲之名。自此始也。」とある。なお、前掲註（12）加藤繁譯註『舊唐書食貨志・舊五代史食貨志』一三〇頁參照。

(20) たとえば、『舊唐書』巻一四・順宗紀・貞元二十一年七月甲子の條に「度支使杜佑奏。太倉見米八十萬石。貯來十五年。支諸軍皆不悅。」とある。

(21)『元河南志』巻四・唐城闕古蹟の東城の條「北面一門曰含嘉門。南當承福門。含嘉門北卽含嘉倉。倉北曰德猷門。門出外郭。」

(22)『長安志』巻六・禁苑內苑章「禁苑在宮城之北。東西二十七里。南北二十三里。東接灞水。西接長安故城。南連京城。北枕渭水。苑西卽大倉。北距中渭橋。與長安故城相接。東西十二里。南北十三里。亦隸苑中。」

(23)前田直典藏の拓本をコロタイプにしたのが、『東京城』(東亞考古學會、一九三九年)に載せられている。平岡武夫『唐代の長安と洛陽　地圖』の第二圖・長安城圖(二)は、これにもとづいて復元したものであり、呂大防の『長安城圖』については、平岡の解說を參照されたい。

(24)この殘石については、何士驥「石刻唐太極宮曁府寺坊市殘圖大明宮殘圖興慶宮圖之研究」(『考古專報』一―一、一九三五年)に詳しい。

(25)元・李好文『長安志圖』巻中「圖制有宋呂公大防所訂。志中時亦引用。觀其布置。大段皆是。……宮城西偏。附城有小城垣。卽掖庭宮也。今見其處。止可容置一宮。而圖乃以大倉雜處其中。大非所宜。」

(26)徐松撰・張穆校補の『唐兩京城坊考』巻一・皇城の「承天門街之東宮城之南第二横街之北」の下の雙行注として「近有得唐納粟磚者。其文曰。貞觀十四年十二月廿四日。街東第一院。從北向南第六行。從西向東第九窖。納和羅粟六千五百石。第四頭。紀王府典籤陳元瑜。右監門直長鄭端・高買。太倉府史韓達。竪雲宮副監常明。副使晉王府□陸元士。使人水部郎中柳仵臣。又一磚。文曰。貞觀廿三年十二月九日。大街從北向南第一院。從北向南第六行。從西向東第十三窖。納和羅米四千四百石。第一頭一千五百石。和羅官人右領□騎□賈仁。左衛兵曹任元逸。第二頭二千九百石。和羅官人平准丞蔡彌。雍州參軍□師利。左監門校尉馮武達。右監門校尉□和陁。窖匠張阿訓。太倉府步勳。監事趙□。丞□吳。□田□。和羅副使左監門長吏王元榮。大殿中丞長孫文則。司農卿淸河公楊宏禮。按。窖粟之地不可考。而所謂大街與街東者。當是承天門街之第二横街。故和羅官人多是左右監門・左右衛・王府之人。以皇城地皆廨舍。故可置窖。若朱雀門外之大街。則諸坊所在。民居相雜。非可儲粟矣。附此俟攷。」とある。註(18)に移錄した〔傳太倉甎二〕〔傳太倉甎三〕によって、かなりの誤字・脫字を訂すことができる。とりあえず、後者

の「貞觀廿三年十二月九日。大街」の下に「西」の字を補っておこう。

(27) 宿白「隋唐長安城和洛陽城」(『考古』一九七八年第六期)の注⑧參照。

(28) 中國科學院考古研究所西安唐城發掘隊「唐代長安城考古紀略」(『考古』一九六三年第一一期)五九七頁參照。

(29) 岡崎敬「隋・大興＝唐・長安城と隋唐・東都洛陽城――近年の調査成果を中心として――」(『佛敎藝術』五一、一九六三年)一〇六頁。田中淡も「隋朝建築家の設計と考證」(山田慶兒編『中國の科學と科學者』京都大學人文科學研究所、一九七八年)二三二頁で、岡崎の見解に贊同している。

(30) 開封では、『文獻通考』卷二五・漕運の條に「宋東京之制。受四方之運者。謂之船般倉。……」といい、『東京夢華錄』卷一・外諸司の條に「諸米麥等。自州東虹橋元豐倉・順成倉。東水門裏廣濟。裏河折中。外河折中。富國・廣盈・萬盈・永豐・濟遠等倉。陳州門裏麥倉。子州北夷門山五丈河諸倉。約共有五十餘所。」というように、城の東南の東水門と陳州門の內外に多數置かれ、杭州臨安では、『咸淳臨安志』卷九・行在所錄・監當諸局の要約版ともいうべき、『夢粱錄』卷九・諸倉の條に「省倉上界。在天水院橋北。其廒有八眼。……省倉中界。在東青門外菜市塘。有廒三十七眼。……省倉下界。在東倉舖。……建廒廳八十眼。豐儲倉。在仁和縣側倉橋東。……成廒百眼。豐儲西倉。在餘杭門外佐家橋北。其廒五十九眼。端平倉。在餘杭門外德勝橋北。……有廒五十六眼。淳祐倉在餘杭門內斜橋南。……有廒一百眼。平糴倉。在仙林寺東。……咸淳倉。在東青門內後軍寨北。……建倉廒一百眼。歲貯公田米六百餘萬石。」というように、城の北面の餘杭門と東青門の內外に分けて置かれた。また元については、王國維が『永樂大典』所引の『元經世大典』により大元倉庫記を復元したが、その「在京諸倉」の條でも、占有面積は確かめえない。

(31) 『乾隆京城全圖』(興亞院華北連絡部政務局調査所、一九四〇年)。原圖は大約六五〇分の一であるが、この複製本は大約二六〇〇分の一となっている。原圖には題はつけられていないので、當初、今西春秋「乾隆北京全圖に就いて」(『東洋史研究』四―六、一九三九年)では、「乾隆北京全圖」と稱していた。

(32) 范文瀾『中國通史簡編』第三編第一册修訂本(人民出版社、一九六五年)所收の「唐長安城坊圖」は、呂大防圖

に忠實に從い、掖庭宮よりも太倉の區域が大きく描かれている。

(33)　秋山進午「漢代の倉庫について」(『東方學報　京都』四六、一九七四年)七頁、および林巳奈夫編『漢代の文物』(京都大學人文科學研究所、一九七六年)圖版六二頁參照。

(34)　王孝通撰『緝古算經』(『算經十書』中華書局、一九六三年)に、「假令有粟二萬三千一百二十斛七斗三升。欲作方倉一・圓窖一。盛各滿中而粟適盡。令高深等。使方面少於圓徑九寸。多於高二丈九尺八寸。率徑七周二十二。問方徑深各多少。答曰。倉方四丈五尺三寸(容粟一萬二千七百二十二斛九斗五升八合)。窖徑四丈六尺二寸(容粟一萬三百九十七石七斗七升二合)。高與深各一丈五尺五寸。」とある。

(35)　乾隆『大清會典』卷七二・凡倉厫之制には「厫頂建氣樓以散其蒸」といい、また「京師祿米倉。建於朝陽門內。凡五十七厫。內二厫四間。餘各五間。共二百八十三間。井六。」とある。

(36)　濱口重國「唐の玄宗朝に於ける江淮上供米と地税との關係」(『史學雜誌』四五―一・二號、一九三四年。のち『秦漢隋唐史の研究』下卷、東京大學出版會、一九六六年に再錄)、外山軍治「唐代の漕運」(『史林』二二―二、一九三七年)、中國科學院考古研究所『三門峽漕運遺跡』(科學出版社、一九五九年)、青山定雄『唐宋時代の交通と地誌地圖の研究』(吉川弘文館、一九六三年)、星斌夫『大運河――中國の漕運――』(近藤出版社、一九七一年)、鄒逸麟「從含嘉倉的發掘談隋唐時期的漕運和糧倉」(『文物』一九七四年第二期)。

(37)　『通典』の統計にみえる「北倉」が、ほかの文獻に散見する「東渭橋倉」であろうとの指摘は、前掲註(36)外山軍治「唐代の漕運」の注(30)でなされている。

附記(初出時)

本稿の脱稿後、唐代史研究會の昭和五十四年度夏季シンポジウム「中國聚落史の研究會」で、その要旨を發表した際、布目潮渢・妹尾達彥兩氏から、含嘉倉に關する論考として、宮園和禧「唐代前半期における倉の管理・運營――主として洛陽含嘉倉について――」(『九州共立大學紀要』八―二、九―一合併號、一九七四年)の存在を教示された。あわせ參看されんことを希望したい。

追記（初出時）

今回、河南省鞏縣が外國からの旅行者に開放された結果、「鞏縣文物簡介」（鞏縣文物管理委員會、一九七九年）がわが國に將來されてきた。その「隋唐洛口倉遺址」（八―九頁）の條によると、文化大革命中に、洛口倉遺址に對して何度も調査が行なわれ、七里舖大溝の北嶺上で、長さ一〇〇餘メートル、廣さ一〇メートルほど、最も高い處で四、五メートルの唐代の城墻が發見されたとのことで詳細な報告の出版がまたれる。

コラム1

［中國の］倉庫・［中國の］穀倉

［中國の］倉庫

中國では、『唐律疏議』巻一五に「倉とは粟麥の屬を貯うるをいい、庫とは器仗綿絹の類を貯うるをいう」とあるように、嚴密にいえば倉が穀倉を指すのに對し、庫は兵器や絹綿の收藏庫を意味した。したがって太倉や含嘉倉は、いずれも國都に置かれた大穀倉のことなのである。ところで、客商の貨物を預かる營業倉庫は、唐以前にあっては邸または店といい、主として市の周圍に設けられ、市制が崩壊して以後は、交通の便に都合のよい場所に置かれた。これらの邸店あるいは邸舍は、純粋な倉庫業を營んだのではなく、おおむね旅舍を兼ねていたのである。宋代には、邸店のほか、搨坊あるいは堆垜場などと呼ばれた。倉庫業の責任者は、唐・宋時代には居停主人あるいは單に主人と呼ばれ、荷物を預かるだけでなく、問屋のごとく荷主の委託をうけて荷物の賣買さえ行なった。明・清時代になると、仲買業者たる牙行が倉庫を兼營するに至り、行店あるいは行棧などと呼ばれた。

［中國の］穀倉

農耕社會であり、しばしば水旱などによる饑饉に見舞われてきた中國社會では、穀物を貯藏しておくための穀倉のもつ重要性は高かった。古典の世界でも、『禮記』王制篇には、國には九年の蓄えが必要で、三年の蓄えもないのは國とはいえない、とさえ述べている。國家が農民に租税として収穫物の穀物を上納させた必然の結果でもあるが、歴代の帝王たちも、國都を建造する際に、穀倉を整備しその中身を充實させることに腐心した。『周禮』地官には倉人の條があり、たとえば唐代にあっては財政經濟を擔當する官廳たる戶部が四部局に分かれるうち、金部とともに倉部がその一部を占め、いずれも穀粟の貯藏を掌った。ひとくちに穀倉といっても、農家や豪族の家に置かれたような小規模のものから、縣や州の所在地にあったもの、さては河川と大運河との交差點や國都に置かれた大規模なものまで、その種類は多様であり、考古發掘の成果によって、その實態がかなり明らかになっている。

たとえば漢代の穀倉については、四川省成都から出土した畫像甎に刻されたもののほか、各地の墓から出土した明器のなかに多數の陶倉があって、當時の穀倉の姿をうかがうことができる。國都附近に置かれた太倉などの大穀倉が、漢の武帝や隋の煬帝の治世に、みちあふれていたことを傳える文獻は殘されていたが、その實態を彷彿たらしめたのは、一九六九年に隋・唐時代の東都洛陽の含嘉倉が發掘されたことによってである。東西六〇〇餘メートル、南北七〇〇餘メートルの含嘉倉城のなかに、およそ四〇〇の穴倉が穿たれ、そのなかから搬入の實情を克明に記録する文字を刻した甎が出土したのである。このような地下式あるいは半地下式の穀倉は、華北の乾燥度の高い地域だったからこそ設置可能だったのであって、廣州出土の漢代の陶倉が四本脚をもつ高床式であったことからもわかるように、華中・華南の濕氣の多い地域の穀倉とは異なっていた。

第四章　唐代の邊境における金銀

一　發掘相繼ぐ唐代の金銀

中國各地で陸續と發掘される多種大量の唐代出土文物のなかから、中國邊境社會の歴史的研究という總合課題に卽した對象を選ぶにあたり、貨幣や裝飾品、容器として鑄造された金銀の出土文物を取り上げることにする。

唐代の金銀については、つぎの宋代の金銀とあわせて、大正の末年に加藤繁が關係文獻を周到に博捜した二巨册『唐宋時代に於ける金銀の研究――但し其の貨幣的機能を中心として――』（東洋文庫論叢六、一九二五・二六年）を上梓し、ただちに中國語譯されるほどの好評を博したが、當時の時點では、出土品としての銘刻のみえる金銀製品はなかった。だからこそ、大中九（八五五）年頃に浙江西道觀察使の任にあった崔愼由が端午節に進奉した銀鋌が一九二九年に琉璃廠の古物商店に現れ、翌年に船載されて三井家の所有に歸したのが、のちに史學會大會の展覽會に陳列された折、加藤は「支那古金銀の形制に就いて」と題する講演をして、その銀鋌を詳しく解説されたのであった（講演概要は『史學雜誌』四六―八、一九三五年に掲載され、のち『支那經濟史考證』下、東洋文庫、一九五三年に附錄された際、拓本寫眞が掲載された）。

ところが、一九五六年の年末に、西安市の東北郊、唐の大明宮の東內苑遺蹟から、天寶十（七五一）載頃にかの楊國忠が進奉した銀鋌二笏を含む進奉銀鋌四笏が大小の銀盤と一緒に出土したのをきっかけに、多くの金銀製品が相繼いで姿を現したのである。これら中國出土の唐代金銀製品は、一九七八年秋にアフガニスタン北部のシバルガン王墓から出土した二萬點もの「バクトリアの黃金遺寶」に比べると、一般世人の話題をかきたてはしないであろう。しかし、一九七〇年十月に西安南郊の何家村、唐の長安城興化坊蹟から、二個の甕に入っていた二七〇點の金銀器が出土し、銀鋌八笏、銀板六〇枚、嶺南地方からの庸調銀餅四枚、開元通寶の金貨三〇枚、銀貨四二一枚のほか、東ローマの金貨一枚、ササン朝ペルシアの銀貨一枚、それに日本の和同開珎の銀貨五枚が含まれていたというので、空前の大發見として內外の有識者を驚喜させたのが、絕後ではなかったのであって、一九七九年四月には山西省北端の平魯縣の懸崖の上層から金鋌八二點を含む一九三點の金製品が發見されたのであり、一九八二年一月には江蘇省丹徒縣、唐代の潤州、の丁卯橋附近から九五六點もの銀製品が出土し、そして一九八七年四月に陝西省扶風縣の法門寺の眞身寶塔の地宮から、唐代の皇帝や高官たちが奉納寄進した見事な細工の金銀器が一二一點も發見されたのである。これら四つの大量の一括埋藏品のほかにも、一九七五年春に內蒙古敖漢旗の李家營子一號墓から銀器五點、一九七六年四月に遼寧省昭烏達盟喀喇沁旗で銀器六點、一九八〇年七月に浙江省臨安縣の唐最末期の錢寬夫人水邱氏墓から金の首飾一一點、銀器が三八點（實用器が二五點で、明器が一三點）といった案配の發掘が相繼ぎ、中國で出土した一二五〇枚を超す大量のササン朝銀貨（そのうちには新疆烏恰の九四二枚と靑海西寧の七六枚という一括埋藏品を含む）を別にしても、すでに合計一五〇〇點を超える金銀器に關する情報がもたらされているのである。

西安何家村出土品を中心として一九七〇年代初頭までに出土した三〇〇點近い唐代金銀器を整理し、「一九五六年來出土の唐代金銀器とその編年」（『史林』六〇—六、一九七七年）を發表した桑山正進は、要約のなかで「單獨出土品も一括埋藏品もともに唐代長安を中心に關內道に集中し、しかも唐墓副葬品はなく、舍利埋納物または鎭壇具として佛寺にかかわる例もなく、專ら住居跡と關連する事情が判明する」と述べられたのであるが、すでに言及したごとく、そののちの赫赫たる發掘例に照らすと、かなりの補正がもとめられていることになろう。

當面の地域性との關連に問題點を絞り、これまでに出土した進奉銀鋌や金銀器を文獻史料とつき合わせて考察すると、關內道のみでなく、唐代の金銀が大運河と長江との交差點にあたる當時の潤州（今の鎭江市）・揚州あたりと、嶺南地方や萬里の長城沿いの、いわゆる邊境社會とも密接な關連のあったことが明らかとなるのである。そこで、まず文獻史料によって金銀が邊境社會に不可分のかかわりがあったことを述べ、ついで最近に入手しえた大型圖錄、鎭江市博物館・陝西省博物館主編『唐代金銀器』（文物出版社、一九八五年十二月）に收錄された諸論考の成果を活用しつつ、金銀製品の出土地や、そこに刻された切銘などの文字資料から、唐代の金銀が長安・洛陽一帶の畿內と、潤州・揚州のほか、邊境地域に關連があったことを指摘し、最後に、山西省北端の平魯縣で出土した金鋌に檢討を加えることによって、安史の亂平定時における財源捻出策を傳えていた文獻が正確であった次第を再確認することにしたい。

二　文獻にみえた唐代金銀と邊境社會

前揭の『唐宋時代に於ける金銀の研究』で主として文獻にもとづき唐宋時代の中國における金銀の萬般について詳細に論じられた加藤繁は、最後に「隋以前及び元以後に於ける金銀」なる章を設けられ、金が玉とあわせ擧げられた諸例を提示して周代以後に金器飾が行なわれたことから說きおこし、隋以前における金銀使用發達の大要を

「金の使用は戰國から前漢にかけて相當盛に行はれ、晉の前後に於て一旦衰へ、南北朝から隋へかけて再び發達し、而して唐に入って愈盛に爲つたのである。銀の使用は金より餘程後れて、後漢から稍行はれそめ、南北朝の末から隋に亙つて大に發達したのである」（六九六頁）と述べられたのであった。しかし、その結論に至る過程にあって、「後漢末より魏晉南北朝時代に亙つて、佛敎の傳播流布すると共に塗金若しくは眞金の佛像が諸處に造られ、佛寺の建築器具等にも金が使用せられたのを窺ふことが出來る。さうして、此れは、當時の社會に於ける金器飾流行の影響を受けたといふよりも、寧ろ印度西域の佛寺に於ける金銀使用の感化に基づくものと見るべきであらう。顧ふに、魏晉以後、金器飾が流行したのは、當時の社會が奢侈を尙んだ爲めでもあらうが、同時に、佛敎と共に金使用の俗の輸入されたことに依つても少なからずも刺激されたであらう」（六七三―六七四頁）と書かれたことは、議論の餘地の存するところであった。

いかにも、中國の社會思想の本流たる儒敎の世界では、玉が尊ばれたのであって、金銀が輕視されつづけたことは確かである。しかし、南北朝以降の中國社會に金器飾が流行するのは、インド渡來の佛敎の影響と見なしうるか否かという點は、再檢討しておくべきであろう。前掲の大型圖錄『唐代金銀器』の編者でもある韓偉は、「唐代社會生活中的金銀器」（『考古與文物』一九八〇年創刊號）を發表した際、この加藤説を根據不十分であるとし、『史記』武帝紀上に、方士の李少君が武帝に向かって、丹砂で黃金を作りだせ、出來上がった黃金で飲食器をつくると壽命をのばせ、ついには不死をえられる、と說いた條を引用し、また唐朝についても、『太平御覽』卷八一二・珍寶部銀條に引く「唐書」によって、封德彝が方術家の錬成した金銀に有頂天になる高祖李淵に進言した文と、『舊唐書』卷一七四に載せる、浙西觀察使李德裕が長壽の道術を求める敬宗に、たとえ黃金をつくっても服用されないで、玩好物にとどめておかれるように、と諫める上疏を引用して、封建統治階級が金銀器を製造した根本目的は、延年益壽と長生不死の效能を期待したからである、と斷定しているのである。

加藤の大著が、金銀の貨幣的機能を中心にして史料を蒐集し敍述されたためであろうが、方士や道家の錬金術ひいては長壽不死を求めての金銀器の愛玩という觀點を缺落して畫龍點睛を缺いてしまったことは、認めざるをえまい。しかしながら、南北朝から隋唐にかけての金器飾の流行は佛教とともに金使用の俗が輸入されたことによって少なからずも刺激されたであろう、と述べた加藤の提言を全否定してしまうのは、行き過ぎであると考える。

南北朝後期の通貨事情を記録した『隋書』卷二四・食貨志に、「梁の初め、唯だ京師および三呉・荊・郢・江・湘・梁・益のみ錢を用う。其の餘の州郡は、則ち雜うるに穀帛を以て交易す。交・廣の域は、全て金銀を以て貨と爲す。……後周の初め、尙お魏錢を用う。武帝の保定元年七月に及んで、乃わち更に布泉の錢を鑄て、一を以て五に當て、五銖と竝び行う。時に梁・益の境は、又た古錢を雜用して交易す。河西諸郡は、或いは西域の金銀の錢を用い、而して官は禁ぜず（梁初、唯京師及三呉・荊・郢・江・湘・梁・益用錢。其餘州郡、則雜以穀帛交易。交・廣之域、全以金銀爲貨。……後周之初、尙用魏錢。及武帝保定元年七月、乃更鑄布泉之錢、以一當五、與五銖竝行。時梁・益之境、又雜用古錢交易。河西諸郡、或用西域金銀之錢、而官不禁）」とあるように、唐代の嶺南にあたる交・廣の地域とシルクロードの中國側の入口にあたる河西諸郡では、現今の經濟特區のように、金銀を通貨として使用していたのである。このような特別扱いは、唐朝における租庸調體制のもとでも、また兩稅法が施行されても、ひきつづき行なわれたのである。『唐六典』卷三・戶部の賦役之制の條に、「凡そ諸國の蕃胡の內附せる者は、亦た定めて九等と爲す。……上戶は丁ごとに銀錢十文を稅し、次戶は五文、下戶は之を免ず。……凡そ嶺南の諸州の米を稅する者は、上戶は一石二斗、次戶は八斗、下戶は六斗。夷獠の戶の若きは、皆な半ばに從い、輕稅を輸す（凡諸國蕃胡內附者、亦定爲九等。……上戶丁稅銀錢十文、次戶五文、下戶免之。……凡嶺南諸州稅米者、上戶一石二斗、次戶八斗、下戶六斗。若夷獠之戸、皆從半輸輕稅）」とあるように、一般の丁男には稅と調と役（庸）と雜傜が課された時期に、シルクロード沿いと長城地帶に內附してきた胡人たちは銀錢で納稅することが認められ、嶺南の諸州では戶單位で米を納めることになっていたのである。そして元稹の『元氏長慶集』卷三四・錢貨議狀に「嶺より巳南は金銀を以て貨幣と爲し、巴より巳外は鹽帛を以て交易す（自嶺巳南、以金銀爲貨幣。自巴巳外、以鹽帛爲交易）」とあるように、九世紀初頭になっても、嶺南で金銀が通貨として用いられていたことが記錄されている。

金銀がどの地方で特に使用されたかについても、加藤は前著の第二章第三節「地方別より觀たる金銀の使用」において、表を作成した上で、金銀使用の地方は天下の各道にわたっているが、比較的に盛んであった場所としては、まず長安、つぎに嶺南道一帶、そのつぎが揚州を筆頭にした淮南道と江南道一帶、そのほかに產金地であった劍南道であったことを指摘されているので、詳細はそれに讓ることにしたい。ただつけ加えておきたいのは、韓偉が前揭の「唐代社會生活中的金銀器」において、金銀器が唐朝の民族貿易交往の珍品として重要な地位にあったことを指摘して、關連史料を提示された點である。唐朝は、吐蕃をはじめ、契丹、回紇、突厥などの異民族國家との交際にあたって、しばしば金銀器を禮物として交換していた史實は、唐代の邊境社會を考察する上で、重視されるべきであろう。

三　出土した唐代金銀と邊境社會

唐長安城の興化坊跡から一九七〇年十月に二七〇點の金銀器が出土した詳細は、一九七一年七月二十四日號の『人民日報』で公表されて以來、國內外の反響は凄まじかったが、特に『文物』一九七二年第一期に掲載された陝西省博物館・文管會革委會寫作小組「西安南郊何家村發現唐代窖藏文物」を、池田溫がさっそくに「西安南郊何家村發見の唐代埋藏文化財」と題して『史學雜誌』八一―九、一九七二年で邦譯され、ていねいな譯者補注を附されたことは、有益であった。この出土物のなかに、開元十（七二二）年と同十九（七三一）年の紀年をもつ嶺南地方からの庸調銀が合計四枚含まれていたことは、文獻によって知られていた唐代嶺南の情況を裏書きするものだったのである。

唐代に金銀が政治問題・社會問題として話題を提供するのは、玄宗朝以後に令外の官たる使職が登場し、彼らが皇帝の恩寵をえんと、競って金銀器や銀鋌を進奉したからである。何家村から出土した八笏の銀鋌には銘文はなかったが、すでに言及したごとく、一九五六年の年末に大明宮の東內苑遺跡から出土した銀鋌四笏のうち、二笏には諸道鑄錢使の楊國忠が進奉したことが銘刻されていただけでなく、それぞれの裏面の銘刻から、第一銀鋌は天寶十（七五一）載正月に信安郡（浙江省衢州）からの五〇兩の稅山銀として、第二銀鋌は同年四月に宣城郡（安徽省宣城）からの五〇兩の和市銀として、鑄錢使楊國忠の手許に納められたものであることが判明した。これら二笏は、江南地方から國都の長安に送られたものであって、邊境社會とは結びつかないが、殘りの第三銀鋌は嶺南採訪使兼南海郡太守の彭杲が進奉したものであり、第四銀鋌は誰が進奉したものかは記されていないが、裏面の銘刻から天寶二年に邕州とも呼ばれた朗寧郡都督府からの五〇兩の貢銀であって、前者は現今の廣東省の省都廣州、後者は廣西壯族自治區の中心都市の南寧に密接な關係のある銀鋌だったのである。つまり四笏のうち二笏は、唐代の邊境社會であった嶺南道につながることになる。

一九七九年に出土した山西省平魯縣の金製品についてはのちに述べることにし、一九八二年の元旦に出土した江蘇省丹徒縣丁卯橋附近から出土した九五六點の銀器にふれておこう。これらの銀器の出土については、まず丹徒縣文教局・鎮江博物館「丹徒丁卯橋出土唐代銀器窖藏」（江蘇省考古學會・江蘇省博物館學會編『文博通訊』一九八二年第四期）が發表され、增訂版が「江蘇丹徒丁卯橋出土唐代銀器窖藏」（『文物』一九八二年第一一期）と題された。後者によると出土した銀器の總重量は約五五キログラムで、これとは別に、一九八〇年十二月にわずか二〇メートルしか離れていない地點で唐代の銀鋌が二〇笏、重さ四〇餘キログラムが出土していたという。丹徒丁卯橋は、唐代の潤州城の南一キロメートル半の古運河の近くで、唐代の官僚か富商の住宅遺跡であろうとされている。唐代の潤州は浙西觀察使の治所であって（谷川道雄「唐代の藩鎮について――浙西の場合――」『史林』三五―二、一九五二年參照）、浙西觀察使に任ぜられていた李德裕が八二四年に卽位して間もない敬宗から大量の金銀器を要求された際、金銀は當州より出でないので、淮南つまり揚州から收買したと記錄されていた。またすでに言及した、三井家の所藏になった銀鋌を進奉したのも潤州刺史を兼ねた浙西觀察使の崔愼由だったのである。

この丹徒丁卯橋出土の銀器が出土したことが機緣となって、前揭の大型圖錄『唐代金銀器』が編集出版され、彩色圖版九、單色圖版二八一のほか、銀餠・金銀錢・銀鋌などの一三點の寫眞が附錄されただけでなく、韓偉・陸九皐「唐代金銀器概述」、劉建國「試論唐代南方金銀工藝的興起」、韓保全「金銀器與唐代進奉之風」、朱捷元「唐代白銀地金的形制、稅銀與衡制」、韓偉「唐代冶銀術初探」の五論文が收錄され、貴重なデータを提供してくれた。その第一論文「唐代金銀器概述」では、唐代金銀器の製作年代を四時期に區分し、第一期は初唐から高宗まで（六一八―八三）、第二期は武則天から玄宗まで（六八四―七五五）、第三期は肅宗から憲宗まで（七五六―八二〇）、第四期は穆宗から哀帝まで（八二一―九〇七）とした上で、二〇個所からの出土金銀器を、それぞれ第何期に屬するかの判定を行なっているのである。その第一は內蒙古敖漢旗李家營子一號墓から出土した銀器五點で、その詳細は敖漢旗文化館「敖漢旗李家營子出土的金銀器」（『考古』一九七八年第二期）にみえるが、七世紀の物で第一期に屬するとした。その第六は一九七五年に西北工業大學の建築現場から出土した銀器四點で、その詳細は保全「西安出土唐代李勉奉進銀器」（『考古與文物』一九八四年第四期）にみえるが、江南西道觀察使の李勉が進奉したとの刻銘があり、その官銜のなかに莫徭等使とあるので注目を浴びたものである。莫徭については伊藤宏明「唐代における莫徭について――中國南部少數民族に關する研究ノート――」（『名大文學部研究論集』九二、史學三一、一九八五年）を參照していただくとして、江南西道觀察使の治所たる洪州、現今の江西省南昌は、邊境とはいえぬまでも、それに準ずる地域なのであった。李勉は七八八年に卒しているのでこれらの銀器は第三期に屬する。その第七が遼寧の昭烏達盟喀喇沁旗の錦山公社で發見された銀器六點で、その詳細は喀喇沁旗文化館「遼寧昭盟喀喇沁旗發現唐代鎏金銀器」（『考古』一九七七年第五期）にみえるが、そのうちの銀盤に宣州刺史を兼ねた宣歙池等州觀察使の劉贊が進奉した旨の切銘があり、劉贊がその官銜を帶びたのは七八七―九六年のことなので第三期に屬する、とされている。そして第一二の陜西藍田縣楊家溝から、一九八〇年十二月に發見された一四點の銀器は、藍田縣文管會・樊維岳「陜西藍田發現一批唐代金銀器」（『考古與文物』一九八二年第一期）を參考にすると、銀鋌が三笏、金銀器が一一點で、銀器の一つに咸通七（八六六）年七月十五日の日附があるので、第四期に屬するとされるが、別の銀器に「桂管臣李杆進」の銘文がみえるので、これも唐代の桂管經略使、現今の廣西の桂林、という邊境にかかわりのある銀器と斷定できるのである。

四　山西省平魯出土の金鋌

唐代の邊境から出土した金銀の代表といえば、何といっても山西省北端の平魯縣から出土した金鋌・金製品ということになるはずであるが、前掲の『唐代金銀器』にはまったく寫眞がなく、それへの言及も、韓保全「金銀器與唐代進奉之風」の冒頭で、刻銘から知りうる進奉に屬する金銀器物一三點を表示したうちの二點として山西平魯の名がみえるだけである。鎭江市博物館と陝西省博物館の主編にかかるがゆえに、垂涎の文物ではあっても、お手上げだったのであろうか。

山西平魯の金鋌については、山西省考古研究所・陶正剛「山西平魯出土一批唐代兩金鋌」（『文物』一九八一年第四期）が報告している。それによると、すでに纖維狀になっていた長さ四〇センチ、廣さ二五センチ、高さ三〇センチの木匣のなかに、全部で一九三點の金製品がみつかり、その總重量は三四八一〇グラム、純金にして三三〇二五・六四グラムだという。その內譯は、銘文のある金鋌が五點、銘文のない金鋌が七七點、金飾が一五點、金銙が八二點、金餅が四點などであった。特に注目されるのは、漫漶が甚しいとはいえ銘文の刻された金鋌五點のなかに、「乾元元年歲僧錢兩金貳拾兩」という銘文がみえることから「乾元元年鋌」と簡稱されている金鋌と、「杜國魏國公臣張通儒進」という銘文がみえることから「張通儒鋌」と簡稱されている金鋌が含まれていたことである。

乾元元（七五八）年といえば、安史の亂（七五五―六三）の眞っ最中であり、安祿山が殺されて安慶緖があとを繼ぎ、唐朝がウイグル（回紇）の援軍を求めて討伐していた時期であり、張通儒は安祿山の側近中の側近で、安祿山政權で西京留守となり、安慶緖が安祿山を殺したのちに中書令に任じた人物なのであった。出土した平魯縣は唐代における河東朔州と今の內蒙古淸水河一帶を結ぶ交通幹線上に位置し、ウイグルが唐朝に援軍を送って反亂を鎭定する際、勝利の曉には、金帛と子女を褒賞としてほしい、と要求していたことが、史書に記錄されていたが、この金鋌の出現によって、裏づけられた、と考えられている。

陶正剛論文では、張通儒とウイグルについての考察はなされたが、「歲僧錢兩」という文言にはまったく言及しない。しかし、安史の亂を平定するための財源捻出策として、唐朝は鹽の專賣制を開始するとともに、『舊唐書』食貨志の總序に「安祿山、范陽に反するに及びて、兩京の倉庫盈溢して名うべからず。楊國忠は計を設けて、正庫の物を耗すべからずと稱す。乃わち御史崔衆をして、河東に於いて錢を納れて僧尼と道士を度せしむ。旬日の間に錢百萬を得たり（及安祿山反於范陽、兩京倉庫盈溢而不可名。楊國忠設計、稱不可耗正庫之物、乃使御史崔衆於河東納錢度僧尼道士。旬日間得錢百萬）」とあり、『宋高僧傳』卷八・神會傳に「右僕射裴冕の權計を用い、大府に各おの戒壇を置きて僧を度せしむ。僧に緡を稅し、これを香水錢と謂い、是に聚めて以て軍須を助けしむ（用右僕射裴冕權計、大府各置戒壇度僧。僧稅緡、謂之香水錢、聚是以助軍須）」とあったように、僧尼と道士に度牒を賣り、軍費を助けたと記錄されていたのが、その實狀を生ま生ましく傳える文物が、ペリオ將來敦煌文書（三九五二番と四〇七二―七三番）につづき、唐代の河東道の北端の平魯出土の金鋌として陽の目をみたことは、有り難いことである。「乾元元年鋌」などと簡稱しないで、「歲僧錢兩鋌」と簡稱したい。

附記（初出時）

一九八三年秋から八四年春にかけて、日本各地で「中國內蒙古・北方騎馬民族文物展」が開催された際、本稿で遼寧の昭烏達盟喀喇沁旗出土とした銀器中の一點が、內蒙古敖漢旗出土の銀器中の一點と並べて展示された。これは行政區畫の變更により內蒙古自治區の境域が大規模に擴大した結果なのであるが、中國社會科學院考古研究所編『新中國的考古發現和研究』（文物出版社、一九八四年）の第六章の一の「(三) 唐代金銀器的發現」の項でも遼寧としているので（五九一頁）、遼寧のままにしておいた。諒とせられたい。

第五章　唐代社會における金銀

はじめに

文化大革命がはじまって以來休刊をつづけていた『文物』の復刊號（一九七二年第一期）の巻頭に、文化大革命中に發掘された大量の珍貴な歴史文物の數々について最初に報道した、一九七一年七月二十四日號の『人民日報』の記事が再録された。(1)そこには隋唐時代の文物について、四十數萬平方メートルに及ぶ東都洛陽の含嘉倉を發見し發掘を開始したことと、西安南郊の何家村から出土した唐代の穴藏のなかに、見事な細工の金銀器をはじめとして、一〇〇〇點を超える盛唐時代の文物がみつかったことの、二大發掘が特筆されていた。そして同號に後者の詳細が報告されるとともに、(2)同年の第三期には前者の含嘉倉の發掘報告が掲載されたのであった。(3)

隋唐時代にかかわりのある出土文物を題材に取り上げ、當時の政治社會史の動態を明らかにせんとする作業の一環として、私は含嘉倉の發掘によって出土した銘甎に考察を加え、先に「隋唐時代の太倉と含嘉倉」(4)を發表した。その際、十九世紀に長安太倉から出土したと傳えられる銘甎五方をもあわせて検討し、太倉の所在地は、陝西省博物館の西安碑林に展示してある宋・呂大防「唐太極宮殘圖」に刻されたごとく、太極宮の西側、掖庭宮の北にあった、と斷定した。その位置比定の私案は、のちになって唐朝の穀物倉に對して精密な議論を展開した張弓の『唐朝倉廩制度初探』[5]において支持されるに至った。

唐の長安城の興化坊蹟である何家村から出土した二個の甕のなかからは、二七〇點の金銀器のほかに、銀鋌八笏、銀板六〇枚、開元通寶の金貨が三〇枚、銀貨が四二一枚、東ローマの金貨一枚、ササン朝ペルシアの銀貨一枚、それに日本の和同開珎の銀貨五枚が發見されたばかりか、開元十（七二二）年と開元十九（七三一）年の年紀のある懷集・浛安兩縣（唐代の嶺南道）の十兩の「庸調銀」が四塊含まれていた。それ以前にも、一九五六年の年末に、西安市の東北郊、唐の大明宮の東内苑遺蹟から、天寶十（七五一）載に諸道鑄錢使であった楊國忠が進奉した旨を刻した銀鋌二笏を含む重さ五〇兩の進奉銀鋌四笏が大小の銀盤と一緒に出土したのをきっかけに[6]、銀鋌などのかなりの量の金銀製品が出土していたことでもあり、何家村出土の金銀製品の詳細が判明した頃から、唐代社會における金銀の存在形態についての私見をまとめるべく、研究會などの席で、何度か構想の報告をくりかえした。しかし、文章化しようとするたびに、金銀製品の出土報告が傳えられ、公表を躊躇させた。とりわけ、一九七九年四月に山西省北端の平魯縣の懸崖から發見された金鋌八二點を含む一九三點の金製品[7]、一九八二年一月に江蘇省丹徒縣（唐代の潤州）の丁卯橋附近から出土した九五六點もの銀製品[8]、そして一九八七年四月に陝西省扶風縣の法門寺の眞身寶塔の地宮から發見された皇帝や高官たちの奉納寄進にかかる一二一點の金銀器[9]といった大量の一括埋藏品は、何家村出土の金銀製品の大發見が空前のものではあったが、絶後ではなかったことを明示した。

傳來の文獻史料のみを對象とするのではなく、新出の出土文物を取り扱うからには、このような情況がひきつづき今後も生起することは避けられないが、完璧を期していたずらに延引を重ねるわけにもいかず、まちわびていた大型圖錄、鎭江市博物館・陝西省博物館主編『唐代金銀器』（文物出版社、一九八五年十二月）を入手しえた機會に、該書に收錄された諸論考[10]の成果をも活用しつつ、唐代の金銀製品に關する知見を述べることにしたい。

中華人民共和國成立三〇周年を記念して企畫された中國社會科學院考古研究所編著『新中國的考古發現與研究』（文物出版社、一九八四年）[11]は、建國以來の三〇年間における考古學の發見と研究の成果を總括しているが、隋唐時代に關する敍述（五七二―五九四頁）が、「隋唐兩京的發掘」「唐代墓葬的發掘與研究」と「唐代金銀器的發現」の三項のみから構成されていることが端的にしめしたように、相繼ぐ唐代金銀器の發見は、中國の考古學界にとって、重要な成果なのであった。該項で取り上げられた金銀器とはもっぱら金銀容器を指して、金銀の貨幣と裝飾品や塔基から出土した金棺、銀槨を除外しているほど、出土する唐代の金銀製品は多種多樣にわたり、全般的な考察は不可能事なので、小稿では美術考古といった觀點からの考察[12]はせず、財政史・社會史にかかわる觀點に限定して述べることにする。そこで、まず傳來の文獻史料を涉獵して整理された加藤繁の『唐宋時代に於ける金銀の研究――但し其の貨幣的機能を中心として――』（東洋文庫論叢、一九二五・二六年）に主として依據することによって、唐代社會における金銀の有樣を紹介し、つぎに新出土の銀鋌・金鋌をはじめとする金銀製品に刻された刻銘などの文字資料に檢討を加え、最後に『舊唐書』食貨志の總序で描かれた唐代の政治社會の特異な樣相が新出の金銀製品によって裏づけされること、換言すれば、正史の記述が正確な史實を傳えていた次第を再確認することにしたい。

一　文獻にみえた唐代の金銀

文獻史料にみえた唐代の金銀に關しては、つぎの宋代の金銀とあわせて、一九二〇年代の半ばに加藤繁が『唐宋時代に於ける金銀の研究』と題する名著を上梓し、貨幣的機能に重點を置きつつも、金銀の萬般について詳細な史料を提示された。それらのなかから、後節の議論に直接關連のある個所を紹介しておきたい。

加藤は、ヨーロッパと西アジアにおいて古代から貨幣として使用された金銀は、中國においてはいつから貨幣たるの機能を發揮したのか、という設問を掲げ、まず顧炎武『日知錄』巻一一の「黃金」と「銀」の二條、黃宗羲『明夷待訪錄』「財計一」、趙翼『陔餘叢考』巻三〇の「銀」の條などにみえる諸説を引用したのち、周到に博捜した厖大な文獻史料を列擧された。そして以下のような多岐にわたる結論をしめされたのである。

金は戰國から秦漢にわたって上流階級に貨幣として使用されたが、魏晉前後に貨幣たるの地位を喪失した。銀の使用は金よりかなり後れて、後漢からやや行なわれるようになった。金と銀は、南北朝の末から隋にかけて、賞賜や賄賂としてしだいに使用され、唐代になると上流階級に廣く使用され、宋代に至って一般社會にまで廣範にゆきわたった。ただし完全に貨幣として機能する時代は、金の場合にはなく、銀は明の英宗の正統以後のことである。そして唐宋時代に使用された金銀の種類と形制については、いずれも地金(インゴット)であって鑄貨ではなく、地金の形式つまり形制としては鋌・餅・牌・葉子などがあったが、とりわけ鋌が最も盛んに用いられ、金鋌・銀鋌の語がしばしば史書にみえている。

唐宋時代およびその前後の時代において、金銀地金のほかに、金と銀でもって鑄造された金錢・銀錢があった。しかし、これらの金錢と銀錢は、宮廷に多量に貯藏され、貴族的の玩弄物として、金錢會のような金銀錢を撒き散らすといった戲も行なわれはしたが、實用のものではなかったし、金銀の地金に換えて社會に流通せしめようという企ては起きなかった。そして『唐律疏議』巻二六・雜律上・私鑄錢の條に[13]、銅錢を私鑄するものを流三千里の嚴刑に處しているのにひきかえ、金銀錢の私鑄を不問に附し、かつこれを「不通時用者」と呼んだことに注意を喚起された。

これらの結論を出すに先立ち、加藤は、隋以前において金でもって器飾の料とすることが流行した事實を指摘し

た上で、

後漢末より魏晉南北朝時代に亙つて、佛敎の傳播流布すると共に塗金若しくは眞金の佛像が諸處に造られ、佛寺の建築器具等にも金が使用せられたのを窺ふことが出來る。さうして、此れは、當時の社會に於ける金器飾流行の影響を受けたといふよりも、寧ろ印度西域の佛寺に於ける金銀使用の感化に基づくものと見るべきであらう。顧ふに、魏晉以後、金器飾が流行したのは、當時の社會が奢侈を尙んだ爲めでもあらうが、同時に、佛敎と共に金使用の俗の輸入されたことに依つても少なからずも刺激されたであらう。（六七三―六七四頁）

と述べられたのである。

中國の社會思想の本流たる儒敎の世界にあっては、玉こそが尊ばれたのであって、金と銀が輕視されたことは確かであろう。金印よりも玉璽の方が格は上であったし、唐代においても、百官たちの腰帶などを飾る際、玉は三品以上に、金は四品以上に、銀は五品以上の者に限られていた。(14) しかし南北朝以降の中國社會に金器飾が流行したのはインド渡來の佛敎の影響であったか否かという點については、議論の餘地が存した。陝西省考古硏究所主辨の『考古與文物』の一九八〇年創刊號に「唐代社會生活中的金銀器」(補1) を發表した韓偉は、封建統治階級が金銀器を製造した目的について、佛敎との關連を說く加藤說を根據不十分であるとした。(15) その上で韓偉は、『史記』巻一二・武帝紀に、方士の李少君が武帝に竈を祠る方を說き、丹砂で黃金を作りだせ、出來上がった黃金で飮食器を作ると壽命を延ばせ、壽命を延ばすと海中蓬萊の僊者にまみえることができ、まみえて封禪すると不死をえられる、と述べた條 (16) を引用し、また唐朝についても、『太平御覽』巻八一二・珍寶部・銀の條に引く『唐書』に記載されている、武德年間（六一八―六二六）に方術家の錬成した金銀に有頂天になる高祖李淵に封德彝が進言した文と、(17)『舊唐書』巻一七四・李德裕傳に載せる、浙西觀察使の李德裕が、長壽の道術を求める敬宗に對し、たとえ黃金をつくっても、玩好物にとどめておかれるように、と諫めた上疏(18)を引用して、封建統治階級が金銀器を製造した根本目的は、延年益壽と長生不死の效能を期待したからである、と斷定している。

加藤の大著が、金銀の貨幣的機能を中心として史料を蒐集されたためでもあろうが、方士や道家の錬金術、ひいては皇帝たちのなかに長壽不死を求めて金銀器を愛玩せんとしたものがいたという視點を缺落して、畫龍點睛を缺いてしまったことは認めざるをえまい。しかしながら、南北朝から隋唐にかけての金銀飾の流行は佛教とともに金使用の俗が輸入されたことによって少なからずも刺激されたであろう、と述べた加藤の提言を、韓偉のように全面否定してしまうのは、行き過ぎではあるまいか。というのは、南北朝から隋唐にかけて、金銀の流通した地域は滿遍ではなく、かなりの偏りがみられるからである。

南北朝時代の後半、五王朝における財政經濟情況を概說した『隋書』巻二四・食貨志の通貨の條に、

> 梁の初め、唯だ京師および三吳・荊・郢・江・湘・梁・益のみ錢を用う。其の餘の州郡は、則ち雜うるに穀帛を以て交易す。交・廣の域は、全て金銀を以て貨と爲す。……後周の初め、尙お魏錢を用う。武帝の保定元年七月に及んで、乃わち更に布泉の錢を鑄て、一を以て五に當て、五銖と並び行う。時に梁・益の境は、又た古錢を雜用して交易す。河西の諸郡は、或いは西域の金銀の錢を用い、而して官は禁ぜず。

とあるように(19)、南朝の梁初と北朝の後周時代に、唐代の嶺南道にあたる交州・廣州の地域と、シルクロードの中國側の入口にあたる河西の諸郡では、現今の中國における經濟特區のように、本土とはまったく別に、金銀を通貨として使用していたのである。このような特別扱いは、唐朝前半の租庸調制のもとで、また後半に兩稅法が施行されて以後も、ひきつづき行なわれた。すなわち、『唐六典』巻三・戶部の賦役之制の條に、

> 凡そ諸國の蕃胡の內附せる者は、亦た定めて九等と爲す。四等已上を上戶と爲し、七等已上を次戶と爲し、八

> 等已下を下戸と爲す。上戸は丁ごとに銀銭十文を税し、次戸は五文、下戸は之を免ず。貫に附して二年已上を經る者は、上戸は丁ごとに羊二口を輸し、次戸は一口、下戸は三戸共に一口。凡そ嶺南の諸州の米を税する者は、上戸は一石二斗、次戸は八斗、下戸は六斗。夷獠の戸の若きは、皆な半ばに従い、輕税を輸す。

とあるように(20)、一般の丁男には租と調と役（庸）と雑徭が課されていた唐前半期に、シルクロード沿いと長城地帯に内附してきた胡人たちは銀銭で納税することが認められ、嶺南の諸州では戸單位で米を納めることになっていたのである。そして、日野開三郎が「唐代嶺南における金銀の流通」(21)で詳しく検討を加えられたように、銅銭で納入する原則にたった兩税法が徳宗の建中元（七八〇）年に施行されて以降、しだいに銅銭の不足と物價の低落、すなわち銭重貨輕の弊がつづいたため、憲宗の死後を繼いだ穆宗は即位して半月後の元和十五（八二〇）年閏正月十七日に銭重貨輕の時弊についての對策を百僚に陳述するよう命じた(22)。その際、戸部尚書の楊於陵らのほか、『韓昌黎集』巻三七・「銭重物輕狀」や『元氏長慶集』巻三四・「銭貨議狀」にみえるように、韓愈や元稹も意見を陳述している。この元稹の「銭貨議狀」の文中に、

> 嶺より已南は、金銀を以て貨幣と爲し、巴より已外は、鹽帛を以て交易を爲す。黔・巫・溪・峽は、大抵は水銀・硃砂・繒綵・巾帽を用いて以て相市す。

とあるように(23)、九世紀初頭になっても、嶺南では金銀が通貨として用いられていたのである。河西諸郡と嶺南は、いずれも佛教文化が中國に流入する際の門戸であったことに議論の餘地はなく、また佛教經典で説かれる七寶つまり七種の寶物が、『妙法蓮華經』授記品に「金・銀・琉璃・硨磲・馬瑙・眞珠・玫瑰」の順でみえ、『無量壽經』に「金・銀・琉璃・珊瑚・琥珀・硨磲・瑪瑙」とあるように、金と銀がそれらの筆頭に冠されていることからみて、やはり加藤説を全面否定してはならないであろう。

唐代からつぎの五代にかけて、金銀がどの地方で特に使用されたかについても、加藤は前著の第二章第三節「地方別より觀たる金銀の使用」において、表を作成した上で、金銀使用の地方は天下の各道にわたっているが、比較的に盛んであった場所としては、まず長安、つぎに嶺南道一帶、そのつぎが揚州を筆頭にした淮南道と江南道一帶、そのほかに產金地であった劍南道であったことを指摘されているので、詳細はそれに讓ることにする。ただつけ加えておきたいのは、外國から使を遣わして金銀を進貢し、また朝廷から外國の國王ならびに使節へ金銀を賜與する事例は、『唐書』『宋史』などの外國傳と本紀に少なからずみえている、と加藤は指摘されただけで、宋代の歲幣について記述されたのであったが、韓偉が前掲の「唐代社會生活中的金銀器」において、金銀器が唐朝の民族貿易交往の珍品として重要な地位にあったことを指摘して、關連史料を提示された點である。唐朝は、吐蕃をはじめ、契丹・回紇・突厥などの異民族國家との交際にあたって、しばしば金銀器を禮物として交換していたのである。

加藤が第二章「唐代に於ける金銀の貨幣的用途」の第二節「公經濟に於ける金銀の貨幣的用途」の各項で取り上げられた課題は、いずれも財政史の觀點からみて興味深いが、とりわけ第二項の「上供」と第三項の「進獻」は、出土文物としての金銀を考察する上からも、有益である。地方からの上供、つまり稅收入を中央政府に送る際に、租庸調制の施行時には庸調などを金銀や寶貨・綾羅などの輕貨に折換したし、兩稅法がはじまっても、上供分を金銀などの輕貨にかえることが行なわれた。また地方の大官などが上供のほかに、皇帝の生誕日や端午節などの四節の祝儀の名目で朝廷へ財物を獻ずることを進奉、貢獻などと呼び、この進奉の弊風は安史の亂前後に盛んとなり、官僚たちの氣風を汚染させたが、その物品の主たるものとして、金銀器や金鋌・銀鋌が用いられたのである。朝廷に届けられた進奉の金銀は、國庫たる左藏庫ではなく、皇帝の私藏である內庫つまり內藏庫に貯藏された。進奉した者は、令外の官たる使職を兼ねた中央の大官もあったが、大抵は地方の大官、なかでも節度使や觀察使といった藩鎮だったので、日野開三郎は『支那中世の軍閥――唐代藩鎮の研究――』（三省堂、一九四二年）[24]で取り上げられ、唐代後半期の進奉と內藏庫の變容に關する概論を述べられた。日野の業績を踏まえて、のちに室永芳三「唐末內庫の存在形態について」（『史淵』一〇一、一九六九年）と中村裕一「唐代內藏庫の變容――進奉を中心に――」（『待兼山論叢』四、一九七一年）が生まれた。中村論文は、すでに出土していた銀鋌類に言及はしていないが、その副題からもわかるごとく、進奉に關する文獻史料を集成している。

二　出土した銀餅・金銀鋌と金銀器

加藤繁が大著『唐宋時代に於ける金銀の研究』（一九二五・二六年）を上梓された時點では、唐代の銘刻のみえる出土品としての金銀製品はなかった。ところが、浙江西道觀察使の任にあった崔愼由が進奉した銀鋌が、一九二九年に北平琉璃廠の尊古齋で賣りに出され[25]、翌年に日本に船載されて三井家の所藏に歸し、一九三五年五月に東京の東洋史談話會で加藤は「支那古金銀の形制について」と題する講演をして、この銀鋌の箱書に記された柯昌泗の考證と羅振玉の「崔愼由端午進奉銀鋌影本跋」（『遼居稿』一九二九年冬自序）とを援用しつつ、大中八（八五四）年から十年の頃に宣宗に進奉されたものである、と述べられた[26]。そして、前著においては、後漢以前の文獻に銀鋌の名はみえず、銀鋌は南北朝からはじまるとされ、內藤虎次郎が故舊に頒たれた繪葉書「寶左盦十二長物」の第六・漢中元二年銀幣一なる銀鋌は疑わしく、宋元以後のもので、刻印は出土の後に好事家が擅に加えたもの、と論じていた（六八四―六八八頁）のであるが、この講演では、長方形の銀鋌は唐にはじまったのではなく、よほど古くより存したようであるとし、後漢の中元二（五七）年の刻印ある銀鋌も現れている、と前説を撤回されている[27]。

崔愼由の進奉銀鋌が現れて以後、唐代の銀鋌出土の話題はなかったのであるが、「はじめに」で述べたごとく、一九五六年の年末に唐都長安の大明宮遺蹟附近から四笏の進奉銀鋌が大小の銀盤と一緒に出土したのをきっかけに、西安や鎭江などから多數の金銀製品が出土し、『唐代金銀器』（文物出版社）の刊行に立ち至ったのである。(28)

『唐代金銀器』の總論にあたる韓偉・陸九皋「唐代金銀器概述」によれば、全國で出土した唐代金銀器は該書編纂の時點で千多件であるとし、第二論文の劉建國「試論唐代南方金銀工藝的興起」によれば、南方で製作された金銀器は全部で一一〇〇餘件で、時代的には大部分が唐代晩期のものであるのに對して、北方の金銀器は西安南郊の何家村と沙坡村(29)で出土したものを代表とし、零碎なものを包括しても合計三〇〇餘件で、時代的には多くは早期と中期に屬するものである、と述べている。つまり一四〇〇餘件もの厖大な數量に達しているわけである。ところで、唐代における政治社會史の上で金銀製品がとりわけ話題を提供するのは、八世紀半ばの玄宗朝以後に令外の官たる使職が數えきれぬほど登場し、彼らが皇帝の恩寵をえんと、競って金銀器や金銀鋌を進奉したからであった。そこで、すでに出土した厖大な金銀製品のうちから、切銘などの文字資料によって進奉者などの官職姓名や紀年の判明する金銀製品を年代順に列擧し、銘文を移錄した上で、簡單な解說をつけておきたい。同じ趣旨から、『唐代金銀器』に收錄された第三論文、韓保全「金銀器與唐代進奉之風」が、刻銘を根據として進奉に屬する金銀器一三件を取り上げ、表にしていて、そこでは刻銘からみて明らかに進奉であることが判明するものに限定している。そのせいで、大明宮の東內苑遺蹟から出土した銀鋌四笏のうち、郎寧郡都督府天寶二年貢銀一笏だけを除外してしまった。しかし、それら進奉の銀鋌のなかに、稅山銀・窟課銀といったような、鑛稅として中央政府に送られた銀鋌が再利用されていたものも含まれていることでもあり、私は嚴密な區別をせず、貢銀あるいは采丁課銀といった刻銘をもつ銀鋌をも取り上げることにしたい。まず銀鋌や金銀鋌などの地位を檢討し、ついで美術工藝品である金銀器のうち、切銘から進奉者あるいは寄進者の官職姓名が判明するもの若干に說き及ぶことにする。

1　銀　餅

唐宋時代に金と銀が餅と呼ばれる圓形のものとして存在したことは文獻にもみえていたが、重量については明記したものは知られていなかった。ただ『南史』卷五三・梁武帝諸子傳の武陵王紀の條に、黃金一斤、つまり「十六兩」を餅となす、と書かれていたので、金銀餅のおおよその大きさを推測できるにすぎなかった。ところが、近年における考古發掘の成果により、「十兩」「二十三兩」と刻された銀餅のほか、「四十六兩」とか「五十二兩四錢」と墨書された銀餅が出土したのである。

(A)　嶺南道庸調銀餅

何家村から出土した金銀製品のなかに、銀餅は全部で二二塊含まれていた。すなわち、直徑九―一二センチの無銘の小銀餅が六塊のほか、直徑一四・五―一五・五センチで、「東市庫」と墨書された大きな銀餅が一二塊と、嶺南道に屬した懷集縣と洊安縣からの庸調銀餅が四塊である。[30] 唐都長安の東西兩市における活發な商業活動の一斑をしめす「東市庫」銀餅には、工匠の姓名と重量を簡單に墨書されているだけなので、[31] ここでは四塊の庸調銀餅の銘刻のみを移錄しておこう。

〔懷集縣庸調銀餅〕

懷集縣開十／庸調銀。拾兩。專／當官、令王文樂、／典陳友、匠高／童。

〔洊安縣庸調銀餅二〕

圖1　洊安縣庸調銀餅
（『文化大革命期間陝西出土文物』陝西人民出版社より）

洊安縣開元／十九年庸調／銀。拾兩。專知官、／令彭崇嗣、典梁／海、匠陳賓。

〔洊安縣庸調銀餅二・三〕

洊安縣開元／十九年庸調銀。／拾兩。專知官、令／彭崇嗣、典梁／海、匠王定。

懷集縣と洊安縣[32]とは、ともに嶺南道廣州管下の隣接する縣であり、懷集縣銀餅に刻された「開十」とは「開元十年」の略稱であろうし、『唐六典』卷三・戶部の度支の條に、「凡そ金銀・寶貨・綾羅の屬は、皆な庸調に折して以て造（いた）す」[33]と規定されていた通りに、銀產地であった嶺南道所屬の兩縣から、開元十（七二二）年と開元十九（七三一）年に徵收した庸調を銀に折換して都の國庫に送られた實物が、はじめて出土したわけである。專當官あるいは專知官として縣令の姓名が刻されているのは、『唐六典』卷三〇・縣令の職掌の條に「籍帳・傳驛・倉庫・盜賊・河隄・道路の若きは、專當官ありと雖も、皆な縣令が兼綜す」[34]と規定されていたからである。

開元十（七二二）年の「拾兩」と明記された懷集縣庸調銀餅の寫眞は『文化大革命期間出土文物　第一輯』（文物出版社、一九七二年）に載せられ、前揭『唐代金銀器』にも附錄の圖版2として收錄されており、後者の圖版說明が正しければ、最大徑は一〇・八センチで、厚さは〇・五センチ、重さは四二二グラムである。[35]開元十九（七三一）年の洊安縣からの庸調銀餅三塊は、直徑が九・八—一〇・八センチで、縣令の彭崇嗣と典の梁海の銘刻は三塊ともに共通しているが、工匠の姓名は一塊は陳賓とあり、二塊は王定とあった。陳賓の重量は四三三グラム、王定のが四三九グラムと四二八グラムである。圖1の匠王定の銀餅は、『文化大革命期間陝西出土文物』（陝西人民出版社、一九七二年）所載の寫眞にもとづくが、どちらのかは詳らかでない。[36]

（B）通州稅口銀餅

一九七〇年春に、洛陽市の金谷園路の東、塘沽路の北にある工場の敷地から、銀鋌二笏と銀餅一塊が出土した。蘇健「洛陽隋唐宮城遺蹟中出土的銀鋌和銀餅[37]」によると、出土地點は隋唐宮城の西北角にあたり、安史の亂の前後に埋められたもの、とされている。銀鋌についてはあらためて次項で検討することにし、ここでは銀餅についてのみ取り上げておこう。

この銀餅は不規則な圓形で、最大徑は一四センチ。正面に三行にわたる全部で一四字のつぎのような銘文がある。

通州稅口銀。納官／朱義。　　雲。／貳拾叁兩。

二十三兩とある重量の實測値は九四〇グラムであった。通州というのは、現今の四川省東部の達縣の地で、唐代には山南道（西道）に屬していた。一緒に出土した銀鋌のうちの一笏の背面に天寶十二（七五三）載十二月の紀年があり、正面に右相兼文部尙書楊國忠の官銜名があることからみて、この銀餅も天寶末年のものと考えられる。稅口銀という名稱も初見で具體的なことはわからない。納官の朱義のあたりにみえる「雲」の字は、おそらくは匠名であろうが、斷定はできない。

『唐六典』巻二〇・太府寺・左藏令の條に「凡そ天下の賦調は、先ず輸場に於て、其の尺度斤兩に合する者を簡び、卿および御史が監閲して、然る後に庫藏に納む。皆な題するに州縣年月を以てす。麤良を別ち、新舊を辨ずる所以なり」[38]と規定はされていても、年紀のない例が多い。この税口銀餅の性質に關して、朱捷元は「關于唐〃東市庫〃銀餅及税銀的一些問題」[39]の「二、庸調銀餅及賦税銀鋌」で、税口銀とは田租戸調の類の税銀である、と述べている。

2　銀　鋌

唐代の銀餅の出土例は少ないが、銀鋌の方は、出土狀態が判然とせぬ崔愼由の進奉銀鋌は別としても、一九五六年末における大明宮遺蹟附近からの進奉銀鋌四笏を皮切りに、有銘のものだけでもかなりの數に上る。鋌というのは、『唐六典』巻二〇・太府寺の條に「金銀の屬、これを寶と謂い、錢帛の屬、これを貨と謂う。絹は匹と曰い、布は端と曰い、綿は屯と曰い、絲は絇と曰い、麻は綟と曰い、金銀は鋌と曰い、錢は貫と曰う」[40]とあるように、金銀の單位なのであって、文獻史料から一鋌は重さ五〇兩と見なされてきた。これまでの發掘成果からいえば、二〇兩などの例もあるが、ほとんどが五〇兩だったのであって、一兩は四〇グラム強なので、銀鋌一笏は二キログラム强の重さであった。銀餅は開元十年の紀年のが古かったが、銀鋌は天寶二（七四三）年の紀年銘が目下のところ、一番古い。年代順に列擧してみよう。

(A) 大明宮遺蹟出土銀鋌

西安市東北郊の八府莊附近、つまり唐の大明宮遺蹟から出土した銀鋌四笏については、李問渠の紹介以後、唐長孺・萬斯年・桑山正進らの諸氏によって、檢討と解説がなされてきた。[41]それらの成果に依據しつつ、配列を年代順におきかえて、移録すると、つぎのようになる。

〔郎寧郡貢銀鋌〕

（正面）

郎寧郡都督府。天寶二年貢銀。壹鋌。重伍拾兩。朝議郎・權懷澤郡

太守・權判太守・兼管諸軍事・上柱國何如璞。專知官

戶曹參軍陳如玉、陳光遠、□□仙。

〔嶺南採訪使彭杲進銀鋌〕

（正面）

銀五十兩。

嶺南採訪使・兼南海郡太守・臣彭杲進。

〔信安郡稅山銀鋌〕

（正面）

專知諸道鑄錢使・兵部侍郎・兼御史中丞・臣楊國忠進。

（背面）

中散大夫・使持節信安郡諸軍事・檢校信安郡太守・上柱國尉遲巖。

信安郡。專知山官・丞　議　郎・行　錄　事　參　軍　智　庭上。

天　寶　十　載　正月　日。稅山銀一鋌。五十兩。匠

〔宣城郡和市銀鋌〕

背面　　正面

圖２　信安郡稅山銀鋌

（『唐代金銀器』文物出版社より）

（正面）

專知諸道鑄錢使・兵部侍郎・兼御史中丞・知度支事・臣楊國忠　進。

（背面）

宣城郡。　和市銀。壹鋌。五十兩。

專知官大中大夫・使持節宣城郡諸軍事・守宣城郡太守・上柱國・臣苗奉倩。

天寶十載四月二十九日。

第一の〔郎寧郡貢銀鋌〕の郎寧郡とは朗寧郡つまり嶺南道の邕州のことで、天寶二（七四三）年に中央に貢納された。『唐代金銀器』の圖版説明によれば、長さ二四・七センチ、廣さ六センチで、重さは二〇三〇グラム。現在は陝西省博物館に所藏されている。第二の〔嶺南採訪使彭杲進銀鋌〕の彭杲とは史書に彭果とあるもので、光祿少卿であった彼が嶺南五府經略等使に任命されて南海郡つまり廣州に赴くのは天寶四（七四五）載五月壬申で、贓に坐して罷免されるのが天寶六（七四七）載三月戊戌であるから、この銀鋌が貢進された時期はかなり限定される。(42)

第三の〔信安郡税山銀鋌〕（圖2）の信安郡とは江南道（東道）所屬の衢州のことで、『新唐書』巻四一・地理志によれば、治所の西安縣には銀が產出したので、この税山銀が銀坑に對する税であることは間違いない。『唐代金銀器』の圖版説明によれば、長さは三二センチ、廣さは七・二センチ、重さは二一〇二グラムである。第四の〔宣城郡和市銀鋌〕(43)（圖3）の宣城郡とは江南道（西道）の宣州のことで、この宣城郡の采丁課銀鋌が長安縣で發見されている。また安邊郡和市銀と稱する銀鋌が洛陽宮城蹟から出土した。いずれも後で取り上げる。

正面
圖3　宣城郡和市銀鋌
（『唐代金銀器』文物出版社より）

天寶十（七五一）載の正月と四月に江南道の信安郡と宣城郡から中央に送られた銀鋌は、專知諸道鑄錢使なる使職を兼ねていた楊國忠によって玄宗に進奉され、恩寵を固める方便のほんの一部となっていたのである。彼が兵部侍郎・兼御史中丞・知度支事という官銜を帶びていたのは、天寶十一（七五二）載五月丙辰十一日までなので[44]、楊國忠は國庫に收められたばかりの眞新らしい銀鋌を、內庫に入れたことになる。

（B）安邊郡和市銀鋌

洛陽の隋唐宮城遺蹟から、先に取り上げた通州稅口銀餠と一緒に銀鋌二笏が出土した[45]。不規則な長方形をした無銘の銀鋌のほかに、兩面につぎのような銘刻のある銀鋌が現れたのである。

（正面）

專知采市銀使・右相・兼文部尙書・臣楊國忠進。

（背面）

安邊郡。和市銀。壹鋌。伍拾兩。充横野軍營田等使・賜紫金魚袋郭子昂。

專知官監太守・寧遠將軍・守左司御率府副率

天寶十二載十二月日。

安邊郡は河東道の蔚州のことで、安祿山が反亂したために、至德二（七五七）載に興唐郡と改稱された。横野軍はこの地の東北に置かれた軍團で、營田等使を兼ねた監太守の郭子昂は、かの郭子儀（六九七—七八一）と何らかの關係があるであろう。采市銀使という使職名は初見。右相兼文部尙書つまり吏部尙書であった楊國忠に司空を加えられるのは天寶十三載二月で、この官銜に司空の名がみえないことからすると、天寶十二（七五三）載十二月に安邊郡から和市銀として國庫に送られた銀鋌が、專知采市銀使を領した楊國忠によって、ただちに玄宗に進奉され、內庫に收まったに違いない。

（C）伊陽縣窟課銀鋌

發掘の年次と地點はわからないが、文化大革命の期間に西安南郊から銀鋌一笏が出土、秦波「西安近年來出土的唐代銀鋌、銀板和銀餅的初步硏究」（『文物』一九七二年第七期）の冒頭に拓片寫眞をともなって紹介された。

河南府伊陽縣。天寶十二載窟課銀。壹鋌。伍拾兩。
天寶十三載五月　日。使・光祿大夫・守司空・兼右相・文部尙書・崇玄館大學士・集賢院學士・修國史・上柱國・衞國公・臣楊國忠進。

『元和郡縣志』卷五・河南府伊陽縣の條に「銀鉚窟在縣南五里。今每歲稅銀一千兩。」とあるように、伊陽縣には銀礦があり、課稅されていた。楊國忠の官銜の冒頭にみえる使とは采市銀使のことであろう。この銀鋌は、天寶十二（七五三）載分の窟課銀として徵收され、名譽ある司空の肩書をもらった楊國忠によって、內庫に收められたのが翌年の五月だったことが明記されていたのである。

（D）宣城郡採丁課銀鋌

一九六三年十二月に長安縣韋曲鎭の廢品收購站で唐の天寶の年號をもつ銀鋌が發見され、長安縣文化館に保存された。この銀鋌は長安縣秦渡地區北張村の農民の家から買われたもので、出土の時期は不詳だが、古墓から出土したとのことである。朱捷元の執筆にかかる「長安縣發現唐丁課銀鋌」（『文物』一九六四年第六期、〝文物博物館簡訊〞

欄）には、正面の銘文は磨滅していて識別しがたいが、と斷りつつ、拓本寫眞とともに正面一行、背面五行の銘文の移錄がなされた。この移錄の文面には誤りが多いので、ここでは現物を實見してあらためて釋文を施された黃永年の「唐天寶宣城郡丁課銀鋌考釋」(46)の成果を參酌して移錄する。

（正面）

天寶十三載採丁課銀。一鋌。伍拾兩。

（背面）

部送綱、將仕郎・守宣城縣尉員外置同正員劉鈚。

朝議郎・行司士參軍李□。

朝議郎・行錄事參軍□□。

朝議郎・守司馬□□□。

朝請大夫・使持節宣城郡諸軍事・守宣城郡太守・□□副使・上輕車都尉・淸水縣開國男趙悅。

この銀鋌は、銀產地である江南西道の宣城郡から、天寶十三（七五四）載分の採丁課銀として國庫に送られたものである。背面には、まず「部送綱」(47)つまり中央への官物輸送隊の責任者として典吏を引率して上京する宣城縣の尉員外置同正員の劉鈚の官銜姓名を刻している。宣城郡の治所である宣城縣は望縣なので、縣尉の定員は二人で、司戶擔當の尉と司法擔當の尉がいたはずであるが、この場合は員外置同正員の尉、つまり定員外の尉が輸送の任にあたったことになる(48)。ついで宣城郡における鑛產の主管者である判官の司士參軍、檢勾官である錄事參軍、通判官である次官の司馬、最後に長官である太守趙悅の官銜姓名を、卑位の官吏から尊位の官吏への順に刻している。

前稿「隋唐時代の太倉と含嘉倉」（『東方學報　京都』五二。本書第Ⅱ部第三章）を參照していただければわかるごとく、このような唐の官文書類に、同一官署の官位の低い方から高い方への順で記される事例は多い。したがって、黃永年が、この銀鋌の背面の五行は左行、つまり官職の高い左から低い右へと書かれたものとして移錄された說には、同意しがたい。

この銀鋌は、これまで取り上げてきた四例のような、楊國忠の進奉銀鋌ではなかったので、韓保全「金銀器與唐代進奉之風」（『唐代金銀器』）二九頁の一覽表に採錄されなかったのは當然のことである。ただし、この銀鋌の最後にみえる宣城郡太守の趙悅は李白（七〇一―六二）の友人であって、『李太白文集』卷二六の「爲趙宣城與楊右相書」は、宣城太守に任命されたばかりの趙悅のために、文部尙書としてこの人事異動を實現してくれた右相の楊國忠に對する禮狀を李白が代作したものであることに注意を喚起しておこう。(49)

一九八二年の元旦に鎭江市に東接する丹徒縣（唐代の潤州）の丁卯橋の南三〇〇メートルの地から九五六點もの銀製品が一括出土して話題をまいたが、實はその地點からわずか二〇メートル西南の地下から、一九八〇年十二月に、二〇笏もの銀鋌が出土していたのである。(50)長さは三六・二センチ、廣さ七・六センチ、厚さ〇・六センチで、そのうちの二笏には「重伍拾壹兩」と墨書で明記されていた。この二笏の重さは二〇五〇グラムと二〇六〇グラムであったので、平均すると一兩は四〇・三グラムということになる。これら五〇兩ならぬ五一兩の銀鋌二〇笏、合計四〇キログラム强は、一年後に發見された合計五五キログラムもの銀器類といかなる關係があったのかは詳らかでない。しかし銀器の大部分には「力士」という銘刻が施されていて、宦官の高力士（六八四―七六二）のために製作されたものではなかろうか、と推測されているので、八世紀の中葉、天寶末年の銘刻をもつ銀鋌の解說を了えるにあたって、これら二〇笏の銀鋌の出土について言及しておく次第である。

尊古齋所見吉金圖卷四

二十六

圖４　崔慎由進奉銀鋌
（『尊古齋所見吉金圖』卷四より）

（E）崔慎由進奉銀鋌

一九八〇年代の初頭に五一兩の銀鋌二〇笏が出土した鎮江市丹徒縣は、唐代の潤州の地であって、八世紀の後半以後、浙江西道都團練觀察使、略して浙西觀察使が潤州刺史を兼ねた。いわゆる牛李の黨爭のはじまりの段階で中央政府から排除されて浙西觀察使となった李德裕が、多量の銀器の進獻を宣索する詔をうけて困惑した次第は、兩唐書の本傳や、『李文饒文集』別集卷五「奏銀粧具狀」などによって著名であった。その浙西觀察使として大中八

（八五四）年から十年にかけて潤州に赴任していた崔愼由が、[51]端午節の日に宣宗に進奉した旨を明記した銀鋌が今から六〇年前に北京の尊古齋を介して東京の三井家の所藏に歸したのであった。この銀鋌の現在の所在は確かめえないが、一九三五年五月十二日に三井家の集會所で開かれた三井家什寶展觀の折の記録によれば、縦九寸二分、横二寸八分五厘、厚二分、とあるので、[52]高さ二八センチ、廣さ八・六センチ、厚さ〇・六センチということになる。これらの數値は、黄濬輯『尊古齋所見吉金圖』（尊古齋、一九三六年）巻四の第二六葉表裏に載せられた「唐崔愼由進奉銀鋌」の圖版の寸法と合致する。そこで表の方を縮小して圖4とするとともに、刻銘を移録しておこう。

浙江西道都團練觀察處置等使・太中大夫・檢校禮部尙書・使持節潤州諸軍事・兼潤州刺史・御史大夫・上柱國・賜紫金魚袋臣崔　愼由　進。

端午　進奉銀。壹鋌。重伍拾兩。

なお、『尊古齋所見吉金圖』巻四には、第二七葉に「唐五十兩鹽務銀錠」、第二八葉に「唐二十三兩鹽務銀錠」と題して、いわゆる船形銀錠の圖版を掲載している。このような船形銀錠は、從來は宋代以降のものと考えられていたが、朱捷元は唐代晩期にすでに出現していた、と主張している。[53]

（F）乾符六年內庫銀鋌

安史の亂（七五五—六三）と黄巣の亂（八七五—八四）が、いずれもほぼ一〇年間にわたって全中國をまきこみ政治社會を變質させた唐代の二大反亂であること、あらためて述べるまでもない。これまでに紹介してきたごとく、年代を確定しうる有銘の唐代銀鋌の大部分は、安史の亂勃發直前の天寶年間（七四二—五六）のものであった。それらのほかに、四〇兩と二〇兩の有銘銀鋌が出土しているが、乾符六（八七九）年の內庫銀鋌と廣明元（八八〇）

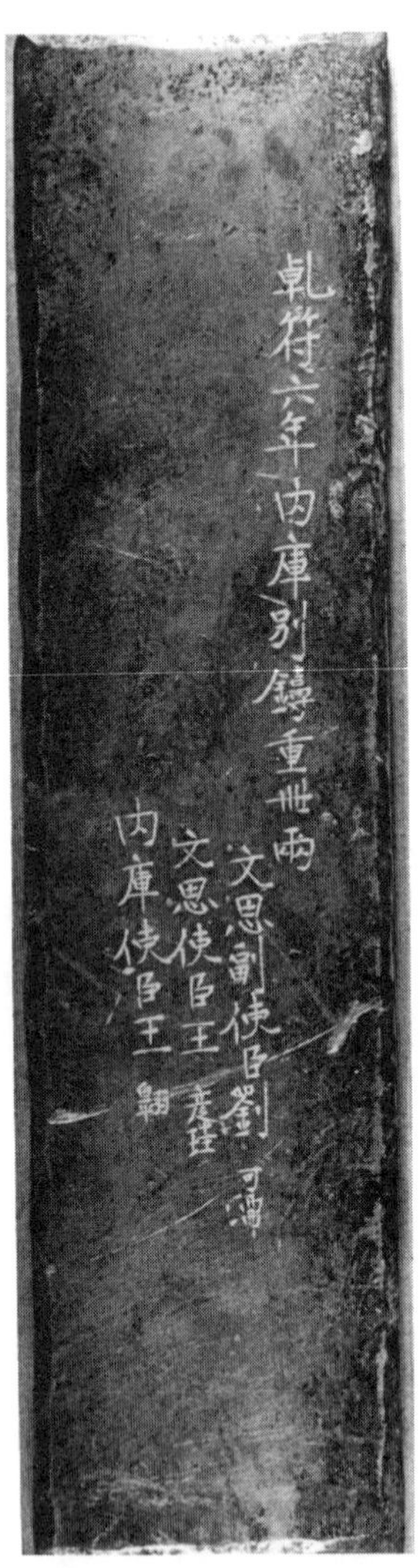

圖5　乾符六年內庫銀鋌
（『唐代金銀器』文物出版社より）

年の賀冬銀鋌であって、ともに黄巣の亂の眞っ最中の年紀をともなっているのは、偶然のこととはいえ、すこぶる興味ある事實といえよう。

乾符六年の內庫銀鋌（圖5）は、一九七七年十一月に西安東郊の新築公社棗園村で金銀器三件と一緒に發掘された。保全「西安東郊出土唐代金銀器」（『考古與文物』一九八四年第四期）と前掲『唐代金銀器』をあわせ參照して、刻銘を移錄すると、つぎのようである。

（正面）

乾符六年內庫別鑄。重卅兩。

文思副使臣劉　可濡。

文思使臣王　彥珪。

內庫使臣王　翱。

（右側面）

匠臣武敬容。

保全は正面の刻銘を左行と解し、「內庫使臣王翺」からはじめているが、從わず、『唐代金銀器』の移錄に左袒した。ただし、右側面の「匠臣武敬容」の五字は、『唐代金銀器』には言及されていない。長さは二七・五センチ、廣さは七センチ、厚さは〇・九センチで、重さは一六二五グラム、西安市文物管理處の所藏となっている。

內庫使が皇帝の私庫である內庫の最高責任者であることについては說明を要さないとして、この銘文にみえる文思使については言及しなくてはなるまい。宋代の文思使は、文思院の長官であって、金銀や犀玉などの細工を掌る(54)が、宋・高承『事物紀原』卷七・庫務職局部・文思院の條で指摘された說(55)に從い、唐朝の內殿に置かれた文思院は金銀などの工作とは無關係と考えられてきた。しかし、この銀鋌の出現により、唐末の文思院使が銀鋌を別鑄して內庫に納入する職務をも擔當していたことが明白となったのである。(補2)唐末の內庫使と文思使はいずれも內諸司使であって、宦官が任じられた。

(G)崔焯進奉銀鋌

一九六二年に陝西省藍田縣西の南鞏村公社の古冢周邊から三塊の銀飾物と一緒に廣明元(八八〇)年の二〇兩の銀鋌が出土した。「陝西藍田出土的唐末廣明元年銀鋌」(『文物資料叢刊』一、文物出版社、一九七七年)にもとづいて移錄しよう。

容管經略使。　進奉廣明元年　賀冬銀。壹鋌。重貳拾兩。
容管經略招討處置等使・臣崔焯　進。

長さは二二センチ、廣さ五・八センチ、重さは八〇五グラム。『唐代金銀器』の圖版說明によると、劉鄴が進奉した銀鋌や船形銀鋌などが同時に發見され、いずれも陝西省博物館に所藏されているそうであるが、詳細は不明である。

文思使のもとで四〇兩の內庫銀鋌が別鑄された乾符六（八七九）年といえば、黃巢軍の主力が福州から嶺南道の廣州に向かい、アラビア人らの外國人居留民を一〇萬人以上も殺害した上で、猛烈な勢いで北上し、桂管經略使の治所であった桂州などを席捲した歲であった。翌年の元旦に僖宗は廣明と改元した。この崔焯進奉銀鋌は、廣明元年の冬至節、すなわち十一月壬戌十二日の日を期して、運よく黃巢軍による戰火を免れた容管經略使の崔焯が僖宗に進奉した小型の二〇兩銀鋌である。先の崔愼由銀鋌は端午節に進奉されたものであり、これは冬至節に進奉されたものである。當時、元日と冬至、端午、それに皇帝の生日、これら四節の日に皇帝に向けて進奉する慣例があり、四節進奉と呼ばれた(56)。崔焯の賀冬銀鋌が進奉されたはずの廣明元年の冬至の當日は、祝賀とはまったく無緣の情景が僖宗を取りまいていた。六〇萬もの黃巢軍が東都洛陽を陷落寸前に追い込んでいるとの情報が屆けられ、僖宗は宰相らの前で泣いていたのである。五日後の丁亥十七日に東都は陷落し、十二月甲申五日、僖宗は國都長安を捨てて蜀をめざして西に出奔した。長安に入城し、大齊皇帝と稱した黃巢は、長安に居殘りながら齊の官に就くのを拒絕した唐の高官たちを殺害した。それらの高官の一人が左僕射の劉鄴である(57)。この劉鄴は前年十月に高駢にひきつぐまでの五年間にわたり淮南節度使だったので、崔焯の賀冬銀鋌と同時に發見されたという進奉銀鋌には淮南節度使の官銜が刻されていたのかもしれない。崔焯は兩唐書に立傳されていないので、經歷をたどれないが、中和二（八八二）年八月に嶺南西道節度使として邕州に赴任したことを『資治通鑑』卷二五五が傳えている。

（H）嶺南道稅商銀鋌

一九七七年四月に西安市西關潘家村の南小巷から、年紀不詳の銀鋌二笏が出土した。二つとも、正面に、

嶺南道稅商銀。伍拾兩。官秤。

という一一字が刻され、甲鋌には左側面に「匠黃泰」の三字が刻されていて、甲鋌は長さ二五センチ、廣さ七・一センチ、厚さ一・二センチで重さは二一〇七グラム、乙鋌は長さ二六・四センチ、廣さ六・七センチ、厚さ一・一センチで重さは二一一五グラムである、と劉光群・李國珍「西安發現唐代稅商銀鋌」（『考古與文物』一九八一年第一期）は傳え一鋌の寫眞を掲げていた。ところで、圖6は『唐代金銀器』に載せられている銀鋌の圖版を複寫したのであるが、そこの說明では、長さ二六・四センチ、廣さ六・七センチ、厚さ一・一センチで、重さ二一〇七グラム、左側に「匠黃泰」の三字が刻されている、とある。甲鋌なのか乙鋌なのか決めがたい。いずれにせよ、これらの銀鋌については、朱捷元が「關于唐〝東市庫〟銀餅及稅銀的一些問題」(58)の「三、嶺南道稅商銀鋌」で論じているので、

圖6　嶺南道稅商銀鋌
（『唐代金銀器』文物出版社より）

參看されたい。

3　金　鋌

これまでの出土報告によるかぎり、銀餅と銀鋌に比べて、金餅と金鋌の出土例はまさに寥寥たるものである。一九七七年四月に、西安市東南郊の太乙路の地下一メートルの地點から、無銘の金鋌二枚が出土した。この地點は唐長安城の東市遺蹟に該當し、地層からみて唐代の金鋌である、と認定された。晁華山「唐長安城東市遺址出土金鋌」（『文物』一九八一年第四期）によると、甲鋌は長さ一五・三センチ、廣さ四・一センチ、厚さ一・一センチで重さは一二一五・九八グラム、乙鋌は長さ一六・一センチ、廣さ三・四ないし四センチ、厚さ一・一センチで重さは一一九一・四四グラムであった。唐代銀鋌の例から推算すると、いずれも重さ三〇兩の金鋌ということになる。

一九七九年四月に、山西省北端の平魯縣から一九三點もの金製品が出土した。陶正剛「山西平魯出土一批唐代金鋌」（『文物』一九八一年第四期）によると、すでに纖維狀になっていた長さ四〇センチ、廣さ二五センチ、高さ三〇センチの木匣のなかに、これらの金製品がみつかり、その總重量は三四八一〇グラム、純金にして三三〇二五・六四グラムであった。一九三點の內譯は、銘文のある金鋌が五點、銘文のない金鋌が七七點、銘文のない金餅が四點、金飾が一五點、金錛が八二點などであり、金鋌と金餅のいわゆる金地金だけで總重量の八四パーセント强を占めていた。特に注目されるのは、漫漶がはなはだしいとはいえ銘文の刻された金鋌五點のなかに、「乾元元年歲僧錢兩金貳拾兩」という銘文がみえることから陶正剛が〝乾元元年鋌〟と簡稱している〔歲僧錢兩金鋌〕と、「杜國魏國公臣張通儒進」という銘文がみえることから〔張通儒進奉金鋌〕と呼べる金鋌が含まれていることである。

乾元元（七五八）年といえば、安史の亂（七五五―六三）の眞っ最中であり、安祿山が殺されて安慶緒があとを繼ぎ、唐朝が回紇の援軍を求めて討伐していた時期であった。そして張通儒は安祿山の側近中の側近で、安祿山政權で西京留守となり、安慶緒が安祿山を殺したのちに中書令に任じた人物なのであった。出土した平魯縣は唐代における河東朔州と現在の內蒙古清水河一帶を結ぶ交通幹線上に位置し、回紇が唐朝に援軍を送って反亂を鎮定する際、勝利の曉には、土地と士庶は唐に歸すが、金帛と子女をみな褒賞として欲しい、と要求していたことが史書に記錄されていたが[59]、この金鋌類の出現によって裏づけられたのである。〔張通儒進奉金鋌〕の該銘が故意に削り取られてみえにくくなっていたのは、安史の亂が鎮壓された後になって張通儒の名を諱忌した作爲であると考えられる。

陶正剛は「歲僧錢兩」という文言にはまったく言及しなかったが、盧兆蔭「從考古發言看唐代的金銀〝進奉〟之風」（『考古』一九八三年第二期）で簡單にふれたように、卽位直後の肅宗が安史の亂による財政窮迫を打開するために錢を納めさせて僧尼と道士を度させた、と記錄されていた史實を裏書きする金鋌だったのである。この肅宗期における賣度の實狀を生ま生ましく傳える文物として、今世紀の初頭にペリオが將來した敦煌文書のなかに二點（三九五二號と四〇七二―三號）含まれていて、ジャック・ジェルネの『五―十世紀中國社會における佛敎の經濟的諸樣相』[60]（フランス遠東學院、一九五六年）五二―五五頁で紹介され、諸戸立雄「唐代における度僧制について」（『東北大學東洋史論集』一、一九八四年）の「六　肅宗朝の賣度」で詳しく吟味されるが、河東の地からの〔歲僧錢兩金鋌〕によって、『舊唐書』食貨志の總序に[61]、

安祿山の范陽に反するに及び、兩京の倉庫は盈溢して名うべからず。楊國忠は計を設けて、正庫の物を耗すべからずと稱す。乃ち御史崔衆をして、河東に於いて錢を納れて僧尼と道士を度せしむ。旬日の間に錢百萬を得たり。

と敍述されていた狀態を彷彿とさせてくれることになったのである。

この二〇兩の〔歳僧錢兩金鋌〕[62]は、長さ一八・六センチ、廣さ四・二センチ、厚さ〇・四五センチで、重さは八〇七・八グラムなので、一兩あたり四〇・三九グラム、つまり銀鋌の諸例と大差はない。ところが別の「金貳拾兩鋌專知官長員外同正」という銘刻のある〔員外正金鋌〕は、長さ一四・七センチ、上の廣さ一・五センチ、底の廣さ二センチ、厚さ〇・四センチで重さは二八三グラムしかなく、二〇兩と稱しながら、通常の三分の一しかない。また銘文のない金鋌七七件のうち、最大のものは長さ一八・二センチ、廣さ三・四センチ、厚さ一・一センチで重さは一〇九一・二二グラム、最小のものは長さ八センチ、廣さ一・一センチ、厚さは〇・五センチで重さはわずかに六五グラム、ほぼ圓形である金餅は四件を合わせても六三一・五グラムしかない。したがって、これまでに出土した金の地金の最大のものは、長安城東市遺址出土の三〇兩の金鋌であって、唐の段成式が『酉陽雜俎』[63]において、靴のなかから金一鋌を取り出したとか、金銀鋌の長さは三寸餘であったと書いていたのが眞實味を帶びてくる。

4　金銀器

地金である金銀餅や金銀鋌とは違って、美術工藝品である金銀器の底部などに切銘された文字資料のみに注目するのは、野暮の極みであるが、前項までの手法を用いて作業をつづけよう。ただし、様式における西方文化の影響や美術品としての價値といった觀點は一切捨象し、金銀器の出土狀況や寸法についても、必要最小限にとどめることにする。なお、金銀器といえば頭飾なども含まれるはずであるが、銘刻をもつのは狹義の金銀器、つまり金銀容器に限られる。

唐代の金銀器は、白鶴美術館の藏品に代表されるように、中國から流出して歐米や日本の個人ないしは博物館の所有に歸したものも多いが、銘刻をともなったものは、大英博物館藏の「王從約」なる切銘をもつ銀器一點だけであった。[64] ところが、一九五七年に西安市の和平門外、唐長安城の平康坊東北隅に相當する地點から、大中十四（八六〇）年八月という年月を明記した鍍金銀製の茶托が出土して以後、有銘の金銀器がいくつか發見され、同じ様式の金銀器の製作年代の判定にも活用されるに至っている。そこで刻銘の年代順に簡單に紹介することにしよう。銀餅や銀鋌には安史の亂（七五五—六三）以前の玄宗朝の年紀を刻したものが多かったのに、金銀器には現在までのところ一點もみつかっていない。

（A）李勉進奉銀器

一九七五年に西安市南郊の唐長安城の光徳坊西北隅に相當する地點から銀器四點が出土した。そのうちの一點、直徑一七センチの「雙魚寶相蓮瓣紋銀盤」の底部につぎのような四行の銘文があった。[65]

朝議大夫・使持節都督洪州諸軍
事・洪州刺史・兼御史中丞・充江南西
道觀察處置都團練守捉及莫徭
等使・賜紫金魚袋・臣李勉奉　進。

これは清廉をもって聞こえた宗室宰相の李勉[66]が江南西道觀察使であった廣德二（七六四）年九月から大曆二（七六七）年四月のあいだに、代宗に進奉した銀盤であって、李勉の官銜の一つである莫徭使とはこの地方の少數民族である莫徭を監督するポストであった。[67]

（B）劉贊進奉銀器

一九七六年四月に遼寧（現在は内蒙古自治區に編入された）の昭烏達盟喀喇沁旗の錦山公社で發見された鍍金銀器六點のうちの銀盤の底に、宣州刺史を兼ねた宣歙池觀察使の劉贊が進奉した旨の切銘一行があった[68]。

朝議大夫・使持節宣州諸軍事・守宣州刺史・兼御史中丞・充宣歙池等州都團練觀察處置采石軍等使・彭城縣開國男・賜紫金魚袋・臣劉贊進。

宣州宣城郡はすでに取り上げた「宣城郡採丁課銀鋌」からもわかるごとく銀産地であったが、それだけにとどまらず「天下沃饒」と稱される地域であった。この地に貞元三（七八七）年八月から十二（七九六）年六月に沒するまでの九年間赴任した劉贊は、學問はなく、私腹を肥やし、天子への進奉にこれ務めて恩を希ったと、兩唐書の本傳のみならず食貨志にも取り上げられていた人物であった[69]。その劉贊が宣州から德宗に進奉した銀器の一つが、東北邊境の昭烏達盟ハルチン旗から出土したわけで、金銀が唐代の邊境社會と密接な關連があったことを裏づけるものである[70]。

（C）裴肅進奉銀器

一九六二年に西安北郊、唐の大明宮西夾城外から出土した鍍金寶相華雙鳳六花形銀盤の裏面に二行の切銘があった[71]。

浙東道都團練觀察處置等使・
大中大夫・守越州刺史・御史大夫・上柱國・賜紫金魚袋・臣裴肅進。

このほかに點檢濟をしめす「點過訖」の三字の刻銘がみられたが、それはさておき、裴休の父である裴肅は、

『舊唐書』食貨志の總序で節度使の進奉について述べたのちに、

その後、裴肅が常州の刺史となり、乃ち薪炭案牘を鬻貨し、百貫の上、皆な利を規む。歳餘にして又た進奉す。幾くも無くして浙東観察使に遷る。天下の刺史の進奉、肅より始まるなり。

と特筆されていた[72]。常州刺史として苛斂誅求に務め、進奉した見返りに貞元十四（七九八）年九月に浙東観察使として越州に赴任した裴肅は、翌年五月に御史大夫の肩書を加えられて以後も進奉していたうちの一つが、この銀器ということになる。浙東観察使として没したのは貞元十八（八〇二）年正月である。

（D）敬晦進奉銀器

一九五八年に陝西省耀縣柳林背陰村で一九件の銀器が出土し、そのなかの一點に、

鹽鐵使臣敬晦進十二。

という切銘があった[73]。これは大中四（八五〇）年頃に鹽鐵轉運使であった敬晦[74]が宣宗に進奉したもので、「十二」という銘からみて、この際の進奉銀器が一二點以上あったことをしめしている。

（E）法門寺出土金銀器

一九八七年四月に陝西省の法門寺の塔の地宮から發見された一二一點の金銀器については、いずれ詳細な報告書が出版されるであろうが、とりあえず陝西省法門寺考古隊「扶風法門寺塔唐代地宮發掘簡報」（『文物』一九八八年第一〇期）によって、唐の皇帝や高官たちが奉納寄進した寶物を瞥見しておく。皇帝が寄進した金銀器のなかには、それ以前に地方官などから進奉されていたものをあらためて奉納したものも含まれ、除外するわけにはいかないの

である。

（イ）李福進奉銀器

「鍍金雙鳳銜綬紋圏足銀方盒」（標本ＦＤ五の〇八二號）の蓋に二行の大字で「隨眞身御前賜」と墨書され、盒の底部の外壁に切銘として、

諸道鹽鐵轉運等使臣李福進。

という一二字がみえる。宗室宰相となる李福が鹽鐵轉運使であったのは咸通四（八六三）年末から五年二月までなので、[75]その時點で懿宗に進奉されたものであろう。

（ロ）李杆進奉銀器

「鍍金鏤空飛鴻毬路紋銀籠子」（標本ＦＤ五の〇七七號）の底部の邊縁に「桂管臣李杆進」の六字が彫られていた。桂管觀察使あるいはその部下の李杆なる人物については、文獻資料には見當たらないが、一九八〇年に陝西藍田から出土した金銀器一一點のうちの鴛鴦綬帶紋銀盤の底に、やはり「桂管臣李杆臣」の六字が刻されていて、別の鳳銜綬帶紋五瓣銀盒の底に「內園供奉合」「咸通七年十一月十五／日造。使臣田嗣莒／重一十五兩五錢一字」とあったので、[76]咸通七（八六六）年頃に桂管の李杆が進奉した銀器の一つが藍田から出土し、もう一つが法門寺に奉納されて、今回發見されるに至ったものである。

（ハ）李鷲進奉銀器

「鍍金雙獅紋菱弧形圏足銀盒」（標本ＦＤ五の〇七四號）の盒底の外壁につぎのような四行三三字が刻されていた。

進奉　延慶節。金花陸

寸方合。壹具。重貳拾兩。

江南西道都團練觀察處
置等使臣李　進。

延慶節というのは懿宗の生日節なので、(77) 江西觀察使の李某とは、咸通九（八六八）年から十一年にかけて着任していた李騭を指す、(78) と考えるべきであろう。したがってこの鍍金銀盒は、內翰林より江西觀察使として赴任した李騭が延慶節の祝賀の意をこめて懿宗に進奉され、懿宗から法門寺に奉納されたものと思われるのである。

（F）宣徽酒坊銀器

一九七九年十月に西安西郊の未央區で銀酒注が發見された。その底に七行にわたるつぎのような銘文が刻されていた。

宣徽酒坊。
咸通十三年六月廿日。別敕造七升。
地字號酒注。壹枚。重壹佰兩。匠
臣楊存實等造。
監造番頭品官臣馮金泰。
都知高品臣張景謙。
使高品臣宋師貞。

これ以前にも宣徽酒坊という文字の刻された銀器の發見は報ぜられていたが、高品つまり宦官が責任者であり、咸通十三（八七二）年という年紀をもち、工匠が楊存實であることを明記したこの銀酒注は、ほかの金銀器の製作年代を同定する上にも、貢獻が期待される。たとえば、一九五八年に西安南郊で出土していた銀鋌に、左側に「楊」の字、右側に「打作匠臣楊存實作下作殘銀」という一一字が刻されていたが、この銀酒注の發見により、先の銀鋌が同一の工匠によって製作されていたことが判明したのである。(79)

おわりに

一九二九年に崔愼由進奉銀鋌が琉璃廠に姿をみせて以降、韓愈の「論佛骨表」で知られる扶風法門寺塔地宮の發掘簡報に至るまで、管見に入った唐代の金銀製品のうちの在銘遺寶に限って、私なりに整理しておこうとした當初の意圖を、一往は果たし終えた。整理の方法については、それら文物の發掘ないし發見された年月順にではなく、銀餅・銀鋌・金鋌・金銀器に分けた上で、それぞれ刻銘の年代順に配列し考察を進めた。その結果、驚嘆に堪えなかったのは、これらの發見はまったくの偶然による事例がほとんどだったにもかかわらず、銘刻の固有名詞が『舊唐書』食貨志の總序で指摘されていた唐代の政治社會の隆替、朝野における世道人心の澆漓を色濃く反映していることであった。

『舊唐書』食貨志の總序は、財政の擔當者および府庫・府藏の充實いかんに關心を寄せてつぎのように述べる。まず府庫を封じて賞賜と給用に節制した高祖が帝業を成して以後、財賦を掌る者は、開元以前には尙書省に歸していたのが、開元以後は新設の多くの財政諸使に實權が歸した。これらの諸使は、その人を得れば國家に有益であるが、その才にあらざれば黎庶に患をのこす。そして楊國忠について「椒房の勢を藉りて恩幸を承け、四十餘使を帶ぶと云う。その聽覽を經るや、必ず數倍弘益し、また寵貴せらる」と難詰している。在銘の出土金銀は、唐初から開元初頭までのものは絶無であるが、諸道鑄錢使・采市銀使といった財政諸使を帯びた楊國忠の進奉銀鋌がいくつも出土したことは、楊國忠が激しく糾彈される存在であったことを、あらためて認識させてくれる。「歳僧錢兩金鋌」と「裴肅進奉銀器」が、『舊唐書』食貨志の總序で僧尼道士の賣度と刺史による進奉の最初として非難されていた史實を裏づけるものであることは、すでに言及しておいた通りである。やはり總序に、徳宗朝で「常賦の外、進奉やまず。韋皐劍南、日進あり、李兼江西、月進あり、杜亞揚州、劉贊宣州、王緯・李錡浙西、みな競いて進奉をなし、もって恩澤を固む」と書かれていたなかの宣州の劉贊が進奉した銀器が、內蒙古自治區から出土したことではあり、ここに列擧されているほかの人物たちの進奉した銀鋌や金銀器が近い將來に出土することも夢ではあるまい。

註

（1）「認眞落實毛主席關于〝古爲今用〟的偉大方針　我國在文化大革命中發掘出大批珍貴歷史文物」（『文物』一九七二年第一期）。

（2）陝西省博物館・文管會革委會寫作小組「西安南郊何家村發現唐代窖藏文物」（『文物』一九七二年第一期）。池田溫「西安南郊何家村發見の唐代埋藏文化財」（『史學雜誌』八一―九、一九七二年）は本報告の邦譯であり、有益な譯者補注が附されている。

（3）河南省博物館・洛陽市博物館「洛陽隋唐含嘉倉的發掘」（『文物』一九七二年第三期）。

（4）拙稿「隋唐時代の太倉と含嘉倉」（『東方學報　京都』五二、一九八〇年。本書第Ⅱ部第三章）。

（5）張弓『唐朝倉廩制度初探』（中華歷史叢書、中華書局、一九八六年）。

（6）李問渠「彌足珍貴的天寶遺物――西安市郊發現楊國忠進貢銀鋌――」（『文物參考資料』一九五七年第四期）、唐長孺「跋西安出土唐代銀鋌」（『學術月刊』一九五七年第七期）、萬斯年「關于西安出土唐天寶間銀鋌」（『文物參考資料』一九五八年第五期）參照。

(7) 陶正剛「山西平魯出土一批唐代金鋌」（『文物』一九八一年第四期）。

(8) 丹徒縣文敎局・鎭江博物館「丹徒丁卯橋出土唐代銀器窖藏」（『文博通訊』一九八二年第四期）・同「江蘇丹徒丁卯橋出土唐代銀器窖藏」（『文物』一九八二年第一一期）、陸九皋・劉建國「丹徒丁卯橋出土唐代銀器試析」（同上）參照。

(9) 雒長安「千年古刹藏珍奇——法門寺塔基地宮發見唐代大批珍貴文物——」（『文博』一九八七年第四期）、石興邦編選『法門寺地宮珍寶』（陝西人民美術出版社、一九八八年。陝西珍貴文物叢書2としての增補版は一九八九年）、陳景富編著『法門寺』（長安佛敎研究叢書、三秦出版社、一九八八年）、氣賀澤保規「扶風法門寺の歷史と現狀」（『佛敎藝術』一七九、一九八八年）、陝西省法門寺考古隊「扶風法門寺塔唐代地宮發掘簡報」（『文物』一九八八年第一〇期）參照。

(10) 陸九皋・韓偉兩氏の編になるこの『唐代金銀器』には、まず韓偉・陸九皋「唐代金銀器概述」、劉建國「試論唐代南方金銀工藝的興起」、韓保全「金銀器與唐代進奉之風」、朱捷元「唐代白銀地金的形制、稅銀與衡制」、韓偉「唐代冶銀術初探」の五論文が擧げられ、ついで彩色圖版が九、單色圖版が二八一、最後に附錄として、銀餠・金錢・銀錢・銀板・銀鋌の單色圖版が一三、寫眞と解說がそれぞれに施されている。本稿にとっては、附錄として收められた部分が有り難い。ただし、本書は鎭江市博物館と陝西省博物館の主編にかかるせいか、山西省平魯縣出土の金鋌・金製品は附錄のなかにも寫眞はみえない。

(11) この『新中國的考古發現與研究』は、まったく同一の書名の、圖版をともなった精裝本と圖版の省かれた簡本の二種が發行されている。關野雄監譯『新中國の考古學』（平凡社、一九八八年）は、本書の邦譯である。

(12) 美術考古の觀點からなされた考察としては、桑山正進「一九五六年來出土の唐代金銀器とその編年」（『史林』六〇—六、一九七七年）、前揭註（10）『唐代金銀器』卷頭の韓偉・陸九皋「唐代金銀器概述」などがある。

(13)『唐律疏議』巻二六・雜律上「諸私鑄錢者、流三千里。作具已備未鑄者、徒二年。作具未備者杖一百。（疏議曰。……若私鑄金銀等錢、不通時用者、不坐。）」

(14)『唐會要』巻三一・章服品第に所引の開元二年七月二十五日敕「珠玉錦繡、既令禁斷。準式、三品已上飾以玉、四品已上飾以金、五品已上飾以銀者。宜於腰帶及馬鐙酒杯杓依式。自外悉斷。」

(15)加藤の該書は『唐宋時代金銀之研究』（中國聯合準備銀行、一九四四年）と題して中國譯された。韓偉も中譯本を用いている。

(16)『史記』巻一二・武帝紀「是時而李少君以祠竈・穀道・卻老方見上、上尊之。……少君言於上曰、祠竈則致物、致物而丹沙可化爲黃金、黃金成以爲飮食器則益壽、益壽而海中蓬萊僊者可見、見之以封禪則不死、黃帝是也。」

(17)『太平御覽』巻八一二・珍寶部・銀の條「唐書曰、武德中、方術人師市奴合金銀並成。上異之、以示侍臣。封德彝進曰、漢代方士及劉安等皆學術、唯苦黃白不成、金銀爲食器、可得不死。」

(18)『舊唐書』巻一七四・李德裕傳「臣又聞前代帝王、雖好方士、未有服其藥者。故漢書稱黃金可成、以爲飮食器則益壽。又高宗朝劉道合、玄宗朝孫甑生、皆成黃金、二祖竟不敢服。豈不以宗廟社稷之重、不可輕易。此事炳然載於國史。以臣微見、倘陛下睿慮精求、必致眞隱、唯問保和之術、不求餌藥之功、縱使必成黃金、止可充於玩好。」

(19)『隋書』巻二四・食貨志・通貨の條「梁初、唯京師及三吳・荊・郢・江・湘・梁・益用錢。其餘州郡、則雜以穀帛交易。交・廣之域、全以金銀爲貨。……後周之初、尙用魏錢。及武帝保定元年七月、乃更鑄布泉之錢、以一當五、與五銖並行。時梁・益之境、又雜用古錢交易。河西諸郡、或用西域金銀之錢、而官不禁。」

(20)『唐六典』巻三・戸部・賦役之制の條「凡諸國蕃胡內附者、亦定爲九等。四等已上爲上戸、七等已上爲次戸、八等已下爲下戸。上戸丁稅銀錢十文、次戸五文、下戸免之。附貫經二年已上者、上戸丁輸羊二口、次戸一口、下戸三戸共一口。凡嶺南諸州稅米者、上戸一石二斗、次戸八斗、下戸六斗。若夷獠之戸、皆從半輸輕稅。」

(21)日野「唐代嶺南における金銀の流通」は當初『續唐代邸店の研究』（自家版、一九七〇年）の四一六—五〇八頁に「參考」として插入され、のちに『日野開三郎東洋史學論集』第五巻（三一書房、一九八二年）に再録された。

（22）『唐會要』巻八四下・租税下と『舊唐書』巻四八・食貨志上に「元和十五年八月、中書門下奏。伏準今年閏正月十七日敕、令百僚議錢貨輕重者。今據群官戶部尙書楊於陵等議、伏請、云云」とあり、錢貨輕重に關する論議が行なわれたのは元和十五年だったので、日野開三郎が前掲註（21）所引の論文において「長慶元年の錢貨論議に表われた嶺南の金銀流通」と題された節名は、「元和十五年の……」と讀みかえるのが妥當であろう。

（23）元稹『元氏長慶集』巻三四・錢貨議狀「右、閏正月十七日、宰相奉宣進止如前者。臣以爲……自嶺已南、以金銀爲貨幣。自巴已外、以鹽帛爲交易。黔・巫・溪・峽、大抵用水銀・硃砂・繒綵・巾帽以相市。」

（24）『支那中世の軍閥』は、『日野開三郎東洋史學論集』第一巻（三一書房、一九八〇年）に再錄された際、副題の「唐代藩鎭の研究」が「唐代藩鎭の成立と盛衰」と改められた。

（25）『國立北平圖書館月刊』三—一、一九二九年七月、の巻頭に插圖として、「唐崔愼由進呈銀鋌」の原寸大の寫眞が折り込まれた。

（26）講演概要は『史學雜誌』四六—八の彙報欄に掲載され、のちに『支那經濟史考證』下巻（東洋文庫、一九五三年）に附錄された際、寫眞が掲載された。

（27）中元二年の銀鋌については、利光三津夫「中元二年銀鋌の夢」（『古貨幣夜話』慶應通信、一九八三年）も加藤の論證に反對している。しかし加藤の手記に依據した「考證失敗談——「金銀の研究」訂正二題——」（『中國經濟史の開拓』櫻菊書院、一九四八年、所收）の「二　後漢中元の銀錠につきて」においても、補訂されていた。なお彭信威『中國貨幣史』（上海人民出版社、一九六五年第二版）一五八頁の注〔七七〕〔七八〕參照。

（28）この『唐代金銀器』は、奥附によれば一九八五年十二月の出版であるが、「陝西省考古研究所成立三十周年紀念專號」の『考古與文物』（一九八八年五・六號）に掲載された陝西省考古研究所科研規劃室「陝西省考古研究所三十年來研究工作的主要收獲」の「五、隋唐時代」の節の第一に「唐代金銀器的巨大發現」を擧げ、關係單位と大型圖錄『唐代金銀器』を編輯したとし、注（88）で、「陝西省考古研究所、鎭江市博物館等、『唐代金銀器』文物出版社、一九八七年」、と記している。陝西省博物館が陝西省考古研究所となっているのはともかくとして、出版年は一九八七年が正しいのであろう。
(29) 西安市文物管理委員會「西安市東南郊沙坡村出土一批唐代銀器」(『文物』一九六四年第六期)。
(30) 前掲註（2）の報告を參照。
(31) これらの東市庫銀餅には、「東市庫卌六兩」「東市庫趙忠五十兩半」「東市庫郝景五十二兩四錢」「東市庫張疋卌五兩半」のごとき題記が墨書されていて、趙忠や郝景などは工匠の姓名である。朱捷元「唐代白銀地金的形制、稅銀與衡制」(前掲註（10）『唐代金銀器』所收) の「二　東市庫銀餅與稅銀」三四頁を參照。
(32) 洊安縣は、安祿山が反亂を起こした際に肅宗が安の字を惡んで郡縣名を改めたものの一つで、至德二（七五七）載に洊水縣と稱されることになった。
(33) 『唐六典』卷三・戶部・度支の條「凡金銀・寶貨・綾羅之屬、皆折庸調以造焉。」なお秦波「西安近年來出土的唐代銀鋌、銀板和銀餅的初步研究」(『文物』一九七二年第七期) 參照。
(34) 『唐六典』卷三〇・京畿及天下諸縣令の職掌の條「若籍帳・傳驛・倉庫・盜賊・河隄・道路、雖有專當官、皆縣令兼綜焉。」
(35) 前掲註（2）の報告によると、懷集銀餅の徑は九・八センチで、洊安銀餅三塊の徑は九・八―一〇・八センチとされていた。『唐代金銀器』が懷集縣庸調銀餅の最大徑を一〇・八センチと記すのは、洊安縣のものと混同している蓋然性がある。銀餅の重量については、朱捷元「唐代金銀器、銀鋌與衡量制度的關係問題」(『文博』一九八六年第二期) の「一、何家村出土唐代銀餅實測重量表」に依據する。
(36) 〔洊安縣庸調銀餅二〕の匠陳賓の銀餅の拓片寫眞が、『光明日報』一九七二年一月七日號の「無產階級文化大革命中出土文物介紹」欄に掲載された。
(37) 蘇健「洛陽隋唐宮城遺蹟中出土的銀鋌和銀餅」(『文物』一九八一年第四期)。
(38) 『唐六典』卷二〇・太府寺・左藏令の條「凡天下賦調、先於輸場、簡其合尺度斤兩者、卿及御史監閲、然後納于庫藏。皆題以州縣年月、所以別麤良、辨新舊也。」

(39) 朱捷元「關于唐〝東市庫〟銀餅及稅銀的一些問題」(『文博』一九八七年第六期)。
(40) 『唐六典』卷二〇・太府寺の條「金銀之屬謂之寶、錢帛之屬謂之貨。絹曰匹、布曰端、綿曰屯、絲曰絇、麻曰綟、金銀曰鋌、錢曰貫。」
(41) 前揭註(6)および前揭(12)の諸論文。
(42) 郁賢皓『唐刺史考』(江蘇古籍出版社、一九八七年)二七五五頁參照。
(43) 『唐代金銀器』に附錄10として正面の圖版寫眞を載せるが、「知度支事」の四字がなく、明らかに〔信安郡稅山銀鋌〕正面の寫眞である。長さは三六・六センチ、廣さは七・五センチ、重さは二一一二グラム。中國歷史博物館の所藏。
(44) 嚴耕望『唐僕尙丞郎表』(中央研究院歷史語言研究所、一九五六年)七六五頁と九四六頁參照。
(45) 前揭註(37)蘇健「洛陽隋唐宮城遺蹟中出土的銀鋌和銀餅」。
(46) 黃永年「唐天寶宣城郡丁課銀鋌考釋」(『陝西師大學報(哲學社會科學)』一九七八年第四期)。
(47) 『唐律疏議』卷一一・職制律下の「諸奉使有所部送」の疏議に「奉使有所部送、謂差爲綱典部送官物。及囚徒畜產之屬。」とある。前揭註(4)拙稿「隋唐時代の太倉と含嘉倉」參照。
(48) 拙稿「唐代の縣尉」(『唐代政治社會史研究』同朋舍出版、一九八六年)參照。
(49) 前揭註(42)郁賢皓『唐刺史考』一九五四頁參照。
(50) 丹徒縣文敎局・鎭江博物館「江蘇丹徒丁卯橋出土唐代銀器窖藏」(『文物』一九八二年第一一期)。その二三頁に、二〇笏の銀鋌について述べた際、「其中三笏鋌面墨書〝重伍拾壹兩〟字樣」とある三が兩の誤植であることは、圖二二と圖二三の寫眞からも明らかである。『文博通訊』一九八二年第四期に揭載された際には「其中、有兩笏鋌面墨書〝重伍拾壹兩〟字樣」と正確に書かれていた。
(51) 崔胤の父である崔愼由の本傳は『舊唐書』卷一七七、『新唐書』卷一一四にある。前揭註(44)嚴耕望『唐僕尙丞郎表』七三一・七三二頁參照。

(52)『史學雜誌』四六—七の彙報欄、「史學會第三十六回大會記事」の一〇六頁。

(53) 朱捷元・黒光「西安南郊出土一批銀錠」(『文物』一九六六年第一期)では、一九六〇年七月に西安南郊で出土した一四件の船形銀錠を宋代のものと認定していた。しかし、朱捷元「關于唐代白銀地金的形制問題」(『文博』一九八四年第三期)・同「唐代白銀地金的形制、稅銀與衡制」(『唐代金銀器』所收)において前説は撤回され、晩唐時期に屬する白銀地金の形態である、と述べられている。

(54)『宋史』卷一六五・職官志五・少府監の條參照。

(55)『事物紀原』卷七・庫務職局部・文思院の條「唐有文思院。蓋天子內殿之比也。其事見畫斷、然非工作之所。而宋朝太平興國三年、始置文思院、掌工巧之事、非唐制矣。」

(56) 加藤繁『唐宋時代に於ける金銀の研究』七一・七二頁參照。なお加藤の講演概要「支那古金銀の形制について」において、「上元・端午・冬至・生月」を四節とされているのは、盧兆蔭「從考古發現看唐代的金銀〝進奉〟之風」(『考古』一九八三年第二期)の注(28)で指摘するごとく、訂正されねばならない。

(57) 劉鄴の本傳は『舊唐書』卷一七七・『新唐書』卷一八三にある。前掲註(44)嚴耕望『唐僕尙丞郎表』三五二頁參照。

(58) 前掲註(39)朱捷元「關于唐〝東市庫〟銀餅及稅銀的一些問題」を參照。

(59)『資治通鑑』卷二二〇・肅宗至德二載九月の條「初、上欲速得京師、與回紇約曰、克城之日、土地士庶歸唐、金帛子女皆歸回紇。」

(60) Jacque Gernet, *Les aspects économique du Bouddhisme dans la Société chinoise du Ve au Xe siècle*, École française d'Extrême-Orient, Saigon, 1956. 卷末の圖版一として、ペリオ本三九五二號の寫眞が掲載された。なお、二點の敦煌文書は、池田溫『中國古代籍帳研究』(東京大學東洋文化研究所、一九七九年)に「二二六　唐乾元二年?(759?)沙州羅法光納錢尼告牒」「二二七　唐乾元二年?(759?)沙州張嘉禮納錢僧告牒」と題して、ていねいな移錄がなされている。

(61)『舊唐書』卷四八・食貨志上に「及安祿山反於范陽、兩京倉庫盈溢而不可名。楊國忠設計、稱不可耗正庫之物、

乃使御史崔衆於河東納錢度僧尼道士、旬日間得錢百萬。」とあり、『陳寅恪讀書札記――舊唐書・新唐書之部――』（上海古籍出版社、一九八九年）四九・五〇頁に、贊寧の『宋高僧傳』卷八・神會傳などが引用されている。

(62)この〔歳僧錢兩金鋌〕の正面には「□朝議郎□□□御□賜紫金魚袋臣□□進」とあり、背面には三行にわたって刻され、その第一行に「乾元元年歳僧錢兩金貳拾兩」、第二行は最初の「鋌」という字しか讀めず、第三行目に「□□□官朝議郎□□□司馬賜□魚袋臣張昂」とあったとされる。正面の「進」という字から、この金鋌も、歳僧錢兩として集められたものをあらためて誰かに進奉したものとみるべきである。背面の最後にみえる「張昂」という人物は、乾元元（七五八）年の三年後の肅宗上元二（七六一）年四月に嗣岐王珍の亂に連坐して決殺された楚州司馬張昂と同一人かもしれない。

(63)『酉陽雜俎』前集卷一五に「遂摸靴中、得金一鋌、授曰云云」、續集卷三に「中有金銀各一鋌、……鋌各長三寸餘。」

(64)後藤守一「大英博物館所藏の唐代金銀器」（『考古學雜誌』二〇―三、一九三〇年）、桑山正進「一九五六年來出土の唐代金銀器とその編年」（『史林』六〇―六、一九七七年）參照。

(65)保全「西安出土唐代李勉奉進銀器」（『考古與文物』一九八四年第四期）參照。

(66)『舊唐書』卷一三一、『新唐書』卷一三一の李勉傳、および吳廷燮『唐方鎭年表』卷五・江西の條參照。

(67)伊藤宏明「唐代における莫徭について」（『名古屋大學文學部研究論集』九二、史學三一、一九八五年）參照。

(68)喀喇沁旗文化館「遼寧昭盟喀喇沁旗發現唐代鎏金銀器」（『考古』一九七七年第五期）參照。

(69)『舊唐書』卷一三六、『新唐書』卷一三二の劉贊傳、『唐方鎭年表』卷五・宣歙の條參照。『舊唐書』本傳には「宣爲天下沃饒、贊久爲廉察、厚斂殖貨、務貢奉以希恩。」とある。

(70)拙稿「唐代の邊境における金銀」（谷川道雄編『中國邊境社會の歷史的研究』京都大學文學部東洋史學研究室、一九八九年。本書第Ⅱ部第四章）參照。

(71)李長慶・黑光「西安北郊發現唐代金花銀盤」（『文物』一九六三年第一〇期）、盧兆蔭「關于西安北郊所出唐代金花銀盤」（『考古』一九六四年第三期）、朱捷元「西安北郊出土唐金花銀盤銘文的校勘」（『文物』一九六四年第七期）參照。

(72)『舊唐書』卷四八・食貨志總序に「其後裴肅爲常州刺史、乃鬻貨薪炭案牘、百賈之上、皆規利焉。歳餘又進奉。無幾、遷浙東觀察使。天下刺史進奉、自肅始也。」とあり、『新唐書』卷五二・食貨志二には「常州刺史裴肅鬻薪炭案紙爲進奉、得遷浙東觀察使。刺史進奉、自肅始也。」という。

(73) 陝西省博物館「陝西省耀縣柳林背陰村出土一批唐代銀器」（『文物』一九六六年第一期）參照。

(74)『新唐書』卷一七七・敬晦傳および前掲註(44)嚴耕望『唐僕尚丞郎表』八〇六頁參照。

(75)『唐僕尚丞郎表』六六一―六六二、八〇八頁を參照。

(76) 樊維岳「陝西藍田發現一批唐代金銀器」（『考古與文物』一九八二年第一期）。

(77)『冊府元龜』卷二・帝王部誕聖を參照。

(78)『唐方鎭年表』卷五・江西の條參照。

(79) 朱捷元・李國珍・劉向群「西安西郊出土唐〝宣徽酒坊〟銀酒注」・同「西安南郊發現〝打作匠臣楊存實作〟銀鋌」（ともに『考古與文物』一九八二年第一期）。

（補註1）この韓偉「唐代社會生活中的金銀器」は、最新刊の韓偉編著『海內外唐代金銀器萃編』（三秦出版社、一九八九年）卷頭の「簡論」の前半部に、補訂を施し再録された。

（補註2）王倉西「從法門寺出土金銀器談〝文思院〟」（『文博』一九八九年第六期）によると、法門寺出土の金銀器のなかに、咸通九（八六八）年から十四（八七三）年にかけて文思院で造られた旨を刻銘したのが七點あり、それ以外の無銘のものでも、いくらかは長安の文思院で造られたに違いない、という。

（※補註はいずれも初出時）

附　章　均田制と府兵制

律令制國家

隋と唐の時代を、ふつう律令制國家と呼ぶ。その亞流である大化改新以後しばらくの時期の日本がそうであるのと同じように、たしかに隋から唐中期までを法制・官制の完備した時代として特色づけることができよう。そこでは理論上、國家のどのような僻遠の土地でも首都とおなじ法律が適用され、おなじ基準の行政が執行され、中央集權的な統一政治が行なわれることになっていた。

それは、律・令・格・式のかたちで公布された法制を柱として、均田法と呼ばれる土地制度、府兵制と呼ばれる軍事組織、租庸調制と呼ばれる租稅體系、里村と隣保とに組み直された村落組織、の四つが巧みに組み合わされて人民を把握しようとする新體制であった。この新體制こそ、政治權力の集中化のための基盤をなすものであり、この基盤の上に三省六部制を中心とする中央政府が存在して唐王朝が形作られていたわけである。だがその組み合わせが巧妙であればあるだけ、その齒車のどれ一つでもが故障を起こすと、たちまち全機構が崩れだすという危險が存したことを忘れてはならないのである。

表1　唐代における律令格式の編纂のあらまし

(1)武德律令式	武德　七（六二四）年
(2)貞觀律令格式	貞觀十一（六三七）年
(3)永徽律令格式	永徽　二（六五一）年
(4)永徽律疏	永徽　四（六五三）年
(5)麟德令格式	麟德　二（六六五）年
(6)儀鳳令格式	儀鳳　二（六七七）年
(7)垂拱律令格式	垂拱　元（六八五）年
(8)神龍律令格式	神龍　元（七〇五）年
(9)太極格	太極　元（七一二）年
(10)開元三年令格式	開元　三（七一五）年
(11)開元七年律令格式	開元　七（七一九）年
(12)開元二十五年律令格式及び律疏	開元二十五（七三七）年

律令格式

この時代の法制は、律令格式という體系においてまとめられていた。「律」は刑罰規定、「令」は行政法的規定であり、この二つが根幹をなしていたが、必ずしも永久不動の法ではなく、その原文に直接修訂を施すこともあったし、敕により隨時に變更を加えることもあった。「格」は改訂補充など律令を變更した規定であり、「式」は律令を施行するについての細目を決めた規定である。魏晉南北朝時代には律令とともに格式の名をもった法典も個別的にはできていたが（程樹德の『九朝律考』〈商務印書館、一九二七年〉は、漢から隋に至る九つの王朝の散失した律文、およびそのほかの法制史料をひろく收集して考證している）、律令格式の體系は隋代に成立し、唐代はそれをうけついだものらしい。隋から唐にかけて、幾度か律令格式の編纂が行なわれたが（表1）、唐の開元二十五（七三七）年の律がその官撰の注釋書である『唐律疏議』として傳えられたほかは、令も格も式もほとんどほろんで傳わらない。仁井田陞の『唐令拾遺』（東方文化學院、一九三三年）は、和漢の典籍に引用された唐令の遺文を收集して原典の體系と條文の復舊を試みた名著である。

　ところで、十九世紀の末以來、敦煌やトルファンから發見された古文獻のうちには、律の斷簡とともに、令・格・式の斷簡が含まれている。スタイン（一八六二―一九四三）およびペリオ（一八七八―一九四五）が敦煌で收集した永徽職員令の斷片は、永徽二（六五一）年九月に公布された唐令の殘巻であって、現存の唐律令格式のうちで最古のものである。律令は、影響力の點で西方のローマ法に比せられるが、ローマ法が私法の面にすぐれていたのに對し、律令は集權國家の發達したこともあって公法の面ですぐれていたのである。

均田制

唐朝の基本的な土地所有制であり、同時にその人民支配を支えていた均田制は、五世紀末の北魏にはじまったもので、國家が一定の均等規模の土地を人民に支給するのを建前とする制度である。この制度は、當時の基本的な行政法典である唐令のなかの田令（土地法）に規定されている。唐令は何回となく改修されたが、均田制については基本的な變更はなく、現在最もまとまったかたちでみられる開元二十五年令の諸規定によって、唐代前期の土地法の全體を論じて差し支えないのである（表2）。

それによると、給田は原則として個人對象で計算された上、戶ごとに支給される。國民の最大多數を占める一般良民（農民）に對しては、丁男および十八歳以上の中男に、一人あたり二〇畝の永業田と八〇畝の口分田、あわせて一〇〇畝の土地が與えられることになっていた。もし本人が老男すなわち六十歳に達するか、篤疾（てんかん・狂人・手足の二本を缺くもの・視覺障害者、といった類の病人や身體障害者）・廢疾（中位の身体障害者、白癡・發話障害者・小人・腰背の折れたもの・片手または片足のないもの、といった類の病人や身體障害者）になると、その口分田の數は四〇畝に減らされ、本人が老男にならない前に死ぬと、妻妾に口分田三〇畝だけが留保される。ただしその場合でも彼らが戶主であれば、男女老幼を問わず、永業田二〇畝と口分田三〇畝が支給されることになっていた。この最後の戶主分の規定により、およそ良民の戶は、少なくとも五〇畝の土地を支給される建前だったことが明らかで

表2　開元二十五年令の給田規定

			口分田	永業田	園宅地
一般民	農民	丁男　中男（18歳以上）	八〇畝	二〇畝	三人ごとに一畝
		老男　篤疾　廢疾	四〇畝		
		寡妻妾	三〇畝		
		丁男・中男以外の戸主	三〇畝	二〇畝	
	工商		四〇畝	一〇畝	
	道士　僧		三〇畝		
	女冠　尼		二〇畝		
賤民	雑戸		八〇畝	二〇畝	五人ごとに一畝
	官戸		四〇畝	一〇畝	
	私奴婢				

ある。口分田は死亡または老年になると國家に返還され、永業田は子孫に傳えられて、一定數の桑・楡・棗（桑はいうまでもなく養蠶用であるが、楡・棗は木材・食用のため）などの樹木を植える義務が課されていた。これは均田制が農民の自然經濟の上にうちたてられており、農業とともに、手工業生産（特に衣料）を確保するためであったことを物語っている。永業田・口分田のほかに、園宅地が戸内の良民三人ごとに一畝の割で（賤民は五人ごとに一畝の割で）支給される。

以上は一般良民（農民）についてであるが、王公以下の有爵者や高級官僚に對しては、地位に應じて一〇〇頃（一頃は一〇〇畝であるから、一〇〇頃は一萬畝になる。一畝はおよそ五・五アール）から六〇畝までの官人永業田（蔭田）・勳田が支給され、工業や商業に從事する者には農民の半分、一定の資格をそなえた道士と僧侶には口分田三〇畝、女冠（女道士）と尼には二〇畝が支給される。私有の奴婢（賤民）には、園宅地を除いて、まったく給田されないことになっていた。

このほか隋制をうけて官吏の俸祿にあてるための職分田、官署の公費にあてるための公廨田などが存在していたのである。

唐令に規定されたこの均田法は、北朝のそれに對して內容の上で重大な改革が加えられているのである。その一つは、一方では耕牛、ついで私奴婢に對する給田が停止され、他方では官人永業田が成立し、かつ職分田の制が擴充されたことである。これは國家が豪族や貴族に向かって、彼らが官僚化しないかぎり大土地所有の維持を容認しないことを表明したものと解しうる。今一つは、婦人および私奴婢が授田の對象から除かれて、丁男と十八歳以上の中男（唐代ではふつう二十一―五十九歳の男子を丁男といい、十六―二十歳の男子を中男という。「表3　隋・唐代の年齡規定」參照）のみが受田することになった點である。これは課税の單位が牀（夫婦）より丁へ移行したことと相應ずる改革であって、北魏時代に戶より牀へと移行したことと相並べて考えると、建前としては、國家權力の浸透の度合が一段と深化したことを物語っているといえよう。

納稅の義務

唐代に生活した一般良民は、どのような納稅の義務を負わされていたのであろうか。均田法によって個々の農民に割りあてられる土地が一定していたのであるから、これに對應する稅制も、個々の農民に人頭的に定額に課されることになっていた。課稅の規定は、唐令のなかの賦役令に記されているが、それによると、課稅の單位は丁男であって、丁男は歲ごとに「租」として粟二石、「調」として絹・絁二丈と綿三兩、ただし江南諸州のような麻を產出する地方では五分の一（二丈に五分の一を加えると、外割（そとわり）計算で二丈五尺となる。二丈四尺ではない）を加えて麻布二丈五尺と麻三斤を納めることが定められている。

賦役令では正役についての規定も定められ、丁男は年に二〇日（閏年〈閏月のおかれた年のこと。一年は十三ヵ月となる〉は二二日）を原則とし、もし必要があって留役を命ぜられた際には、それが一五日ならば調を免じ、さらに一五日を増して三〇日となれば租と調とを免じ、一年を通じて正役を命ずる最高限度は五〇日とされていた。逆に正役を課さない場合は、一日につき絹・絁ならば三尺、麻布ならば五分の一を加えて三尺七寸五分の割合で代納させ、これを「庸」と名づけている。これによって、租・庸・調の三者を力役一本にすれば、租が一五日、調が一五日、庸（正役）が二〇日で閏年の際を除き、その合計が五〇日となるわけである。ちなみに、裁判官がもし誤って無實の人に徒刑を加え、勞役に服させた場合には、その日數だけの庸を課役（租庸調）から差し引くという規定がある。無實によって勞役に服すること滿一年ならば二年分の課役を免じ、二〇日以下ならばその日數だけの庸を差し引き、二〇日を超えてさらに一五日、すなわち三五日となれば、庸のほかに調を免じ、五〇日となれば租庸調を全免することになっていたのである。

これら丁男を對象とする租庸調からの收入が、唐朝の財政の基礎をなしていた。このほか地方官廳の管轄のもとに課された徭役があり、これを雜徭と呼んだ。雜徭というのは、雜多な輕勞働のことで、地方の土木事業などに徵發され、それに從事する者を夫といった。この雜徭の負擔日數については、現在の學界では說は一定していない。ここでは宮崎市定の說を紹介しておこう。

均田制によって、丁男・殘疾（片眼の視覺障害・聽覺障害・手の指の二本を缺くもの・足の指の三本を缺くもの・手足のおや指を缺くもの、などの身體障害者）・十八歳以上の中男には一樣に一〇〇畝の土地が支給されたが、納稅の義務の方は一樣ではなかった。丁男は租庸調と雜徭の四稅目のすべてを、殘疾者は租庸と雜徭とを、十八歲以上の中男は雜徭のみを負擔し、また給田のない十六、七歲の中男にも雜徭が課された。雜徭は本來は給田を受ける中男の義務であったと考えられるが、それが丁男・殘疾や給田のない中男にもおし及ぼされた。雜徭の負擔日數は、丁男は四〇日以內で三九日まで課すことができ、殘疾は五〇日以內、十八歲以上の中男はきっかり五〇日、十六、七歲の中男は四〇日以內であった（濱口重國は、丁男・中男とも一律に五〇日であった、とする。一律に四〇日以內であった、とする說もある）。

この唐の稅制には北朝にみられない新しい形式が發見される。それは牀（夫婦）を對象とする「租調」と丁を對象とする「役」とを同一系列に並べえなかったこれまでの制に對して、それを一本化した點であり、まさに均田法の給田が丁を單位としたのに相應ずる改革である。しかし特定の基準を立てがたい役を定期化した結果、役の代償となる「庸」の制を創始させ、そのために調と役との區別を曖昧にし、ついに過去の役を雜徭のかたちで再現させてしまったということができよう。

なお地稅・戶稅という不均等な課稅も唐初からすでに存在していたが、これらは水旱に備えるための義倉米（地稅）・官吏の俸給（戶稅）など特殊な用途にあてられるもので額も少なかったのである。

防人の制——徵兵制——

唐代人民の義務は、租・庸・調・雜徭の四者にとどまらなかった。そのほかに官廳の事務や官吏の身邊に奉仕する雜役・色役・番役などと呼ばれる特殊な役にあたる者がいた。なかでも最も大きな比重をもつものは、府兵の役であった。

西魏のはじめたいわゆる府兵制は、西魏をついだ北周の華北統一を助け、北周をついだ隋の全國統一を可能ならしめる原動力となった。開皇九（五八九）年、陳を滅ぼしたのを機會に、隋の文帝は、

もはや軍隊は首都と邊境との守りにつけば足りよう。文人にまで持たされていた兵器はことごとく破棄せよ

と宣言し、州軍を全廢して刺史の手から兵權を剝奪するとともに、府兵制をひろく天下に施行することにした。民間の私兵の保有と武器の私藏とは嚴禁された。隋に代わった唐もこの方針を堅持したので、ここに後漢末以來統一政治にとって癌となっていた地方の兵權は、ことごとく中央に回收されてしまったのである。

ほぼ隋制をうけついだ唐初の制では、中央に左右衞以下の十二衞府（ほかに皇太子の守衞に任ずる六率府がある）を設けて「禁軍」とし、地方に折衝府を設け、府兵の徵發・動員・訓練などを掌らせた。折衝府の數は最も多いときで六三四に達するが、そのうち、長安と洛陽とを中心とするごく狹い地域に四〇〇近くを置いて中央をかため、この二都を東北より西北にかけて半月形にとりかこむ邊境に近い地帶におよそ二〇〇を置いた。すなわち中央と邊境近くとに集中して設けられていて、全國均等に配置されていたわけではなかったのである。一折衝府の兵數はおよそ八〇〇人から一〇〇〇人であったから、府兵の總數は五、六〇萬だったことになる。なお折衝府はすべて中央の諸衞府に分屬していた。

このほか國境方面の軍事上の要地には「鎭」および「戍」が數多く設けられ、鎭將および戍主の指揮下に外敵の防衞にあたった。ただし鎭と戍は所在地の都督府ないし州の管轄下にあったのである。

唐の府兵は均田法の適用をうける丁男のなかから三丁に一丁の割合で徵發された。特に注意すべきは、府兵たる義務は折衝府の設けられている州民にのみ課され、折衝府なき州民には課されなかったことである。全國に三二〇餘りあった州のうち、折衝府の置かれていた州は九〇にすぎなかったから、地方によって負擔にはなはだしい格差

があったわけである。

府兵となったものは、平時は家にあって農耕に従事するが、冬の農閑期には所屬の折衝府に集合し、兵士としての訓練をうけ、また幾組かに分かれて一カ月ないし二カ月交替で首都に上り、禁軍を構成する十八衛府のいずれかの衛士となる。これを番上という。府兵にはまた邊境守備の義務があり、在役中に必ず一回は防人（日本の防人（さきもり）はこの制度にならったもの）となって三年のあいだ、邊境の守備を任とする鎭や戍の兵士とならねばならなかった。また內亂や外征が起こって當番のものだけで兵士が不足だということになれば、ただちに緊急召集をうけたことはいうまでもない。

府兵は租・庸・調・雜徭の義務は免除されていたが、服務中の武器・衣食は自辦であったから、死の危險まで背負いこむことを計算に入れなくても、稅役の免除ぐらいではとうてい償えないことになる。しかし政府にとっては、兵農一致の府兵制は生活の保證すらいらない、まことに安上がりの兵士づくりだったことになる。

戶籍の整備―丁中制―

唐代の律令制の根幹をしめる均田制・租庸調制・府兵制の規定が、一般良民（農民）を家族全體としてでなく、その家族の一人ひとりを對象としていたことを述べてきた。唐朝が特に重視したのは成人の男子、すなわち丁男であり、ついで中男であった。稅役と兵士を確保するには、丁男と中男をもれなく把握しなければならない。そのためには年齡による成年・未成年の別を決めることが先決であった。それを決めたのが丁中制（丁とは丁男、中とは中男を意味する）と呼ばれる制度であった。唐ではふつうに男女は生まれると「黃」と名づけられ、四歲になって「小」、十六歲になって「中」、二十一歲になって「丁」、六十歲になって「老」と呼ばれた。ただ女子は男子と同じく十六歳で中女となるが、結婚（男は十五歳以上、女は十三歳以上になると結婚できた）しないかぎりは中女で、結婚してはじめて丁妻となり、それは丁年に達していなくても差し支えなかったのである。

しかし單に丁男・中男などと認定したとしても、現實的な效果はない。はっきりと公文書の上に記載し、徵税・徵兵の臺帳にしなければ、確實に把握することはおぼつかないわけである。この臺帳にされたのが、「計帳」（徵税簿）と「戶籍」であった。

計帳は、北朝時代から唐代および宋代において、國家が人口の狀態を知り、國家の歳入を考えるための基本資料とする目的で作成した官簿で、日本の律令制にもその制度はうけつがれた。唐代の記錄によると、計帳は「手實」とともに戶籍編成の主な資料でもあった。手實は里正が每年里內の戶主に命じて提出させる家族の姓名・年齡・田宅に關する申告書であり、計帳はこの手實によって次年度の課税を官において記入した書類であった。こうして計帳には、戶籍と同じく、一戶を單位に、その口數、租庸調を負擔する戶（課戶）か負擔しない戶（不課戶）の別が記入されていた。計帳を作成する場合、縣令は人民の容姿をみて新たに丁男とし老男とするもの、租庸調をとりたてあるいは免ずべきものを、親しく審査決定しなければならなかった。計帳は、地方官廳である縣から、中央官廳である戶部（そのうちの會計を掌る度支）に送られ、ここでその年度の戶部計帳が作成され、全國的な戶口および税收入の集計が行なわれたのである。

唐代の戶籍は、この手實と計帳を資料として、三年ごとに三通の戶籍が作成され、一通は縣にとどめ、ほかは州および中央の戶部に送られた。敦煌から發見された唐代戶籍には戶主および家族の續柄や姓名・身分・性・年齡はもちろん、年齡の別としては老・丁・中・小・黃が記され、身體障害者については篤疾・廢疾・殘疾の區別が書かれている。それらは租庸調のような税役や兵役の標準となるものであった。

戸籍は手實と計帳を資料として、三年ごとに州縣において作成した。したがって、戸主の申告いかんによっては、一戸が税役の全部または一部を免がれることができたのである。かくて唐律では、戸主は戸口申告の義務を有するとともに、戸口を申告しなかったり、申告してもそれが虚僞であるときは、處罰されることになっていたのである。

表3　隋・唐代の年齢規定

	年代＼種別	黄	小	中	丁	老
隋	開皇二（五八二）年	一―三歳	四―一〇歳	一一―一七歳	一八―五九歳	六〇歳以上
	開皇三（五八三）年	一―三歳	四―一〇歳	一一―二〇歳	二一―五九歳	六〇歳以上
	煬帝初（六〇五）年頃	一―三歳	四―一〇歳	一一―二一歳	二二―五九歳	六〇歳以上
唐	武徳七（六二四）年 開元七（七一九）年	一―三歳	四―一五歳	一六―二〇歳	二一―五九歳	六〇歳以上
	神龍元（七〇五）年より 景雲元（七一〇）年まで	一―三歳	四―一五歳	一六―二一歳	二二―五八歳	五九歳以上
	開元二五（七三七）年	一―三歳	四―一五歳	一六―二〇歳	二一―五九歳	六〇歳以上
	天寶三（七四四）年	一―三歳	四―一七歳	一八―二三歳	二三―五九歳	六〇歳以上
	廣徳元（七六三）年	一―三歳	四―一七歳	一八―二四歳	二五―五四歳	五五歳以上

町內會と警防團

徴税や徴兵の原簿となる計帳や戸籍が作成されても、それらが戸主からの申告書である手實（秦始皇三十一〈紀元前二一六〉年の自實田も人民に申告させたものであり、宋の呂惠卿によって立案實施された手實法も一種の財産申告）にもとづくかぎり、たとえ罰則規定があっても、脱税や徴兵忌避が行なわれるであろうことは火をみるより明らかなことである。それは、現在の社會で、會社づとめのサラリーマンは否應なしに納税させられるのに、青色申告者の多額の脱税がみのがされている狀態を思いうかべれば十分である。

脱税や徴兵忌避を防ぐために、唐朝はいかなる努力をしたであろうか。專制的な中央集權國家が考えつきそうなことは、いつの時代でもそう突飛なものではない、常套手段である。第二次大戰中の日本では、國債の割當や配給物の分配のためには隣組が、また警防のためには警防團が、上からの命令として作られ、さらにその上に「上意下達」の中樞となる町内會や部落會がのせられ、それらによって國民の生活が身動きもならぬようにしめあげられていた。このやり方こそ、唐朝がとった方策と軌を一にするものなのである。いわば町内會にあたるのが唐の「里」であり、警防團にあたるのが「村」（都市のなかでは「坊」）、隣組にあたるのが「隣保」なのであった。

戸令（唐令のなかの一篇。地方行政法・家族法・身分法などに關する法規）の規定によると、この仕組みはつぎのようであった。農民は一〇〇戸をもって「里」と稱する行政村に編成され、その里に里正を置き、縣はただ里正を通して里を統轄する。里正には里内の丁男中から適當と思われる者が縣官によって選ばれ、戸口の動態を把握し、租庸調およびそのほかの雜税の徴收と兵役の召集の責任をとり、犯罪の發生を通告する任務が課されていた。すなわち里正は警察的職務も有するが、財政的職責の方がむしろ重かった。そしてもっぱら警察的任務のみを負わされたのが、自然聚落たる村の統轄者の「村正」（村ごとに一人の村正を置いたが、一〇〇家以上の村には一人増員した。一〇家未滿の村だと、大きな村にくり入れ、わざわざ村正を置きはしなかった）であり、都市の場合には「坊正」であった。なお里が五つあつまると「鄕」と呼ばれた。すなわち鄕は五〇〇戸から成り立った行政區畫であった。

唐の鄕と里とが人爲的區分であるのに對して、村と坊とは自然區分であった。「坊」は都市の城内において、道路によって區分され、垣牆によって圍まれた地域であり、「村」はおおよそ二〇ないし五〇家の自然聚落であった。人爲區分と自然區分とが重複並行して存在するのである。戶を徵稅にも警察にも便宜な數を單位として組み合わせ、これを行政の基礎單位とすることは不可能なことではない。しかしそれはあくまでも理論上のことであって、一〇〇戶と限定した戶數を單位として編成された里（行政村）が、必ずしも從來の自然發生的な地緣團體たる村や坊と、區域の上で合致するとは限らない。兩者のあいだにくい違いが存するのがあたりまえであろう。この點を考慮して、村と坊ごとに村正と坊正を置き、里正を助けて治安を維持する警察的任務を課したわけである。

隣組制度

里正や村正・坊正に對しては、こうした繁雜な任務をとりあつかう代償として、租庸調いっさいの免除の特典が與えられていたのであるが、その責任はあまりに過大であり、かつ官と人民とのあいだにはさまれた彼らの立場は、はなはだみじめであるように思われる。だが、その下部組織に隣保という隣組制度があったことを忘れてはならない。もしその責任の幾分かをこの隣保に肩代わりさせるのでなければ、里正・村正といえどもその任務を果たすことはできなかったであろう。

獨立した生活をもつ一〇〇戶の均田農民を里正（日本の律令制では、五〇戶の行政村を里といい、その統轄者を里長と呼んだ）が監督するのは容易なことではない。生活の苦しさから、申告事項を僞ったり、土地の賣買を行なったり、逃亡したり、逃亡者をかくまったり、一揆の相談をしたり、あらゆる非合法行爲の生まれる餘地がある。そこで農家同士を相互に監視させあうために隣保組織を作らせ、連帶責任をとらせたのである。人民を思うままに使役するのに一番容易な方法は、隣組を作らせて連帶責任をもたせることである。租稅の徵收も、兵役の徵發も隣組に責任をもたせてやれば、人民同士は互いにほかに迷惑の及ぶことを恐れて、何でもお上の命令に従うものなのである。

　唐の隣保組織は、戸令に、「四家を隣と爲し、五家を保と爲す」と書かれている（日本の律令時代にも、五戸〈郷戸〉で一保を編成し、一人の保長のもとに相互に検察させ、逃亡戸の捜索と租稅の代納などの連帶責任を義務づけさせた）。この令文の解釋をめぐって、四軒單位の「隣」と五軒單位の「保」とがどう組み合わされるのか、という點について、さまざまな見解が出されてきた。しかし、「隣」は單に「トナリアイ」の意味にすぎなく、五家の「保」が、人爲的に五家の組を作らせて徴稅などの連帶責任を負わせ、保長を立ててその代表者とするのに對して、「隣」は人爲的な組み合わせではなく、自然發生的な相對關係にすぎず、各家の位置によって自然に相近い者同士が連帶責任を負わされる制度である、と考えられる。保は固定的・人爲的な區分であり、隣は相對的・自然發生的な關係である。この兩者が重複するのは、人爲的區分の里が、自然區分である村・坊と重複する關係に等しかったのである（圖1参照）。

自然區分……｛都市……坊―隣
　　　　　　　農村……村―隣
人爲區分……都市・農村とも……郷―里―保

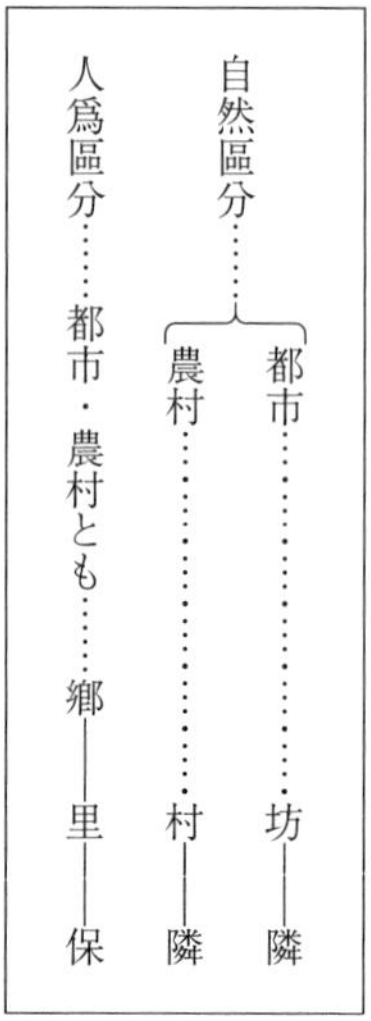

圖1　村落組織

夜行の禁

唐初の律令體制の仕組みは、以上のようなものであって、建前としては、實に用意周到に出來上がっていたことが理解されるであろう。村落組織を取り上げたのを機會に、當時の都市の形態についてふれておこう。

　唐初の都市は、官廳の所在地、貴族官僚の住宅地を主として、これに從屬する一般人民とをもって構成されていた。

都市には坊制が施行され、道路によって自然に區分された「坊」と稱する一地域は、周圍に塀をめぐらして道路より遮斷され、わずかに二個ないし四個の坊門によって內外の交通が許される。高官者でなければ、坊壁を破って大路に向かって住宅の門を設けることは許されない。坊はあたかも一つの小城郭であり、警察の一單位をなしていた。

この坊の集まったものが都市であり、さらにその周圍に堅固なる城壁をめぐらした。夜になると坊門を閉じて內外の交通を斷ち、人民は夜間に大路を通行すると、夜行の禁を犯したかどで處罰された。これが坊制である。坊ごとに置かれた坊正は、坊門の錠前を掌るという任務をおびていた。

都市のなかで、坊に相當する一、二の區畫が「市」として開放される。しかし、この市場も晝間に開くのみで、夜は市門を閉ざされる。店舖を設けるのはこの市の內部のみに限られる。市場內の商工業者は同業ごとに「行」(同種の商店の集まった所を「行」といい、手工業者の組合を「作」と呼んだ)を組織し、政府よりその獨占權を認められ、その代償として自己の商品をもって官用に供給しなければならなかった。これが市制である。

このように、唐初の都市は政治都市ないしは軍事都市としての性質が強く、商業はむしろ副次的な意義しか有しない。國都の長安や洛陽をはじめとして、地方の都市もすべてこの型式に從ったものであり、これを模範とした日本の平城京・平安京でも坊市の制が施行されていたのである。

理想と現實

唐初の律令體制は、理論的には、律令格式にのっとって、全國にくまなくゆきわたっていたはずであった。均田法にのっとって土地の給田があり、その見返りとして徵稅と徵兵が行なわれ、その運用を確實にするために行政村が置かれ、隣組による連帯責任制があったはずであった。それが建前であり、理想であった。では、唐初の社會の實態もその通りであったと考えてよいのであろうか。理想と現實とは一致していたと考えてよいだろうか。否と答えざるをえないのである。

多數の人民が徴税と徴兵の苦しみを負うていたこの時代に、廣大な土地を支給され、兵役にも行かないでよく、免税の特權をうける家があったらどうだろう。實際にそれがあったので、官僚特に高級官僚は、まさしくそんな特權を享受していたのである。

均田法による土地の給田においても、高い身分の者に對しては、親王には一〇〇頃、正一品の官には六〇頃、以下遞減して從五品の官五頃に至る「官人永業田」、勳官（中國の位階制の一種。勳功にむくいるために與える官で、品階のみで實職がない。勳章のごときものなので兵卒にも與えられ、濫授に陷った）に對する三〇頃から六〇畝に至る「勳田」が認められ、子孫に繼承される原則であった。これらの永業田は子孫に傳えられるので、「蔭田」と呼ばれ、一般民を對象とする永業田・口分田とは別の範疇に屬するものであった。ただしこれら高身分者の永業田・勳田は狹鄕においては支給されず、寬鄕に給されるべきであったが（田が少なくて人口の多い所を狹鄕といい、田が多くて人口の少ない所を寬鄕という）、狹鄕においても合法的に買い集めて所有することはゆるされた。このほか、別敕による「賜田」が合法的に存在したことを忘れてはならない。空閑地・未墾地の開墾と占有が認められ奬勵されたことはいうまでもないであろう。

五品以上の者は、單に永業田を支給されたにとどまらなかった。官吏となった者は、もちろん本人は徴兵もされず租庸調を納める義務もなかったが、特に五品以上の場合は、親の七光りで、息子や孫たちも租庸調をすべて免除された。そして六品以下の官吏の息子たちは、役（庸）だけを免除され、租と調を納めればよかったのである。特權階級の者は、いつの時代にも白い手をして生活を樂しんでいたわけである。

つぎに律令に載せられた均田制が規定通り行なわれたか否かをみてみよう。

均田制の實施狀況

均田制が規定通り行なわれたか否かは、早くより研究者の論議の的となったが、その論據となったのは敦煌やトルファンから發見された古文書である。敦煌文書のなかにみられる戶籍には、戶ごとに前半に戶口の記載があり、後半に田土の記載がみられる。

田土の記載をみると、保有地に永業田と口分田の別が注記されており、その應受田（規定によってもらえるはずの土地）・已受田（すでにもらっている土地）・未受田（まだもらっていない土地）の總計が記されている。それによると、ほとんどの戶が規定通りの土地をもたず、各戶の已受田もまちまちで、國家的規制のあとを見いだしがたい。そのため農民が舊來もっていた土地を戶籍に登錄し、それを永業田・口分田に割りふったにすぎないという還授否定論が從來から主張されてきたのである。

ところが大谷探檢隊がトルファン地方からもち歸った古文書類の研究がすすむにつれ、トルファンでは土地の還授が行なわれていたことが明瞭となった。しかし土地が零細で還授の基準が一丁あたり一〇畝ぐらいであることや、永業田が還授されていることなど、均田制についての令の一般的規定とはずいぶん異なった特徵がみられる。そこから、これは均田法によったものではなく、屯田法によったものだという意見も出ているのである。

トルファン以外でも土地の還授が行なわれたかどうかを檢討するのは、今後の課題であろう。現段階では、中國內地に一樣に均田制がしかれ、土地の還授が行なわれたと想定するのは、無理であると思われる。均田制が特定地域だけを對象とはせず、少なくとも建前として全國的な土地の支配體系をなしているということははっきりしている。しかし、均田制は北朝の北魏からはじまったが、南朝では全然行なわれなかったのであって、中國における在地勢力の存在とか農民の土地への執着性とかを考えた場合、均田制が現實に施行されたのは、華北の一部の地方にすぎなかったと考えるのが、妥當ではあるまいか。

しかし、たとえ土地の還授を行なわなかったとしても、唐朝が戶籍によって農民を把握し、その移動を禁じて、租庸調などの税役を徵收したことは、紛れもない事實であった。唐朝にとっては、土地の還授よりも、税役を確實に徵收することの方が關心事だったのである。

中國の均田制は、開始時點において土地公有宣言（前漢を奪った王莽のときに土地公有宣言があった。日本では大化改新のときにあった、という說もあるが、通說ではない）を發していない。すなわち均田制の創始は、基本的に土地の全面的な收公を必須の前提とはしていなかったのである。唐代においても、田令の基本的な給田體系は、一〇〇年以上もの久しきにわたって大幅な變更を加えられることなく存續し、しかも明瞭な廢止時點を書さずに行用されなくなった。それは、とりもなおさず均田制と租庸調制との對應關係を否定することを意味する。律令の建前は、授田の見返りとして徵税することになっていたが、唐初の一般農民は、受田のいかんにかかわらず、納税の義務だけは果たさなければならなかったのである。

莊園の盛行

均田制が、唐初の社會に、普遍的に存在はしなかったであろう、と考えることは、一般の概說書や教科書に、「唐代の中頃、均田制が崩れた後に、莊園制が代わって起こった」とされている見方を否定しようとするものであることは、明らかであろう。まさにその通りなのであって、均田制の施行された時期には、大土地所有制＝莊園制が均田制と並行して存在したと考える方が事實に卽しているのである。

莊園（もともとは別莊の意。のちそれに附屬する田園そのものが重要となった）とは、もともと中國では唐代に普通に用いられた言葉であり、これと相通じて用いられる同意語(シノニム)に、別業・別墅・別莊・莊田・田莊・園宅などがあり、あるいは園・墅・莊など一字で呼ぶ場合もある。ただし言葉の異なるに從って、相互間に多少のニュアンスの違いが生ずるし、時代によってその言葉の指す實態がはなはだ異なってくる場合もある。特に注意しなければならないことは、たとえ以上のような言葉で呼ばれなくとも、すでにその實質を備えたものが存在する場合もあるから、それを見落としてはならないことである。

日本や西洋の莊園がこうであるから、中國の莊園もこうだと定めてかかることは警戒しなければならないが（日本や西洋の莊園制にみられる不輸不入の權〈インムニテート〉は、中國の場合にはみられない）、日本や西洋の莊園に似たものを、中國の歷史から搜しだして比較し檢討することは、中國史の理解のために是非必要な手段であろう。そこで中國の莊園を定義するにあたって、なるべく廣く幅をとり、①大土地所有の經營であること、②封鎖的な經濟が豫想されること、③勞働者が不自由民であることが豫想されること、の三つの性質を前提として、中國史上に莊園を搜し求めると、中國における莊園的な土地經營は、すでに後漢時代にはじまり、南北朝に盛んとなり、唐代につづき、唐末から五代宋初には沒落したと考えられるのである。

租・庸・調・雜徭からなる唐代の徵稅制は、均等な土地保證という均田制の完全な施行が必要條件であった。しかるに均田制の實施は唐初から不徹底なものであり、莊園制が盛行していた。したがって個人としての丁男を對象として均一に課稅された租庸調制が、貧富の差を擴大する働きをしたことは、推測にかたくないことだったのである。

均田制のわく內にも、大土地所有があった。官廳の費用にあてる公廨田、官吏に給される職分田と官人永業田がそれである。公廨田と職分田は、一般農民に貸しつけ、畝ごとに二―六斗ほどの地子（地代のこと。子とは利子を意味する）を納めさせた。このほか寺院の寺田もあったが、大土地所有制の觀點からみて特に注目に値するのは、則天武后の時代を中心に、廣範圍に行なわれた食封制ないし食實封制である。

唐代の封爵には、王・公・侯・伯・子・男などがあり、封爵にともなって食封が與えられた。その食封制というのは、特定の地域における封戶の納付すべき租庸調（封物）を所得として封家（封物を出す課戶を封戶と呼び、封物をうける家を封家と呼ぶ）に給付する制度である。食封制とは、別の言葉でいうと封建制であり、いわば國からの暖簾（のれん）わけである。則天武后の時代には、均田法の精神とまったく相反するこの食封制が盛況を極め、國家に納める租庸調の額よりも、封家に入る租庸調の額の方が多かった、という記録さえみられるのである。

江南の發展

理想と現實、建前と實態の乖離は、兵制の場合も例外ではなかった。律令體制のもとでの兵制は府兵制であったが、太宗・高宗による高句麗などの異民族に對する武力侵攻を行なった軍事力は、府兵制そのものではなかったのである。

府兵制にもとづく鎮・戍の制では、國境上にせいぜい一〇萬ほどの兵、すなわち防人が點々とばらまかれていた。このような脆弱な邊防體制で、周邊の異民族に軍事的に壓倒的優勢を誇示しえようはずはなかった。防人は主として國境の守備に任じたのであって、周邊の異民族に對する遠征軍にあたったのは「行軍」と呼ばれた軍隊であった。

それはもともと臨時的、應急的なものであった。

その遠征軍としての「行軍」の規模は、太宗の貞觀三（六二九）年の一〇餘萬を皮切りに、連年少なくて四、五萬、おおむね一〇萬前後の大兵を動かし、高宗朝に入ると、宿敵高句麗との決戰もあって、一時に三、四〇萬以上の兵を邊境に動かし、しかもそれをほとんど連年にわたってつづけている。占領・服屬地に對する都護府外交・羈縻政策（中國の王朝が異民族を支配する一方法。羈は馬を、縻は牛をつなぐ意味で、離反さえしなければ滿足するという方針である）とならんで、唐初における「行軍」の展開はまことに重要な役割を果たしたのであった。

この野戰軍・遠征軍の編制は、もともとは府兵を主體とすることになっていたが、實際はむしろ募兵を中心として組織されたのであった。唐中期になって府兵制が崩壞して募兵制に切りかえられ、節度使が出現してくる要因に、唐初における「行軍」の常駐化傾向のあったことを忘れてはならないのである。

唐代の府兵制を語る場合、見落としてはならぬことは、府兵制と江淮（江は長江〈揚子江〉、淮は淮水。江淮の地方といえば長江・淮水のあいだにある江蘇・安徽の地のことである。單に江南と呼ぶこともある）地方との關係である。開元十八（七三〇）年の史料に、

江南は戶口やや廣く、倉庫の資する所、唯だ租庸のみ出だして、更に征防なし。

とあり、當時、江南地方が財政的に裕福になった理由として、この地方の一般農民が租庸調の納税の義務は負擔するが、府兵制の兵役の義務がなかったことを擧げている。六三〇餘の折衝府のうち、江淮地方にはおよそ一〇府しか設けられなかった。府兵たる義務は、折衝府なき州民には課されなかったのであるから、この地方の州民の大部分は府兵に徵發されなかった。府兵が要する費用の大部分は彼らの自辦であったから、府兵を出さなくてもよかったこの地方は、華北諸州に比べて、大層な優遇をうけていたことになる。このような狀態が繼續したわけであるか

ら、玄宗朝には、大運河を經由した江淮からの上供米が激增し、この地方の重要性が增大したのも、しごく當然の話なのである。

唐初の財政の基礎は華北の平原にあったが、江南經濟の發展の結果、經濟の中心は華北より江南に移り、この趨勢はそののちもずっと變わることはなかった。唐前期における江南の發展は、この地方が華北に比べて、いくぶん自由放任（レッセ・フェール）にされた結果であるが、それはまた、北周・隋の系統を引く唐朝が、舊南朝領を完全には掌握しきれなかった弱さをしめすものであろう。

日本への影響――大化の改新――

聖徳太子によって六〇八（推古十七・大業四）年に日本から中國に派遣された第三回目の遣隋使には、學生・學問僧が四人ずつ同行した。いずれも歸化人である。そのなかには、高向玄理（たかむこのくろまろ）（學生）・僧旻（そうみん）・南淵請安（みなふちのしょうあん）（ともに學問僧）らがいた。彼ら遣隋留學生の留學期間が十數年から三十數年の長期に及んだため、六一八（推古二十六・武徳元）年の隋唐政權の交代により、彼らは自動的に在唐留學生ということになってしまったわけである。高向玄理と南淵請安が三二年にわたる留學を終えて歸朝したのは、舒明十二（六四〇・貞觀十四）年のことであった。

聖徳太子の政治は、天皇を中心とする國家體制に向かってすすんできたが、太子が死ぬと、蘇我氏一族はふたたび擡頭し、領地の擴張を圖り、天皇や貴族たちの部民（皇室・豪族の私有民。朝廷または皇室に所屬するものを品部（しなべ）・名代（なしろ）・子代（こしろ）といい、豪族私有のものを部曲（かきべ）という）をも徵發し、みずから天皇を氣取った。蘇我氏に反對する諸勢力は、中大兄皇子と中臣鎌足を中心に結集し、蘇我氏の打倒を圖った。しかし、この對立は單なる宮廷內の勢力争いで終始するわけにはいかなかった。蘇我氏打倒の曉には、これまでの天皇・豪族らの部民所有そのものを廢止し、新しい支配體制をつくらざるをえない社會情勢になっていたからである。その新體制の構想をたてるのに、高向玄理や南淵請安は、大いに貢献したのである。

中國で、唐が隋を滅ぼし、律令を制定し、法と官僚制によって大帝國を統治し、また新羅も唐にならって朝鮮統一にのりだしているのを、彼らは實地に見聞してきたので、「法式が備わり定まる大唐國」こそ、新國家の模範であるとした。しかも官僚制も、人民を戸に編して地域的に支配するという新しい體制の芽も、すでに日本でも部分的に現れていたのである。

大化元（六四五）年六月、クーデタは決行され、蘇我入鹿は殺された。新政権は孝徳天皇を立て、はじめて年號をつくり大化と定めて政治の改革にのりだし、翌大化二（六四六）年の元旦に、新政の大綱が四つの項目に分けて發表された。大化改新の詔といわれるのがこれである。

改新の詔は、第一條で公地・公民の原則を明らかにし、第二條以下で、その公地・公民を國家がどのように支配してゆくかを述べている。すなわち第一條では、皇族および中央地方の貴族・豪族らのすべての領地（屯倉・田莊）・部民を廢止して、これを天皇の公地・公民とする。その代わり、朝廷の政務に參與した特定のものには食封（官吏は、位階功勞などに應じて、一定數の戸が政府に納めるべき租庸調を支給される。これを食封といい、食封を出す戸が封戸（ふこ）である）、そのほかのものには布帛を給與する。第二條では、京および地方の行政組織と交通・軍事の制をとのえること、第三條では、戸籍・計帳・班田收授の法を實施し、それにともなって田租の法を定めること、第四條では、古い税制をやめて田の調以下の新しい税制を行なうことを定めている。

遣唐使

大化の新政府は、改新の詔を出すに先立って、大化元年の十二月、都を飛鳥から難波に遷した。改新派は、內政の改革ならびに對外關係の顧慮から、政治の據點を新天地に求めたのであって、彼らの積極的態度が、この企てにも現れている。

大化の改新にあたって、大陸文化をうけいれるのに便利な難波に都を遷した（奈良時代の難波の宮の遺蹟が、山根徳太郎らによって發掘されている。山根『難波の宮』〈學生社、一九六四年〉を參照）というのは對外問題を重視したからに相違ない。當時の對外問題といえば、半島問題と唐との外交關係である。唐との關係は、推古三十一（六二三・武徳六）年に唐より歸朝した藥師恵日（くすしえにち）らの「唐と長く國交を結ぶるべし」との進言が採用されたとみえ、舒明二（六三〇・貞觀四）年に第一次遣唐使が派遣されていたが、大化の改新後は、改新より七年を經た白雉四（六五三・永徽四）年に、多くの留學生（學問や佛教研究のために、長期にわたって留學する者を學問生・學問僧と呼び、ひとかどの専門家で短期に留學する者を請益生・請益僧という）を含んだ一行一二一人の第一外交團と、一二〇人の第二外交團によって編成された第二次遣唐使が派遣された。このうち第二團は入唐の途中で遭難してしまったが、第一團の方は無事に入唐し、翌年に歸朝している。

ひきつづき白雉五（六五四・永徽五）年には、高向玄理・藥師恵日らの第三次遣唐使が入唐し、翌年、無事に歸朝した。こうして遣隋使にひきつづき遣唐使が派遣され、しかも改新後まもなく第二次、第三次と連年派遣された（表4參照）。ことに第二次にはおのおの大使・副使をもつ二つの使節團を同時に出發させている。これは海上遭難の場合にどちらかが無事に入唐するようにとの配慮から出たものである。二年連續の派遣といい、二つの使節團を編成して派遣することといい、いずれもほかに例をみないのである。これは改新の直後にあたり、改新政治がよう

表4　遣唐使

次數	出發 西紀	出發 日本年月	出發 中國年代	歸朝 西紀	歸朝 日本年月	歸朝 中國年代
1	六三〇	舒明二・八	貞觀四	六三二	舒明四・八	貞觀六
2	六五三	白雉四・五	永徽四	六五四	白雉五・七	永徽五
3	六五四	白雉五・二	永徽五	六五五	齊明元・八	永徽六
4	六五九	齊明五・七	顯慶四	六六一	齊明七・五	龍朔元
5	六六五	天智四・十二	麟德二	六六七	天智六・十一	乾封二
6	六六九	天智八	總章二			
7	七〇二	大寶二・六	長安二	七〇四	慶雲元・七	長安四
8	七一七	養老一・三	開元五	七一八	養老二・十	開元六
9	七三三	天平五・六	開元二十一	七三五	天平七・三	開元二十三
10	七五二	天平勝寶四・閏三	天寶十一	七五三	天平勝寶五・十二	天寶十二
11（特使）	七五九	天平寶字三・二	乾元二	七六一	天平寶字五・八	上元二
12（中止）	七六一	天平寶字五・十	上元二			
13（中止）	七六二	天平寶字六・四	寶應元			
14	七七七	寶龜八・六	大曆十二	七七八	寶龜九・十	大曆十三
15（特使）	七七九	寶龜十・五	大曆十四	七八一	天應元・六	建中二
16	八〇四	延曆二十三・七	貞元二十	八〇六	大同元・九	元和元
17	八三八	承和五・七	開成三	八三九	承和六・八	開成四
18（中止）	八九四	寛平六・八	乾寧元			

やく滑りだしたばかりで、さまざまな面で唐の制度組織を急ぎ學ぶ必要があり、このような異例の派遣となったのであろうと思われる。

遣唐使の派遣は、寛平六（八九四）年に菅原道眞の建議で中止されるまで、二六〇年間にわたって一八回の任命があったが、中止（三回）や特命使節（來朝した唐からの使者を送還する任務をもって入唐する場合の使節で、任命されるとすぐに入唐し、在唐期間も短い）（二回）を排除すると、唐の制度文物の輸入を主とし國際貿易を従とする純粋な意味での遣唐使は一三回行なわれた。一行の人員は、はじめは一二〇人前後、船も一隻から二隻であったものが、中頃には五五〇人から六〇〇人へと飛躍し、船も四隻で編成されるようになった。また航路も、はじめは北路（新羅道）を經由したが、中頃からは南島路をとるようになり、さらに末期には南路（大洋路）をとるようになった。これは航海技術の進歩ということよりも、むしろ新羅との關係悪化といった政治的な情勢の變化に影響された點が多かったのである。

律令の制定

大化改新は、これまで領地・部民を所有していた皇族や豪族らの政治的・經濟的特權を廢絶するものではなく、それを編成し直す政治改革であった。この改新の事業は、まっしぐらに前進をつづけたわけではなく、一進一退していた。しかし六七二年の壬申の亂（天智天皇〈もとの中大兄皇子〉が死んで、大友皇子があとを繼いだとき、天智の弟の大海人皇子が反亂を起こして勝利した）によって飛鳥の淨御原（きよみがはら）に即位した天武天皇は、一四年間の治世に一人の大臣も置かず、萬事を獨裁し、天皇の權力と權威を確立し、大化改新の諸原則を效果的におしすすめたのである。

天武期に、飛鳥淨御原律令と呼ばれる成文法が編集されたが、その條文は、後世に傳わっていない。しかしこれが土臺となって、文武天皇の大寶元（七〇一）年、いわゆる大寶律令が制定實施された。大寶律令は養老二（七一八）年にその一部が修正され、養老律令となるが、主要な點での變更はない。こうして律令制定の事業は一往完成し、大化以來の新政治は、明確な法的基礎が與えられたのである。

大化改新とそののちの法制の整備によって、日本にも、氏族的擬制による支配ではなく、全住民を地域に從って行政的に組織し支配するという、完成した國家形態が作られた。それは皇室を中心とし、法と機構を通じて實現される官僚國家なのであった。

中央の行政組織は、二官八省のもとに整然たる體系をなしていた。すなわち、天皇の祖先神そのほかの神々を祭り、神社を管理する「神祇官」と、一般國政を行なう「太政官」の二官に分かれ、太政官には、太政大臣・左大臣・右大臣があって、政務を總轄し、その下で行政は八省に分けて行なわれた。このほかに官吏を監察する彈正臺があった。

地方組織は、首都をのぞいて全國を六〇餘の「國」に分け、國はさらに「郡」に分けられ、郡内の住民は五〇戸ごとに「里」（のちに鄉という）に編成された。國司は中央から四年の任期をもって派遣されたが、郡司は古來の國造の家から採用する原則であった。里のなかの有力戸主を里長とした。里は自然部落でもなければ、以前の氏族的擬制集團でもなく、行政上の最低の單位として設けられたもので、里長（山上憶良の「貧窮問答歌」の一節に、「楚とる　五十戸長が聲は　ねやどまで　來立ち呼ばひぬ　かくばかり　術なきものか　よのなかの道」とある）は國家權力の最末端の爪牙となり、徵税・警察・戸籍の作成などにあたった。里の下には五家からなる「保」を置き、治安と納税の連帶責任を負わせたのである。

國家權力の中核である軍事機構には、首都の守護のために置かれた五衞府と、國ごとに置かれた軍團および筑前

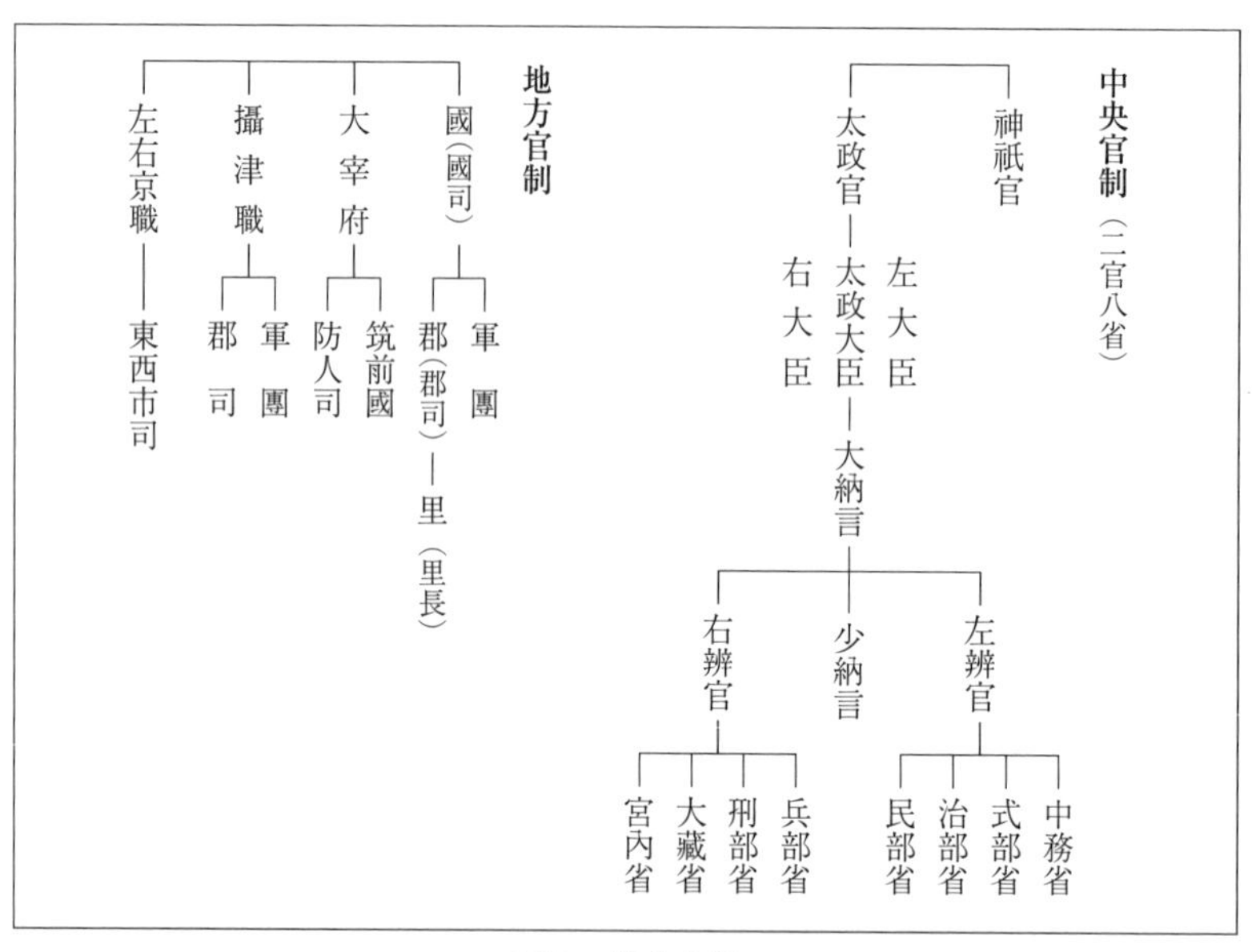

圖2　律令官制

に置かれた大宰府の防人（さきもり）があった。二十一歳より六十歳までの男子（正丁）は兵役の義務を負わされ、諸國の正丁は三分の一ずつ交替で兵役につき、軍團の兵士とされ、または首都の衛士（えじ）にとられ、特に東國の兵士から大宰府の防人（防人の歌「闇の夜の　行く先しらず　行くわれを　何時きまさむと　問ひし兒らはも」）が編成された（圖2参照）。

班田制については、政府は六年ごとに全人民の戸籍をつくり、六歳以上の男子一人につき二反（たん）、女子一人につき男子の三分の二の田を「口分田」として割當て耕作させた。口分田耕作は公民の權利というよりは義務であり、租・庸・調および種々の徭役勞働を課された。庸・調ともに男子にかかる人頭税で、正丁（二十一―六十歳）、次丁（六十一―六十五歳）、中男（十七―二十歳）という年齢區分ごとに、一人につきいくらと定められていたのである。

官僚制と科擧

日本の律令制が、唐の體制を全面的にまねていることは誰の目にも明らかである。しかし日本の律令政治は、中國の律令政治の直譯ではなくて、相當程度の變更を加えた上での翻案なのであった。

日唐の令を比較すると、日本の太政大臣は、唐の三公を一人で兼ねている者である。その唐の三公は漢の三公の名を繼承したものであるが、漢代の三公は名實ともに政府の中樞であったのに反し、唐代の三公はすでに實權を失って、名目化した榮譽職にすぎない。この三公に代わって實權を掌握したのが中書・門下・尙書の三省であった。中書は天子の旨を受けて詔敕を立案し、門下がそれを審議し、尙書がうけてこれを施行するというふうに、一カ所に權力が集中することを防ぐのが三省分立の精神であり、ことに中書と門下の勢力が強かった。しかし日本では太政大臣は則闕の官（官制に記入されているが、適當な人物がなければ、缺いて任命せずともすまされるという地位）であり、そのつぎに位する左右大臣が宰相であって天皇とともに政事を議し、同時にそれが執行機關でもあり、三省分立のような精神はみられない。唐の律令は貴族制度の盛時を回顧している立場であり、日本の律令は古代的な統一を前途の理想に描いた制度なのである。

天皇の權威と權力を分け與えられ、人民を支配する太政大臣以下の中央の官吏および國司は、大化改新前の中央貴族が、郡司は同じく前代の地方豪族が獨占した。彼らは官職に應じて位階を授けられ、田地・封戶および俸祿の品物を與えられた。そして官位は蔭位制（五位以上のものの子〈蔭子〉、三位以上のものの子および孫〈蔭孫〉は、二十一歳になれば父祖の位階に應じて一定の位階に敍し、官吏に任用された）そのほかで事實上は世襲できる仕組みになっていたので、田地および封戶も事實上は世襲されたのである。律令時代の日本で官位が世襲されがちであったことが、唐代に大いにととのえられた科擧制を多少は模倣しようとしたけれども、成功させなかった最大の理由なのである。

唐代の科擧には、秀才・明經・進士・明法・明算などがあった。明經は經學、明法は法律、明算は數學を主とする科目である。秀才と進士には論文を課したが、のちに進士にはもっぱら詩賦を作らせることにした。唐の初めには秀才が最も重く、明經と進士とがこれに次ぐものであったが、やがて秀才科が廢止され、ただ進士だけが尊ばれた。

律令時代の日本は、唐制のように、試驗によって全國民のなかから官吏を登用する道を開けず、前代の支配階級・身分に官吏を獨占させてしまった。それ以後の時代にも、中國の文物制度を執拗なまでにとり入れつづけたのに、ついに科擧制を採用はしなかったのである。この試驗制度は身分の世襲がはなはだしくない中國では可能であっても、おおむねの身分が世襲されがちだった日本の社會には育ちにくい制度だったということができるであろう。

附篇Ⅰ　學界動向

課と税に關する諸研究について

わが國における戰後の東洋史學界の歩みを振り返ってみるとき、そこに幾多の論爭の展開された跡を認めることができ、それらは、それぞれの課題を究明する上に多大の貢獻をなしてきた。よい意味の論爭は學問の發達に不可缺のものであろう。ところで、今ここに取り上げようとする課の意味をめぐる課役論爭も、長いあいだ、現在に至るまでつづいているものである。論爭にはいろいろのタイプがある。時代區分論爭のごときは、ある點では評價の問題であって、並行線をたどってもやむをえない面があり、漢代家族の形態についてのごときは、何がより支配的であると考えるかが問題となって、一致點を見いださないで終わる可能性もある。その點、この課の意味をめぐる論爭の場合は、國家の租稅制度、法制の問題であって、曖昧に終わるべき性質のものではない。しかし、議論がかなり紛糾していて、現在の段階において、一度これを整理する必要があると思われる。そこで以下に、唐代を中心として、現在までの、課についての諸研究をなるべく忠實に紹介し、時には感想も織り込むが、一往、問題點を整理するだけにとどめたいと思う。

唐律令上における課の意味を詮索する仕事は、決してペダンティックな操作ではなく、當代の國家と人民とのあいだにおける田制、賦役制、ひいては人民内部の諸關係や人民の地位を考察する必要上、是非なしとげねばならぬものであることについては、いまさら贅言する必要はないであろう。

唐代の均田制、租庸調制に對する本格的な研究は一九二二年に發表された玉井是博氏の「唐時代の土地問題管見」（『支那社會經濟史研究』岩波書店、一九四二年所收）からはじまったといっても過言ではないが、課の意味についてもこの論文においてすでに問題にされている。周知のごとく、唐代の賦役制について傳える當時の史料には、

① 凡賦役之制有四、一曰租、二曰調、三曰役、四曰雜傜　（『唐六典』巻三・戶部）
② 凡賦役之制有四、一曰租、二曰調、三曰役、四曰雜傜　（『唐會要』巻八三・租税上）
③ 賦役之制有四、一曰租、二曰調、三曰役、四曰傜　（『大唐傳載』）
④ 凡賦人之制有四、一曰租、二曰調、三曰役、四曰課　（『舊唐書』巻四三・職官志）

の四つがあり、賦役は四種であることを述べている。租調役の三者については四史料とも一致するのであるが、第四種目については、あるいは雜傜と記し、あるいは傜、あるいは課と記している。これが課についての諸説を生じさせる大きな原因なのである。玉井氏は、一方では『唐六典』に賦役を租調役雜傜の四つにする説を承知していながら、『舊唐書』職官志に租調役のほかに課を數えているのに注目し、「唐書食貨志には商賈の田なき者より戶税を出さしめたことが見えてをるが、課といふのはそれらの戶税を指したものであらうか」という推測を立てられた。しかし、氏が唐律令上の課役・課口・不課口といったときに用いられる課がすべて戶税を指したものとしておられたのでないことは、該論文の行間から察せられるのであるが、同時に、課役の課の意味を進んで論じておられないことも確かである。

課役という語は、唐律令上において少なからず現れ、特に課役免除規定は、單に田制・賦役制の上のみならず、

當時の社會の性格を探る意味においても重要な位置を占める。この課役の課なる文字の指す意味を規定する試みはまず濱口重國氏によって行なわれた。一九三三年に發表された「唐に於ける兩稅法以前の徭役勞働（上）」（『東洋學報』二〇―四）において、『故唐律疏議』巻一三・戶婚中・部內旱澇霜雹の條の疏議に、「依令、十分損四以上免租、損六免租調、損七以上、課役倶免」とあることから、課役の課は租と調の二者を指すことが判るとし、同巻一二・戶婚上・脫戶の條に、「脫口及增減年狀謂疾老中小之類以免課役者、一口徒一年、二口加一等、罪止徒三年、其增減非免課役、及漏無課役口者、四口爲一口、罪止徒一年半、」とあって、その疏議に「口雖有所增減、非免課役者、謂增減其年不動課役、其漏無課役口者、謂身雖是丁、見無課役、及疾老中小若婦女」とあるが、疏議が課役なき者として疾（此條の疾とは廢疾、篤疾の二者を指し殘疾を含まない）老小婦女とともに、雜徭の義務の確かにあった中男をも擧げている事實に照合すれば、課役の役は「役」のみを意味して雜徭を含まないことが判るであろうと斷定された。さらに『通典』巻七・丁中の條に、「戶內有課口者爲課戶、無課口者爲不課戶、諸視流內九品以上官及男年二十以上老男廢疾妻妾部曲客女奴婢皆爲不課戶」とある「以上」は「以下」に、末尾の「不課戶」は「不課口」と改むべきとし、本條の課口とは租調役三者（注意――雜徭を含まない）のうちいずれか一つ以上を負擔する者の謂、不課口とはその反對に三者の義務のまったくない者の謂であるが、ここに不課口として二十歲以下の男子および老男を擧げているからには、「役」の義務ある者は丁男に限られていたことを知るであろうとされ、これらの不課口が租調役三者の義務の全然ない者の謂なることは、雜徭の義務ある中男をもそのうちに數えていることと、同巻七・歷代盛衰戶口の條の割註にある課口數と同巻六・賦稅下の條の課丁數が一致することから判明するとされた。ここに展開された濱口氏の見解は、以後有力なる說として存在している。翌三四年に發表された鈴木俊氏の「唐代の戶籍と稅制との關係に就いて」（『東亞』七―九）も、課役・課口についての濱口氏の說を全面的に承認しているのである。

一方、一九三三年に「古代支那賦税制度」を發表して賦と税との起源をたずねた宮崎市定氏は、三五年に「晉武帝の戶調式」（ともに『アジア史研究』第一、東洋史研究會、一九五七年所收）を著し、岡崎文夫氏の説にヒントを得て、西晉の武帝が發布した戶調式の土地法には占田法と課田法との二つの法のあることを推定された。そして、課田は魏の屯田と切っても切れぬ關係にあるのであって、おそらくこれまで屯田のあった土地が課田となり、今までの郡縣民の土地が占田となり、これまでの屯田兵は課田法に服し、これまでの郡縣民は占田法に服したのではあるまいかとされ、ついで占田法に從う農民と課田法に從う農民の租税の輕重を考察したのち、『隋書』食貨志、『通典』巻五に載せる東晉の租税制からみて、東晉時代の一般庶民のなかに、自分の私有地で農耕し、したがって比較的輕い田税を納めるものと、官有地の割つけを受け國家の小作人となって比較的重い田租を納めるものとの二種の別があることを結論された。特に、唐における田租と地税との區別が早くもここに現れていること、すなわち政府より分配される土地（すなわち國家の私有地—課田）に對する地代は租米であり、民の私有地（すなわち國家の公共への開放地—占田）にかかる地代は税米と呼ばれ、これが宋にまで傳わり、個人の私有地に對する小作料を租といい、國家に對する公税を税という習慣を生じていることに注意している。そして税の意味が國家の公税であるならば、課田においても租米のほかに税を負擔すべきであるが、ここでは祿米がすなわち税米の意味であろうとし、租の方が第一次的な地代であり、公税の方が第二次的な附加的な地代なのであるとした（なお、古賀登氏は最近、「南朝租調攷」『史學雜誌』六八—五において、『隋書』食貨志のこの記事を梁武帝のときのものであるという見解を發表しているが、これについてはのちにふれる）。氏は晉の戶調式の文意を解釋せんがために課の意味を究明し、その結果、課のなかには租が含まれ、之に對して税という文字が對立的に用いられるように變化してきたことを確認された。そこから、すでに早く玉井氏が疑問とされた前掲の『舊唐書』職官志の「凡賦人之制有四、一曰租、二曰調、三曰役、四曰課」は四曰の後に『唐六典』によって雜徭の二字を補うべきで、課の字は下につづき、「課戶、每丁租粟二石、云云」と讀むべきであるとした。氏は、魏の屯田制から唐の均田制に至る土地國有制の行なわれた時代こそが、中國史上の中世であるとするので、四〇年に出た『東洋に於ける素朴主義の民族と文明主義の社會』（冨山房）の一〇二頁に中世土地國有制盛衰一覧表があり、このあいだの推移が明瞭に圖示されている。

課の意味をめぐる問題がクローズアップされるようになったのは、曾我部靜雄氏が一九四四年に「唐令及び養老の令に見ゆる課口と不課口」（『史林』二九―二）と「晉武帝の田制研究」（『文化』一一―四）を發表されて以來のことである。まず前者において、唐代の稅役は租・調・庸（役）に雜徭を加えた四種であり、『唐六典』『唐會要』に雜徭とあるところが『舊唐書』職官志では課となっていることからみて、課とは雜徭のことであり、課役とは雜徭と正役のことであるとされ、したがって課口とはどこまでも課を負擔する者すなわち雜徭を負擔する者を稱し、不課口とはどこまでも雜徭を負擔しないものを稱するのであるとされ、課を租調と解するこれまでの說を完全に否定されたのである。かくて氏は課役に關する史料をその觀點からあらためて見直そうとする。たとえば、前掲『唐律疏議』旱澇霜雹の條の「損七以上、課役俱免」は『新唐書』食貨志および王應麟の『玉海』卷一七九・唐賦役法の條では「水旱霜蝗耗十四者免租、桑麻盡者免調、田耗十六者免租調、耗十七者、諸役俱免」とあるから課役＝諸役であって、「課役俱免」とは「雜徭・正役も租・調と俱に免ず」という意味であるとされる。たしかに文章としてはそうも讀みうる。氏はほかの數例についても檢證されるのであるが、氏自身もいわれるごとく、課を雜徭と解してもまた租調と解しても、條文の意味は通じうるのである。氏はさらに課口の年齡を問題にされる。課口の課は雜徭を意味し、雜徭を負擔する者卽課口であり、しからざる者が不課口であるが、一方雜徭は濱口氏らの研究によって中男よりはじまることが明らかであるから、十六歳から課口とされるべきであろうが、實際は雜徭のなかで特殊で重要なる雜役が十八歳からの中男に負わされ、授田もそのときから行なわれることよりみて、十八歳からの男子を課口と稱したのであるとされた。これは、『通典』の記載では課丁數と課口數が一致することより課口＝課丁と考えるべきであるとする濱口氏の見解とも牴觸する。そこで曾我部氏は末尾の補遺において、『通典』巻七の註の文は課丁と書くべきを誤って課口と書いたか、あるいは、元來課口とは唐では原則として中男と丁男すなわち課丁とをいうのであるが、重要性の差からみて天寶末年には中男は添え物となって課丁＝課口となったのであろうとされた。これはかなり苦しい説明であるが、結局課口の年齢を十八歳以上としたところに無理があったといえよう。それはともかく、後者の「晉武帝の田制研究」では、晉の占田課田制と戸調法を解明するために、まず後世の課の意味を吟味し、溯って晉法の解釋をなそうとされた。そして唐の課は前述のごとく雜徭を意味し、隋および南北朝時代の課役ないし課というのはすべて力役を意味しているとし、晉の占田課田制もその意味で理解すべきであるとされたのである。唐律令上の課役をかく解釋すると、必然的に問題は多方面に擴大する。たとえば戸籍や計帳とはそもそもどんなものなのかということが吟味されねばならなくなったのであり、これ以後、氏の課役に關する論稿は續々と發表される。

曾我部氏の唐律令上の課をすべて雜徭と解する見解に對してはそののち多くの反論が出されるが、まず一九四五年に仁井田陞氏が「唐律令上の課役制度――曾我部敎授の新説を讀みて――」（『中國法制史研究　土地法取引法』東京大學出版會、一九六〇年所收）を發表して反對の意を表された。これに對する曾我部氏の反駁は四七年に「徭役と課役と復除」（『史林』三二―二）のなかでなされるのであるが、ともかく、論争の上ではよくあることとはいえ、以後のこの課役論争においても、互いに、自説に有利な史料と、どちらにでも解釋できる史料すなわち決め手にならぬ史料とでもって自說を强化しようとするために、問題がこじれてしまうという結果を生じさせていることは否めない事實である。それはさておき、仁井田氏は、批判の第一點として、課・課役という字面についての理解ではなくして、唐律令制における課役制の全般的理解の上に討議を進めたいとされる。これは是認されるべき態度であろう。この前提のもとで氏は十一カ條にわたって、唐律令上の課を租調と理解すべき事例が多いとされたのである。ところで、氏がいかに理解されているかを知るのには好都合ではあるが、この論爭においては、第三條以外は決定的な反駁になっていないことに注意する必要がある。すなわち、文章としては、どちらにでも讀みうるのである。批判の第二點として唐代の法學者などの見解にあっても課役は租庸調の意味であったとされるが、この場合、第三條に、唐名例律共犯罪有逃亡條の疏文に「依令、丁役五十日、當年課役倶免」とある記事で自說を補强されているのは確かに有力な例證ということができる。そして批判の第三點として曾我部氏の資料の取り扱い方を問題とされたが、この第一および第三の兩條は傾聽に値しよう。

仁井田氏の反論に對して、曾我部氏は前記「徭役と課役と復除」で反駁を加えたのであるが、この兩者のやり取りによって、唐代において、品官者と僧尼道士の賦役制上の特權は、課役が免除されることであって、したがって力役だけが免除されるという曾我部氏の說と、力役のほかに租調も免除されたとする仁井田氏の說とがはっきり表面に出たのである。

ついで滋賀秀三氏は「課役の意味及び沿革」（『國家學會雜誌』六三―一〇・一一・一二）を一九四九年に發表し、曾我部說に異議をとなえた。氏は中國において租および調を意味した課なる語がわが國に傳わると一般に調のみを意味するものとなったのはなぜかという點から出發し、『隋書』食貨志の記事や令の規定の仕方などからみて、課とは調（日本）または租および調（中國）の單なる同義語ではなく、それ自身一定の抽象的な意味をもった言葉、すなわち人頭物納税の總稱であり、それを具體的な税制にあてはめるとき、日本令においては調が、唐令においては租および調がそれにあたるのである。課役とは課と役であり、ともに人頭課税であって、魏晉南北朝に生じ隋唐に至って完成された制度である。混亂した魏晉南北朝時代に、ここに國を建てる者にとっての第一の關心事は、土地を支配することよりもまず人民の身體を支配することであった。課役なる人頭課說の制度はかかる世相のなかから生じたのである、というのが氏の結論である。これはかなり興味深い見解であるが、課と税を區別するといった點で、宮崎氏の見解に非常に近い面をもつといえよう。すなわち、丁を單位としての課および役と、畝ないし資産を單位とする税（義倉を含む）とははっきり區別されるのであるとする。

一九五三年には、まず松永雅生氏が「唐代の課について」（『史淵』五五）を著し、曾我部氏は今までの研究を集大成して『均田法とその税役制度』（講談社）という大著を出版された。松永氏は、唐代における課には性質を異にする諸概念を包含しているとして、唐代に用いられた課の字の用例からそれぞれの意味を歸納的にさぐろうとされた。その結果、課役の課は租調の意、課調の課は租を意味し、租課の課は賃貸使用料を意味し、資課の資は正役雜傜のいずれにも屬さない力役の代償であって課は雜傜代償である。單なる課は雜傜代償、および色役代償の資課、課料の課は官吏收入の資課、糧課の課は色役人の收入たるべき資課であって、唐代の課にはこれ以外の意味をもつことはないとされる。そして問題の『舊唐書』職官志の四曰課の課は資課であると斷定されたのである。氏のたゆまぬ史料蒐集の態度に對して敬意を表するにやぶさかではないが、しかし、當時の人びとが課の意味をこのように見事に使い分けていたかという點になると、いささか疑わしいと思う。そんなに面倒なことはできなかったであろうし、しなかったであろう。なお氏が課役の課を租調と解するに際して使った、『鳴沙石室佚書』に收める唐の水部式の「都水監漁師二百五十人……並取白丁及雜色人五等已下戶充、並簡善採捕者爲之、免其課役及雜傜」の文章は、曾我部氏が前記著書（二八六頁）で批判するごとく、白丁に對して課役を雜色人に對して雜徭を免ずるという意味であろう。ここからは課卽租調・課卽雜徭のいずれの說も出てこない。

曾我部氏の著書は、すでに發表された諸論考を、均田法とその稅役制度の題の下に體系的にまとめあげたものであるが、この書に對しては西村元佑氏（『東洋史研究』一二―六）ほか二、三の書評が出ているので、ここでは當面の課と稅についての點にだけふれることにする。この書の大部分は課＝力役という解釋を中心として展開されているのであり、すでに發表された諸論稿を單にまとめただけでなく、そののちの研究によって、前說を大きく訂正された點もある。それは唐代の課口・不課口に對する解釋であって、唐令では一方で視流內九品以上が不課口であるとし、他方で諸の內外六品以下の官および京司の諸色の職掌人はまさに課役を免ずべしとしていて、これは同一の內容をもつものであるから、これによって不課口とは課役を負擔しない者という定義が成立するとし、したがって課口とは課役を負擔する者のことであるとされた。氏のいう課役とは雜徭と歲役を指す。これによって中男は不課口ということになり、かつて氏が衍文かと疑われた唐令の課口・不課口規定の「二十以上」は、濱口・宮崎說のごとく「二十以下」の誤りであるとされることになったのである。なお稅についての氏の解釋についてふれると、井田法より唐の均田法に至るまで、土地國有制の基盤にたつ土地稅役制度が崩壞して土地私有制度に移行するときに人民の土地所有面積に對應して畝稅が徵收される。その場合のきまり文句としていつも史籍に出てくるのが「初稅畝」である。また戶稅というのは隋の開皇八（五八八）年から徵せられるが、これは雜役の代償として戶を計って、戶稅として資課をとることからはじまり、官人俸料の財源をなしていたので、これが唐にうけつがれたのであるとされた。氏が一九五五年に發表された「唐の戶稅と地頭錢と靑苗錢の本質」（『文化』一九―一）ではこの考えを敷衍して、この三稅錢は位官者の俸料、特に料錢の財源として設けられたものであって、均田法にともなう稅役である租庸調雜傜のなかの雜傜にのみ關聯を有していた、すなわち官吏に與えられる義務的な使役人に關係ある雜錢で、したがって雜傜の變形した税錢と見なされるものであるとする。そして、これらの論は『隋書』食貨志にみえる課調・課州の課が雜役を意味するということから出發するのである。戶税をかくのごとくに理解した氏は、「兩税法と戶税・地税の無關係を論ず」（『集刊東洋學』二、一九五九年）において、戶税と地税とは兩税法に加わらなかったという新説を發表されるに至るのである。このようにみてくると、氏が税という文字そのものについては別に深く分析しようとされていないということができよう。

一九五五年に「占田課田と均田制」（『中央大學七十周年記念論文集　文學部』）を發表された鈴木俊氏は、曾我部氏が課役を傜役と斷ずるのに用いた『新唐書』食貨志の記事は玄宗初世の政治の一端を傳えたもので、唐令が官吏の課役免除の濫雜にならないように規定しているのに比べて、傾向が異なる文獻であり、これでもって課役即傜役とするのは妥當でないとし、また松永氏が『舊唐書』職官志の賦役四種の一の課を資課と斷じたのは曾我部氏の解釋よりは合理的であるが、職官志の記事の大部分が『唐六典』のそれによっていることから考えると、なおこの兩者の史料關係を考察する必要がある。ところが、これは宮崎氏によって解決されていたのであって、雜傜の二字を補えばよく、ここに至って曾我部氏の立論の根據はまったく崩れ去ったといわざるをえないとされた。そして課田の課は「わりつける」意であるとされたのである。さらに同年の發表にかかる「唐の戶税と均田法」（『中央大學文學部紀要』三）において、唐の戶税については、雜傜による役使人が戶税に關係しているといっても、それは戶税の收入を資金とした公廨錢の運營の面だけのことで、そこから戶税自體が雜傜の變形であるということはできないとし、『隋書』の戶税開始を告げる史料も、課ある州の管戶少なきものに戶を計って税するというのは、そういう戶が從來雜役を出すなりまたはその代償金を出していたのに、その上にさらに税を取るということであって、これは斷じて雜役の代償金ではなく單なる增稅にすぎないとして、曾我部氏の說を眞っ向から否定したのである。

一九五六年には宮崎氏が「唐代賦役制度新考」（『東洋史研究』一四―四）を發表して、唐代の租庸調と雜徭および資課の制度を新たなる角度から取り上げ、幾多の成果を擧げた。氏はまず唐代の研究についての研究態度を述べ、唐代にはまだ印刷術が普及していなかったから、大膽に原文を訂正して讀んだ方がかえって史料に對してより忠實な場合があるとし、また唐以前の律令時代においては一代の制度にはそれを支持する根本の原則のようなものがあり、律令の條文はこの原則を演繹して成っているので、この原則を把握することによってその時代の本質にふれることが可能であるとする。まず、租庸調が力役一本に換算しうる制度があったこと、唐律の枉役の條に限滿の法すなわち切り捨ての計算法が行なわれていたことを確認した上で、雜徭の性質を究明しようとする。そして、『白氏六帖事類集』卷二二の充夫式の佚文「戶部式、諸正丁充夫、四十日免、七十日幷免租、百日已上、課役俱免」は、「四十日免」の下に「役」の字を補い、「四十日免役」とあらねばならないとする。これが正しいとすると、二つの重要な事實が明らかになる。第一に、正丁の雜徭日限は三九日以下、ただしすでに正役を雜徭で代納したのちにあらためて生ずる雜徭日限は二九日以下に短縮されること、第二に雜徭に使役された日數は、正役二〇日分が雜徭四〇日分にあたることなどから、正丁の力役に對して半分に評價されていたことがわかる。そして『通典』などを吟味して、「雜徭」なるものは元來、十八歲以上の中男に課する原則であったのが、ほかの正丁・殘疾・十六、七歲の中男の三者に二次的に波及したものであると結論された。また資課というのは普通に雜徭の代償と稱せられるが、實は雜徭と等價値なる番役免除の代償というべきであるとし、さらにまた、六品官以下の者の子は課口であり、當然租庸調に服しなければならぬはずであるが、五品官の子だと不課口になるのだし、六品以下とはいえ品官ともあろう者の子を庶民と同樣に力役に從わせることはちょっと考えられぬから、おそらく庸すなわち力役だけを免除されて租調だけを負擔したのであろうとする。氏はそれらの立論を根據にして、唐代における人民の政府に對する義務は徭役勞働という根本原則の上に立っていること、しかし一方で基本義務を金錢で代納する資課の制度が唐初から存在した點からみて、唐代は徭役勞働制時代の末期に屬することを明らかにし、さらに租庸調は地代ではなく、農奴的性格をもつ受田農民の身分から生じた義務であるとされたのである。充夫式佚文の脱字の件については、鈴木氏は贊意を保留しておられるが（『史學雜誌』六六―五）、役の字を補うのが正しいとすると、ここの「課役倶免」の場合、課役も倶に免ずとは讀めないということになるであろう。

一九五八年には、日野開三郎氏が「唐代課丁の庸調免除と租庸免除」（『法制史研究』八）を發表して、天寶末以前における唐の極貧課丁に對する租税減免措置として庸調免除と租庸免除との二つがあり、開元頃を境に前者から後者へ移行したと考えられるというおもしろい見解を述べられ、「天寶末以前に於ける唐の戶口統計」（『重松先生古稀記念　九州大學東洋史論叢』九州大學文學部東洋史研究室、一九五七年）においては、客戶はすべて税役の負擔がなく、したがってその丁もすべて不課口であったとされているが、これは課役の論爭過程で見失われがちだった點であるとともに、兩税法施行以前の唐初中期の國家權力のあり方についても多くの示唆を與えるものでもある。

課役に對する議論がある程度出盡してしまった頃、すなわち一九五四年末の發行となっている『東洋學報』三七卷二・三號に山本達郎氏が「敦煌發見計帳樣文書殘簡――大英博物館所藏スタイン將來漢文文書六一三號――」を發表してスタイン將來漢文文書六一三號の全文を紹介し、整理して、それが西魏の大統十三（五四七）年の計帳樣文書であるとされた。この時代の戶籍計帳は今まで知られていなかっただけに、きわめて重要な文書であることはいうまでもないが、この文書ではじめて現れた賦税用語もみられる。その一つが山本氏が檢討を加えられた税祖（＝税租）である。これが祖（＝租）・調麻・布以外の賦税の一種目として記載されている。山本氏はこの税祖を、租と密接な關係のある、おそらく租の別種であるといってもよいような性格のものとし、また、布・麻・租の三者は税の主要なるものであり、税租の方はこれら、特に租に對して二次的あるいは附加的・修正的ともいうべき性質のものではあるまいかとし、税租を課する規準ないし根據については役に從う代わりに税租を納める規定があったという可能性も考えなければなるまいとされた。さらに、臺資たる丁男・丁妻は不課といいながら調布と麻を割り當てられており、ただ租を出さないで負擔の輕い税租を出しているのであるから、これを「不課」とする主たる理由は、租を出さないことにしなければなるまいと述べられた。また女子の方には役の負擔がなかったであろうとされている。ところで、この文書のなかで、劉文成の戶は、戶としては課戶上とあるのに凡口七不課となっており、しかも布一匹・麻二片・租四石の負擔が記されていて、氏の一往の説明によっても必ずしも解決されていない。

一九五五年に「その後の課役の解釋問題」（『史林』三八—四）を著し、楊聯陞氏の私信に對する答えを兼ねて再び仁井田・松永兩氏の説を批判した曾我部氏は、特に『唐律疏議』の「依令、丁役五十日、當年課役倶免」は誤りであって採らないという態度を明らかにされた點が注目されるが、その追記において山本氏紹介のこの文書を取り上げ、これを東西兩魏時代に北魏の様式に從って作られた戶籍と斷定するとともに、この文書により、氏が年來主張する課は力役を、力役が歳役と雜徭に分かれるようになってからは雜徭を意味するという説の正當性が確認されるとしている。氏は第一に、文書の第五枚には、租すなわち租を不課戶の上等戶や不課戶の下等戶が負擔していることを記すが、課に租や調の意味があれば、このようなことは絶對にない。第二に、劉文成の戶が、家族七名全部が不課口となっているにもかかわらず、調として布一匹・麻二斤、租として四石が割り當てられているが、課が租や調を包含するものであれば不課口がこのようなものを負擔することは斷じてありえないのであって、この兩例は課卽租調說の成立しないことを立證しているものであるとし、同年發表の「北魏・東魏・北齊・隋時代の課口と不課口」（『東方學』一二）にもこの説を敷衍し、牛に對する受田と女を課口にしていること、中國では原則として女には力役を負わさないこと（氏は課を力役とされるがゆえに）よりして『周禮』を遵奉する西魏の系列には入らないとされた。ところで、氏が課郎租調説を否定された論點のうち、第一の點についていえば、この文書では不課戸のものが負擔しているのは租ではなく税祖であって、この文書では租と並行して税祖という種目を設けていることは疑いないと思われる。すでにもふれたごとく、氏は税という文字そのものに特別の意味をもたさないようであるから、税祖即祖とされているのかもしれないが、この場合の税祖ではむしろ税の方に重みがあるのではなかろうか。唐代の不課戸が戸税・地税を負擔することから考えて、ここからは課郎租調説を否定することも肯定することもできないと思われる。第二の點については、これはたしかに今までの説の範圍では理解しがたいものであるが、それはまた、課郎租調・課郎力役のいずれの説にしても説明しがたいものというべきであって、疑問として殘されている。またこの文書の内容が西魏・北周のものでないとされることが、山本氏がこの文書に六の倍數で揃えた制度の存在をみうる可能性を指摘されたこととどう結びつくかも今後の問題であろう。

一九五六年の發行にかかる『清華學報』新一―一に楊聯陞氏は「與曾我部靜雄教授論課役書」を掲載し、先に曾我部氏が使った私信の全文と、返信に對する第二信および「その後の課役の解釋問題」に對する感想を記しているが、ここで氏はこの文書のなかの「課」の字は概して廣義のもので、公上に對する負擔の意で、だから牛の受田も課なのであり、この文書をもって曾我部氏が自説の證とされたのは疑問であるとされた。

私信の内容はかなりおもしろいものであるが、詳しい紹介は省略に從う。ただ、唐代品官者の課役免除の内容をうかがう史料として、杜甫の詩、「自京赴奉先縣詠懷五百字」に「生常免租稅、名不隸征伐」とあるのを重要視しておられることは注意してよく、また、曾我部氏が中男はただ課（雜徭）だけを負擔して役を負擔しないから不課口であるとされるのは理解しにくい、と述べておられるが、雜徭は本來中男に由來するという宮崎氏の說が加味されると、楊氏の疑問はより深まるようにも思われる。

一九五九年には、曾我部氏は「兩魏の戶籍と唐の差科簿との關係と課の意味の變遷」（『東洋史研究』一七―四）のなかで、この文書に課丁男三十七人の內譯が雜任役五人と兵士要員三二人とであることは、課丁男の課が意味するものは雜任役であり、兵役であることを明瞭にしめしているにほかならないとされた。この場合にも、一方で七枚目に「課見輸……口卅二男」とあるのとどう結びつくのかは必ずしも明瞭でない。

一九六〇年には、仁井田氏が「敦煌發見の中國の計帳と日本の計帳」（『中國法制史研究　土地法取引法』所收）において、この文書を山本氏が計帳樣ということに贊成するものであり、さらにもっと積極的に計帳そのものといって差し支えないもののごとく思うものであるという見解をしめされ、六一年になるや、この文書についての西村元佑氏の「西魏時代の敦煌計帳戶籍（スタイン漢文文書第六一三號）に關する二、三の問題」（『史林』四四―二）と「西魏計帳戶籍における課と稅の意義」（『東洋史研究』二〇―一・二）との二論文が發表された。論點が細部にわたっているので忠實に紹介するのは困難であるが、前者において氏は、文書のうち山本氏のいうA種を戶籍、B種を計帳と推定したほか、本文書における課口とは男女を問わず租調の定額を負擔するものを意味するのであって、役の有無によって課・不課を定めるわけにはいかないが、唐代では課口はすべて丁男に限定されるから課口とは租調役および雜徭の負擔者の意味になるとされた。後者においては、劉文成の戶が不課口ばかりなのに課戶となっているのは、文書に「権レ稅令レ課」という文言でしめされた事情によるので、本來ならば（臺資で不課口だから）稅すべき者を、今の場合は特に課を割り當てて課戶としたことになるとされ、臺資が雜任につくときは稅租を納めるが、雜任を離れたときは、一般課戶なみの租を納入するとされた。さらに、「本文書における課口とは、嚴密な意味においては布麻租の全額負擔者、すなわち「課見輸」のものを指すが、雜任役のため臨時に課の一部を免除される者、すなわち唐代戸籍でいえば課見不輸にあたるものは不課口とすることがあるが、しかしこれも本來課丁男であって、眞の意味における不課口ではなかったと考える」とするのは、用意周到な配慮といえるが、同じB文書において、臺資の者を、一方では課見輸の口とせず、他方で課丁男として扱われている點からみて、なお一抹の不安が殘ると思われる。榷税令課についての氏の解釋は一往首肯できるのであるが。

以上、今までに發表された課と税、特に課についての諸研究を發表年代順に、私なりに要約し紹介してきたのであるが、最後に感想めいたことを記して稿を了えたいと思う。課役論爭のお蔭で、當代の賦税制の研究が促進され、多くの副產物を生みつつあるのは喜ばしいことであるが、反面、課という文字にとらわれすぎて實態を見失う恐れも多分にある。主體は、課の意味を究明することにのみあるのではなく、當代の賦役制一般、國家が人民をいかに把握しているか、この時代が前後の時代に對してどのような位置にあるのかを明らかにし、この時代の歷史的性格を究めるにある。今の場合、唐律令上における課の意味を明らかにすることは是非必要であるが、考えてみるに、規則とか課の內容とかは、當時の人にとってはわかりきったことであったので、いくぶん不明瞭に書いてあっても當時の人にはそれで通じていたのである。だからそのような記事を集めてきて、すべてを生かして歸納しようとするのは危險がともなうという點を考慮しておく必要があろう。これはすべての實例を集めて歸納しても原則が出てくるかどうかわからないことがあることを意味する。また史料には文字の誤りが多いことにも注意する必要があるので、現存史料をすべて生かすことよりも、いかに正しく選擇するかの方がより大切な場合もあると思われる。長い中國の歷史の上では靜と動の二面があり、賦役制にしても、時代を超えて普遍的なものと、その時代に特有なものとがあったはずで、それを識別することが必要であろう。その意味からも、南朝における賦税制の變遷を跡づけて、北朝・隋唐のそれとの關連を明らかにすることがまず要請されるのではなかろうか。

三國魏の屯田制から唐の均田制に至る土地制度、それと表裏の關係にある賦役制度の研究は、おおむね北朝を通してのものに焦點が當てられてきた。唐の均田制が、魏の屯田↓晉の課田↓北魏の均田の系譜をうけているという點で、それが積極的な根據をもっていたことは確かである。しかし、北朝の國家權力を支えた基盤が主としてこれら公田にあったとすれば、一方の南朝の國家權力を支えた基盤は何かという點が殘され、その意味でも、南朝の賦役制の實態の解明がまたれるのである。しかし、何といっても、南朝の賦役制の實態を傳える史料の缺如がこの課題の追求を阻んできた最大の原因であった。ところが、唐代の租税制に南北の地域差の方向からメスを入れようとしている古賀登氏は、前掲「南朝租調攷」において、これまで東晉の制とされていた『隋書』食貨志のはじめにある税制の記事を批判し、租布・三調・祿秩の解釋を手掛りとしてこれを梁武の制とし、南朝の租調は戸調・丁租から丁調・丁租に變わったとして、南朝賦税制の變遷を表示された。この新説に對して、曾我部氏は「兩税法と戸税・地税の無關係を論ず」において嚴しく批判されたが、越智重明氏は「南朝の租、調」（『史淵』八〇、一九五九年）を發表して、これを梁武のものと認め、ただし梁には均額の丁調・丁租のほか畝對象均額の田租があったとされた。古賀氏の場合、西晉における占田・課田の兩系統が、南朝にいかにうけつがれたかという點に考慮を拂っていない缺點があり、その點を越智氏が指摘したかたちになっているが、ともかく、この贊否をめぐって今後、みのり豐かな成果の擧げられることが期待される。また越智重明氏によって、『晉書』食貨志の「咸和五年、成帝始度百姓田、Ⓐ取十分之一、Ⓑ率畝税米三升」の記事は、Ⓐは課田の系統の田に對するもの、Ⓑは占田の系統の田に對するものであって、畝收三石としてⒶとⒷの負擔度は一〇對一であるという新説が出されたが（なおこの記事に疑問を抱いたのに加藤泰造氏『唐朝史の研究』彙文堂、一九四〇年、一〇二頁がある）、これが説得力をえるためには、當時の一畝あたりの收穫量の概數が算出されねばなるまい。氏の計算に從うと、課田民は西晉から東晉になって粟の負擔額が四倍になったことになり、條件を無視すれば、まさに暴政の名に値するといいえよう。やはり無理がともなっているようである。度量衡の單位の換算という厄介な問題が存在するが、漢以後の各時代における一畝あたりの收穫量の標準が與えられないと、當代の賦稅制の議論が空轉する恐れがある。でないと、丁對象均額の賦課と畝對象均額の賦課との比率や、當時の小作料（各時代とも收穫の二分の一くらいと思われるが）との比較ができず、課田と占田とのからみあい、國家權力と豪族との力關係をみることもできなくなる。これは、スタイン文書の「臺資戶」の性格の解明（特に臺資戶が一般課戶に比してどの程度有利であり不利であるのかという點）や兩稅法成立過程の具體的な跡づけ、中國史上において完全なる土地私有制ないし國有制が存在したのか否かの檢討とともに今後に殘された大きな課題であろう。

唐宋の變革に對する侯外廬氏の見解

――『中國思想通史』第四巻第一章――

新中國になって大規模になされた討論のうち、唐代にも直接關係するのは「農民戰爭」と「封建的土地所有制」の二つである。この兩者については、すでに島田虔次氏（『中國學術代表團　招請運動ニュース』第一號）と吉川忠夫氏（『中國學術代表團　招請運動ニュース』第三號）の紹介があるので、ここでは「時代區分についての論爭」を唐代史と關連させてみたい。わが國では、唐宋の變革が、古代と中世の境であるとするか、中世と近世との境とするかで論じられているが、中國では、周知のように永い封建制時代を設定するので、唐宋の變革というかたちでは取り上げられていない。ただ、唐までを封建社會前期とし、宋以後を封建社會後期というふうに分けるのは一般的のようである。封建社會內部における前期と後期の違いだけなので、當然、力點が置かれないということになる。ではこの前期から後期への移りゆきを重視した著述は皆無なのかというと、そうではない。近く來日の決まった侯外廬主編にかかる『中國思想通史』第四巻上（隋唐―北宋）の第一章「中國封建社會的發展及其由前期向後期轉變的特徵」は、この問題を眞正面から取り扱った一〇七頁にわたる大論文である。以下にこの論文のアウトラインを紹介し、彼の地の研究狀況の一端にふれてみよう。

周知のごとく、『中國思想通史』は、一・二・三巻は新中國成立以前に出版され、成立以後に改訂版が出されたが、この第四巻ははじめて一九五九年十二月にまず上巻が出版され、六〇年四月に下巻が出された。數人の共同執筆にかかるが、編者的話によってもわかるごとく、侯外廬氏が全面的に責任をもっており、この第一章も彼の手になるとみて大過あるまい。この第一章の紹介をするには、この章の前に置かれた「第二・三・四巻序論補――封建主義生産關係的普遍原理與中國封建主義――」なる論文の紹介から入るべきであるが、ここでは省略に從い、本論に入ろう。

問題の第一章「中國封建制社會の發展およびその前期から後期への轉變の特徴」は四節から構成される。第一節「中國封建土地所有制在唐代發生相對變化的特徴」の論旨をみてみる。大まかにいって、中國封建社會は前期と後期の二つの段階に分けることができる。唐代は、建中年間（七八〇―八三）の兩税法を轉折點として、前期から後期に至る轉變の過程のなかにある。唐代社會經濟の變化を研究すれば、中國封建制社會の發展過程中にある主要な問題をみることができる。ここでわれわれはまず封建主義土地所有權の中國封建主義歴史上における特點およびそれが唐代において發生した相對的な變化の特徴について研究を進めよう。

北魏均田制の基本的性質の考察からはじめると、第一に、北魏の均田制は、遠くは秦漢にすでに存在した主權すなわち土地所有權の一つの封建的土地所有形式を繼承し、近くは西晉占田制の精神を踏襲したものである。農民の得た土地は、少しの占有の性質があるほか、わずかに使用權があるだけで、彼らの人身の自由は制限をうけていた。第二に、均田制下の貴族官僚の永業田は、名分にもとづいて獲得した占有權であり、ある種の條件の下（免課免役のごとし）で、不完全な土地所有權をも具有している（ヨーロッパの不納不課（インムニテート）制と同じではない）。第三に、均田制を推行する前に三長制を施行した。三長制施行の前には、傳統的な身分性あるいは品級性豪族地主が戸口を蔭占するという情況がたいへん深刻であった。三長制を經ると、品級性豪族に占有されていた蔭附戶は均田制下の編戶に編制されたが、しかし依然として賴ったのは、溫情が脈々としている農村公社の組織であった。唐代の村里鄉制は北魏の三長制を踏襲したものであるが、唐の里正には勸課農桑の任務があり、「隣保代輸」(『唐會要』卷八五・逃戶)が行なわれた。租・調の强制的な法規は前代と同じであり、いわゆる「租」・「調」を課輸する搾取制度が、かえってまた、耕織の結合した農村公社をたやすく解體させなかったのである。

北魏が實行した均田制のこれらの基本的な性質を知った後では、われわれは容易に、唐代の均田制が前代のどれだけの傳統を繼承し、どれだけの變化を發生し、どのように破壞したかを見いだしうる。

唐代の均田制は前の時代の規格を繼承し、變革したところもあった。唐代の均田制は、依然として封建的土地所有權と主權が相統一された性質をもっていた。口分田と永業田は依然として勞役地租を主要な形態とし、農民は口分田に對してただ使用權を有しただけである。永業田の賣買あるいは讓渡は、ある程度の條件の制限をうけ、その賣買も詐欺的な賣買で、ただに私有權の下における詐欺的な賣買と同じでないのみならず、かえって官戶あるいは奴隸に淪沒する一種の合理的な徑路なのである。以上のごとき、前代の傳統を繼承した面のみならず、別の一面では、唐代の均田制には、過去の均田制と同じでない特色もあった。第一に、唐代貴族官僚の受田は、品官中のすべての官吏にあまねく及び、官僚への受田の規定がさらに周密となった。ここにおいて、およそ官吏はすべて法によって地主階級となったのである。この點、魏晉南北朝と同じではない。隋唐の科擧制度は、かつて庶族地主勢力が發展し强固になるのをたすけ、品官受田制を擴大し、さらに、彼らに土地占有の保證を與えたのである。第二に、唐代の法令は、僧尼と工商業者にすべて授田するように規定した。唐代は法によって工商業者に土地占有の榮光を與えたが、これは、明らかに、地主と商人との結合、および商業資本が土地の掠奪に轉向したことを表明するものである。この種の自然と連絡しているへその緒を離脱した、主從關係にもとづく占有は、農村公社に對していくらかの破壞作用を起こした。第三に、唐王朝は、南朝經濟の發展を正視して、土地賣買を制限する法令は、明らかに前の時代に比べてゆるくなった。唐代均田制のこれらの特色の發展は、均田制の破壞をもたらし、同時に、均田制の破壞に随伴して、軍制・稅法の變革と莊園經濟の發展が出現した。均田制がすでに破壞するや、均田制にもとづいた府兵制度は、開元・天寶のあいだにあとをおって破壞され、召募の雇傭兵制を採用せざるをえなくなった。封建制社會における軍事體制は、土地財產關係および地租形態に對して大きな影響をもっている。同時に、均田制に依據した租庸調法も大いに破壞され、兩稅法が租庸調法に代わる。これは中國封建主義の前期から後期への轉變の重要なめじるしである。

兩稅法は、中國封建土地所有制形式が相對的に變化した結果である。土地所有制形式が變化すると、地租形態もまた變化しようとする。特に直接生產者が大量に流亡する時期に、元來の土地の占有と使用が新たな情況を生みだすと、このとき勞働力の新たな編制が統治階級から特に重要視されるのである。逃戶がどのように法規の下に納まるかは、一つの大問題である。

均田制の破壞に随伴して莊園經濟もまた發展した。南北朝時代に大規模な莊園はすでにあったが、唐代に至ると、官僚豪强は農民の土地を兼幷してさらに多くの莊園を設置した。高宗、武周以來、彼らと寺院の莊園はますます多くなった。唐宋以來の莊園をヨーロッパの莊園と同じと見なすのは不都合であって、それを一片ずつの莊田耕地とみる、陶希聖が唐代經濟史で說いたごときは、荒唐無稽なでたらめである。

このような情況にあたり、唐王朝も相應して皇莊と官莊を發展させ、官僚豪族と勞働人手を爭奪したのである（宋代になると、官田は往往、一概に官莊と名づけられた。これはまた、元明以來の農村が、莊や屯と命名された原因でもあった)。しかし、統治階級の利益が一致するという基盤の上にあって、皇權と貴族豪族はまた聯合して封建的統治を强固にしたのである。

莊園經濟の發展は、ただ土地經營方式上の改變にすぎない。均田制破壞後の封建主義土地財產關係もただ形式の上で相對的な變化があっただけで、封建主義土地所有權には決して根本的な變化はなかったのである。均田制は中國封建的土地所有權の形式の一つであるが、ただ一つの形式なのではない。北朝・隋唐以來、均田のほかにも、屯田と營田は前代より規模は擴大されたが、これも封建的土地所有權の表現形式である。これらの屯田は、單に邊境のみでなく內地にも遍く及んだのである。この種の屯田と營田の土地は、すべて封建專制主義國家が直接支配したものである。北朝・隋唐では、屯田と營田と均田制は同時に存在した。均田制破壞ののち、屯田・營田はさらに發展した。この制は宋元明、特に元明にはより進展した。明代において、租入からいうと、およそ國家收入の三分の一を占めている。このような大規模な屯田は、舊式な封建土地所有權が均田破壞ののちもやはり存在し重要な地位を占めていたことを說明するものである。この制度は一條鞭法の時代に至ってはじめて改變されたのである。

最後に指摘しなければならないのは、唐代の土地關係の相對的な變化は、農民がつねに逃亡し起義して長期の鬪爭を經過したこと、および勞働熟練の程度が高まったという條件の下で取得されたという點である。後者についていうと、第一に、一畝あたりの產量が高くなったこと、第二に、農業生產用具と灌漑用具が改造されたこと、第三に紡織業が發展したこと、第四に、冶鐵・造紙・印刷・建築などもまた進步したこと、第五に、交通用具たとえば船舶も非常に進步し、重いものを載せる航船が出現したことを擧げうる。唐代封建主義土地關係の相對的な變化は、このような條件の下に出現したのである。

第二節は、「中國封建制社會的階級關係、等級制度及唐代等級制度的再編制」と題して、つぎのように述べる。

唐代は前代の封建制の統治を繼承し、その等級制度も前代のを踏襲し、變革したところもあった。われわれは唐代が構成した全體的なピラミッドの封建等級制のなかから、中國封建制社會の階級關係の特徴を見いだし、同時に唐代等級制度が前代の歷史聯系にいかに沿革したかというところから、唐代等級制度の再編制を明らかにすることができる。われわれはまず唐代社會等級の全體的なピラミッドの構成上から中國封建社會の階級關係をみてみよう。⑴皇帝は最高の地主であり、同時にまた封建國家主權の代表者である。⑵身分・品級・官爵等々の特權によって形成された搾取階層は色とりどりの等級を包括している。封建的特權の取得にはいろいろなやり方があるが、大體、大きく二つのみちに分けられる。第一は、特權が、皇帝の恩賜によってえられるのであり、第二には、特權が既成事實によって追認される場合である。豪族地主は隋末の農民戰爭のなかで、農民によって一度つぶされたが、唐代にあっても、彼らの特權は依然として保存されてきた。唐代の新しい情況のなかにあって、提出するに値するのは工商庶族の家であり、われわれは彼らを「庶族地主」と專稱する。ここでいう庶族地主とは、單に非品級性の色彩をおびた等級であって、なおかつ非品級性地主ではない。兩稅法にいうところの「人無丁中、以貧富爲差」とある、貧富を以て差となすとは、實質上、ただ舊傳統的な「以身分爲差」に反對する代用語なのである。これは、庶族地主集團が唐代後期に占めた地位がいかに重要であるかを反映している。封建統治階級の機構は、一種の直接生產者に對する統治の品級聯合なのである。⑶法によって土地に束縛されたものに、依附農民と自由を失った賤民らの被搾取階層があった。逃戶と客戶とは、唐代の中頃にあって一つの重大な問題であり、宋代に入ると客戶は勞働農民の主要な等級となり、戶口に占める比例もはなはだ大きくなる。彼らの地位は良人と同じであるけれども、しかしその依附關係はかえって變化した。客戶勞働力が再編制されたのち、主戶と客戶のあいだには新しい等級關係が形成され、客戶の封建國家に對する依附關係は少し改變された。これにより、國家の賦役は、九等戶に準じて戶口のなかに分配され、主戸に對する役の徵收が加重されねばならなかったのである。特に宋代になると役の徵收は前代よりはなはだしくなり、これが、史書にいう「均田」が「均役」に代わった理由なのである。

つぎに唐代の等級制度がいかに前代を踏襲し變革するところがあったかを研究する。われわれはまず、賦役法のなかの「九品相通」から「九等戶」に至る進展變化、すなわち戶等制度の發生・發展と法律化の過程を研究する。戶等制は北朝後期に起こり、唐代前期は試行的過渡段階であった。安史の亂より以後兩稅法の施行に至り、戶等制はすでに法典化された制度となった。宋代の五等戶制は唐代の九等戶制に沿革するのである。ではどうして九品相通制の等級制度が九等定戶の法に代えられたのか。これは當時の社會經濟の發展がひきおこした結果であり、いいかえれば、當時の階級統治形式が改變した結果である。隋唐のあいだの等級制度の變化は、一つの複雜な問題である。ここでは、ただ、そのなかの豪族地主と庶族地主との勢力の消長、および客戶の地位の變化、の二つの問題に說明を與えよう。こうすると、戶等制の確立に對して正確な理解を獲得できる。われわれはまず豪族地主と庶族地主の勢力の消長から說きはじめよう。

南北朝は分裂割據の時期で、自然經濟と相結合した部曲家族は、この種の地方門閥大族が割據する狀勢の下で、發展するのに有利であった。隋が江南を平定し、全國が統一された狀勢の下では、門閥大族の勢力は、一方では統治階級の品級聯合の下に吸收されたが、別の面では相對的に打擊をうけた。法律上では、隋は九品中正制を罷めて科擧制をつくりだし、考選の權を豪族の手中から封建專制主義國家にうばいかえすことを企圖し、豪族にまた打擊を與えた。武周以來、庶族地主の階級集團の勢力と門閥階級集團の勢力との鬪爭は、偶然的なものではなかった。皇權は品級聯合を平衡させようとし、時には庶族に左袒し、時には大姓に讓步した。一般的にいって、庶族地主とは「官有世胄、譜有世官」以外の地主階級のなかの一つの階層を指すので、われわれは、身分等級の低さから庶族を分析すべく、中小地主の概念で彼らを分析するのに同意しない。

庶族は魏晉南北朝時代には、つねに門閥の排斥をうけ、婚姻は通ぜず、官途は多く別であった。しかし南北朝時代に庶族勢力はすでに擡頭していた。劉宋以來、多く寒人を用いて機要を掌らせた。隋が江南を平定し、全國を統一してとったたくさんの専制主義的な措施は、庶族地主勢力の上昇に有利な條件をさらに與えた。品級性あるいは身分性の門閥大族は免賦免役の特權を享有していた。庶族地主は九品中正制の下の地位がすでに低い上に功役をも負擔していたので、彼らと農民は等級の形式上、共通點があった。しかし南朝での「世族淩駕寒門」の情況には、ずっと大きな改變はなかったのである。北朝では、均田制施行の初期、九品混通のやり方を改めたが、庶族地主が賦役を負擔することに對してはいくらの改變もなかった。しかし免課免役の者が多くなればなるほど、封建國家の權力はそれだけ損害をうけた。北齊のとき、九等戶をたてて「富者稅其錢」した。このとき、門閥をその內に包括したかどうかは知らないが、門閥を包括した可能性は十分ある。九等戶制が豪族と庶族とをまぜあわせたことは、過去の封建等級制にある變化を生みだした。九等戶制の進展變化と確立の過程は、地主階級の內部からいえば、官品貴族・豪族と庶族勢力の消長を表現し、また庶族勢力が上昇する過程をあらわすのである。つぎには、農民中の客戶階層の人身權の變化から、九等戶制の意味を探らねばならない。

いわゆる客戶とは、兩晉南北朝時代の佃客と似ており、農民中の流民群である。唐代の客戶は、開元九（七二一）年に宇文融が括戶して客戶八〇萬をえたときにはじめて出現したのでは決してない。漢魏以後の蔭占の戶口には、合法的なのもあり、そうでないのもあったが、非合法の者が最も多かった。隋朝は浮客を括出してもとの編戶にかえしたが、別に客戶の名を定めなかった。唐朝に、宇文融が客戶を括出したときから、かえって正式に客戶の存在を承認したのである。隋朝は大いに括戶につとめたけれども、唐朝になると、浮戶と逃戶の數はたいへん大きかったので、天寶年間（七四二―五六）に隱漏していた人戶は、少なくとも四、五百萬前後もあったのである。客戶の合法的な存在を隱認し（宇文融の括戶）、彼らを八等九等戶に編入した（大曆十四年戶稅）こと、これが兩稅法施行以前における客戶の社會的地位の變化過程である。客戶がすでに自立して戶を爲し、封建國家の戶籍中に登記された以上、魏晉以來の「客皆注家籍」の佃客・衣食客の類とは明らかに同じではない。隋朝から兩稅法の施行に至る時期は、客戶の人身權と社會的地位の變化する時期であり、非合法から合法に、蔭附戶から封建國家の納租戶に轉じ、最後に一歩すすんで客戶を八等九等戶のなかに編入し、これを制度化したのである。だから、九等戶制は單に貴族を抑制することにのみあったのではなく、さらに農民を檢括することにあったのである。客戶の人身權は高くなったけれども、彼らは新たな賦役の對象ともなった。兩稅法はこの變化に對して總結をなしたので、宋代以後の各朝の二稅法と戶等沿徵制は、基本上はすべてこれに沿襲し、明代の一條鞭法に至ってはじめて變化を生じたのである。

第三節「中國封建制社會農民人格的隸屬關係、剝削制度和地租形態及其在唐代的轉變」にはつぎのようにいう。
封建制社會においては、一般的に勞役地租から實物地租に轉じ、また實物地租から貨幣地租に轉じる。貨幣地租の出現は封建社會の解體と資本主義への過渡のメルクマールである。しかし、それらの歷史的意義から說くと、これらの異なる形態も決して本質的な改變ではないのである。

屯田制・占田制・均田制の下での租調あるいは租庸調は、すべていわゆる「進貢の義務」を經たもので、勞役地租を主要な形態とするか、あるいは勞役地租を支配的な形態とするのに屬する。兩稅法の內容と歷史的意義についていえば、いわゆる「作兩稅法、以一其名」の意味は、法律上には、各色の剩餘生產物をすべて兩稅に入れ、かつての租庸調も同じくその內に入ったのである。楊炎が兩稅法の施行を建議したときにも（括戶のときと同樣）少なからざる貴族が反對した。これは、兩税法の推行に際して封建專制主義政府と大族豪族が鬭爭をしたことを反映している。また、兩税の徵收には、錢に折して計算したけれども、實は實物を主としたものである。實物地租の形態は、戶等制確立ののちに、主客戶を論ぜず、形式上はすべて一般化したのである。宋代に至ると主戶と客戶のあいだ、形勢戶と客戶のあいだに、一種の封建制晚期の佃客に近い隷屬關係を形成した。實物地租形態の確立が、兩税法の主要な歷史意義であり、以後の各時代を通じ、明末の一條鞭法に至って終わるのである。

第四節は、「唐代統治階級集團內部的分野和黨爭」と題していう。黨爭は統治階級の內部の鬭爭の形式として出現し、農民起義は階級鬭爭の對抗形式として出現した。唐代封建專制主義の階級の支柱は、皇權統治下の門閥豪族と新興庶族との「品級聯合」であり、彼らのあいだの聯合にも矛盾があった。しかし、唐代の黨爭を研究するには、まず、豪族と庶族には矛盾はあっても、ともに地主階級に屬し、だから、彼らのあいだには越えがたい溝があるわけでなく轉化しうるということ、つぎに、黨爭の裏に宦官の影響があること、最後に、唐代の朋黨の爭いはいつも方鎭と結びついていることを知る必要がある。大體からいって、河北の方鎭は門閥と關係がかなり密で、南方の方鎭は庶族官僚と結びついていたのである。

以上が、『中國思想通史』第四巻第一章の要旨である。これは、唐から宋への移行を、中國人として、はじめて本格的に論じたものでもある。日本における時代區分論爭と照らし合わせてみるとき、それほど大きな距離があるようには思われない。唐代の租庸調を勞役地租として、宮崎市定氏の論と符合している點や、莊園制が南北朝以後存在したということなどからみて、東京側の見解よりも京都側の見解に近いといえる。京都のいう、中世・近世とは、封建制前期・封建制後期である、と理解してほぼ誤りはないであろうからである。

この論文が、豪族下の蔭附戶や戶等制の問題を正面から取り上げている點は注目してよいことの一つである。もちろん、實證過程において、少し無茶なところがないでもない。たとえば、明の官田からの收入を總收入の三分の一と簡單にみていいかどうかは問題となろうし、特にはなはだしいのは、『唐律疏議』巻二七・得宿藏物の條から、當時の地租率を中分（＝五〇パーセント）と斷定する個所である（二八頁と四四頁）。ここの條は、地租率とは關係なくまったくの誤讀である。これらの缺陷にもかかわらず、大局からみて、この章の主張に同意しうる點が多い。唐から宋への移行をダイナミックに論じるこの章は、一讀に値するものである。

隋・唐──一九七一年の歴史學界──

昨夏、わが國における中國研究の當面する問題點として、舊中國研究と現代中國研究とのますます進行する乖離と、中國を直接には知らない中國研究者の增加、の二點を指摘しているごく常識的な文章を讀んだとき、不思議と同感の念の起こるのを禁じえなかった。前近代史の一環としての隋唐史を專攻分野にし、不幸にも研究對象たる中國の土地を踏んだ經驗をもたない筆者にとって、中國における研究動向を知る手掛りを與えてくれていたのは、專門書を別にすれば、『歴史研究』『文物』『考古』といった雜誌類であった。しかし一九六六年からはじまった文化大革命によって、專門書はもちろんのこと、これらの雜誌も休刊となり、中國における新出史料の發見や、研究動向を知る便宜を缺いてしまっていた。それから早くも五年の歲月を經たのであったが、一九七一年七月二十四日號の『人民日報』は、文化大革命中に發掘された大量の珍貴な歴史文物の數々について、多くの寫眞をともなって報道した。そこには、滿城漢墓の發掘とならんで、一九六九年に、四十數萬平方メートルに及ぶ隋唐の東都洛陽の含嘉倉を發見し發掘を開始したという記事が一面トップに載っていたのをはじめ、二面には、一九七〇年に西安南郊の何家村から出土した唐代の穴藏のなかに見事な細工の金銀器をはじめとして、一〇〇〇點を超える盛唐時代の文物がみつかり、これらの文物は、安祿山の反亂の際に、邠王李守禮の家族が埋藏したものであると述べていた。同時に、トルファンでも、唐の景龍四年手寫の論語鄭氏注をはじめ、立派な絹織物の多數が發見されたことを傳えていたのである。

時を追って、出土文物の詳細が傳わってきた。訪中報道陣によるテレビ以外にも、一〇月號の『人民中國』は、「座談會・地下博物館の發掘」をはじめとする「文化大革命のなかでの出土品」という特集記事を組んで、二〇頁に及ぶ出土文物の原色寫眞を提供し、一一月號の『中國畫報』にも、「文化大革命中に出土した歴史的文物」の圖版が掲載された。これらの文物は、ふたたび一般に公開された北京の故宮博物院の展觀品の中心になっているようであり、今年になって、ニクソン米大統領夫妻も參觀するに至った。やがて、雜誌『考古』と『文物』の再刊が傳えられ、「古爲今用、洋爲中用」をうたった近着の『考古』（一九七二年第一期）には、夏鼐「無產階級文化大革命中的考古新發現」が發表され、『文物』（同年第一期）には、巻頭に『人民日報』七月二十四日號の記事を再錄し、巻末に「無產階級文化大革命期間出土文物展覽簡介」を掲載するとともに、「吐魯番縣阿斯塔那——哈拉和卓古墓群淸理簡報」「西安南郊何家村發現唐代窖藏文物」「唐長安城興化坊遺址鑽探簡報」などの報告が行なわれているのである。それらによって、何家村とは唐の長安城內の興化坊にあたること、その穴藏からの出土品のなかには、ビザンツの金貨やササン朝ペルシアの銀貨と一緒に日本の奈良朝の銀貨「和同開珎」五枚がみつかっているばかりか、開元十九年の年紀のある懷集・洊安兩縣（唐の嶺南道、今の廣東地區）の十兩の「庸調銀」が四塊含まれていた。「庸調銀」というのは、これまで全然知られていなかった貴重な發見である。また、隋唐の二代にわたる國の穀物倉庫であった含嘉倉は、まわりは塀で圍まれ、そのなかにおよそ四〇〇ほどの圓形の穴藏がつくられ、大小不同で直徑六メートルから一八メートルあり、最大のものでは一萬石近くも貯藏できる、と述べている。發掘された倉庫にはみな文字を刻した塼があって、倉庫の位置、穀物の來源、貯藏量、搬入された年月日、管理者の官名と氏名が刻んであり、紀年は六九二年から六九九年のものが多く、倉史・監事・倉丞・押倉使・監倉御史などの職名がみえるとのことであるから、將來、より詳細な報告書が出された曉には、隋唐の官僚機構・財政史の研究に多大の貢獻をもたらすであろうことは、斷言できる。

本誌（『史學雜誌』）の回顧と展望欄には、國內の研究動向のみを扱うのが慣例化していることは十分承知の上で、あえて中國における新出史料の紹介を最初に行なったのは、史料を離れた歷史研究はありえず、新出史料の發見は、當然のことながら、その大部分は中國本土においてこそ期待されるものであることを再確認したかったからである。わが飛鳥・高松塚の壁畫古墳發見の報道がもたらした興奮は、その感をいっそう深くさせている。

國內の動向に目を移すと、まず、谷川道雄『隋唐帝國形成史論』（筑摩書房）が注目される。一九五八年から六九年にかけて發表されてきた五胡・北朝の政治史に關する十數篇の論稿をもとにまとめられたもの。內容に即せば、「五胡北朝政治史」と題するのが適當であるにもかかわらず、あえてかく題された由縁は、序說「隋唐帝國の本源について――中國中世の國家と共同體――」に述べておられるように、隋唐帝國という時代をどう理解するかという長年にわたる氏の問題意識が、本書を生みだした直接的な動機だったからなのである。一九五二年に、「隋唐帝國をどう考えるか」（『東洋史研究』一二―二）という秀れた學界動向を書かれた頃の谷川氏は、民衆の動向に強い視線をそそぎつつ、民衆とその對極たる國家權力との對抗關係を主軸に、唐代史のあり方を理解しようとされていた。しかし、隋唐律令國家論に代表される、きわめて沒人間的に、單なる民衆支配の政策としてのみ諸制度を理解しようとする傾向の强かった當時の學界の風潮に慊らなかった氏は、研究對象を北魏に溯られた。それは、一般に國家と民衆とは非連續の對抗關係の面と同時に、連續の一面が存在するのではないか、という研究史への反省からもたらされたもので、隋唐帝國に先行する未完成な段階においては、國家と民衆とのかかわり方も、のちの隋唐帝國に比べて、より本源的なものを保っているに違いないと考えて、先隋唐的時代ともいうべき北魏時代に研究對象を求められたのであった。その最初の成果が、一九五八年に發表された「北魏末の內亂と城民」であり、本書の出發點をなしている。この論文が本書のちょうど眞ん中に配列されているのは象徴的である。氏は、これ以後、十數年にわたって、前後の歴史のなかに自由を追いかける作業を繼續された。かくて、北魏末の內亂を經て隋唐帝國を生みだしたのは胡漢民衆の自由への志向であり、彼らの求めたその「自由な世界」の本源は、それぞれが生きてきた共同體社會——胡族における部族共同體と漢族における貴族指導下の鄉黨共同體——にあったことを追求し論證された。その成果が本書なのである。率直に申して、精神史をきわめて重視する氏の共同體論を、いまだ十分に理解しえないでいるが、紙數の制約で省かれた精神史的側面をより强調された諸論文や、一九五〇年代に執筆された唐中末期史研究を、形成史論につづく、「隋唐帝國論」ないし「隋唐帝國沒落史論」として一書にまとめられるよう希望したい。

谷川氏は、「唐代研究において、素材の豐富化と考證の精密化が進行していく反面、ある種の學問的不毛化が進行していることに、いいようのない不安を覺えずにはいられなかった」と述懷しておられるが、その主たる對象は隋唐律令制についての研究を指していた。その點からいって、曾我部靜雄『中國律令史の研究』（吉川弘文館）が谷川氏の著書と前後して出版されたことは、大いに興味を引く。本書は、一九六八年刊行された『律令を中心とした日中關係史の研究』の姉妹篇であり、律令が中國でどのように發展していったかを中心にして、三〇年に及ぶ中國律令史研究の成果を集大成されたもの。全體は總論篇・刑律篇・令制篇の三章からなるが、重點は令制篇に置かれている。この令制篇には、はじめ「均田法の名稱と實態について」と題されたのに手を加えて第一節「井田法と均田法」と改題されているほか、「北齊の均田法」「兩稅法成立の由來」「唐の戸稅と地頭錢と青苗錢の本質」「兩魏の戸籍と唐の差科簿との關係と課の意味の變遷」など、かつて學說史の上で論議の的になった一六篇の論文が、改訂を加えて收められている。それぞれの文章が、もと何年にどこに發表されたものであるかを明示しておいていただけたら、という氣がしたが、それはさておき、律令史研究の權威である曾我部氏の論著が、こうして大著にまとめて出版されたことは、慶賀に堪えない。筆者は現在の段階においては、課＝雜徭とされる說を肯定しえないが、ほかの多くの點で蒙を啓かれること、しばしばであった。忌憚なく申せば、この大作を通讀して、個々の論文を雜誌で讀んだとき以上に、特定の研究者に對する感情を露わにした個人攻擊に辟易させられた。個々の研究者の性格の内面にまで立ち入りたくはないが、もっと長い目で若い研究者を信賴し、淡々と自己の所論を述べていただけたらと思う。自說に同調しないからとて、執拗に不信感を表明されると、せっかくの力作をもはじめから卷を繙かぬことになりかねない、と懸念するからである。

政治史・制度史・財政史の分野の業績としては、谷川・曾我部兩氏の著書のほかに、論文としては、築山治三郎「唐代嶺南の政治と南海貿易」（『京都産業大學論集』創刊號）・同「唐代の後宮と政治について」（『古代學』一七—四）、中村裕一「唐代內藏庫の變容——進奉を中心に——」（『待兼山論叢』四）、小西高弘「唐代の價格と折納問題」（『福岡大學經濟學論叢』一五—四）、三島一「敦煌文書より見た唐代寺院財政史の一知見」（『二松學舍大學東洋學研究所集刊』一）がある。いずれも主題のもと、史料に卽して敍述されており、要約するのは難しい。ただ、中村氏が、玄宗が卽位當初より鹽鐵の專賣を宰臣に檢討させたとし、その典據に、開元元（七一三）年の劉彤の上表を擧げておられる點、元年が九年の誤りであることは學界の定說となっていることを無視されたわけで、いっそうの愼重さが望まれる。三島氏のは何がメリットか判斷できなかった。

社會史の分野での最大の收穫は、宮崎市定「部曲から佃戸へ――唐宋間社會變革の一面――」（『東洋史研究』二九―四、三〇―一）であった。宮崎氏は、一九五〇年に世に問われた『東洋的近世』（教育タイムス社）において、「中世的なる隷農（部曲）が解放されて、代って小作人（佃戸）が登場する」（五三頁）、「奴婢は恰も動産の如く金錢を以て賣買されるものであるが、部曲は土地に附屬する隷農で、土地と共に賣買されし者であらう」（六八頁）という意見を出されていたが、根據を提示されなかったので、その見解に疑義を抱き、反對する說が多かった。そこで今度は、史料をととのえ、構想を新たにして、この論文を書かれたのである。本欄は隋唐の部なので、前半の部曲についての意見のみを紹介し、佃戸への移行についての部分は、省略に從いたい。唐令・唐律には部曲について詳細極まる記載があり、特にそれが奴婢と異なる點をこまごまと說明しているのに、不思議なことには、唐代のほかの記錄には、部曲という名が現れることははなはだ稀であって、その實態を把握しにくい。そうしたことから、これまで部曲と奴婢との相違はきわめてわずかであって、兩者とも奴隸の範疇で把えるべきだとする意見が强かった。その典型は濱口重國氏の『唐王朝の賤人制度』である。これに對し宮崎氏は、もしも部曲と奴婢とが、それほど實質の違わぬものであったなら、唐代の制度はあれほどまでに細かく立ち入った規定を設けるはずがなく、部曲はむしろ農奴に近いものとされる。三國時代から唐代までの中國中世は土地均分の時代どころでなく、莊園の時代・大土地所有の盛行する時代であると理解される宮崎氏は、「莊園勞働者は完全に莊園主の威令の下にあることが望ましい。言いかえれば政府の干涉を離れた賤民である方が都合がよい。それには部曲のように、州縣の戶籍を持たず、主家の戶籍に隷屬して登錄される不自由民が最も適當なのである」とモデルを想定される。そして莊園勞働者である部曲が、妻子を養い家族生活を送っていたことをはっきりしめす例として、『陳書』卷二・永定二年の條にみえる武帝の詔を擧げられた。また、部曲が主人を替えるとき、新主から舊主に支拂われる代價を、「衣食之直」というが、これまでの通說では、部曲がそれまでに主人から與えられて消費した生活費の合計の意味にとってきたのに對し、宮崎氏は、これは成長までに要した養育費の意味に解すべきであり、三歲までの養育費を「乳哺之直」と稱したのに對し、十五歲までの養育費を「衣食之直」と稱するのであるとされたのである。これは實に明快な解釋であるといわねばならぬ。これまでの仁井田陞氏や濱口氏の解釋では、衣食之直は年とともに積み重なり、老いた部曲ほど轉事の際の支拂いが多くなるという不合理になっていたからである。筆者はかつて濱口氏の『唐王朝の賤人制度』の第二章「部曲客女の研究」の書評を分擔した際（代表者・河地重造氏の手で『東洋史研究』二五―四に掲載）、濱口氏の立場があくまで法制上の建前、原則にあるとすれば、わが國の家人にあたる部曲客女についての「盡頭驅使し及び賣買するを得ず」と强調して奴隸にひきつけようとされるのはいかがであろうか、という感想を述べた。衣食之直についての新解釋、そこから描きだされる新たな部曲像をえた現在、かつての筆者の豫感は、斷定にかえることができると考える。宮崎氏の部曲像は、氏の整理に從えば、「一、官戶に近い存在である。二、主として莊園勞働者である。三、主に集團的に働いた。四、期限を定め徭役勞働を提供した。五、家族を持つを原則とする。六、所有權を持ち、所有物のあるのが普通。七、部曲の名で客女をも代表しうる」ということになる。なお、元代の借地證書たる當何田地約式の當何という言葉は、當字のなかの田と、何字のなかの人偏とから合わせて「佃」という字になる、という新說を出しておられる。

同じく社會史に屬する論文に、愛宕元「唐代後半における社會變質の一考察」（『東方學報　京都』四二）があり、唐代後半期に、制度上の鄉里制が崩壞する過程で成長してくる土豪層が、權力機構へ積極的な姿勢で進出していく經過を跡づけようとされる。一般庶人層の科擧應試の意味をさぐり、藩鎭とその辟召制の存在により、唐朝權力が禮部試合格者に限定している徭役免除の特權が、未資格者である鄕貢進士らによって侵害されていくこと、庶人層から新たに士人的風貌をそなえた社會層が形成され、鄕貢進士らで州縣官となり、新しい土地に寄住してゆく者が增加するさまを述べている。將來、新興層の進出過程と對になる、舊貴族層の沒落過程にも考察を進められるよう期待したい。

あらゆる學問分野において專門化が極度におしすすめられていく現狀にあっては、提高と普及、すなわち高度の特殊研究と一般への啓蒙活動は、相互補完的な役割を擔うものであり、緊張關係をともないつつお互いの立場を尊重しあわねばなるまい。隋唐史の分野でも、現在の學界の水準を一般に流布する目的をもった講座や概說の類がいくつか現れた。まず一月に發行された岩波講座『世界歷史』6に收錄された諸論をみてみよう。鎌田茂雄「中國佛敎の展開と東アジア佛敎圈の成立」は、佛敎が東アジア世界の精神的紐帶となりえた要因を、⑴佛敎の呪術的機能、⑵造寺造像、⑶國家的性格、⑷支持者としての商人層の四點に求め、これらの諸要因が中國內部でいかにして釀成され、東アジア佛敎圈の形成にどのように機能したかを明らかにしようとされた。栗原益男「安史の亂と藩鎭體制の展開」は、安史の亂から五代までの藩鎭體制の出現から消滅に至る全過程を、みずからの研究成果を隨處におりこんで、要領よく敍述された。藩鎭と在地勢力とのかかわりや王朝權力の藩鎭介入など、手際よく說明されている。ただ、府兵制の崩壞後に現れた彍騎制を徵兵制として論述されている點につき、一言ふれておきたい。昨年度の本欄で、栗原氏は、宇文融の括戶を募兵たる彍騎制の成立に關連づけた拙論を嚴しく批判された。拙論執筆に際し、彍騎制は徵兵制であるとされていた栗原氏の「彍騎について」（一九六五年）と題する論文を見落としていた不明は慙じねばならないが、筆者があらためて關連史料を總合して檢討を加えた結果、彍騎制は、やはり通說のごとく、募兵制であったという結論に落ち着いた。詳しいことは、拙稿「兩稅法制定以前における客戶の稅負擔」（『東方學

報　京都』四三、一九七二年）に述べたので省略したい。松井秀一「兩稅法の成立とその展開」は、租庸調制が崩壞して兩稅法が成立してくる次第を、研究史にのっとって概說され、唐朝の財政機構の推移や兩稅法の展開過程についても滿遍なく論じられている。ただ、二〇八・九の兩頁にわたって、中川學氏の作成にかかる「制度的客戶の納稅義務の變遷表」を、若干の誤植を訂しただけで、そのまま轉載されたことは問題である。前揭の拙稿で論じたので詳細は省くが、この表には誤謬が多すぎ、依據してはならないからである。念のために申し添えるが、このことはただちに、唐代の客戶に關するこれまでの中川氏の業績を低く評價すべきである、ということにはならない。史料操作の點で、再考を求めているだけなのであるから。最後に、松井秀一「唐末の民衆叛亂と五代の形勢」は、九世紀中葉以後の黃巢の反亂を頂點とする唐末の諸反亂と、五代十國の興亡の跡を、政治の動きを中心に財政策などにもふれつつ、概說された。五代の形勢において「大土地所有の發展とその性格」といった章題の立て方そのものに異論なしとしないが、深入りは避けておく。いずれにせよ、今後當分のあいだは、隋唐史の場合も、前年度に出た隋・唐前期を扱った第5巻と、この第6巻が、標準書としての役割を擔うことになるであろう。

重要テーマを選定して、かなり高い水準を保った單行本のシリーズ「世界史研究雙書」が近藤出版社から刊行されているが、この雙書に含まれた、星斌夫『大運河——中國の漕運——』と佐藤武敏『長安』は、ともに隋唐の部分においてもかなりの紙數を費やし、現在の時點で望みうる最良の概說となっている。この兩書のように、文獻のみでは解決しえず、出土文物をも十分に活用せねばならぬ研究においては、本稿の最初にふれた含嘉倉の發掘といった新出文物の利用によって、近い將來に、かなりの增補が期待できるであろう。長安についての概說には、ほかに絲賀昌昭「長安とバグダード」（東西文明の文流2『ペルシアと唐』平凡社）があり、バグダードと比較しつつ述べている。また、外山軍治『中國の書と人』（創元社）には、褚遂良や張旭・顏眞卿などの唐の書家についての文章がみえ、藤枝晃『文字の文化史』（岩波書店）は、唐における楷書の完成や木版印刷の開始について、簡明に解説する。藤枝・外山兩氏の場合、寫眞圖版も鮮明である。

一般への普及と啓蒙を主たる目的とした講座や概說書と對照的なのが、史料の集錄や校勘といった、考證的な作業である。このジャンルの典型として、平岡武夫・今井清校定『白氏文集　巻三・四・六・九・十二・十七』（京都大學人文科學研究所）を擧げることができよう。那波本を底本とし、日本に現存する最良の古鈔本たる神田本・金澤文庫本をはじめとするみうるかぎりの刊本と鈔本を校勘の材料に用い、朱墨の二色刷で出版された。全三册の豫定の第一册として出た本書には、新樂府二巻が含まれており、今後、歴史研究者によっても大いに活用されることが望まれる。かつて『白氏文集の批判的研究』（一九六〇年）を出された花房英樹氏も、その後の研究をまとめた『白居易研究』（世界思想社）を出版された。池田溫「中國古代籍帳集錄」（『北海道大學文學部紀要』一九—四）・同「盛唐之集賢院」（同一九—二）は、ともに古代の籍帳と盛唐の集賢院についての關連史料を網羅し、解說と嚴密な注記をつけたもの。特に古代の籍帳については、陶希聖氏らの「唐戸籍簿叢輯」と中國科學院歴史研究所編の『敦煌資料第一輯』の集錄には不滿・誤脱が相當多く、研究者が安心して依據できないのを遺憾とされた池田氏が、國内外の諸機關に足を運び、現在知られるかぎりの籍帳原文をまとめて移錄し、今後の綜合的研究に資せんがために編まれた。多年の勞に對して敬意を表したい。集賢院の方は、解說も漢文で書かれている。池田氏には、ほかに、「裴世清と高表仁」（『日本歴史』二八〇）があり、遣隋使小野妹子らの歸國にともなってわが國を訪れた使者裴世清と、第一回の遣唐使とともに來朝した使者高表仁との兩名が、本國でいかなる背景地位の人物であったかを、零細な資料を手掛りに復元している。裴世清は長安の名門の出で唐初に主客郎中として對外交渉に活躍し、のち江州刺史にまで進んだと結論され、岑仲勉『隋書求是』によって紹介された高安期墓誌銘を手掛りに、高表仁は隋朝の元動の高熲の子で、皇太子楊勇の女大寧公主を娶り、唐朝に入って郯國公を襲爵した人物であることを論じられた。これにより、隋・唐の倭國への遣使が從來漠然と考えられていたよりははるかに重みをもつものと見なされ、それとともに、使者としての裴世清と高表仁を比較すると、後者の方が社會的地位および官品において一段とまさる點が明瞭になった。短篇ながら、日中交涉史に貴重な貢獻をなしたといえよう。

中央公論社から季刊で出はじめた雜誌『歴史と人物』が、秋から月刊に切り換えられた。このことは、最近における一般讀書界の歴史に對する要望に敏感に應えたものといえよう。その點からみて、文化大革命が一段落したかにみえる中國ではじめて出版された人文科學系の學術書が、郭沫若『李白與杜甫』（精裝本四二〇頁が十月刊、平裝本二八〇頁は十一月刊）であることも興味深い。郭氏は、李白について、もと西域の胡人であるとした陳寅恪説を根據なしと斷言し、李白の家系は大商人で、武則天の家柄と似ていること、一般的にいって、李白の性格と詩歌は比較的に庶民性に富んでおり、農民の艱難を深く知っていた人であるとみる。一方、杜甫については、地主階級・統治階級の立場に立ち、地主階級・統治階級のために奉仕したのであって、「三吏」「三別」の詩に人民性を讀みとるのは不正確であり、自己の門閥を誇るのみでなく他人の門閥をも重視した、と頗る手嚴しい。李白と杜甫に對する通念を打破し價値の轉換を求めているのである。それはさておき、前掲の『歴史と人物』の十一月號には、村松映「則天武后と狄仁傑」が載っており、人物を扱ったものとして、鈴木義雄「隋末に於ける竇建德について」（『國學院高等學校紀要』一三）のほか、古賀登『新唐書』（明德出版社）が、「唐王朝を動かした美女と詩人と逆賊達」と銘打って、楊貴妃と李白・杜甫と安祿山・黃巣の各列傳の譯注と解說を行なっているのも、人間不在の歴史に對する反省期に入っていることの徵證なのであろう。歴史と人物、といったことになると、今後は、歴史研究者と思想・文學研究者との活發な交流が期待される。その意味で、前野直彬『唐代の詩人達』（東京堂出版）が、安史の亂以前における四つの事件を選び、そこに關連した詩人たちの動きを、彼らの詩歌を中心に巧みに敍述したことは、文學の側からの一つの試みとして、興味をそそられた。ただ本書の附錄にそえられた二色刷の「唐地理志府州圖」が、『唐代の行政地理』の附圖を無斷で寫眞複製しているのは、著者の良識を疑われはしないであろうか。

最後に、菊池英夫・古賀登兩氏の膽煎りで、鈴木俊氏を代表者とする「周邊諸民族との關連より見たる唐代の社會制度・文物の綜合的研究」の研究班が、昨年度に全國的な規模で組織され、運營の力點をシンポジウム形式におこうとしているのは、對話の精神で新たな研究動向を作りだしたいとの念願の表れであろう。それが成功裡に進行するか否かは今後の課題である。

出土文物による最近の魏晉南北朝史研究

一九七九年十月は、中華人民共和國成立三〇周年にあたるというので、中國の學術界ではそれぞれの分野で、三〇年間の研究の回顧と展望の試みがなされた。「中國史學三十年的回顧與展望」（『中國史研究』一九七九年第三期）や「筆談建國三十年來的文物考古工作」（『文物』一九七九年第一〇期）がそれであり、いずれも短文ながら十數年間つづいた文化大革命の期間中、沈默を強いられていた研究者たちが、百家爭鳴のスローガンのもと、かなり思い切った發言をしていることが讀みとれる。とりわけ文物考古關係の分野では、非常に詳細な研究史、文物編輯委員會編『文物考古工作三十年』（文物出版社）が出版された。本書は、建國一〇年來の成果を網羅した『新中國的考古收獲』（『考古學專刊甲種』六、文物出版社、一九六一年）につづく成果であった（建國二〇周年にあたる一九六九年十月が、文化大革命の最中で、學術誌はすべて停刊中であり、企畫のなされようがなかった）。中國科學院考古研究所の編著にかかるB５判の前著が、圖版を除くと本文一三六頁で、時代順に要領よく敍述されていたのに對し、同じくB５判の本書は、本文だけでおよそ三倍の四一三頁、各省・市・自治區ごとに三〇節に分かれ、主に各地の博物館員によって執筆されているのが特色である。各省・市・自治區ごとの執筆頁數が、かなり機械的に平均化されてしまって、發掘成果の多少と敍述の精粗が必ずしも一致していない、という憾みはあるものの、現地に詳しい人たちによって執筆されているため、三〇年間における全國各地の出土状況を知るための便覧として、かけがえのない價値を有している。近年の出土文物よりみた魏晉南北朝研究史の成果をかい摘まんで紹介しようとする小稿の執筆に際し、まず據り所としたのは本書であった。

一九八〇年十一月から四ヵ月間、武漢大學の唐長孺教授が、京都大學人文科學研究所の招きで來日された。武漢大學に附置された中國三至九世紀研究所の所長であり、新たに成立したばかりの全國唐史研究會の會長（副會長の史念海教授と祕書長の黄永年氏はいずれも陝西師範大學に所屬）でもある唐教授は、滞洛中、折にふれて、解放後における魏晉南北朝隋唐史の研究概況を話してくださった。以下の小文は、唐教授の談話に觸發されて繙いた研究報告の紹介の部分を含んでいる。あらかじめお斷りしておきたい。

一　曹操宗族墓の發掘

一九七七年以後、中國各地で相繼いで歷史學に關する學術討論會が招集された。七八年十月に長春の吉林大學で開催された中國古代史分期問題討論會の席上、封建社會は魏晉時期からはじまると主張する何茲全氏らの魏晉封建論者たちが報告を行なった。魏晉封建論者たちは、一九五七年前後の古代史分期問題論爭の際、多數の反對論者のために壓倒されはしたが、決して自說を放棄はせず、二〇年間の沈默を破って、基本的に前と同じ論點にもとづいた主張をくりかえしたわけである（ちなみに、魏晉以後中世說の『宮崎市定論文選集』上下兩卷が中國科學院歷史研究所翻譯組編譯のもと、〃內部讀物〃として商務印書館から出版されたのは、文革直前の一九六三・六五年であった）。『歷史研究』一九七九年第一期に掲載された、何茲全氏の討論會での發言稿「漢魏之際封建說」の冒頭が、「多少年來、沒有讀了書」の文句ではじめられていることの含意は深刻であるが、それはさておき、近年、再版ないし新版が刊行されている『中國歷史綱要』（人民出版社、一九五四年）の著者たる尙鉞、『魏晉南北朝史』（上海人民出版社、一九六一年）の王仲犖、『魏晉南北朝史論叢』正續（生活・讀書・新知三聯書店、一九五五、五九年）の唐長孺といった諸氏が、いずれも魏晉封建論者であることに、注意を喚起しておきたい。

魏晉封建論者の王仲犖氏に專著『曹操』（上海人民出版社、一九五六年）があり、「胡笳十八拍」に關する郭沫若の問題提起を契機として、何茲全氏の「論曹操」を含む『曹操論集』（生活・讀書・新知三聯書店、一九六〇年）が出版されたことからもわかるように、曹操政權の歷史的位置づけの試みは從來もさまざまの角度からなされたのであったが、一九七四年から七七年にかけて、この曹操の宗族の墓がつぎつぎに發掘され、安徽省亳縣博物館「亳縣曹操宗族墓葬」（『文物』一九七八年第八期）の報告がなされている。それによると、後漢末の曹操の宗族關係の五座の墓葬が發掘された。まず（A）元寶坑一號墓からは、象牙・玻璃・玉石器一三二件、銅・鐵器二〇〇餘件、瓷器片、五銖錢などのほか、文字を陰刻された磚一三九塊、文字を朱書した磚六塊が出土した。これら磚上に書かれた文字は、造墓の工人たちが、燒く前の磚が乾くのをまっているときに細棒で刻した一種の落書きの類である。河北省定縣北莊漢墓の題名石塊（『考古學報』一九六四年第二期「河北定縣北莊漢墓發掘報告」參照）や河南省洛陽の刑徒墓地の磚（『考古』一九七二年第四期「東漢洛陽城南郊的刑徒墓地」報告參照）のように、一定の書式にもとづいて書かれたものではないので、かえって墓の造營にかりだされた工人たちの心情の吐露を讀みとれ、「會稽曹君天年不幸喪軀」「倉天乃死（葬?）」といった文句がみられる。これらの文字は建寧三年、西曆一七〇年に刻されたものである。盜掘された盜洞を含む（B）董園村一號墓からは、銀縷玉衣と銅縷玉衣がそれぞれ一件ずつ、鐵鏡が二件など出土したほか、〝宜官延〟の三字が陽刻された磚が八〇塊、奔馬の畫像などを陰刻された畫像磚が三塊、文字を陰刻された磚が一五四塊出土し、そのなかには「延熹七□元月」の文字もみえる。延熹七年は西暦一六四年にあたる。やはり盜掘された盜洞を含む（C）董園村二號墓からは、銅縷玉衣の殘片が數百片出土したが、これが一件の玉衣なのか何件のものなのかは明らかでない。ほかに玉枕などが出土し、文武の人物畫像や、神龍・白虎などの陰線刻や脱落した壁畫の跡はみられたが、文字磚は出土しなかった。（D）馬園村二號墓からは人骨や陶樓・陶磨などの遺物にまじって、精緻に鑄造された二方の銅印が出土した。印文は大きい方が「曹憲印信」、小さい方が「曹憲」とあった。破壞の程度のきつい（E）袁牌坊村二號墓からは、鐵鏡や貨幣にまじって、隷書で刻された石碑の殘石が出土した。曹操一族の墓地については、『水經注』巻二三・陰溝水の條に一往の記述がなされていたが、今回の一連の墓地の發掘により、文獻史料のみではうかがい知ることのできなかった詳細が判明したわけである。ことに、銀縷玉衣や銅縷玉衣の出土は、後漢末の王符が、『潛夫論』の浮侈篇でなげいた、當時の「京師貴戚、郡縣豪家」たちのあいだにおける厚葬の風流行の實態を目の當たりに再現し、同時に曹操一族の力量を十分に想像させうるものであった。また、曹操宗族墓から出土した文字磚については、田昌五「讀曹操宗族墓磚刻辭」（『文物』一九七八年第八期）のほか、亳縣博物館「安徽亳縣發現一批漢代字磚和石刻」（『文物資料叢刊』二、一九七八年十二月）が發表され、多數の拓片寫眞などを掲載している。報告者たちは、建寧三（一七〇）年の文字磚に刻されていた「倉天乃死」の言葉が一四年後の中平元（一八四）年にはじまる黄巾起義の際のスローガンであった「蒼天已死」と同義であることに注目し、「倉天乃死」なる文字磚の出現は、決して偶然のことではなく、農民起義の前奏であったとしている。また文字磚に刻された漢字の書體が、隷書を主としつつも、篆書體や行草體などもあり、後漢時代における書法發展の一側面を反映している、との指摘がなされていたが、特に『文物考古工作三十年』（二三六頁）によると、すでに發掘された文字磚の總數は二九一塊（この數値は各論文によって少しずつ異なっている）で、そのうち、篆書が三塊、隸書が五六塊、章草が一四塊、今草が六塊、眞・行書が二一二塊となっていて、眞・行書の占める比率が七二パーセントときわめて大であることに注意を喚起している。後漢晩期の墓磚上に、眞・行書がすでに大量に出現していたことは、この墓磚が、論爭をつづけてきた王羲之の『蘭亭序』の寫されたとされる年代よりも一世紀半も早かったことからみても、中國における書體の變遷史の上に新たな材料を提供したことになるわけである。

二　『蘭亭論辨』の出版

後漢末期の曹氏一族墓の元寶坑一號墓と董園村一號墓から出土した文字磚が、書體の變遷という觀點から、王羲之の『蘭亭序』の眞僞論爭とかかわるとする指摘がなされているので、つぎにその後の蘭亭論爭についてふれておこう。曹氏一族墓の例のように漢代にすでに盛んになっていた族葬の風は、東晉南朝に至って、ますます流行したのであって、南京市やその近邊で東晉時代の名族の族墓の發掘が相繼いで行なわれた。一九五八年には南京の老虎山で顏氏一族の四座の東晉墓が發掘され、顏劉氏墓誌と多くの印章が出土し（『考古』一九五九年第六期）、一九六二年十二月には鎮江市から劉氏の墓誌が出土した（『考古』一九六四年第五期）。そして、一九六四年秋に南京南郊の戚家山の東晉墓から謝氏の墓誌が發見され（『文物』一九六五年第六期）、翌一九六五年一月以降、南京市北郊の人臺山（象山とも呼ぶ）で發見された王氏一族の東晉の墓地から王興之夫婦などの墓誌が四點出土したのであった。王興之は王羲之といとこ同士であり、以上の七點の墓誌のうち、王興之夫婦墓誌を含む五點は隸書に屬する書體で書かれていて、北朝の碑刻にみえる書體と一致する。一方、王羲之の書とされる『蘭亭序』の書體は、これらの墓誌の文字とは似ず、唐代以後の楷法の趣きがあり、隷書の筆意を失っている。この點に着目して、王羲之の手になるとされてきた『蘭亭序』は後世の僞作である、と主張したのが、一九六五年の六月に發表された郭沫若氏の「由王謝墓誌的出土論到蘭亭序的眞僞」（『光明日報』六月十日・十一日。『文物』一九六五年第六期）であった。郭沫若論文が發表されると、少數の反對論が出たが、つづいて壓倒的な僞作説支持論調がつづき、そのうちに文化大革命がはじまり、文物考古關係の雜誌停刊の季節を迎えたのであった。郭沫若は、單に『蘭亭序』の書體だけでなく文章そのものをも後世の僞作とした。すなわち、『蘭亭序』の文章と墨跡はいずれも僧の智永によって僞作されたとしたのである。『蘭亭序』僞作説は、清朝末の李文田なども主張していたのであるが、出土文物たる東晉時代の王氏や謝氏の墓誌の書體を根據とした郭沫若説は、かなりの説得力をもって迎えられたのであった。この『蘭亭序』の眞僞論爭については、小南一郎「蘭亭論爭をめぐって」（『書論』三、一九七三年）が、一連の墓誌の拓本寫眞を掲載しつつ、要領よく解説し、また吉川忠夫『王羲之』（清水書院、一九七二年）は、『蘭亭序』の書跡が王羲之のものでないとする點では郭説に贊意を表したが、その文章は、王羲之の思想全體のコンテキストのなかで決して違和感はない、として郭説に異議を唱えている。

文化大革命の期間中、蘭亭論爭がいかに推移したのか、跡づけることはできない。ただ、文化大革命がほぼ終わりを告げた一九七一年に出版された章士釗『柳文指要』（中華書局）一九一七―一九二二頁のなかに、「柳子厚之于蘭亭」と題する郭沫若説への批判が含まれており、やがて復刊直後の『文物』一九七二年第八期に、郭沫若が「新疆新出土的晉人寫本《三國志》殘卷」を發表して、一九六五年一月にトルファンから出土した晉人寫本の『三國志』を紹介しつつ自説を補強し章士釗論文に反批判を行なったことが、人の注意を引きつけた。章士釗と郭沫若という取り合わせは、單なる一法帖の眞僞をめぐる論爭以上の關心をよんだのであって、香港の『中華月報』六九一

（一九七三年四月）は、章士釗の文章を轉載するとともに、鍾華敏「郭沫若反擊章士釗――爲蘭亭序帖眞僞問題――」を掲載したのであった。この頃、定價二元の『蘭亭論辨』なる標題の書物が文物出版社から出版された旨の廣告を目にしたが、まてど暮らせど、實物を手に入れることはできなかった。五年餘りの歳月を經て、わが國に輸入されてきた『蘭亭論辨』の扉には、「文物出版社　一九七三年、北京」とあり、次葉の出版説明は「一九七三年三月」であったが、奥附には「一九七七年一〇月第一版第一次印刷」「定價、一、一〇元」そして裏表紙の下端では、「二、〇〇元」の部分が消されて「一、一〇元」そして「内部發行」の四字が抹消されていた。その内容は、懇切ていねいな多數の圖版を網羅し、上編は郭沫若説とそれに同意見の僞作説の論文一五篇、下編には批判的な論文三篇を收錄していて、はなはだ便利な書物である。しかし、私には、なぜ、この書物が當初「内部發行」の扱いをうけ、やがて、解禁されて國外でも發賣されることになったのか、自分自身、納得のいった説明を與えられないまま、現代の中國書出版狀況に關心をもつ方に何かの參考にでもなれば、との思いから、場違いかもしれないが氣づいた通りに記しておきたい。

三　鮮卑〝石室〟の發見

『蘭亭論辨』の巻頭に收錄されたのは、トルファンのアスターナから出土した晉人寫本の『三國志』の斷片を紹介した郭沫若論文であった。新疆ウイグル自治區トルファンから出土した無數の文物が、隋唐時代のみならず、南北朝時代のイメージをもすこぶる豊かにしつつあることについては、あらためて紹介するまでもないことであろうし、關心をおもちの方は、新疆維吾爾自治區博物館編の『新疆出土文物』（文物出版社、一九七五年）や『新疆歴史文物』（文物出版社、一九七七年）、あるいは、出版が豫告されている唐長孺主編『吐魯番出土文書』（簡裝本と圖錄本、前者は索引を含めて一一册）をみていただくことにして、つぎに北魏王朝を樹立した鮮卑族拓跋部の遺跡〝石室〟の發見という大ニュースを紹介しておきたい。

中國最初の征服王朝と目される北魏王朝の開國傳說については、『魏書』のなかに記錄が殘され、先人たちも幾多の研究を發表している。北魏の開國傳說は、部族の移住說話といえるのであるが、その拓跋部の原住地については、その所在地を確定できる文獻が正史に殘されていたのであって、『魏書』卷一〇八の禮志と卷一〇〇の烏洛侯國の條がそれにあたる。まず禮志では、「魏の先祖が幽都に居たとき、石を鑿んで祖宗の廟を烏洛侯國の西北につくった。その後に南遷し、その地とは遠く隔ってしまった。眞君年間に烏洛侯國が使者を遣わして朝獻してきて云うには、石廟はもとの通りであって、民は常に祈請して、神驗があります、と。その歲に中書侍郎の李敞を遣わして、石室に詣って天地に告祭し、皇祖と先妣を配した。祝して……と曰い、……石室は南のかた代京を距たること四千餘里ばかりにある」といい、一二三字に上る祝文も著錄しており、烏洛侯國の條には「烏洛侯國は、地豆于の北に在り、代都を去ること四千五百餘里。その土地は下濕で、霧氣が多くして寒く、民は冬には地を穿って室をつくり、夏には原阜に隨って畜牧している。……世祖の眞君四年に來朝して言うには、その國の西北に國家の先帝の舊墟石室があり、南北九十步、東西四十步、高さ七十尺、室に神靈があって、民が多く祈請しています。と。世祖は中書侍郎の李敞を遣わして告祭し、祝文を室の壁に刊して還った」と記されていた。『魏書』卷四下の世祖本紀、太平眞君四年三月の條にも、「壬戌、烏洛侯國遣使朝貢」とあって、烏洛侯國の朝貢が世祖太武帝の太平眞君四年（四四三）年であったことを傳えている。北魏の建國は三八六年、平城に遷都したのが三九八年、江北を統一したのが四三九年であるから、江北統一の直後に烏洛侯國の朝獻があったことになる。一般に、固有の文字をもたない狩獵民族なり遊牧民族の原住地を確定することは至難のわざに屬するが、北魏王室の拓跋氏の場合、たまたま國都平城から四五〇〇里もはなれた原住地の近くにいた烏洛侯國が遣使朝獻してきて石室の近況を傳え、それを契機に特使を派遣して、漢字で祝文を石室內の壁に刻してきた、というのであるから、その祝文の刻された石室を發見できれば、すべては解決されるという希望が殘されていたのである。古く、白鳥庫吉氏は「東胡民族考　第六回」(『史學雜誌』二二―一一、一九一一年。のち『白鳥庫吉全集』第四卷に再錄)において、拓跋氏の原住地を最も確實にしめす文獻として『魏書』の禮志と烏洛侯國の條を引用した上で、「烏洛侯國が已に嫩江の流域なるに一決せば、此國の西北部に住する拓跋氏祖先の石室は此流域の中にありて而も興安嶺の近傍にありしなるべく、從て拓跋氏の原住地も此方面を包含せしこと明かなり」と斷定せられたし、田村實造氏は、「北魏開國傳說の背景」(『東方學論集』二、一九五四年)のなかで、やはり同じ二史料を引用し、「これらによってみると、世祖のころタクバツ部の祖先を祀る石廟(石室)が烏洛侯國の西北部に殘存していたことがわかるとともに、このあたりがタクバツ部の原住地であったろうことも推測される。なお、石室といっても人工的のものではなく、おそらく、それは天然の洞窟で穴居に用いられていたものかも知れない」と述べた上で、「ちなみに、石室といえば、キタイ族にもあったようで、太祖または祖先に關係のあると思われる石室が、太祖阿保機を葬った祖陵の奉陵邑である祖州城內に殘存している。ただし、この石室は人工的のもので、高さ二三尺、奥行一四尺、幅員二〇尺を計る云々」と注記しておられたのであった。『烏桓與鮮卑』(上海人民出版社、一九六二年)なる大著を執筆した馬長壽氏もほぼ同じような見解を發表している(二三九頁)。

この懸案であった鮮卑〝石室〟の祝文がついに發見されたのであって、近着の『文物』一九八一年第二期の卷頭論文、米文平「鮮卑石室的發現與初步研究」がその報告である。米文平氏をはじめとする呼倫貝爾盟文物管理站のメンバーは、大興安嶺北部甘河上源の鄂倫春自治旗阿里河鎭の西北一〇キロメートルの密林中にある嘎仙洞こそ鮮卑石室に違いないと考えて、一九七九年九月一日から四度にわたる現地調査を敢行の末、一九八〇年七月三十日の午後四時、ついに洞内の石壁上に北魏太平眞君四年の祝文石刻を發見したのである。入口から一五メートルの西壁あたりを調べていたときたまたま夕陽がさしこんできて、「四」の字らしいのが調査團員の目にとまり、みながら子細に調べると、その下に「年」の字、上に「太平眞君」などの字が現れたという。そのときの調査團一行の驚喜のさまは想像にかたくない。嘎仙洞は天然の山洞であって、北緯五〇度三八分、東經一二三度三六分、海拔五二〇メートルに位置し、內蒙古自治區の呼倫貝爾盟に所屬する。嘎仙洞そのものは花崗岩の峭壁上の平地から二五メートルの場所にあり、洞口は三角形で、高さ一二メートル、廣さ一九メートル、洞內は南北の奥行の長さが九二メートル、東西の廣さは二七ないし二八メートル、最も高い所では二十數メートルあり、面積はおよそ二〇〇〇平方メートル、數千人の人間が入れる、という。このなかの修琢を經た壁から發見された石刻の祝文は高さ七〇センチ、廣さ一二〇センチの部分に全部で一九行、每行、一二ないし一六字からなり、全文で二〇一字、第一行目には「維太平眞君四年癸未歲七月廿五日」とあり、二行目以下の內容は、『魏書』の禮志に載せられた祝文の內容とほぼ合致しているのである。ただ、米文平氏も指摘するように新發見の石室內の祝文に「延及冲人、闡揚玄風」とあった部分が、『魏書』禮志では「冲人纂業、德聲弗彰」となっていた點は注目に値する。三武一宗の法難の第一とされる北魏太武帝による廢佛は太平眞君五（四四四）年から同七（四四六）年にかけてのことであるが、その前提として、「太平眞君」という道教用語への改元（四四〇）を行ない、天師道壇に行幸して符籙をうけて（太平眞君三年）、太武帝は道教君主ともいうべき存在になっていたのである。されば祝文に「闡揚玄風」とあるのは、當時の眞意を素直に表明したというべきであろう。しかるに、魏收は、『魏書』の編纂にあたって、この文句を忌避し、意圖的字改竄の事實のなかにも讀みとることができるのではなかろうか。

に「德聲弗彰」なる語に置きかえたに違いない。魏收の『魏書』が後世、穢史の稱をうけた一端が、この祝文の文

四　宿白「鮮卑遺迹輯錄」

鮮卑拓跋氏の原住地を確認し、大鮮卑山の位置をめぐる史學界長年の論爭に終止符を打たんとして、鮮卑石室の發見を意圖した探索行は、大成功裡に終わった。この石室の發見以外にも、鮮卑民族にかかわる考古遺迹は各地で發掘がつづけられており、その研究狀況を要領よく整理した論考が、北京大學の宿白教授によって、「鮮卑遺迹輯錄」一―三の副題を添えて報告されているので、それを紹介しておこう。

各地の鮮卑遺迹と鮮卑に關係ある遺迹の發見は、（A）遼寧省や青海省の慕容鮮卑の遺迹、（B）黑龍江上流の額爾古納河畔から內蒙古のオルドス東部にかけての拓跋鮮卑の遺迹、（C）拓跋鮮卑が南遷して代國を建てた時期の山西省大同附近の遺迹、そして最後に（D）北魏孝文帝による洛陽遷都後の河南省洛陽附近の遺迹の四カ所に大別される。まず、宿白氏は、（A）（B）の遺迹群を一括し、「鮮卑遺迹輯錄之一」として「東北、內蒙古地區的鮮卑遺迹」（『文物』一九七七年第五期）を發表し、遼寧省の北票や義縣で發見された三世紀から四世紀にかけての慕容鮮卑の墓葬、青海省共和縣の慕容鮮卑吐谷渾部の伏俟城の遺址、黑龍江省で發見された拓跋鮮卑の早期墓群などの發掘狀況を、多數の圖表をともなって、紹介している。

宿白氏は、ついで「鮮卑遺迹輯錄之二」として、「盛樂、平城一帶的拓跋鮮卑――北魏遺迹――」（『文物』一九七七年第一一期）を執筆し、（C）の拓跋鮮卑が南遷して現在の內蒙古自治區の和林格爾や山西省の大同近邊で活躍し

た時期の遺迹を紹介した。すなわち、和林格爾の北一〇キロメートルの盛樂城の遺址、呼和浩特の東南から發見された北魏建國直後の墓葬、大同城區の平城遺址、大同の北にある方山（梁山）の陵墓や、平城の墓葬區域であった大同東南郊から發見された、木漆畫などの豪華な遺物をともなった司馬金龍夫婦墓の發掘狀況を紹介した上で、北魏北部の軍鎭遺址の發見について述べている。平城に都した北魏が北邊守備に留意し、長城に沿った地域に武川鎭をはじめとする特別軍政區ともいうべき鎭を配置し、洛陽遷都後にそれらのうち六鎭に反亂が起こって北魏衰亡の原因をつくったことについては詳說する必要はなかろうが、近年、武川鎭をはじめとする軍鎭の遺址の發掘確認がつづいていたのである。ちなみに、〃六鎭〃という場合、どの鎭を指すかについては、古來議論が分かれ、沃野鎭・懷朔鎭・武川鎭・撫冥鎭・柔玄鎭・懷荒鎭の六つであるか、沃野鎭をはずして禦夷鎭を加えるべきか、の二說があったが、新出の墓誌中に「七鎭繼傾、二秦覆沒」の語がみえ、この七鎭の場合だと沃野鎭をはずさず禦夷鎭をつけ加えねばならないことになるであろう。この墓誌に關心をもたれる方は、『中國墓誌精華』（中央公論社、一九七五年）釋文・解說篇、一三〇―一三四頁の筆者の小文を參照されたい。

「鮮卑遺迹輯錄之三」、「北魏洛陽城和北邙陵墓」（『文物』一九七八年第七期）では、孝文帝による漢化政策の一環として洛陽に遷都して築いた北魏洛陽城の復元圖を、『洛陽伽藍記』などを、活用して描くとともに、その洛陽の北に橫たわる丘陵、邙山に造營された陵墓について、たとえば孝文帝の長陵とその文昭皇后高氏墓あるいは宣武帝の景陵が趙萬里『漢魏南北朝墓誌集釋』に收錄された墓誌にみえる記錄などをもとに、それらの範圍までが確定された次第を略述している。この宿白論文でとりわけ注目されるのは、邙山に眠る多數の陵墓を地圖上に位置づけた上で、これらの陵墓は孝文帝の長陵を中心に、一定の秩序にしたがって埋葬されたのであろう、と論ずる點である。すなわち、邙山では、帝陵をはじめとして、元氏皇室、九姓帝族、勳舊八姓といった序列のもとに一族の墓が集中した族葬が行なわれているが、これらは原始社會における族葬の遺風であったろうと述べるとともに、同じ大族葬群の內部の配列の狀態からみて、母系半部族制のなごりが墓葬制度上に反映している點に言及している。

以上が「鮮卑遺迹輯錄」という副題をともなった宿白氏の有益な連作の要旨であるが、特に洛陽の邙山の陵墓についての見解に對しては、今後もさまざまの角度からの發言がつづくことであろう。今はただ、近着の『中國考古學會第一次年會論文集一九七九』（文物出版社、一九八〇年十二月）に收錄されている、南京博物院の羅宗眞「六朝陵墓埋葬制度綜述」で、北の洛陽に對應する南の、南京市附近發見の陵墓における族葬の風についてもふれられていることを附記しておこう。なお、解放後に出土した南北朝隋唐時代の墓誌の集錄が、國家文物管理局古文獻研究室と西安・洛陽などの關係者との共同事業として整理し、出版する計畫があるらしい。完成の早からんことをまち望んでいる次第である。魏晉南北朝時代に關する出土文物としては、すでに紹介した遺迹のほかにも、酒泉・嘉峪關で發見された壁畫晉墓など數多くあるが、紙數の制約もあり、以上で小稿を了えることにしたい。

附篇Ⅱ　書評・紹介

塚本善隆著『魏書釋老志の研究』

佛教文化研究所出版部、一九六一年三月
A5判・五四四頁

塚本善隆氏が昨年（一九六一年）二月に京都大學人文科學研究所を定年退官されるに際しては、B5判一〇七〇頁の大册『塚本博士頌壽記念佛教史學論集』が友人門下の諸氏によって獻呈されたが、これと對をなす塚本氏自身の著書として出版されたのがこの『魏書釋老志の研究』である。この書の中心をなすのは、第二篇の魏書釋老志譯註であり、その前後に解説篇・附篇が設けられ、既發表の論文に一部補訂したものが配せられていて、その構成は、

第一　解説篇（『東方學報　京都』第三七號に「魏收と佛教」と題す）一―七一頁
第二　譯註篇（新稿）七二―三五六頁
第三　附篇
一　北周の廢佛（『東方學報　京都』第一六・一八號、第七・八章は新稿）三五九―五一八頁
二　北周の宗教廢毀政策の崩壊（『佛教史學』創刊號）五一九―五四四頁

となっている。

中國の正史において、佛教と道教に關するまとまった記事をはじめて載せたのがこの魏收の『魏書』であり、現

行の『魏書』の最後、第一一四巻に収められている。従來の官撰歷史の體例に存しないのにあえて「釋老志」の一志を立てたのは、「釋老は當今之重」なりとする北齊の史官魏收の見識によるものであるが、これは適切でもあり、當然でもあった。「解說篇」で、塚本氏は、この魏收を特に取り上げ、魏收の家庭と佛教とのつながり、彼が生きた時代の洛陽佛教また北齊治下の佛教の狀態について詳細に說くことによって、讀者が譯註篇に讀みすすむ上の豫備知識を提供する。釋老志が「釋」に詳しく「老」に疎略なのは、魏收自身の關心の程度によるとともに、執筆せしめた北齊朝廷が熱心な奉佛朝廷だったこと、この時代には佛教の概要や『維摩經』ぐらいは知っていることが、官吏の必要有利な條件となっていたであろうという點にも言及し、『魏書』の目的とする北魏・東魏の朝廷を中心とした政治史の一部としての宗教史、特に佛教史としては現在の文獻資料として第一におされるべきものであること、しかし、當時の人民社會の佛教史としてや、佛教の教學と信仰の指導者である僧侶界における教學信仰の發展についてはきわめて不完全なものであること、にも注意を與えている。

初期の都大同地方に雲岡大石窟をのこし、つぎの都洛陽には龍門石窟をのこし、その洛陽佛教の盛況が『洛陽伽藍記』に生き生きと描かれているタクバツ魏の文化は佛教に代表され、その政治も經濟も佛教ならびにこれと對抗した道教ときわめて緊密な關係をもっていたことは周知の事柄であろう。この時代の佛教史ことに佛教教團史の根本資料であるこの釋老志はまた難解なことでも知られており、人をえた譯註がまたれたゆえんである。今、名著『支那佛教史研究　北魏篇』（弘文堂書房、一九四二年）の著者である塚本氏によってその和譯と註解がなされたことは、まさに最適任者をえたというべきであって、しかも、その過程において、宮川尙志・神田喜一郎・吉川幸次郎・木村英一・內藤乾吉の諸氏の援助があったという、異論のあろうはずがない。

この譯註出版の經過については本書の自序にもふれられているが、このように釋老志全體の譯註が一冊にまとまって刊行されるに至るまでには、かなりの迂餘曲折があった。一九四二年に出た『支那佛教史研究　北魏篇』の自序によっても、當時すでにかなりの譯註が整備していたことを推察でき、ハーバード大學のウエヤー氏による釋老志「釋」の部の英譯に對する補正、當時執筆され、一九五〇年に發行された「ウエヤー博士の魏書釋老志譯註を補正す」（『羽田博士頌壽記念東洋史論叢』東洋史研究會、一九五〇年所收）によって氏の周到な譯註の一斑が明らかにされたが、その補正の最後に、「要するにペリオ教授や支那學者の指導協力を得て難解な釋老志をあれだけ讀まれた功は、確かに多とすべきものである。けれども釋老志讀解の基礎になるべき支那佛教の知識の貧困は、覆うべくもない。少くとも支那佛教の研究に關する限りでは、今日の日本の學界は恐らく世界の斯學の水準から遙かに抜き出ている。歐米の支那佛教研究者が、日本學界の援助を無視して事をなすが如きは、愚であり、或は無謀であるといってもよいのである」と自信滿々に述べられているのをみた讀者は、一日も早く氏の和譯が發表されるのを期待したであろう。しかし、まず公刊されたのは、氏の譯註をハービッツ氏が英譯したものであり、五六年に『雲岡石窟』の最終巻に載せられた。ついで、日本文による譯註が、『佛教文化研究』第六・七・八號に「譯註魏書釋老志（一）（二）」として連載され、本書の七五—一二七頁にあたる部分が發表されている。このたび、ようやく日本文による全譯が完成されたのであり、ハービッツ氏による英譯は「釋」の部分だけであったから、「老」の部分はまったくの新稿である。この間、少なくとも二〇年のあいだ、ねられた譯註であり、ひきつづき推敲が重ねられ増訂されていることは、英譯文『佛教文化研究』所載のものと比べてみても容易に看取できるところである。

各時代の制度・文物・社會を記している正史の志類の譯註には、すでに食貨志が加藤繁・和田清らの諸氏によってぞくぞくなされているのと、內田智雄氏らによりなされつつある刑法志が擧げられる。ここに新たに『魏書』の釋老志が世に問われたのであるが、これら三つの系統の譯註は、それぞれ體例を同じくしていない。譯註がいかなるかたちでなされるべきかというのは、論議のあるところであろうが、最近の食貨志譯註が、譯文・註文ともに舊かなづかいを嚴守し、譯文の文章に文語體を用い、原文中の文字をなるべく存置する方針をとる、すなわち漢文直譯體であって、それに詳細な註をつけているのに對し、『漢書』刑法志の譯註は、流暢で平易な日本語に翻譯され、註も簡明を旨とされている。その點において、この釋老志の譯註は、兩者の中間に位置するものである。譯文は單なる書き下しではなく、現代語譯であるが、經典・高僧傳などに依據して、かなり括弧で補っている。註はかなり詳細で、ときどき設けられている「解説」の項とともに讀者に多大の裨益を與えるものである。そして、このような體例は、現在の時點において、少なくともこの釋老志の譯註については、最も適切であると思う。また、氏の『支那佛教史研究　北魏篇』が、この釋老志の最大の註の役割を果たしていることを忘れてはなるまい。

　では、この譯註は完全無缺であるかという點になると、およそ何事にも完全無缺というものはありえないし、そのように人が考えることを著者も欲してはおられないであろう。しかし、現在の學界において、最も信頼しうる底本をここにわれわれが獲得できたことは確かなのであり、著者とともに、これに朱を入れていくことこそ、われわれ後進の權利であり、また義務であろう。ここではただ、著者がとった體例が讀者をまよわす場合のあることには注意しておきたい。一七九頁の「晝夜錢迷、將二百日、乃至青州長廣郡不其・勞山、南下乃出海焉。是歳神瑞二年也。」という原文に對して、「晝夜昏迷し二百日近くなって、（山東省の）青州長廣郡不其縣勞山の南岸に到って上陸した。この年が神瑞元年（四一五）である」という譯が與えられている。譯文からみて、原文の句讀は「……勞山南、下乃出海焉。」とあるべきなのか、あるいは譯文の「勞山の南岸」がおかしいのかと思う。ところが、『法顯傳』（『大正大藏經』五一卷八六六頁）をみると、「晝夜十二日到長廣郡界牢山南岸、便得好水菜、」とあり、「勞山の南岸」というには根據があることがわかる。では「……勞山南、下乃出海焉」と切り、「下乃出海焉」の部分を

「上陸した」と譯されたのであろうか。「乃出海焉」とあれば「海に出た」という意味であろうし、譯は逆になりそうである。そこで、『法顯傳』のつづきをみると、少しはなれて「遂便南下向都」とある。こうなると、原文の句讀は改める必要はなく、譯文は「……不其勞山」の部分のみであって、しかも「勞山（の南岸）に……」とあるべきこと、「南下乃出海焉」は「南下向都」を踏まえているのであって、この個所の和譯はなされていないということになる（なお譯の元年は二年のミスプリント）。これは本譯註の體例に內在する危險性が偶然現れたものであろう。また、英譯文に對する書評において楊聯陞氏が指摘したように、九七頁の「率在於積仁、順觸嗜慾、」は「率在於積仁順、觸嗜慾」と改むべきであろう。誤植がままあるが、原文と譯文とを對照することによりほぼ正すことができる。ただ本書が譯註という性格の書なので、蛇足ながら少し列擧してみると、一二四頁の「其本起、經說之備矣」は「其本起經說之備矣」に、二〇三頁の「豫楯」は「矛楯」に、二七七頁の「百五十尺」は「百四十尺」に、三〇四頁の「數干人」は「數千人」に、三四〇頁の「陸下」は「陛下」に、一一三頁の śramaneraka は śrāmaṇeraka に、一一五頁の śramaṇera は śrāmaṇera に、bhiksuni は bhikṣuni に、一一八頁の pratyekabddhayāna は pratyekabuddhayāna にそれぞれ改めらるべきであろう。

釋老志は「釋」に詳しく「老」に疎略で、費やされた紙數は約「釋」に三、「老」に一の割合であるが、この譯註本では、その割合は六對一となり、譯註は佛敎の部分が道敎の部分に比べて二倍の詳しさになっていることがわかる。これは塚本氏が佛敎史學者であることによるものであるが、また、道敎の研究の蓄積が日本の學界にとぼしいことにもとづく。「老」の部は難解である。しかし、研究者の協力によってより十分なものがいずれ出現するであろう。本書は文部省の出版助成金の交附をうけて出版された。ということは、期日までに出版をせまられたということであり、そのためでもあろうか、本書には索引は附されていない。この書のように必ずしも中國佛敎史專攻者のみを益するのでなく、廣く中國史研究者・佛教研究者一般に讀まれるべきものには、せめて譯註篇のみの索引は設けられるべきであって、惜しまれてならない。最後に、釋の部と老の部とで、譯文の調子が少し異なったように感じたことを附記しておこう。

附篇の一、「北周の廢佛」はいわゆる三武の法難の一つである北周武帝の廢佛を取り上げた詳細な研究である。單なる護敎家の說を信用するのでなく、廣く正史などをあさり、その時代の社會史・政治史との密接なつながりの上で敎團史を再構成しようとした氏の從來の研究法が見事に展開されている。結論的にいえば、氏は、北魏末の佛敎界を「猥濫の極」と決めつけ、「識者の歎息する所以」とむすんだ魏收の意見に同意し、度をすぎた佛敎の盛榮と弊害とは、北周武帝の英斷がすっかり淸掃してくれた。その嚴しい淸掃があったればこそ、隋唐の新しい佛敎が萌え出ることができたのであるという見解に立たれる。この長篇を味讀すれば、說得力のあることは明らかである。歷史は逆轉しない。現在のわれわれは、この見解をいかに現在において攝取すべきなのか。政治と宗敎とのかかわりあいというのはむつかしい問題である。政治が宗敎の世界に介入するということ、腐敗した敎團に政治の力を加えて再生させるというのは、特にデリケートな問題である。北周の廢佛のあとに隋唐佛敎の華の咲いたことは歷史的事實である。塚本氏の見解が說得力をもつゆえんである。しかし、正しい姿においては、政治の力をかりずに、宗敎が自身で克服すべきであろう。われわれは、唐の武宗・後周の世宗の廢佛によっては、北周の廢佛ののちの隋唐佛敎に對比しうる新しい佛敎の展開はなされなかったことを知っているのである。氏は廢佛をいわば俗にいう抵抗療法とみ、それを肯定されたということになろうか。しかし、抵抗療法というのは、つねには肯定されないものでもあるということには注意すべきであろう。現在の日本における既成の佛敎敎團の今後の步む道を考える上において、後周の廢佛がいかに行なわれたかを振り返ることは必要であろう。なお、四〇五頁の「之に比しては、西魏・北周の佛敎は、シナ佛敎敎學發展史上に必ずしも重要なものではない。西魏北周の帝都長安の佛敎が……」は「之に比しては、西魏・北周の帝都長安の佛敎は、シナ佛敎敎學發展史上に必ずしも重要なものではない。東魏北齊の佛敎が……」とあるべきであろう。

附篇の二つの論文には、氏によって開拓された新しい中國佛敎史の研究法が見事に展開されている。氏は中國の佛敎史を、東洋史の一分野として政治史・社會史との深いつながりの上でとらえ、中國佛敎敎團史という新しい分野をひらかれた。これはたいへんな功績である。しかし、敎團史の立場に立つことにより、敎義史にあまり深入りすることを避けられた。後進のわれわれは、氏の業績をいかに繼承していくべきなのであろうか。思うに、中國佛敎史の研究は、東洋史のほかの諸分野と同じく、今や一つの轉機に立ちつつあるのではないか。そして、新しい方向は、氏によって開拓された敎團史の成果の上に立って、もう一度敎義史をみのりゆたかにすることなのではなかろうか。

本書には、北朝と南朝との文化の相違や、江陵によった後梁の佛敎史上の位置にも言及しており、佛敎研究者・中國史研究者によって今後廣く利用されるべきであろう。卽いて讀まれることを期待したい。

福島繁次郎著『中國南北朝史研究』

教育書籍、一九六二年五月
Ａ５判・四一九頁

前滋賀大學教授福島繁次郎氏が急逝されてより二年近くにして、氏の遺著が『中國南北朝史研究』と題して出版された。北朝隋唐時代の貢擧制・村落制についての地味ながら堅實な幾多の論文を發表されたが、大部分が『滋賀大學學藝學部紀要』それに『東洋史學論集』といったわりに手にしにくい書に掲載されたために、注意をひくことがいくぶん少なかったかとも思われるが、それらがこうして系統立った配列の下に便利な一册の書にまとめられたのは、たいへん有り難いことといわねばならぬ。遺稿の出版というのは並大抵のことではないが、ここまでこぎつけられた遺族の方の熱意と師友の方々の援助に對してまず敬意を表したいと思う。

本書は「中國南北朝史研究」と題されるが、內容的には『大安』にはじめて廣告されたときの假題「南北朝・隋唐時代の貢擧制・村落制の研究」の方がより近く、さらに「北朝隋唐時代の貢擧制・村落制の研究」とあれば、少し冗長だがより適切であったろう。本書の大半は既發表の論文であるが、未發表の部分も含まれており、このほかに未整理のものが若干あるらしいが、それは收載されていない。

本書は三篇各二章で構成され、まず、第一篇「南北朝・隋・唐時代の人物登用」の第一章「北齊・隋の官吏任用制」は、「北齊の課試制度」（第一節）と「隋代の州都」（第二節）の二つの論文からなる。中國における官吏登用法の歴史において、隋の文帝のときからはじまった科擧制が畫期的なものであることは周知の事柄であり、科擧制に先行するのが九品官人法であってこれが門閥貴族制を維持した最大の要因であるという點も中國史の常識となっている。この九品官人法から科擧制への移行はどのようにしてなされたのか、という問題はすこぶる興味あるテーマである。隋唐時代の諸制度に北齊に起原するものの多いことは『隋唐制度淵源略論稿』で陳寅恪氏がかつて論じたが、この試験制度たる科擧制の淵源の考察に際しても北齊が重要な位置を占める。南朝の貴族制度とともに九品官人法をも輸入した北魏ではセンピ族みずからも貴族化していき、北魏末の混亂を經て華北の東部を領有した北齊においては、文化や制度の上に梁からの亡命者の影響が強く現れているといわれるが、一方、門閥化を深めようとする貴族群に對して、北齊王朝が君主權を伸張しようとする努力もみられた。すなわち秀才・考廉・廉良の科をもうけ選を嚴しくしたのであって、天子みずから朝堂に出て、州都から推薦されてきた秀才・考廉に學科試驗を課し、答案の文字に脱落があると名を呼んで席の後に立たせ、筆蹟の濫劣な者には墨汁一升をのませ、文章の筋の通らぬ者は佩刀を取り上げ地面に坐らせるなどして辱めた、と史書に傳える課試制度がはじまったので、これは後世の科擧制度に一歩近づいたものといいうる。この動きは、他方では、地方官屬の任命の形式の畫期的な變化、南北朝を通じて行なわれてきた州郡の自辟制の自然解消と並行する現象であって、このあいだの推移をていねいに跡づけようとされたのが、「北齊の課試制度」である。中正制と州縣の屬官の辟召こそ貴族のたのむ牙城であったが、隋の文帝により兩者とも廢止された。特に後者の廢止については、濱口重國氏の「所謂隋の鄕官廢止に就いて」が明解に論じるが、この際、史書にみえる州都とは何かという問題がのこされていた。これを明らかにしようとしたのが、「隋代の州都」である。氏は、州都とはかつての大中正の同職異稱であるとされ、したがって隋代においては州都の官吏任用における實質的存在意義の考えがたいことを述べ、さらに『通典』巻一八に「隋有州都、其任亦重」とある州都は州都督の誤りであって、州都とは關係のないことを論じられた。なお、隋代の州都の問題については、この論文で落着したのではなく、宮崎市定氏は「九品官人法の研究」の補注㊿で取り上げ、福島氏の右の二論文を參考としつつ、州都は州都督に相當する警察官であり、中正とは關係がないという見解を發表している。

第二章「唐代の貢擧制」は六節、六つの論文からなる。第一節「唐代の貢擧制度」では、武德五（六二二）年から唐の貢擧制が實施されたについての文獻的整理と、その實施に至った政治的經濟的條件を提示している。第二節の「唐代における登科記總目の諸科」は『東洋史學論集』第三に發表されたもので、私にとっては興味深い論文である。『文獻通考』巻二九に唐登科記總目があって、唐代二八九年中、登科するもの八二四一人、その內譯は秀才三〇人、進士六六二〇人、諸科一五九一人となっており、これによれば、毎年平均進士二三人、諸科は五人餘り、多いときでも進士と諸科をあわせて五〇人から七〇人どまりとなっている。ところが、唐代の諸文獻によるに、一〇〇人から二〇〇人くらいの科擧合格者がいたと考えられるのである。そこで、この登科記總目の諸科に明經を含むか否か、また諸科とは何かが問題となる。馬端臨は諸科の內容には疑問をもったが、進士の記載は正しいとした。『登科記考』を著した清の徐松はその凡例において、いわゆる諸科とは明法・明字・明算・史科・道釋・開元禮・童子であって、明經は含まれないとした。これらから考えて、諸科のなかに明經のすべてを含んでいたとみることは不可能なのであるが、しかし依然として諸科とは何かが殘されていた。一つには、『文獻通考』に「右唐二百八十九年逐歲所取進士之總目」とあることも目障りだったのである。この難問をほぼ解決されたのが福島氏のこの論文である。氏は、諸科とは明經とはまったく無關係で、さらには常貢之科たる明法・明書・明算も諸科とは無關係で、それは不貢擧の年でも諸科が存したことからもわかるとし、この場合の諸科は賢良方正科などの臨時の制擧を指すのであって、制科には常科なく臨時に必要な科目を標示して人物を求めるので諸科と呼んだのであるとされた。これは從うべき見解であろう。九品官人法が中正の官とともに廢止され、これによって官吏登用はほかからの推薦によるという原則が崩壊したが、唐になっても鄕擧里選の古制を理想として選擧を論じる人がかなりいる。この問題を扱ったのが、第三節「唐代の鄕擧里選論㈠」であって、玄宗以前の鄕擧里選の論を取り上げているが、おそらく㈡として發表される豫定だったと思われる安史の亂後に關する部分は未完の原稿があるらしいが、それは掲載されていない。第四節「學校の衰廢と擧人の傾向」では唐代の文選研究についても言及し、第五節「入流について」においては、特に胥徒入流數の社會的意義にふれ、流外胥吏層の入流者の增加が、武后の寒門擢用によって促進され、官僚社會における寒門出身者の勢力が、玄宗時代になって飛躍的に增大したことを指摘している。また第六節「科第趙家と官僚貴族の成立」は、趙氏、特に隴西天水の趙氏が、唐代においていかに門閥貴族から科第官僚貴族に移っていったかを跡づけたもので、この論文で、多數の同族科第官僚をもつに至った家が、科第官僚としての轉身が確立し、後繼者を續出した時期に登科記を私撰しだした點に注目しているのは興味深い。氏は、登科記は各族の同族官僚群のなかで中核をなす科第官僚の基本的な身分臺帳であった。登科記は必ずしも門閥制にみるごとき官途の保證とはならぬが、やはり新たなる宗族結合の象徵となるものであって、唐朝の中期以後にはじめて現れる着目すべき事實である。登科記の內容は、一種の宗譜（族譜）的要素をも具備して、趙族や崔族らの私家を中心とした撰となり、科擧と閥譜という本來歷史的に矛盾する二つの條件を具備するに至ったので、この點、唐代の科擧と科第官僚の構成に認められる、過渡的性格を反映したものと考えられるとする。

第二篇「北魏の考課と停年格」は「北魏前期の考課と地方官」（第一章）と「北魏の停年格と吏部權の發展」（第二章）との二つの論文からなる。考課とは官僚の勤務評定のことであり、六朝以来貴族制の成立とともに考課の法が有名無實となったが、北魏では國初から考課を重んじた。高祖孝文帝による均田制・三長制・均賦制という三大改革は俸祿制の實施と緊密な關係があり、當然考課法の嚴重な實施に發展してゆく。官吏の進退がもっぱら考課によるとすると貴族制度は成立しにくいわけであるが、北魏貴族制の成立とともに考課は停滯してきて、漢人官僚の主張する能力主義は考課の適用に論議をよび、考格の成立をみ、この考課令が唐考課令の前令となるところに重要な意味があるとするのが、第一論文であり、第二論文は、崔亮の創案にかかる停年格を特に取り上げ、これを吏部權の確立の觀點から眺めたものである。氏は、停年格の運用によって考課法の本旨である能力主義が影をひそめ、勞舊主義の銓衡になり代わっていった點を指摘するが、考課法・停年格ともに貴族制とは相いれぬものである點は注意すべきで、いずれも吏部の銓衡權の强化をうながしたのである。この點について、谷川道雄氏は「北魏官界における門閥主義と賢才主義」で、停年格を創った崔亮の心底に、門閥主義がぬきがたくひそんでいるという點を强調している。

第三篇「北周・北齊の村落制」は「北周の村落制」（第一章）と「北齊の村落制」（第二章）との二つの論文からなる。前者では、『北周書』蘇綽傳の記事から北周では黨族・閭里の二長制が行なわれたことを述べ、また北周では一戶三口の構成が大多數を占めており、これは北周が小家族の存續を維持し保證する政治を行なったことと密接に結びつくとする。後者の北齊村落制についての論文は、一〇〇頁を超える長編で、「黨族百家制の成立」（第一節）では黨族百家制がいつ成立したかを問題とし、「元孝友の上表の解釋」（第二節）では元孝友の上表がいつなされたかについて、興和三（五四一）年とする通鑑の繫年を支持し、上表の內容を「二十家爲閭」とするのと「二十五家爲閭」とするのとの二說について詳しく檢討し、「百家爲四閭、閭二比」とある構成の骨骼だけが、正確な構成の主張であるとする。ただ、この論文は、『滋賀大學學藝學部紀要』六・七號に掲載されたときの目次では、「序論」「第一節　黨族百家制の成立」「第二節　元孝友上表の解釋」「第三節　三長の任用と復夫」「第四節　河清令と村落制」「第五節　北齊の社會と村落制の意義」となっており、本書にはこの一・二節のみが收錄されているわけで、特に第五節が缺けていることから、長いわりにあまりおもしろくない敍述となっている。

以上、一二篇の論文、ほとんどが既發表のものであるが、それらは一九五三年から五九年にかけて發表され、內容はすべて北魏から唐に至るあいだの貢擧制・考課制・村落制に關するもので、正史から丹念に史料を集めて書かれている。前近代社會の中國史はいかに把握されるべきか。その有力な手段として、⑴この國の歷史にティピカルにみられる官僚制支配（賦役制を含む）に着目するやり方、⑵一般にその特性とされる家父長制への關心から個々の家—家族を取り上げるやり方、それに⑶國家權力と個々の家とを結ぶ接點に位置する村落・聚落制に焦點を合わせるいき方が考えられる。これらの方法はそれぞれ舊中國の歷史を知る上に效果があり、互いに相補うものであると思うが、この著者の場合、⑴と⑶を採用しているといえよう。まさに、愼重すぎると思われるほどていねいに書かれており、その對象とされた時代が、これまであまり開拓されていなかった分野であったのも幸いして、ユニークな成果を擧げられたということができる。

では、著者に注文すべきことはないのか。すでに幽明界を異にしていて著者には注文できないが、われわれ後進の者の戒めとして記すならば、まず、この書が單なる制度史に終わってしまっているという不滿を感じないわけにはいかぬということであり、史料が多く列擧されるのは親切ではあるが、冗長であって通讀するのに骨が折れるという點である。

D・C・トゥイッチェット著『唐朝治下の財務行政』

Financial Administration under the T'ang Dynasty,
Cambridge University Press, London, 1963, 374 pp.

文化史にのみ關心をしめしてきた歐米のシノロジーも、最近では政治史・社會經濟史の分野に活躍の場を廣げ、水準以上の研究が發表されつつある。隋唐史の分野においても、三〇年前に唐代經濟史に先驅者的業績を擧げたバラジュ氏は、一〇年前にも『隋書』の食貨志・刑法志の譯注・研究で優れた成果を殘し、プーリィブランク氏は『安祿山反亂の背景』と題する一書を出版した。そして今、トゥイッチェット氏の大著『唐朝治下の財務行政』を親しく手にしうることになったのである。

本書の著者トゥイッチェット氏は、ロンドン大學東洋アフリカ學校（School of Oriental and African Studies）の極東言語文化部門（Department of the Languages and Cultures of the Far East）の教授。唐代の水利や范氏義倉の研究で以前にもわが國に知られていた。この新著が出版されるに至った經過と、この書の特徵は、自序のなかに簡潔に述べられている。

「この書は元來、一九五三年にケンブリッジ大學への博士論文として書かれた。出版のために改訂しようとして、全く新しい著作を書くか、あるいは、いくつかを追加し、ごく最近の研究とはじめのが完成して以後に出版された新しい文書類とに一致するように變更しつつその原型を遺すか、の二者擇一に直面した。時間に對する考慮は、私をして後者の道を取らせた。」「學位論文は、序論と『舊唐書』食貨志の全譯に對する注釋であった。この巻にその翻譯を含めることの困難さと費用とが、序論の部分だけを出版するように私を強いたのである。」「この著作の大部分は、Balázs 氏によってすでに研究された分野を包括している。バラジュ氏は一九三二年—三三年に出版された'Beiträge zur Wirtschaftsgeschichte der T'ang Zeit' という論文で、一般史の標準作と比較しうる水準で經濟史を扱った西洋人のシノロジーの著作をはじめて生みだした。彼の著作は中世中國社會の解釋に大きな前進をしめした。しかしながら、特に日本の中國學者による——彼らの初期の業績はバラジュ氏によって參考されていない——、唐制の研究における過去三〇年間になされた大きな前進を心にとめると、この大層重要な課題の新しい研究が決して蛇足ではない、と私は思う。三〇年前にあまねくうけいれられた中世中國社會の描寫をすべての認識から變形させた日本人と中國人の學者たちの二世代にわたる勞苦に私が恩惠を蒙っているということを、讀者はすぐに認められるだろう。たとえこの書物が彼らの研究成果のいくつかを、西洋の讀者に紹介するにすぎないとしても、その有益な目的を滿たすことであろう。」

著者が自負するように、この書物の最大の特色は、日本人の研究成果を十二分に利用していることである。それは、以下の紹介によっておのずから明らかとなるだろう。この書の構成は、本文が「第一章　土地保有」「第二章　直接税」「第三章　國家專賣と商税」「第四章　通貨と信用取引」「第五章　運輸制度」「第六章　財務行政」で一二三頁。財政關係資料の英譯を中心とした附錄が七〇頁、附注一四八頁、地圖が九葉、最後に參考文獻・語彙索引・事項索引を三三頁も附すという親切な配慮がなされている。章を追って著者の所説をみ、若干の批評を加えてみよう。

第一章「土地保有」

唐朝治下の中國は、今日に至るまでも、主として農業社會であった。その時期を特色づけている交易と工業の大きな擴大にもかかわらず、土地は生産の主要な手段であり、歳入の主要な源泉であった。土地財産はまた、決して最も有利ではなかったが、一番安全であり、最も保守的でもあった。この時期の均田制下で付與された土地の廣さは概して大きかった。北周治下でみられた名義上の付與は、二十世紀の中國における普通の農地所有のほとんど七倍の大きさがあった。均田制施行の主たる目的は、北中國における容易ならぬ人口減少の時期に、できるだけ大きな地域の耕作を奬勵することにあったようにみえる。同時に、元來の計畫を出發させた李安世の上奏文から明らかなように、大貴族家族による厖大な土地の集積を制限し、中央政府を無視するに十分強力な影響力をもつ大土地事業家の出現を拒むことをも意圖していた。

「**均田制の衰頽**」地方でかなりの力を行使した里正は決して官僚組織の一員ではなく、村人に執行した法律が主に慣習であったことは確かである。この地方制度はあまりに弱くて豪族の土地集積に反對できなかったばかりでなく、全帝國に統一した土地保有のシステムを强制するのは不適當でもあった。均田制が崩壞したのは、中國社會の發展の潮流に反對しただけでなく、違反者に對する不十分な罰則規定があり、その構成メンバーの大多數自體が法律違反者であった政府によって强制されたからである。

「**浮浪と移住の問題**」宇文融の括戶政策については鈴木俊・プーリィブランク兩氏の研究があり、一五〇〇銭と輕税が問題となっているが、流寓する農民の負擔額は九等戶に準じて考えねばならず、九等戶の年間負擔額は二〇〇〇銭以上と算定できる。これに比べて一五〇〇銭の輕税はたしかに輕いから、一五〇〇銭というのは客戶が五、六年間の免税期間中に正税・臨時税・力役らの代わりに年々納入すべき年間賦課額である。

「大土地所有の問題」では、加藤繁・玉井是博・周藤吉之諸氏の研究に依據しつつつぎのごとく述べる。一般的には、莊園地の大部分は私人個人の手中にあった。八世紀のはじめには、これらの大多數は貴族か官僚のどちらかであった。しかしのちには、中央からの影響力のある地方行政の衰頽とともに、大土地保有者の社會層がより廣くなり、武官・地方の小紳士・流外官、そして商人さえもが、大土地を所有しているのがわかる。九世紀の中頃までには、大土地所有が農村の機構の一般に認められた特徴であったことは明らかである。政府は單にそのような大土地所有の成長をうけいれ、土地に對する私有權の原則と賣却に對する權利を既成事實として認めたようにみえる。しかし法的には、均田制の規制は有效なものとして殘り、すべての土地に對する皇帝の所有權の信條は不問のままに殘された。

第二章「直接税」

國家と土地との關係において、唐朝は完全な革命を目の當たりにした。課税制度はおそらく完全すぎるほどの革命を經驗した。分裂の時期にずっと課されていた固定的な人頭税から、一方では財產査定にもとづいた進步的な課税と、他方では耕作された地域にもとづいた土地税の制度――十六世紀の一條鞭法の改正に至るまで帝國の基本的な税制であった――への移行が唐の時代に行なわれた。唐初の課税制度は租・調と正役と雜徭の四つの基礎的な義務から成り立っていた。曾我部靜雄氏は課は雜徭を指すというが、唐代において曾我部說が誤りであることは疑う餘地がない。唐代における課税の單位はいつも個々の成丁であるけれども、課税の形態からみて（穀物は男によって作られ、布は女によって織られる）、その元來の對象とされた單位が夫婦であったことは明らかである。かくて、八世紀の政治家陸贄によってなされた、租は本質的には土地に對する課税で、調は戶に對する課税、庸は個人に對する課税である、という租庸調に對する分析に氣をひかれることは、まったく人を誤らせるものである。均田制と租庸調制とは、華北を除くと、法律に定められたようには決して施行されなかった、という見解を古賀登氏が提出したが、この制度に多くの地域的な差異のあることは明らかであるけれども、そのような十把一からげに一般化する論證は決定的ではない。上元元（七六〇）年から建中元（七八〇）年に至る二〇年間に、鹽の專賣からの歲入が多くなるという局面において、直接税がだんだん重要でなくなったということは、驚くにあたらない。大曆元（七六六）年以後、租庸調を再生させるために何らの構造的な企てがなされたようにはみえないこと、そして直接税がだんだん戶の財產や耕地に對して賦課されるものになったということは、よりいっそう驚くに足りないことである。八世紀後半と九世紀の政府は、兩税法の正當な勵行を確實にするのに十分强力ではなかったし、その政治家たちは金錢で查定された賦課のもつ十分な意味を把握しなかった。それにもかかわらず、この改正は中央政府に、直接税の徵收という生存しうる手段を備えてやったし、しつこく支拂いを履行しない地方に實行させるには政府は無力であったけれども、この新しい制度によって、憲宗治世のあいだに、帝國の大部分に中央の權威を再建し、王朝をもう半世紀以上も引き延ばすに十分な歲入をえたのである。その上、課税の基盤として錢で查定するという進步的な課税制を導入することによって、そして、明代に銀で查定され支拂われる課税によって代わられるまで實施された制度を確立することによって、この改正は財政政策に大層重要な段階を明示する。

第三章「國家專賣と商税」

安祿山の反亂勃發直後の混亂した時期に、長安陷落の際に蒙った貯藏物の大損失をつぐない、直接税からの經常收入に代えるために、政府が新たな歲入源の必要に直面したとき、推し進めた計畫の一つは、鹽を賣りだす際に專賣税を課すことであった。この制度を創設した第五琦と、それをきわめて強力な新しい財政機構にした劉晏の下で、鹽專賣は非常な成功を博し、のちの政治家たちは、一般消費物資の一覧表に大きな位置を占めるほかの二つの品目、すなわち茶と酒にも專賣主義を廣げた。しかし、茶と酒とに對する專賣は失敗に終わったのである。

「**鹽の專賣**」安邑の鹽屯は開元九（七二一）年に姜師度によって創設された。鹽屯の創設の年月を諸史料は開元元（七一三）年としているが、金井之忠氏が指摘するように、開元九年のことである。鹽鐵使の中心は揚州にあった。鹽鐵使は留後を多くの地方の中心と首都に置いた。九世紀後半における中央權力の最後の衰頽の前において、すでに鹽からの國家の歳入は衰えつつあったのである。

「**酒の專賣**」酒の賣買を統制するのは、鹽の場合よりもはるかに困難であることがわかった。酒を製造する技術は大層簡單で原始的であったので、もし穀物と酵素——二つとも至る所で利用しえた——とを得さえすれば、誰でもたやすく作ることができた。生產のすべてのセンターを當局により統制するのは、まったく不可能であった。酒の專賣への官による干與は、かくて全體的には、特に大都市——實行したとしても禁制の生產と販賣を統制するのは實質的に不可能であったに違いない所——では失敗として述べられよう。

「**茶税**」唐代における茶の賣買の驚くべき增大は、すでにある程度の關心をひいていた。茶の商人は、信用爲替方式の發達において大きな役割を演じ、そして、地方權力と密接に結びついていた。榷酒錢の場合同樣、この管理の最初の動きは、建中元（七八〇）年の財政危機の際に緊急對策としてなされたのであった。

第四章「通貨と信用取引」

傳統的な經濟原理のうちに商人のために取って置かれた低位置にもかかわらず、唐代において商業がますます重要になったということは、課税における强調度の變化と、物品賣買の際に賦課された間接稅の大增加について以上に述べたことから、明らかである。この商業の擴大は安定した十分な通貨を要求した。そして政府は、この要求に應え同時に銭貨の鑄造の獨占を維持しようと試みたのであるが、徒勞に終わった。

「**錢貨の製造**」鑄錢は、政府のために確保された特權であった。われわれはこれら多くの造幣所を跡づけうる。というのは、彼らが鑄錢した錢の裏面にその名前を鑄てあるから。以前にも時に造幣所は錢の裏面に印を鑄ており、それらは造幣所の極印だと考えられていたが、比定はされていなかったのである。鑄錢機構が生產した錢貨はかなり高度の性質をもっていた。隋末における通貨の狀態は混亂していたが、武德四（六二一）年以後安定した通貨を備えるために生產された開元通寶錢は、王朝を通じての標準的な錢貨として殘った。公式に鑄造されたこの型の錢貨の重さは、少なくとも安祿山の反亂まで、增加する傾向があった。

「**信用組織の發達**」唐代に行なわれた信用販賣には三つの異なった方途があった。その第一であり最も有名なのは、いわゆる飛錢あるいは便換であった。バラジュ氏は紙幣の初期の形態として、この重要性を强く主張した。事實、飛錢は一種の手形であった。その發達は、唐朝後半期における交易の大增加と高額取引に都合のよい通貨の不足からひきおこされた。南方と首都とのあいだには大量の交易があり、その最も重要な一部門は茶の交易だったのである。九世紀の初めまでには、この制度は廣く行なわれたが、元和六（八一一）年の敕令によって禁じられた。この中止は大きな不便をもたらし、翌年、同じ型の信用販賣が地方官廳の代わりに三司を經て商人により作られるのが認められた。この變化は明らかに、この時期に起こった、地方政權からの中央財政官廳の權限回復をしめすものである。ほかの信用手段の型式は、楊聯陞氏が proto-banks と呼んだ制度の活動から起こった。櫃坊・僦櫃・寄附鋪の名で行なわれた第一のは一種の貴重品保管商會であり、第二は金銀鋪であった。

「政府の貨幣政策」天寶の初め、錢貨はかなり良質であった。しかし僞造の大洪水がふたたび勃發した。今度は、首都から南方――そこで融かされて僞錢に再鑄された――への良質の錢貨の輸出を含んでいた。僞造の中心が官營鑄錢の中心地であるのは興味深い。それらは交易の大層盛んな中心地、特に揚州であった。通貨の歴史における新しい時代は、建中元（七八〇）年の賦課制の改革とともにはじまった。この時期には、貨幣は通貨の主要な形態としてかなりの基礎をえていたようにみえる。金井之忠氏はこれを安祿山の反亂のあいだに政府の調布が絶滅したことに結びつけるが、私はむしろ、それは社會の自然的な經濟發展の結果である、と考えるようになっている。交換の手段としての布の不利はすでに開元二十二（七三四）年の敕令にはっきりとしめされており、交易の增大にともなって、これらはもっと鋭いものになったに違いない。

第五章「運輸制度」

漢代以後帝國の經濟の重心はしだいに西北地方から揚子江地方に移った。この現象は、二つの地域が互いに政治的に獨立していた六朝時代には、何らの行政上の困難をもたらさなかった。しかし帝國が隋唐治下にふたたび統一されたとき、國家の政治的戰略的な中心は西北地方に殘ったが、生產の最も重要な地域は河南と淮水・揚子江流域であった。唐の行政にとって運輸制度を大層重要たらしめたのは、この情勢であった。安祿山の反亂の勃發で、南方からの供給と首都への輸送網とは、ますます重要となった。この輸送による供給に賴ることは、廣德元（七六三）年の反亂鎮壓とともに終わりを告げなかった。なぜなら、この日以後でさえ、多くの地方政權は、特に東北において、半自治體として殘り、長安政府に租稅を差し出さなかったから。裴耀卿・劉晏の制度改革で效果を擧げたが、黃巢の亂以後には、あらゆる國家の輸送が不調に陷ったのである。

以上に紹介した五章は、この書のいわば各論にあたる部分であり、つぎの第六章が總論にあたるといえよう。この構成が、これまでの唐代財政に關する唯一の專著、鞠清遠氏『唐代財政史』(商務印書館、一九四〇年)の構成(兩稅法以前之賦稅・兩稅法・專賣收入・官業收入與稅商・特種收支・財務行政の六章からなる)にほぼ沿いつつ、若干の出入りがあるのは、この書が原來、『舊唐書』食貨志譯注に對する序論として書かれたに由來するのであると思われる。食貨志は總序・田制・兩稅・錢法・鹽法・漕運・倉廩・榷酤の記述から成る。本書の構成は、唐代財政史の敍述としてオーソドックスであり妥當なものであるといえよう。その內容は、以上の要約からもその一斑は察せられるように、根本史料を驅使したばかりでなく、最近に至るまでの、歐米・中國特にわが國學者の研究業績を縱横に利用した優れた成果で、一〇九九もの豐富な附注をともなっており、後で紹介する附錄と相俟って、二〇年前の鞠氏の著に比べて質量とも格段の進步をしめしているのである。特に氏名を擧げていない場合でも、日本の學界の通說が採用されているのは、ご同慶の至りである。著者は、わが國學者の研究を無批判に利用するのではなく、取るべき點は取り、駁すべき際には駁している。ただ、全體としては從っている場合の方が多く、それは著者みずから認めるところである。もちろん、新見解も多々みられる。たとえば、宇文融の括戶政策・錢貨の極印の比定・酒の專賣についてなどの記述がそれである。新見解のなかには、妥當ではないと思われるのも時にはある。トルファンで發見された文書斷片が永業田の二つのタイプを區別し一つを常田、他を部田と呼ぶが、著者は、これまで十分滿足すべき解釋は與えられていない、として、「常田とは相續された土地か買入れによって獲得された土地である、と私は思う。部田とはたぶん、一般的な水準にその所有を高めるために官廳によって割り當てられた例外的な永業田である」とされたが、常田は通常田であり部田は倍田であるとする方が合理的であろう。にもかかわらず、實證的研究に滿ち、穩當な見解が本書の全體を貫いている、といいえよう。ちなみに、著者は鹽屯創設の年月は金井説に従われ、金井氏は河中尹の名稱を手掛りに考證されたのであるが、この年次を開元九（七二一）年と明示する資料に『大唐新語』巻四の記事があることを指摘しておこう。

第六章「財務行政」

唐代における財務行政の歴史は、はっきりと三つの主要な時期に分れる。その第一は、王朝のはじめから開元八（七二〇）年までつづく。第二は開元八年から天寶十四（七五五）年の安祿山の反亂まで、第三は――もっと小分できるかもしれぬが――、この時から王朝の終わりまでである。最初の時期は、先行する北朝以來採用されたかなり原始的な制度の持續によって特色づけられる。第二の時期には、制度はある程度合理化され、專門化した官廳の全般的な成長によって增補された。三番目の時期には、財務管理の專門化がいっそう進展し、これらの專門化した官廳と中央政府の正規の機關とのあいだに緊張狀態が起きた。同時に、中央政府は歲入管理のために地方勢力と絶え間のない戰いを交えたのであった。

「六一八―七二〇年の時期」前代からうけついだ財政機構はほとんど專門化しないものであって、運輸や鑄錢や穀價の操作などのごとき專門的な技術の要求される多くの職務は、すでに多くのほかの責任を過度に負擔させられている地方官廳の手に殘された。

「七二〇―七五五年の時期」この時期には、一つには國家經濟の複雜さの增大の結果として、一つには純粹に政治的な要因の結果として、一連の財政專門家が、職階組織における何らの常設の地位をも通さずに、使という臨時の任命によって行使する廣大な權限を與えられた。これらの人びとは行政の型をある程度變えはしたが、古い機構は存在し機能しつづけた。なぜなら、補佐の職員をもったけれども、彼らの職務は本質的に現存する職務を効果的に整合することであったから。これに對する唯一の例外は運輸に對する諸使であった。この時期を通じて、諸使と御史臺とのあいだに密接な關係がある。プーリィブランク氏が提出したように、宇文融と彼の後繼者たちへの臨時の權力の賦與は、單に財政面で能率を高める試み以上のものであった。科擧制度を經て上昇してきていた新官僚層の增大しつつある力を、それらの經濟力の根本そのものに打擊を與えることによって抑制しようとする舊關中貴族による試みであり、宇文融の時代における貴族黨の一中心地が御史臺であった。

「**第三の時期**」安祿山の反亂の勃發は、まったく新しい行政の時期の開始を意味した。財政面においてこれは特に事實であった。地方における管理の廣範な衰退は、課稅徵收を管理する廣大な特權をもった諸使の任命を導いた。玄宗朝にそのはじまりをみた財政における專門職化への傾向は、維持され强化された。最初には戶部とそれに從屬する役所によって運用された中央の財務行政が、八世紀初頭以後專門化された行政機關の出現によって完全に變化させせられた。八、九世紀間における中央の財務行政の變化は重要であったけれども、行政組織における最大の交替は、地方行政において起こったものであった。

以上が、本書の總論の位置を占める第六章の要旨である。著者は唐代の財務行政史の時期區分に財務諸使の出現を最大の要素として取り上げているが、筆者もかつて三司使の成立を考察した際、ほぼ同じ結論に到達した。したがって、その點に關しては異論はないが、五代宋への見通しをもった永い眼で眺めれば、著者のいう第二の時期をわざわざ取り上ぐべきや否や。單なる過渡期にすぎないのではなかろうか。また、使職と憲官とが密接な關係のあったのは事實であるが、著者のごとく、舊關中貴族との强固な結びつきを想定するのには、疑いなしとしない。財政諸使のみならず藩鎭を含むあらゆる諸使僚屬が、おおむね憲官を帶び、柳宗元や胡三省がいうごとく、寄祿官・階官の意味をもったからである。

附録

附錄は大きく五つに分けられ、おのおのがまた小分される。內容は、著者が本文執筆に際して利用し準備した根本資料の英譯が大部分を占めるが、自序にも斷っているように、『舊唐書』食貨志は含まれていない。附錄Ⅰ―Ⅴは、本文の第一章から第五章の各章に對應するように構成されている。

附錄Ⅰ　土地保有に關する史料からなる。その⑴は、「田令の斷章」。仁井田陞氏の名著『唐令拾遺』に復元された田令の各條の條文と依據資料との忠實な譯。ただし、全面的に『唐令拾遺』に從っているのではなく、第三九條を省き、三甲條の末の部分を省くほか、六・一三・一五の各條では甲を省き乙で代表させており、三〇條では、「下縣六頃」の個所を『唐六典』に從い「中下縣六頃」として、譯している。その⑵は『唐律疏議』の卷一二の末から卷一三の初めの條、すなわち、一六三―一六七條の律文と疏議との譯。

附錄Ⅱ　⑴「賦役令の斷章」。『唐令拾遺』賦役令の各條の譯。體裁は田令の場合に同じ。第五條の「除程糧外、各唯役賣私粮」を新訂增補國史大系本に從い、「除程糧外、各准役日賣私粮」に改め、六條の「上戶丁稅錢十文」を『唐六典』に從い「上戶丁稅銀錢十文」に改めて譯すが、後者の處置は疑問である。⑵「戶部式の斷章」。⑶「戶部格の斷章」。共に『白氏六帖事類集』などから數條ずつ復元して譯したもの。仁井田氏の扱われたスタイン文書の戶部格は省かれている。⑷「天寶期の國家財政に關する杜佑の見積」。『通典』卷六の該當部分の譯。⑸「兩稅改革に關する文書」。①楊炎の上奏文、②七八〇年一月五日の赦文、③同二月の敕、④同二月十一日の起請條、の譯からなる。⑹「兩稅下の蘇州の賦課負擔額」。陸廣微の『吳地記』から表示した。

附錄Ⅲ　⑴「鹽專賣の改革案に對する韓愈の論」。すなわち『韓昌黎集』卷四〇「論變鹽法事宜狀」の全譯。⑵「鹽生產に關する資料」。①『新唐書』地理志、②『新唐書』食貨志、③『通典』卷一〇の該當個所の譯。

附錄Ⅳ　(1)「八四五年以前の鑄銭所表」。(2)「八四五年に創立された鑄銭所表」。

附錄Ⅴ　(1)「運河のコース」。①汴河、②山陽瀆、③江南河、④永濟渠、について敍述したもの。(2)「倉庫令の斷章」。『唐令拾遺』倉庫令の各條の譯。(3)「七四九年の倉貯」。『通典』巻一二の該當條を表示したもので、Ⓐ首都の諸色總糧、Ⓑ和糴、Ⓒ七四九年の地方の倉貯、の三表からなる。

以上が附錄の全容である。これを讀むと、本書の執筆が萬全の用意の下になされたことを、容易に知りうる。附錄の大部分を占める翻譯を、原史料と對照しつつ讀んだ結果、明らかな誤譯を指摘するのはかなり困難であった。これは、中國語の讀解力が優れているだけでなく、日本語に堪能であるによるのであると思われる。この譯文は今後、歐米で大いに利用されると豫想しうるので、氣づいた誤譯を二、三指摘しておこう。「要害守捉、少置人數」「要害守捉、人數至多」を「要害は守捉される」と譯しているが（一六九頁）、「要害と守捉には」と譯すべきである。『新唐書』兵志に「唐初兵之戍邊者、大曰軍、小曰守捉、曰城、曰鎭」とある。「遞相影占」を exert influence for one another と譯すが（同頁）、「影占」は一七二頁で protection と譯された「影庇」と同じ意味である。「並節級有賞罰」の節級を petty officials と譯すが（一七八頁）、この場合は「節次に」の意であろう。わが國の文獻を最大限に利用したのが本書の特色であり讃辭を惜しまないが、逆にそれが禍いとなった例を一つ擧げよう。參考文獻によると（三四三頁）、著者は『唐律疏議』は岱南閣叢書本を使われたごとくにみえるが、少なくとも翻譯の際には岱南閣本は參照されておらず、おそらく日本官版を使用されたのであろうと推察する。そのために、一六六條の疏議の末の「苗子及買地之財、並入地主」の個所を「苗子並入地主」に誤ってしまったのであり、岱南閣本に從えば、田令拾遺第一七條とも牴觸しないで濟んだはずなのである。ただし、官版に從った結果、一六三・一六五の兩條では岱南閣本の誤りを踏襲しないで都合がよかったのであるが。なお、『唐令拾遺』などの翻譯の際、不注意による誤りが若干あるので、附加しておく。田令拾遺第四條（本書一二六頁）の「國公若職事官從二品各三十五頃」は「國公若職事官正二品各四十頃、郡公若職事官從二品各三十五頃」に、第三二條（一三三頁）の「八品二頃、九品一頃五十畝」のはじめの方は「八品三頃、九品二頃五十畝」に、賦役令拾遺の第一條（一四〇頁）の「租粟一石」は「租粟二石」に（これは大きなミスである）、一五條（一四五頁）の「九千里外」は「千里外」に、一七條（同頁）の「夷獠」は「夷狄」に、二〇條（一四六頁）の「全文武職事官」は「文武職事官三品以上」に、天寶中の計帳戸「八二〇餘萬」（一五三頁）は「八九〇餘萬」に、「朔方八十萬」（一五五頁）は「朔方・河西各八十萬」に、それぞれ直して譯されるべきであった。また、三三八頁の注六四で右司郎中の官を比定しえないと書いているが、これは尚書都省の官である。附錄について最後に望蜀の言を陳ねると、『唐令拾遺』中の財政關係の諸條をかくも大幅に譯されるのであれば、序でに戸令中の關係條文（たとえば戸令拾遺の第六—一一、それに二一・二二の諸條）をも取り上げて完全を期していただきたかったと思う。

著者による『舊唐書』食貨志譯注は出版されなかったが、おそらく、加藤繁氏による譯注に準據した手堅い著作であろう。著者は最近、敦煌トルファン文書に興味を抱き、本書で扱ったよりも下部の財政や土地政策について研究し、本書の續篇を書く意圖があるそうである。バラジュ氏の急逝に接した現在、歐米におけるこの時期の社會經濟史研究者としての著者の今後に期待するところ、けだし大なるものがある。それにつけても、本書にも大いに活用された『唐令拾遺』はわれわれの座右の書であるべきはずなのに、そうでない現實。再版を鶴首してまつのは筆者一人のみであろうか。

濱口重國著『秦漢隋唐史の研究』

東京大學出版會、一九六六年九月（上巻）・十一月（下巻）
Ａ５判・一〇〇八頁・索引八八頁

本書は、昭和四十一（一九六六）年三月に山梨大學を定年退官された著者が、昭和四（一九二九）年に東京帝國大學を卒業されてから昭和十七・八（一九四二・四三）年頃までに發表された論文（三三篇）の大部分（三〇篇）と、敗戰後發表されたもの（一八篇）のうち、前の論題と繼續的關係にある三篇とを收錄した論文集である。各篇で取り扱われている時代にちなんで『秦漢隋唐史の研究』と名づけられ、その配列は主題別に三つの部門に大別されている。すなわち、「府兵制度より新兵制へ」をはじめとする漢から唐にかけての兵制ないし兵役制度を解明した一一篇の論文が「第一部」であり、兵役同樣主として身體をもって奉仕する徭役勞働、および刑徒の懲役を中心とする刑罰制度を取り扱った一一篇の論文が「第二部」に收められ以上が上巻を構成するのである。そして下巻には、隋の君權强化、漢の地方官の任用方式といった君權のあり方を對象としたものに、唐の地税と漢代の傳舍をテーマとしたものを含めた一一篇の論文が「第三部」として收められ、すでに雜誌に掲載された講演要旨や書評、恩師の思い出などの短文七篇が「附錄」されているが、このうち「唐の雜徭の義務日數について」のみが今回新たに書き下ろされたものである。本書とほぼ同時に刊行され、すでに本誌（『東洋史研究』）に紹介、批評された（第二五巻第四號）著者の『唐王朝の賤人制度』（東洋史研究會、一九六六年）は、戰後の業績をほぼ集大成したものであるが、そこに収録されなかった著者の既發表の全論文が本書二册に網羅されたことになるわけである。

本書に收められた諸論文は、いずれも史料の博捜と考證の手堅さ、それに加えて鋭い問題意識によって、戰前から現在に至るまで、多くの研究者に裨益を與えつづけ、研究の方向を大きく決定してきた。秀作ぞろいであり、不朽の業績であることは、何人も異論はあるまい。筆者自身は、中國史を專攻して以來、著者の隋唐時代を對象とされた諸論文、なかんずく本書の第三部として分類されている諸研究から、はかり知れぬ恩惠をうけつづけてきた。それらの論文を掲載している『史學雜誌』のバックナンバーなどを古書店で漁っては座右に備えてきたのであって、本書の刊行に際會して、心からの喜びを感じている次第である。

これまでの六朝隋唐時代を對象とする諸研究を、學說史として整理しようと試みるとき、著者濱口氏の業績は無視しようにも無視しえない。特に、この時代を中國における中世と理解しようとする筆者らの有志の者にとってはそうなのであり、その觀點から、濱口氏の全業績を吟味再檢討することが、ここ數年來のわれわれの懸案であったが、あまりにも各種の雜誌、紀要に散在していたがために、つい億劫になり、のびのびになって今日に至ってきたのであった。だから、本書の出現により、『唐王朝の賤人制度』の刊行と相俟って、絶好の機會にめぐまれたことになるのである。

本書は、主題別に三部に分類されており、その構成の意圖に忠實に沿って、配列順に讀み進むのが、順當なのであろう。しかし筆者は、かつて味讀した論文をも含めて、全論文の發表年代順に讀み通す方針をとった。それは、著者の研究を學說史的に整理することを一つの目標にしたからであり、それを容易ならしめたのは、本書の末尾にていねいな發表順の論文目録が添えられていることであった。

ところで、本書のような、一つのテーマのみを掲げたのでなく、生涯にわたる各種の領域を對象とした論文集の紹介・批評というのは、はなはだ厄介なものである。それは、あたかも文學者や哲學者の個人全集を批評するようなものなのである。全集所收の作品を十全に理解するには、單に作品の文字づらだけを追うだけではなく、少なくとも作者自身が生きた時代の流れ、個人の生活環境や經歴の變化にも目を注ぐことが要求されるであろう。學問研究者の場合も同様であって、その上にそれぞれの時期の學界の動向が影響を與えることが多いものである。そうなると、筆者には今のところ、本書を正しく批評するだけの十分な準備をととのえていないことを告白せざるをえないのであるが、今は一往、本書のあらましを紹介することで責をふさぎたい。

著者が最初に發表したのは、卒業論文を骨子としたところの「府兵制度より新兵制へ」（一九三〇年。本書第一部第一の論文、以下Ⅰ1のごとく略す）であった。これは、唐の府兵制度の組織内容を見事に復元し、ならびにそれがいかなる經路を經て崩壞し新兵制に移行していったかを丹念に周到に述べられたものである。唐中期における府兵制の崩壞と、そののちの節度使を中心とする藩鎭の出現は、兵農一致の徴兵制から募兵制への切り換えとして、どの概説書にも特筆大書されている史實であるが、これは唐の府兵制の實態と崩壞過程を知ろうとする者にとって、今もなお最も據るべき論文としての地位を保ちつづけているのである。特に府兵の徴發・動員・訓練などを掌る折衝府の分布狀態を調査し、折衝府は全國均等に配置されたのではなく、總數およそ六三〇府のうち、長安・洛陽兩城を中心とするごく狹い地域に四〇〇府近くを置いて中央を固め、この二都を東北より西北にかけて半月形にとりかこむ邊境近くの諸州におよそ二〇〇府を置いたことを明確に指摘するとともに、府兵たるべき義務ある者の範圍は折衝府の設置されている州民に限るという制限のあったことをも論證されたのであった。また府兵制度崩壞の原因を、制度上に内在する因子と外的因子とに分かって考究する一方、團結兵の出現・長征健兒の出現・彍騎の出現を史料的に整理し、新兵制の樹立に至る經過を跡づけたものである。藤田豐八・池内宏兩氏の考證的學風の正統をうけついだ堅實な論文を手に學界にデビューされたのであった。

氏は、「このことは誰でもそう成るのであろうが、最初唐の兵制に取り組んだ結果、段々諸前朝の兵役制度の研究に手を延ばして行った一方では、兵役は國民の重大な負擔であるから、自然その餘の公課、中でも兵役同様主として體をもって奉仕する徭役勞働をも併せ考えるようになり、更に徭役のことを調べていると官勞働一般という點から刑徒の懲役としての勞働が問題となってくるから刑罰制度をも見るといった具合に、次から次に問題が派生して應接に遑ない狀況になって了った」（本書のはしがき）と回顧しておられるが、これは、昭和六（一九三一）年に發表された第二作「踐更と過更――如淳説の批判――」（Ⅱ1）から、「唐の地税に就いて」（一九三二年。Ⅲ8）・「唐の陵・墓戶の良賤に就いて」（一九三二年。『唐王朝の賤人制度』所收）・「踐更と過更――如淳説の批判――補遺」（一九三三年。Ⅱ2）・「唐に於ける兩税法以前の徭役勞働」（一九三三年。Ⅱ5）・「唐の玄宗朝に於ける江淮上供米と地税との關係」（一九三四年。Ⅲ9）・「秦漢時代の徭役勞働に關する一問題」（一九三四年。Ⅱ3）・「正光四五年の交に於ける後魏の兵制に就いて」（一九三五年。Ⅰ2）・「漢の徵兵適齡に就いて」（一九三五年。Ⅱ4）・「漢代の傳舍――特に其の設置地點に就いて――」（一九三五年。Ⅲ10）・「唐に於ける雜徭の開始年齡」（一九三五年。Ⅱ6）・「漢代に於ける强制勞働刑その他」（一九三六年。Ⅱ9）・「東魏の兵制」（一九三六年。Ⅰ3）・「漢代の將作大匠と其の役徒」（一九三六年。Ⅱ8）を經て、一九三七年の「漢代の笞刑に就いて」（Ⅱ10）に至る矢つぎばやの一連の論文の執筆過程を十分に説明しているといえよう。この期間はまた、氏自身の手記にもとづく「學歷」（『山梨大學學藝學部研究報告』一六、一九六五年）に、「昭和五年四月　父を喪い自立の要を感ず、池內先生の御斡旋で仙臺の東北學院へ赴任、茲に七年いて東北大學の岡崎文夫博士の學風に接し曾我部靜雄博士に兄事し得た」とある七年間であり、その後半期は、「昭和九年四月　市村瓚次郎博士の推擧により學士院から研究費（一八〇〇圓）を受け、三年間唐宋時代の職役・力役・兵役の研究に從う、學業やや進む」とあるように、自信滿々に制度史の研究に從事しておられたことが察せられるのである。まず、この時期の研究の論旨をたどってみよう。

「踐更と過更」では、漢代の文獻にしばしばみえる踐更ならびに過更という特殊の用語の意味をさぐり、當時一般に信奉されていた如淳の說の誤を訂正し、漢代の更卒とは兵籍にあらざる一般民丁が每歲一カ月ずつ、交代で力役に從事する者のことであるが、更卒が當番に服することを踐更といい、更卒の當番者が三〇〇錢出して免番することを過更というのが正しい解釋であることを論證するとともに、その「補遺」では、遲くとも後漢の順帝頃には、更卒の役にはおおむね更賦（實役代償金）を徵して實役を强制しなくなったこと、漢代の更卒の役は唐代の雜徭（地方的徭役）に比すべきものであることを指摘されたのである。また「秦漢時代の徭役勞働に關する一問題」では、秦漢時代に更卒の義務のほかには、唐の役に該當する勞働奉仕の中央的なものはなかったことを論じられた。

「唐の地稅に就いて」では、唐の地稅が、もともと義倉米の賦課にほかならないことを論證するとともに、義倉は安史の亂後には大いに衰微し、德宗の頃にはほとんど廢絕の運命に瀕してしまい、かくて元和の初年には、地稅は義倉となんら緣なき一稅目と化し去ったことを明らかにされた。「唐の玄宗朝に於ける江淮上供米と地稅との關係」は、玄宗の開元天寶の頃、江淮地方より中央に送られた多額の上供米の財源を探究し、同地方の地稅にその多くを仰いでいた事實を考證表明したという點ではなはだ重視されるべき論文であるが、それのみにとどまらず、論述の過程において、開元二十一（七三三）年頃までの漕運方法に改革を加えた裴耀卿の漕運法を詳述する一方、唐前期の財政狀態の變遷をも概觀している。

「唐に於ける兩稅法以前の徭役勞働」は、中國の役法一般が、唐の後半期から北宋の中葉に至るあいだに、差役より雇役への重大な變化をなしとげたが、この興味ある推移過程を闡明するには、まず兩稅法以前の唐における役法のあらゆる部門を攷究する必要があるとして、役と雜徭、それに門子・烽子・牧子などの雜役から防閤・執衣といった勞役について、義務や勞働形態を明らかにするとともに、唐初に設定された役・雜徭・門夫・防閤などの徭役勞働が、年とともに差役の本義を失い、すでに開元天寶の交に至っては著しく雇傭への兆候をみせてきたことを結論されたのであった。この論文を讀み返してみると、たとえば雜徭の義務年限に關して、授田と賦役とが密接不可分離の關係に立つという見解を不動の大前提としてあまりにも强引に議論をすすめている點が目立つが、賢明なる著者は、間もなくそれに氣づかれ、やがて「唐に於ける雜徭の開始年齡」の一文を發表して是正されたのであった。近年、唐律令上の課役の課なる文字が何を意味するかについて論爭が展開されたが、課役の課は租と調との二者を指すこと、役には雜徭を含まないことをはじめて明確に指摘し、また課口と不課口の語義を確定されたのは、この「唐に於ける兩稅法以前の徭役勞働」の注においてなのであった。

「正光四五年の交に於ける後魏の兵制に就いて」とは、一見奇妙な題目であるが、かの有名な北魏六鎭の大反亂が勃發した正光五（五二四）年三月の直前における後魏の近衞軍・四中府軍および北邊の諸鎭の組織の置廢について詳細綿密に考察された論文である。それはまた、府兵制度が後魏より東西魏にかけた北中國の大混亂を契機として編み出されたことに鑑み、六鎭の反亂の歷史的意義をはっきりと見定められたことをしめすのである。「東魏の兵制」はその續篇であって、北鎭の反亂から東魏にわたる兵制全般を述べている。孝文帝による洛陽遷都によって北邊の軍鎭の重要性が激減したこともあって、もともと鮮卑人・漢人の良家豪宗の人びとが移鎭永屯して鎭民の根幹をなしていたのに、時の政府からは捨てて顧みられず社會からは輕蔑されるなど、はなはだみじめな狀態に陷ってきて、北鎭に不平不滿が鬱積されていたことが、六鎭の反亂の火の手があがるや、たちまちに、北鎭・北邊州はいうに及ばず、魏の過半域を收拾すべからざる混亂狀態に陷し入れた次第を論じるとともに、高歡が崛起してより東魏一代を通じ、つねに高氏の親軍となって創業守成の大功を全うせしめたものが、この北鎭・北邊州の遺民、なかんずく鮮卑部民にほかならなかったことを明らかにされたのであった。なお、漢代における强制勞働刑や役徒・笞刑についての論考は、いずれも官勞働の一部としての觀點から考察されているが、論點が細かいこともあり、省略しておこう。

昭和五（一九三〇）年から十二（一九三七）年にかけて發表された以上の一六篇の論文は、ほぼ全部が仙臺で執筆されたと考えられるが、いずれも實證を根本に置いたもので、そこには岡崎文夫氏の學風の影響はまったくみられない。ここまでを氏の研究の第一期とすると、第二期は、昭和十二年に東方文化學院東京研究所へ轉じられてから、十八（一九四三）年に東京大學を退官され、研究を一時中斷されるまでの期間であり、論文としては、「高齊出自考――高歡の制覇と河北の豪族高乾兄弟の活躍――」（一九三八年。Ⅲ1）・「西魏に於ける虜姓再行の事情」（一九三八年。Ⅲ2）・「漢代の鈦趾刑と曹魏の刑名」（一九三八年。Ⅱ11）・「西魏の二十四軍と儀同府」（一九三八・三九年。Ⅰ4）・「唐に於ける雜徭の義務年限」（一九三八年。Ⅱ7）・「前漢の南北軍に就いて」（一九三九年。Ⅰ5）・「兩漢の中央諸軍に就いて」（一九三九年。Ⅰ6）・「晉書武帝紀に見えたる部曲將・部曲督と質任」（一九四〇年。『唐王朝の賤人制度』所收）・「後漢末・曹操時代に於ける兵民の分離に就いて」（一九四〇年。Ⅰ8）・「南北朝時代の兵士の身分と部曲の意味の變化に就いて」（一九四一年。『唐王朝の賤人制度』所收）・「兩晉南朝に於ける兵戶と其の身分」（一九四一年。Ⅰ9）・「所謂、隋の鄉官廢止に就いて」（一九四一年。Ⅲ4）・「隋の天下一統と君權の强化」（一九四一年。Ⅲ3）・「漢代に於ける地方官の任用と本籍地との關係」（一九四二年。Ⅲ5）・「魏晉南北朝隋唐史概說」（一九四二年。Ⅲ7）・「漢碑に見えたる守令・守長・守丞・守尉等の官に就いて」（一九四三年。Ⅲ6）・「光武帝の軍備縮小と其の影響」（一九四三年。I7）の一七篇がその時期の業績である。論文題目と本書での配列順を一見すれば、第一期からの繼續的研究として第一・二部に所屬する論文とは別に、第三部に收録されている一群の新しい色彩の特徴的な論文が現れていることに容易に氣づくであろう。

この時期の研究生活を振り返って、氏が本書のはしがきに、「(岡崎）先生は內藤湖南博士門下の逸材であり、中國の歴史を常に君主と士族の在り方、言葉を換えれば政治の風という、今にして悟ることであるが、舊中國が最も中國的であるものを中心として史論を展開していられたのであるから、七年もの長い間先生に師事していてその學風の影響を受けない筈はないのである。然し、妙なもので在仙中はその點を意識したことは全く無く、却って昭和十二年東京生活に舞い戻るに及んで、先生の感化の大なるを今さらのように驚いた次第である。本書に收めてある高齊出自考、隋の君權强化、漢の地方官の任用方式などはみなそれであって、論題が何であろうと舊中國の君權の在り方を今後の研究の主目的となすべきことを自覺するに至り、中國史の研究にいくらか目を開き得たと回顧するのである」と書いておられるのが、このあいだの事情をよく説明していると考えられる。つぎにこの時期の研究を一往ざっと紹介しておこう。

「高齊出自考」では、東魏の實權者にして北齊朝の祖たる高歡は、渤海郡の豪族高氏の出ということになっているが、實は全然血族關係のない河州の出で、おそらく鮮卑人であったろうことを論證しつつ、渤海の高氏を詐稱するに至った由來を闡明する目的で、當時の政局の推移を、相當詳しく述べられたのであった。また「西魏に於ける虜姓再行の事情」では、西魏の事實上の主權者宇文泰が最も信頼を置き重用したのは、六鎭の一たる武川鎭出身の蕃漢ならびにそれ以外の北族系臣僚であったこと、宇文泰をはじめ彼の直系の臣僚に北族風が濃厚で昔ながらの虜姓のままである人が少なくなかったという點に、虜姓再行の根本的な原因が存在することを論じられた。なお「西魏の二十四軍と儀同府」は隋唐に行なわれた府兵制度の起原の研究という意味をもつ、西魏の兵制を論じた長篇の力作で、西魏二十四軍の常備兵力設置の時期は大統十六（五五〇）年の東征直前にあることを斷定したり、府兵についていては、兵民一致が宇文泰時代の制度で、のち兵民分離に變化してきたにすぎないことを明らかにされたのである。

「前漢の南北軍に就いて」と「兩漢の中央諸軍に就いて」の二篇で漢代の京師の中央諸軍の構成を略述されてから間もなく、著者は兵戶制度とも名づくべき特殊な制度の實施されていることに氣づかれ、まず「後漢末・曹操時代に於ける兵民の分離に就いて」を、ついで「兩晉南朝に於ける兵戶と其の身分」を發表して制度の梗概を述べられた。すなわち、前漢時代の常備軍兵が一般民戶を徵兵の對象としていたに對し、後漢末三國時代の常備兵はしだいに兵戶なる特定の家々から出るようになり、ここに兵民分離の現象を生ずるに至ったことを論證されるとともに、南朝においては兵戶の社會的地位がいたく下落して官奴婢に近いものになったことを闡明されたのである。また「光武帝の軍備縮小と其の影響」は、光武帝による大膽にして徹底せる軍備縮小が、曹操による兵戶制度の創設を導かせたことに言及している。ただ兵戶制度の全容は、戰後になってまとめられた「魏晉南朝の兵戶制度の研究」（一九五七年。Ⅰ10）と「吳・蜀の兵制と兵戶制」（一九五八年。Ⅰ11）の二篇に至って、肉づけされ、再編成されることになる。それはまた、著者の戰前における兵制研究と戰後の賤民制研究との見事な結晶であるということができよう。

「所謂、隋の鄉官廢止に就いて」は、『支那官制發達史』（和田清編著）の魏晉南北朝隋唐時代の部分を分擔執筆された（本書には「魏晉南北朝隋唐史概說」と題して收錄されている）際の副產物であるらしい。しかしこれはたいへんな副產物であった。『隋書』百官志には、開皇三（五八三）年四月以後における官制の改革を記した個所に、「（開皇）十五年。罷州縣鄕官」とあり、古來幾多の史家によって、この條は隋に至って鄕黨閭里の吏職を廢止したことをいったもので、鄕黨制度上の重大變革であると考えられてきた。『日知錄』巻八の鄕亭之職なる一篇も、そのような認識のうえで議論を立てている。これにはじめて疑問を抱かれたのは宮崎市定氏であって、「讀史劄記」（『アジア史研究』第一、東洋史研究會、一九五七年所收）の「漢代の鄕制」の條で、これを中正の廢止と解し、いわゆる鄕亭之職の鄕官は隋をまたずして、漢末鄕制の崩壞とともに事實上消滅したとみるべきである、と論じられたのであった。この問題を、南北朝および隋代の地方官制一般に關する正確な知見をもとに、見事に解明されたのが濱口氏であり、鄕官の廢止とは、廣く州縣の屬官の辟召を廢止したことであり、鄕黨閭里の吏職とは全然關係のない州縣の官制上の大改廢であることを考證し、この變革は隋が採った中央集權的政策とも密接な關係のあることを確かめられたのである。なぜなら從來の貴族制度において、州郡僚屬の辟召制度こそ、貴族の恃む牙城であったわけで、辟召を廢することは、貴族にとっては大打擊であるが、君權にとってはそのまま强化を意味するからである。著者にとってまさに會心の作であろう。

「隋の天下一統と君權の强化」は、その成果にもとづき、隋における辟召制廢止と刺史からの兵權の剝奪とが、いかに君權の强化に貢獻したかを、漢代における地方官の任用規定と比較檢討しつつ、平易に說いた講演要旨である。「漢代に於ける地方官の任用と本籍地との關係」では、その漢代における實態を史料を掲げて解說されたのであり、「漢碑に見えたる守令・守長・守丞・守尉等の官に就いて」では、漢代において郡縣特に縣政に對する地方人の參與の度合がはなはだ高かったことを强調されている。

「魏晉南北朝隋唐史概說」と題して收められているのは、『支那官制發達史』に分擔執筆されたもので、「魏晉及び南朝時代」「北朝」「隋唐時代」の三章からなり、各章とも最初に「王朝興亡の跡」なる節を設けて時代の概觀をするとともに、貴族と君主權との勢力の消長、官制と軍制の變遷に重點を置きつつ、土地問題や官吏登用制度にも言及した、戰前における著者の業績の總決算ともいうべきものである。非常にすぐれた官制發達史であり、この時代に關心を寄せる者にとっては、宮崎氏の『九品官人法の研究』（東洋史研究會、一九五六年）とともに、必讀の文獻である。

以上の論文が著者の研究における第二期の所產であるとすれば、戰後における精力的な賤民制度の研究は第三期になるが、その時期の論文は、ほとんど『唐王朝の賤人制度』に收錄されているので、ここではふれない。本書の附錄に收められた新稿の「唐の雜徭の義務日數について」は、すでに「唐の太常音聲人と樂戶、特に雜徭及び散樂との關係」（『山梨大學學藝學部硏究報告』一三、一九六二年）で發表された見解を、主題に沿って書き改められたもので、雜徭の義務日數は、丁男・中男とも一律に五〇日であったことを考證されているのである。

本書に收錄された論文を執筆年代順に紹介してきたわけであるが、著者の一事をもゆるがせにせぬ眞摯な態度、重厚な考證的學風につねに胸うたれざるをえなかった。もちろん、著者のあまりにも禁欲的な學風に不滿を覺えないわけではない。しかし、本書のあとがきに、「一體、私の中國史研究の步みは、藤田豐八先生から府兵制度をやってみてはと勸められたことに始まり、中途にして主として岡崎文夫先生の影響で、歷史は矢張り廣い意味での政治史を中心とすべきだという至極判り切った事柄が、やっと心の底から首肯されかけてきた。丁度仙臺から東京に舞い戾った頃のことであるが、或る日、碩學市村瓚次郎先生をお訪ねして自己の現在の心境を申し上げると、莞爾としてほほえまれたその時の御樣子が今なお鮮明な印象として殘っている。想えばそれから幾變遷、未だに當時の志を果たし得ず、一介の考證の徒でしかない己を恥ずる」と書かれている以上、筆者にはいうべき言葉をもたない。ただ、その點で殘念なのは、本書には一頁そこそこの史學會での發表要旨まで漏れなく收められているのに、

『社會經濟史學』（一〇―一一、一九四一年）に掲載された「社會經濟史學の發達――魏・晉・南北朝――」がなぜか收録されていないことである。それは單なる研究論文ではなくて秀れた學界動向・學界展望であるがゆえに、論文だけからではえられない廣い視野をもつ著者の識見が巧まずに吐露されているのである。すなわち、魏晉南北朝時代の研究史における岡崎文夫氏の領導者としての諸研究をはっきり位置づけるとともに、一方では宇都宮淸吉氏の「世説新語の時代」（『漢代社會經濟史研究』弘文堂、一九五五年所收）を門閥士族の生活理念を把握し再現しようと試みた斬新な研究として高く評價し、他方では、宮崎市定氏の「晉武帝の戸調式」（『アジア史研究』第一所收）を土地制度史研究上の畫期的な名論文であると認定するなど、この時代の社會史研究の動向を見通された一文であって、これの收録漏れは、本當に惜しまれてならない。

なお、細かいことであるが、本書五二四頁で、『唐六典』の牧長・牧尉の條の注に、「補長。以六品已下子、白丁雜色人。爲之。補尉。以散官八品已下子。爲之。品子八考。白丁十考。隨文武。簡試。與資也」とあるのを引用し、「六品已下子」を六品以下の勳官保持者の子と解されておられるが、素直に散官保持者の子と解すべきであろう。でないと『唐會要』卷九三・諸司諸色本錢の條に、「貞觀十二年又令。文武職事三品以上。給親事帳內。以六品七品子爲親事。以八品九品子爲帳內。歲納錢千五百。謂之品子課錢」とあるのを解釋できなくなると思うのである。

本書には、實に詳細にして親切な八八頁にわたる「一般人名及び引用列傳人名索引」「金石史料索引」「事項索引」「地名索引」が附せられており、檢索に多大の便を提供している。本書の刊行に盡力された關係者各位に深く敬意を表するとともに、後學の一人として著者の諸業績を建設的に攝取すべき責務をあらためて痛感する次第である。

日野開三郎著『唐代邸店の研究』

自費出版、一九六八年十二月
Ａ５判・六五四頁

昭和十七（一九四二）年に出版された日野開三郎氏の『支那中世の軍閥』（三省堂）が、今なお唐代後半期の政治史・社會史研究を志す者に格好の入門書の役割を果たしていることは、周知の事柄に屬す。「唐代藩鎭の研究」という副題を添えた『支那中世の軍閥』が世に出てから四半世紀を經て學界に提供された日野氏の書き下ろしの著書が、『唐代邸店の研究』と題された本書である。本書の後記によるに、還暦をみずから紀念して本書をまとめ出版されたのであって、發行者は日野開三郎、非賣品なのである。本文六四六頁、長安城圖・洛陽城圖・城內四門制坊圖・八門制城市圖が附せられ、博引旁搜の資料にみちあふれた四章からなる本書を批評・紹介する約束をしていながら、他事にとりまぎれ、つい延引を重ねているうちに、筆者の怠惰を叱責するかのごとく、『續唐代邸店の研究』（一九七〇年十二月發行、Ａ５判・七〇八頁、地圖一葉）が姿を現したのである。續篇の目次を一瞥して、第五章から第九章までと結語が附せられ、正・續の兩册が一貫した構想のもとに書き下ろされているのを知り、續篇をみないで正篇のみの紹介をしないでいてよかったことになった次第。續篇が出版された以上は、正續あわせて論評すべきことは十分に承知しつつも、時間的餘裕のないまま、續篇を參照しつつ、正篇を重點的に紹介し、感想めいた批評をつけ加えることにしたい。

日野氏は本書執筆の動機を、序言のなかでつぎのように述べておられる。「唐宋時代は中國の産業・商業が前後に比を見ない大躍進を遂げた時代で、唐末五代の大動亂はこうした經濟的大躍進が政治的・社會的舊體制を打破して新秩序を導き出した過渡的混亂に外ならぬ。産業・商業の研究は此の時代の歴史を扱う上に中心課題であるといふも過言ではない。我が東洋史學界の現狀が産業・商業の研究に勢力を集注して唐宋時代の把握を深めつつあるは正に的を射た行き方というべきである。産業史はしばらく措いて、商業史をとり上げる場合、その研究推進の具體的な分野は、此れを大きく觀るも、商品問題、貨幣・金融問題、交通輸送等流通問題、流通を荷う商人問題等、頗る多岐であり、更に此のうちの商人問題のみに就いて此れを細かく見るに、客商・坐賈・牙人等、人口に膾炙し乍ら案外に解明の試みられていない多くの問題が含まれている。此所に扱う邸店は客商・坐賈・牙人等と共に流通を荷っていた商人層で、從來、流通界に於けるその役割の全く評價せられていないものである」と。なるほど、手もとの『アジア歴史事典』を檢しても、客商・坐賈・牙行は正項目として解説されているのに、邸店は正項目はおろか、索引にも姿をみせていない。では邸店とは何か。序言につづけていう。「邸・店、もしくは此の二つを合せた邸店の語は唐代の文獻に頻見し、それが商品流通の上に重要な役割を果していたことは、誰しもたやすく氣附き得るのであるが、更に注意するに、此の邸店は現在邦語の大邸宅を指す邸や商店を指す店とは全く異っており、その實體が何であるかに先ず關心を惹かれる。此の邸店の實體に就いて最初に論及せられたのは故加藤博士で、同博士は唐宋時代の倉庫を研究せられ、此の立場から邸店にその用法のあることを指摘論證せられたのであるが、尙同博士は倉庫の外に商店及び旅館を指す用法が並存していたと說かれている。邸店に旅館を指す用法のあったことは紛れない事實であって、その詳細は後文に論述するが、旅館を指す用語としての邸店の考察には、此の邸店を以て指稱せられる旅館と客舍・旅舍その他の用語を以て指稱せられている旅館との異同の檢討が必要であり、その意味で旅館を指す邸店の研究には尙補足すべき餘地が殘されているといわねばならぬ。又現在邦語の商店を指す唐代の主たる用語は肆及び鋪であり、邸店は此の肆鋪とはっきり區別せられていて、邸店に商店を指す用法ありとする加藤說はそのままでは受取り難い。邸店と肆鋪との區別は唐以前に於いても同樣であり、宋代に於いてもやはりその傾向が強く殘存している。かくて邸店の完全な理解の爲には、從來の倉庫・商店・旅館等とする解說を一應ふまえつつも、更めて全面的な再考察を行う必要がある樣に思われる」とし、考察の對象を唐代に限定して、前後の時代の邸店については、それぞれの時代の專攻者によって究明されることを期待しておられる。執筆のはじめには一〇〇頁程度のものにまとめて出版しようとされたが、書き出すとはじめの見通しよりもはるかに厖大となり、結局、正續あわせて一三五〇頁に及ぶ巨册となって完成をみたわけである。

序言につづき、正篇は、

一　肆鋪と邸店
二　邸店の基本的諸營業
三　邸店の關係諸業務への發展
四　州縣城邑の邸店

の四章からなり、續篇は、

五　草市の發展と店㈠
六　草市の發展と店㈡
七　草市の發展と店㈢

八　草市の發展と店㈣

九　邸店と權力

の五章に「結言」が附せられている。そして各章は四ないし一〇節に分かれ、各節がまた細分されて小見出しがつけられ、目次だけで二段組み九頁に及ぶ文字通りの大著なのである。

まず第一章から順に著者の論旨を紹介してみよう。「一　肆鋪と邸店」は、⑴商店を指す肆鋪とその盛用、⑵肆鋪と區別せられた邸店、⑶邸と店、⑷邸店の全國的普及遍滿、の四項に分け、現在邦語の商店を指す唐代の代表的な用語は肆であり、したがってこれが盛用されていたことはいうまでもないが、鋪もまた商店を指し、肆についで多く用いられており、かつ時代を降るに從って使用度を高めているかの觀があること、邸店は商店を指す肆鋪と區別せられた別のもので、邸店といった場合、邸はその建築規模の大きなものを指し、店は小さなものを指すが、店にはまた此の邸店を總括した廣い意味の用法もあり、邸店は州縣城邑に遍在して肆鋪とともに城市構成の最重要要素をなし、さらに州縣城外の草市や農山村にも店・草店が末端にまで普及していたことを論證しておられる。そして、『唐律疏議』巻四・名例・平贓者の條の「其船及碾磑・邸店之類。亦依犯時賃直」に對する疏議に「邸店者。居物之處爲邸。沽賣之處爲店。稱之類者。鋪肆園宅。品目至多。略擧宏綱。不可備載。故言之類。」とあるのを引用しつつ、邸を倉庫、店を商店として、邸と店とを機能的に分別している『唐律疏議』の概念規定は、一見いかにももっともらしくてその實は絕對にうけいれられないものである、とされている。

「二　邸店の基本的諸營業」は、Ⅰ旅宿業、Ⅱ食飲業、Ⅲ倉庫業、Ⅳ廏舍と店後、の四節からなり、肆や鋪と區別せられ對置して使用せられていた邸店の經營業務を檢討して、その第一は旅宿業務であり、これに連關して食飲業と倉庫業とをあわせ經營しており、これら三業務の兼營はおよそ邸店と呼ばれるものの基本的必須條件であり、その一を缺くも邸店とはいいがたいものであったこと、旅館をあらわす唐代の用語には、逆旅・旅舍・旅宿・旅館・宿舍・客舍など種々のものがあるが、これらの用語をもってあらわされている旅館のすべてが邸店であったとはいえず、たとえば宿泊だけを扱う旅館は逆旅以下客舍の諸用語をもってあらわしうるが、邸店や旅店・旅邸とはいえなかったことを論じられた。そして、邸店のなかにはこれら基本的な三業務のうちの一業務の經營發展に重點を置くものがあり、食飲業務から食店・酒店・餅店などが發展し、預り保管業から宋代の塌坊すなわち專門倉庫業の分化發展が導きだされる一方、邸店の業務的發展は基本的な三業務にとどまることなく、これら三業務に關連し、もしくは顧客の中心層をなす客商への奉仕となる種々の諸業務に進出し、廣汎な活躍を展開して、經濟の發達にきわめて重要な役割を果たしたのであり、邸店の研究はむしろこの發展的な諸業務の面においていっそう重要で興味ある問題を多く含んでいる、として、次章が導きだされる。

「三　邸店の關係諸業務への發展」は、Ⅰ交通運輸關係諸業務への發展、Ⅱ客商の取引助成、Ⅲ金融業への發展、Ⅳ邸店の商業取引自營、の四節からなる。交通運輸業は邸店の業務と密接なつながりをもっていたので、邸店のなかからその經營に乘り出していくものが多く、その第一は陸上交通輸送の最重要手段であった驢畜の賣買、車やその部品の製造・販賣・修理・鞍具そのほかの長途旅行用品の販賣といった營業への兼營的發展で、「長店」と呼ばれているものがこれにあたり、第二は水上の交通輸送に結びついた營業への兼營的發展で、「漕店」と呼ばれているものがこれにあたると考えられる、とされる。また、遠隔地間商業の擔い手である客商が目的地において短日月の滯在中に大量の商品を賣買集散するためには、その土地の商況に通じた者の斡旋協力を不可缺とし、唐代においても斡旋仲介を專業とする牙人に頼っていたが、さらにこれに邸店が加わって重要な役割を演じ、唐宋時代における遠隔地商業の躍進に大きく貢獻していた次第を述べ、ついで、資力大きく信用の厚い大都會の大邸店は、客商そのほかの人びとの金錢財寶を預り保管してその安全の責を負うとともに、寄附鋪・櫃坊などと呼ばれた金融業界に進出し、さらに大邸店間では送錢手形をも取り扱っていたと考えられる、と論じられる。ついでに、唐代の寺院が周知のごとく寺產として田園や碾磑をもち、無盡藏と呼ばれる質庫をおいて盛んに利貸を行なっていたばかりでなく、さらに邸店の兼併にも乘り出していた點を指摘されている。そして、もともと邸店は宿泊・食飲・倉庫の三業務を基本業務とし商品の賣買取引を業とする肆鋪とは明確に區別せられていたにもかかわらず、實際には大きく商品賣買を扱い、肆鋪の領分を侵していたのであるが、その賣買を肆鋪の賣買と比較した場合に、根本的な差異があったこと、すなわち、肆鋪が商品別に從って專門に分かれていたのに對し、邸店は有利とみた商品は何でも扱って專門商品賣買の方針は採っていなかったし、邸店の賣買は投機的であり取引對手は專門の坐賈客商を主とする大口高額で卸しの性格を多分に有していた、とされる。

肆鋪と區別せられた邸店の基本的諸業務や發展的兼營的諸業務についての三章にわたる以上の考察によって、都市と鄉村を通じて遍く普及していた邸店を一括して總體的にその性格ないし機能の面を研究された著者は、つぎに角度をかえてこれらの邸店の活躍の實態や經濟上に果たした役割などの面に目を向けられる。その場合、當然のことながら、州縣城邑に在った邸店と、鄉村や鄉村內に發展しつつあった新商業小都市すなわち草市に在った邸店とのあいだに大きな差異があり、兩者を一括して同日に談ずることは望みうべくもなく、城邑・鄉村兩邸店の對比的考察こそ、邸店の發展過程を段階的に跡づける研究として意義あるものである、とし、第四章以下を執筆されたのである。

「四　州縣城邑の邸店」は、Ⅰ州縣城邑制の概要、Ⅱ城市の內部構成と邸店肆鋪、Ⅲ城市內の定期市と邸店、Ⅳ市肆の商業活動と邸店、Ⅴ城市內邸店の增加と四壁配店制の行詰り、Ⅵ里肆の普及發展㈠、Ⅶ里肆の普及發展㈡、

Ⅷ里店の普及發展、Ⅸ肆店の城外展出、Ⅹ邸店（及び肆鋪）の普及發展の意義、の一〇節からなり、あわせて三八八頁、本章だけで正篇全體の三分の二近くを占めていることになる。邸店の研究資料は、大城邑のもの、特に長安や洛陽などの都制城邑のものについて斷然多く、城邑の最高段階に在る邸店から考察するのが便利なのであるが、そのためにはこれらの邸店を内包していた州縣城邑制そのものから一通り説明すべきであるとして、まず唐代城坊制の概要を述べ、大城邑の戶口規模や唐代戶口統計の不精確さに論及された。唐代の戶口統計については、日野氏はすでに「天寶以前における唐の戶口統計に就いて」（『重松先生古稀記念　九州大學東洋史論叢』一九五七年）と「大唐天寶元年の戶口統計の地域的考察」（『史林』四二―四、一九五九年）を發表しておられ、安史の亂以後の戶口統計についての論考が期待されていたのであったが、本書において見解の一端をしめされたわけである。すなわち、唐代後半期において人口一〇〇萬を有する百萬都市は、首都の長安のみならず、荊州江陵府も當時の史料によって確認でき、數字をともなった史料としては現れないが、實際にはこのほかに少なくとも洛陽河南府と揚州の二つを加えるべきであるとされ、續篇に附せられた「唐代交通幹線路と商業的要大城邑圖」と題する地圖においても、一〇〇萬口以上の城邑として、これら四つの都會を圖示しておられるのである。そして、元和・長慶年間（八〇六―二四）以後においてこれら四つの都會につづく城下戶數十餘萬、人口にして四、五〇萬の城邑として日野氏が數えられるのは、益州・蘇州・杭州・宣州・洪州・潤州・襄州・越州・常州・婺州なのである。邸店を含む都會における商業活動において人口規模の大小がもつ意味はきわめて高く、最初にこの問題に意欲的に取り組まれた著者の視角はまったく正當なのであるが、本書の成果において今後最も關心をよぶのは、おそらく唐後半期において百萬都市を四つも設定されたこの部分の結論であると思われる。その點は日野氏自身も十分承知の上のことなのである。すなわち、「唐末に三十萬の城下戶數をもち、元和の頃既に百萬戶と詩にうたわれていた荊州の元和郡縣志の統計戶數は、此れに勝るとも劣らぬ戸數規模をもっていた揚州の統計戸數と共に、現在缺失していて知る由もないが、天寶の統計戸數は荆州が僅かに三萬、揚州でさえ七萬臺にすぎない。天寶の統計に於いては五萬・七萬の戸數の州は夥しく多く、三萬・四萬の州は比較的にいって寧ろ小州である。荆州は揚子江上流域に在る。天寶の初めには未だ戸數的に小州であった荆州が唐末に第一流の超巨大戸數をもつ城下に發展していたということは、揚子江流域に於ける都市の發展は、天寶以前に於いてはさまで著しくなかったのが、天寶以後俄然急調となったことを思わしめる。云云」（三三〇頁）といい、「要するに、唐代各府州の統計戸數はその管下全域の戸數統計であるにも拘らず、その總數は、城下戸數として書き傳えられ、もしくは推定せられる數よりも少いのが殆んどで、一見、本稿の城下戸數推定を過大に失する妄論として容さぬ一大障壁をなしているかに受取れるが、統計戸數は土戸のみを採って客戸を除外していたことの外に、實在戸數を全く離れた空廻りの數で、常に實數よりも常識外れに少い數となっていた事實を知れば、戸口統計數から感ぜられる障碍は無いといえるのである。然し二三十萬戸、一二百萬口の大城下の推定には、それが餘りにも巨大なるが故に、果してかかる大都市があり得たかという常識的な懸念が殘る。かかる大都市を支える爲には食糧その他の補給問題があるが、それは追って論及するとして、此の懸念を除く意味で、北宋時代の首都開封府の城下戸口數に就いて、それが末年に百萬戸、五百萬口にもなっていたことを參考までに論述しておく」（三三二頁）と書いておられる。常識を破る新しい問題提起は、いつの場合でも最も歡迎されるべきであるが、おそらくこの提言には、贊成者は少ないのではなかろうか。

城市內の邸店は城市の四壁に沿って市域を包む形に配置せしめるのが唐初以來の制度であったが、唐後半期における邸店の增加現象はついに四壁配店制を行き詰まらせたのであり、それは大中五（八五一）年八月における市署および市吏の大整理をひきおこした。市壁邸店の行き詰まりは路店・里店の發達の結果なのであり、この里店の考察にはそれに先行した里肆の考察が不可缺となる。店は客商によって立ち、客商は坐賈あっての客商で、結局、店の研究には肆の考察が必須であるからである。かく考えられた日野氏は、里肆の普及發展を跡づけた上で里店の普及發展を精細に說きつくされ、肆と店の城外への展出にまで說き及ばれた。論がここまで展開すれば、當然のこととして、つぎには草市における店（草市には店より規模の大きな邸は存在しない）についての論述が展開されるはずであるが、それは續篇に譲られ、邸店および肆鋪の普及發展の歴史的意義を述べることによって本章を締めくくり、同時に正篇のまとめの役割を果たされたのである。

城邑の店肆にみられる市外・城外への進出發展は、都市商業の發展の具體的現象の一つであり、都市そのものの內部的質的な變化發展に連なる問題でもあり、城邑の店肆の普及發展がもつ意義は政治・社會・經濟の諸部門に跨ってかなり複雜な內容をもっているはずであるが、ここでは主として城邑の都市的發展、流通經濟の發達という唐代の特色的な二つの大きな時流のなかにおける意義の究明にあたることとする、とされる。そして、人口の膨脹充實と肆店の城市外への普及發展とは相表裏する都市の發展現象にほかならないが、それが特に著しくなった唐の後半期、すなわちあるいは兩稅法時代といわれ、あるいは藩鎭時代といわれる時代は、長年の傳統に立った唐の坊市制度がしだいに弛みはじめた時代であり、本來治安重視の立場から强化せられ嚴重に守られてきた坊市制度が治安の最も險惡であった藩鎭時代に弛みはじめたということは、一見いかにも矛盾しているかに思われるが、この時代における里肆・里店の普及こそが夜市の發展と相俟って坊市制を崩していく內部の大きな力として働いていたからなのであり、しかも坊市制がこの時代に弛緩の兆候を現しながら唐末・五代に至るまでとにもかくにも維持せられたのは、一方にその撤廢要因としての店肆の普及發展が進みながらも、他方に治安惡化の底なしの進行があったためとみることができる。坊市制を時代遲れの治安體制としてまったく葬り去るには、坊市制に代わって城邑の治安を擔う新たな制度機構が必要なのであり、坊市制がまったく消滅していた宋代において城邑の治安を擔うことになった城廂制についての研究が必要になるが、それを別の機會に譲って本篇を締めくくられた。

「州縣城邑の邸店」に對應する「草市の發展と店」についての考察は、續篇において四章にわたって述べられ、それだけで五四八頁分を占め（途中に、參考としてふれられた「唐代嶺南に於ける金銀の流通」だけで九〇頁を超してはいるが）、史料を列擧しつつ說き來たり說き去られる著者の論旨を、誤りなく要約し解說することは、この小文ではとうてい不可能なので、紹介についてはここで打ち切り、本書を讀み進みながら、筆者が感じたいくつかの點について、述べてみることにしたい。

日野氏は、受業生たちにいつも、一家の言をなすことを固く戒め、論を抑えて着實な考證結果のみをしめせ、といっておられるそうであるが、唐代邸店に關する本書も、まさにご自身で模範をしめされたものということができよう。全卷を通じて史料の語っていない史實を作りあげていることはない、と自負されるゆえんでもある。「原稿將に就らんとする直前、エンプラ事件が起り、漸く始末がついたと思った途端に米機の學內墜落があって、學園をあげての大騷ぎの中に丸半年間は何もできなかった」と後記に書いておられることに一斑をうかがえるが、この數年の大學問題をめぐる緊迫した狀況の最中に、このような大著を書きつづられた熱意には、まったく頭の下がる思いがする。漢から唐にかけての中國史にあっては、史料の關係から、財政史はかなり研究の便に惠まれているのに對し、經濟史は困難を極めているが、經濟史上の重要問題である邸店の分析を、かくも細部にまでわたって論じつくされたことは、何といっても本書のメリットであろう。特に、唐代社會經濟史上の研究文獻として一部は利用されてはいたが、十分に活用されてはいなかった『太平廣記』と『全唐詩』を縱橫に驅使して成果を擧げているのが、本書の特色である。このことは、まず確認しておかねばなるまい。しかし著者は、おそらくこのような褒め言葉より、注文や批判をこそ期待しておられるであろうから、以下に筆者が抱いた疑問を素直に書き陳ねることにする。まず、『太平廣記』や『全唐詩』の記事を十二分に驅使されているのが本書の特色であり、メリットであることは確かであるが、同時に危險性もともなっているように感じる。たとえば、すでに紹介した荆州江陵府を百萬都市に擬定する場合、『元和郡縣志』の該當條は缺失していて利用できないのは最も殘念なことであるが、それであれば『舊唐書』巻三九・地理志の該當條に（『太平寰宇記』巻一四六の該當條もほぼ同じ）、「自至德後。中原多故。襄鄧百姓。兩京衣冠。盡投江湘。故荆南井邑。十倍其初。乃置荆南節度使。上元元年九月。置南都。以荆州爲江陵府。長史爲尹。觀察制置。一準兩京。云云」とある記事をまず引用し、元稹の「遣興十首」の詩は傍證資料として利用されるべきだったのではなかろうか。また、邸と店とは同じ性格のもので、建築規模の大きいのを邸といい、小さいものを店という、とされる結論は首肯しうるのであるが、その際、『太平廣記』巻一六・杜子春の項に「遂轉資揚州。買良田百頃。郭中起甲第。要路置邸百餘間。」とあるのが邸の間數を傳えた唯一の具體例であるとされ、これは當時として考えられる邸の最大級のものであったとみるべきであろう、とされる（二六頁）。のみならず、この文章を四七三頁でふたたび引用された際には、「邸百餘間を要路においたといっている。百の數字は良田百頃と共に小說上の數字として深く拘泥する必要はなく、又良田百頃が諸處の田の合計である樣に店（邸の誤り）の百間も數處の合計かとも解せられるが、何れにしてもその設置の場合は要路とせられている」といわれる。何となく腑におちない感がするのは筆者のみではあるまい。

博引旁搜の資料に滿ちた本書は、今後、好むと好まざるとにかかわらず、史料集としての性格をあわせもたざるをえないのであるが、それにしては引用文に誤字・脫字が目立つようで、殘念でならない。たとえば、荆州江陵府を百萬都市に擬定する際に使われた元稹の「遣興十首」第二の遣の字が遺に間違い、第三句目に「欲識短復長」のかれるべきであろうに。

ことなど。ついでに申すと、これらの五言詩を五句ずつ引用されるのはいかがであろうか。當然、四句か六句を引

五字を脱していること（三一〇頁）、つぎの頁に四首も引用された白居易の詩なるものは、すべて李白の詩である

また、原文史料を引用される場合、讀み下し文も附されていないので、著者が史料をいかに讀まれたかは、句讀點のあり場所で判斷するしか手段はないのであるが、本書における句讀點の打ち方に納得しがたいことが多く、單に誤植とはいいきれぬように思える。たとえば、九頁に店肆の用例として擧げられた郭正一の對鄽肆策を、「對鄽肆之興用。存交易山澤之利。事屬貿遷。云云」と句讀されると（四〇九頁で再度引用された場合もほぼ同じ）、戶惑わざるをえない。「對。鄽肆之興。用存交易。山澤之利。事屬貿遷。云云」と對句に讀むべきは自明のことと思われるからである。また、三一二頁に引かれた徐堅の上疏の文章を、「受使之人。苟徼勞效務。選高戶抑此陪郭。然高戶之位。田業既成。安土重遷人之恆性。」と句讀されている場合も、「受使之人。苟徼勞效。務選高戶。抑此陪郭。然高戶之位。田業既成。安土重遷。人之恆性。」とされるべきであったろう。もう一つ例を擧げると、續篇の六九八頁、結言の部分で『冊府元龜』卷五〇二・邦計部・平糴門・長慶元年七月十八日の條の大赦の制を引用され、「美利蓋歸於土掌。善價不及於村閭。或虛招以奉於强家。或廣僦用盜於遊客。若不嚴約何以除。云云」とあって、として自說を展開される。しかし、疑問を感じて原文にあたると、最後の部分は、「若不嚴約。弊何可除。」とあり、一往は格好はつくが、盜の字が落ち着かない。『冊府元龜』卷九〇、『唐大詔令集』卷一〇に收錄されている大赦の全文によって、盜が資の字の誤りであることが判明するし、この手續きを踏んでいてくだされば、氏の結論をより精彩あらしめたであろうに、と惜しまれるのである。

なお、はじめに紹介したごとく、本書は、邸店の語義についての加藤繁說の不備を補正し、『唐律疏議』の解釋

を否定することから稿を起こされた。それであれば、すでに李劍農氏が『魏晉南北朝隋唐經濟史稿』（中華書局、一九五八年自序、一九六三年二月新一版）で唐代における商業都會と市場形制を論じられた際に、邸店と行肆を區別し、『唐律疏議』にもとづいて邸を倉庫なりとする加藤説を否定し、邸と店とは同じもので、近代の「棧行」にあたり、倉庫と旅館とを兼ねたものである、とされた（二三三頁）說に當然言及されるべきであったと思う。參考文獻に擧げられていないことから察するに、あるいは見落としておられたのであろうか。

本書を讀過しての感想を素直に書き記してきたが、筆を擱くにあたって、讀者に本書の瑕瑾をあげつらいすぎた印象を與えはすまいか、と恐れる。それであれば筆者の本意ではない。唐宋時代の專家としての著者の令名はつとに高く、望蜀の言は進呈しても、還暦を過ぎてなお健筆をふるいつづけられる筆者への敬意は增すばかりなのである。今後も、ご健康に留意され、結言で述べておられる未發表の論考をつぎつぎにまとめて出版され、われわれ後進を鞭撻してくださるよう念願する次第である。

J・ジェルネ著『中華世界』

Le Monde chinois, Collection "Destins du Monde", Librairie Armand Colin, Paris, 1972, 765pp. 36pl.

「あなたにお會いしなかった數日の間に、」と彼はいった、「私は多くのものをよみ、特にまだ讀みおえてはいない中國の小説は、私にはたいそう注目すべきように思われる。」――「中國の小説ですか？」と私はいった、「それはきっと非常に特異なものでしょう。」――「人が思うほどそんなに特異なものではない。」とゲーテは答えた。「人間であれば、考えかたや感じかたは、ほとんどわれわれと同じだよ、そして、互いに相ひとしいということに、だれでもたいそうたやすく氣づくだろう。……」……――「しかし」と私はいった、「おそらくこの中國の小説はもっとも例外的なものの一つではないでしょうか？」――「決してそうではない」とゲーテはいった、「中國人はこのようなものを幾千も持っている。しかも彼らはわれわれの祖先がまだ森林の中で暮らしていた頃にはすでに持っていたのだ。」

（エッカーマンのゲーテとの對話、一八二七年一月三十一日、水曜日）

これは、「世界の運命」叢書の一冊として、一九七二年にパリで刊行されたジャック・ジェルネ氏の『中華世界』の扉に書きとめられた文章である。一五〇年も前にかの文豪ゲーテが語った言葉を、エピグラフとして扉に書き記していることは、本書執筆にあたっての著者の姿勢をはっきりとしめしているといえよう。中國世界を單なる異國趣味としてながめるべきではないと、ゲーテが直觀として感じとったことを、著者は深い學殖と豐富な資料にもとづきつつ、ヨーロッパの一般讀者に、敷衍解説せんとして、A5判、本文だけで五七〇頁、附録をあわせると八〇〇頁に及ぶこの中國史概説を書かれたのである。

「世界の運命」叢書は、『ギリシアの冒險』『ローマとその運命』『ヨーロッパの誕生』『物質文明と資本主義・第一部』といったヨーロッパの歴史のみでなく、『イスラムとその文明』や本書のようなアジア世界をも包括し、すでに一〇冊が刊行され、『インド文明史』などが近刊豫定になっている。

著者のジェルネ氏は、現在、パリ第七大學（先年の學制改革前のソルボンヌ大學、すなわちパリ大學文學部）教授、東アジア教育研究機關長、高等研究院第六部門（社會經濟部門）教授であって、エチエンヌ・バラジュなきあと、フランス中國學を代表する歴史家である。氏は、一九六三年夏・七一年秋と今春（一九七三年）の三度にわたって來日され、筆者はそのたびごとに京都で氏の公開講演をきく機會にめぐまれた。

バラジュについては、本誌（『東洋史研究』）本欄にも、これまで何度か取り上げられた。すなわち、'Le traité économique du "Souei-chou"'（『隋書食貨志』研究）が愛宕松男氏により（第一六巻第二號）、'Chinese Civilization and Bureaucracy'（『中國の文明と官僚制』）が衣川强氏により（第二四巻第三號）それぞれ批評紹介され、また刊行されつつあるその追悼論文集 'Études Song in memoriam Étienne Balazs' も、川勝義雄氏によって（第三一巻第四號）紹介されている。ところが、ジェルネ氏については、『東洋學報』誌上では、學位論文である '*Les Aspects économiques du bouddhisme dans la Société chinoise du Ve au Xe siècle.*' 1956（『五―十世紀中國社會における佛教の經濟的諸樣相』）が池田溫氏により、「敦煌關係近刊數種」の一つとして（第四一巻第三號）、'*La Vie quotidienne en Chine à la veille de l'invasion mongole 1250–1276.*' 1959（『モンゴル侵入前夜における中國の日常生活』）は、その英譯刊行を機に菊池英夫氏によって（第四六卷第四號）、それぞれ批評されているが、本誌では、これまで書評の對象に取り上げられることはなかった。この『中華世界』のごとき、專門家を對象としたのでなく、一般の知識人讀者を相手にして書かれた通史・概說書は、本欄には取り上げにくいのは十分承知の上で、あえて紹介しようとするのは、本書が、今後、ヨーロッパにおける中國史概說書として、スタンダードの地位を占めることが豫想されるからであり、また、中國史の時代區分について、はっきりした立場に立って書かれた、ヨーロッパ人による最初の中國通史であるからである。

ジェルネ氏は、はじめフランス遠東學院の研究員として中國學の研鑽につとめ、最初の單行本、*Entretiens du maître de dhyâna Chen-houei du Ho-tsö (668–760)*（『荷澤神會禪師語錄』）をハノイで發表されたのが一九四九年であり、ついで一九五六年には敦煌文書を驅使した學位論文『五―十世紀中國社會における佛敎の經濟的諸樣相』をサイゴンで刊行し、南北朝隋唐時代の佛敎思想とその社會的基盤の研究者として學界に確固たる地位を占められた。それ以後、研究領域を前後の時代に廣げていくとともに、一般向けの叢書の中國の部の著者として登場していかれた。これは、パリに歸り、ソルボンヌ大學の敎壇に立たれたことが、おそらく最大の理由であったと思われる。

'La Vie quotidienne'（日常生活）叢書の一冊『モンゴル侵入前夜（一二五〇―一二七六）における中國の日常生活』を刊行し、『東京夢華錄』をはじめとする宋元時代の典籍に親しまれたのが一九五九年であり、“Que Sais-Je?”文庫の *La Chine ancienne—Des origines à l'Empire*（『古代中國』）を執筆されたのは一九六四年のことである。その前年に、「中國における歷史思想の起源」についての氏の講演を筆者がきいたのは、このクセジュ文庫の執筆過程の見解であったことになる（先日、うかがったところ、このときの講演内容は、どこにも發表されていないとのことである）。「起源から帝國まで」という副題のついたこの『古代中國』は、中國文化のはじめから秦帝國の成立までの歴史を簡明に敍述し、穩當な意見が多く、そのつづきがまち望まれたのであった。一九七一年に來日されたときの講演題目は、「十七・八世紀における中國とヨーロッパとの交涉について」であり（『東方學』四四に、福井文雅氏による翻譯が掲載されている）、その際、講演の冒頭で、「今日はまず最初に、皆樣方にお許しを得ておかなければならないことがございます。それと申しますのは、招待の御通知を戴きました時には、私はちょうど中國史概說を書き終えようとしているところでした。それはフランスの一般讀者向けの通史でありますが、私はその仕事に七年間沒頭しておりました。そこで、その間、專門的・個別的な研究に時間を割く餘裕が、事實上、ありませんでした」と斷られ、七年をかけた中國の通史がほぼ完成していることを知り、その刊行を大いに期待していた。そのまち望んでいた成果が、「世界の運命」叢書の『中華世界』と題する本書なのである。目次を掲げることにしよう。

序　章
第一篇　上古君主制から中央集權國家へ（紀元前十七—紀元前三世紀）
　第一章　上古君主制
　第二章　諸侯の時代
　第三章　中央集權國家の形成
　第四章　古代の遺產
第二篇　中央集權國家の飛躍、展開、衰運（紀元前二世紀—紀元後二世紀）
　第一章　征服する帝國

第二章　膨脹の原因と結果
第三章　豪族の興起と政治制度の危機
第四章　漢代の文明
第三篇　中世（三―六世紀）
第一章　夷狄と貴族
第二章　中世の文明
第四篇　中世から近世へ（七―十世紀）
第一章　貴族の帝國
第二章　近世への移行
第三章　世界への開眼から古典傳統への回歸へ
第五篇　中國〈ルネッサンス〉（十一―十三世紀）
第一章　新しい世界
第二章　中國〈ルネッサンス〉の文明
第六篇　華化せる帝國からモンゴルの占領へ（十一―十四世紀）
第一章　華化せる帝國
第二章　モンゴルの侵入と占領
第七篇　專制君主と宦官による統治（十四―十七世紀）
第一章　再建と膨脹

この目次を一瞥すればわかるように、古代社會は漢代で終わりをつげ、三世紀から六世紀に至る魏晉南北朝時代を中世とし、隋唐時代を中世から近世への移行期と理解し、宋代に中國〈ルネッサンス〉があって、近世社會がはじまるとする。この時代區分は、明らかに內藤湖南・宮崎市定兩氏らのいわゆる京都學派の學說にまったく一致しているのである。しいて京都學派との差異を求めれば、明代末期、十六世紀後半から十七世紀初頭にかけて第二回目の中國〈ルネッサンス〉を設定していることであって、これは、一九七一年の講演の際にも、「宋代を中國の大ルネッサンスの時代としますと、明末は第二のルネッサンスのようでありますが、ここではとりあえず、その時代の特色としまして、つぎのような事象を擧げておきましょう」として、銀塊による商業經濟の大發展、生產技術の發達、都市生活の發展といったいくつかの社會的變化のほかに、文化的現象として、短篇や小說や芝居の發展、技術や自然科學に關する著述の增加を數えられた。これらは、本書でも、第七篇の第三章第一節「第二回目の中國〈ルネッサンス〉」（三七〇—三七四頁）における、「大商業と家內工業の飛躍」「技術の發達」「都市と商人の社會」の項や、第四章第二節「一五五〇—一六四四年の〈ルネッサンス〉」（三八四—三九二頁）における、「反體制思想」「新しい科學精神と經驗知識に對する新たな關心」「都市文學」といった項目で要領よく解說されている。

この第二の〈ルネッサンス〉に先立つ宋代の〈ルネッサンス〉は、その萌芽を八世紀後半にまで溯らせうるとして、つぎのように主張される。六世紀末にはじまる隋唐時代は、貴族と從屬（客・部曲・奴婢）とのあいだの人格關係・經濟・文學・藝術・宗敎信仰——唐代は佛敎の黃金時代であるといわれる——に關して〈中國中世〉と呼べるものの發端になおまったく潛んでいるとはいえ、東アジアにおける中世世界から〈近世世界〉への移行期にあるというべきである。變化の前兆は、七五五—七六三年の安祿山の大軍事反亂の翌日に現れる。この〈近世への移行〉の時期が、五九〇年から六二五年にかけて基盤をすえられた〈貴族の帝國〉の後を繼承する。唐の中期、八世紀後半から、中國における〈ルネッサンス〉の氣配が濃厚に現れてくる。韓愈や柳宗元の古文運動が起こり、會昌の廢佛以後、佛教が衰退してゆくのである。第五篇、「中國〈ルネッサンス〉」の第一章、「新しい世界」では、宋の中央政府が、財政經濟を擔當する三司と、軍事擔當の樞密院と、內閣の中書門下との三つの機能に分化して能率をあげた點を指摘し、范仲淹や新法を斷行した王安石の革新運動を高く評價する。また、徵兵制から傭兵制へと變化した軍隊で、火器が使用されるようになった點を強調し、宋の新しい社會で、從來の貴族に代わって金利生活者階級が出現し、社會がたいそう流動的になり、貨幣經濟が大發展したことを述べられた。第二章、「中國〈ルネッサンス〉の文明」では、宋代に、從來の學者文化に對して民衆文化が發展し、木版印刷術が普及し、活版印刷術さえ試みられ、書物生產が大規模となって科學の發達に貢獻した。科學的な考古學が登場し、司馬光の『資治通鑑』や鄭樵の『通志』のように歷史學にも新しい型の著作が出版され、周敦頤から朱熹に至るあいだに宇宙論や倫理學の面で新局面をひらき自然哲學を發展させた、とされる。十一世紀から十三世紀に至る中國〈ルネッサンス〉時期の經濟面・精神面での飛躍は驚嘆すべきものであって、十三世紀末のマルコ・ポーロの驚きはみせかけではなかった。西洋の近世を出現させる大發明のすべてが、ここにみられる。このようにジェルネ氏は結論されるのである。

宋代ルネッサンスの先進性、西洋への寄與を強調される場合にかぎらず、本書全體を通じ、中國の社會・文化を、ヨーロッパの社會・文化との對比でとらえ、ヨーロッパ思想との交流を重視し、世界史のうちに位置づけられる點に特色がある（この點は、先日の「マテオ・リッチと明末の中國思想界」と題する講演をきいた際にもあらためて感じられた）。

大部の書物ではあるが、著者の主張を一目瞭然たらしめる圖表や地圖がたくみに活用されており、一般讀者の理解に便ならしめているのも、本書の特色であろう。たとえば、中國の各省と、ヨーロッパの各國とを、それぞれの面積や人口・人口密度の順に並べた一覽表（一六・一七頁）によると、面積では、一番廣い四川省だけでフランスやスペインより廣く、最も狹い江蘇省や浙江省はブルガリアよりは狹いがハンガリーよりも廣く、スイスの二倍半もある、といったことがわかるし、一九五七年の人口統計によれば、山東省の人口はイタリアやイギリスの人口とほぼ均しく、河南省の人口はフランスの人口に匹敵することなどが、ただちに了解される。また、三三一頁の中國世界から中世ヨーロッパへの技術の寄與という表では、後期十字軍時期とモンゴル膨脹時期に、それぞれ中國からヨーロッパに傳えられた技術を列擧し、それらが中國ではいつ頃發明されたものであったかをしめしているし、二五二・二五三頁の、唐代の中國が蒙ったり與えたりした影響のさまをしめす地圖など、說得力に富んでいる（二九九頁上段の「渾象南極圖」が、裏表が反對に印刷されているのは、お愛敬である）。

本書で使われた中國語の表記法が、漢語拼音方式であるという事實は、特記すべきことである。これまで、イギリスやアメリカで出版される書物がウェード式であるのに對し、フランスでは傳統的に、遠東學院方式を採用してきた。ジェルネ氏のこれまで發表された著書も、遠東學院方式であったし、特にクセジュ文庫『古代中國』では、「中國名の音寫にはフランス式表記法を採用した。この表記法は中國語の實際の發音に合致することは稀れであるが、フランスの一般讀者には親しまれているという長所があり、それに、中華人民共和國で使用している公式の表記法よりもとまどわせることが少ない」と、わざわざ脚注をつけられていたからである。本書で、その中華人民共和國で使用している公式の表記法、拼音方式を採用したことは、ある程度の抵抗は豫想されるとはいえ、今後フランスで刊行される中國研究書に大いに影響を與えることであろう。

本書には、文獻目錄、人名・地名・書名・件名の各索引のほか、一二〇頁にわたる詳細な中國史年表が、紀元前十七世紀から一九六九年まで、歷史欄と文明欄に分けて附加されていて、讀者に便宜を與えている。索引はジャック・ダール氏の援助にかかるとのことであるが、年表は著者自身が作成されたのであろう。最近、中國史の年表作成に少なからぬ時間を割いた經驗をもつ筆者には、その勞苦がひとしお察せられる。文獻目錄には、中國人や日本人によって書かれた業績は擧げられていない。しかし、これは、本書の執筆にあたって、それらの研究を參照されなかったことを意味するのではない。「本書は、方針として、專門家にではなく一般大衆に向かって書かれているので、中國とその境界に關する厖大な業績を擧げている中國語と日本語で書かれた全出版物は、この文獻目錄から除外されている」とわざわざ斷っておられるからである。

近着の *T'oung Pao*（VOL. LVIII）には、ポール・ドミエヴィル氏による本書への書評が掲載されており、それによると、本書は、一九七二年度のフランス學士院賞を受賞したという。當然うけられるべき榮譽であり、ご同慶の至りである。

「歷史を思惟することはたしかにこれを時代區分することである」というクロォチェの言をまつまでもなく、時代區分の問題は、いつもわれわれの意識のうちにある。第二次大戰後の日本における中國史學界最大の論爭であった時代區分論爭は、周知のごとく、前田直典氏の「東アジヤにおける古代の終末」（『歷史』一九四八年四月）が發表されてから活發となった。前田氏の問題提起は、その前年に書かれた宇都宮清吉氏の「東洋中世史の領域」（『東光』四）に對する批判から出發したのであり、宮崎市定氏については、一九四〇年に書かれた、ほぼ宋代までの概說である、『東洋に於ける素朴主義の民族と文明主義の社會』を主として對象とされたのであった。宮崎氏の通史『アジヤ史概說』正篇・續篇（人文書林）が刊行されて、その全構想が公開されたのは、一九四七年十二月と四八年九月のことである。それからはや四半世紀、時代區分にはっきりした態度をしめしたジェルネ氏の通史『中華世界』を手にしえた現在、京都學派の開祖たる內藤虎次郎のあらゆる業績を網羅した『內藤湖南全集』全一四卷（筑摩書房）がほぼ完成し、前田氏の全業績を集錄した『元朝史の研究』が東京大學出版會から出版され、そこには時代區分論も別篇として收められた。そして『アジア史概説』の新版が、現代アジア史の章をつけ加え、裝を新たにして學生社から刊行されようとしている。われわれは、原點にたちかえって、中國史の流れを考えるべき好機會にめぐりあっているといえよう。

平岡武夫編『唐代研究のしおり』復刊に寄せて

同朋舍出版、一九七七年
全一二冊

平岡武夫編『唐代研究のしおり』全一二巨册が、今回、同朋舍から、復刊されました。本書の再刊をまちわびていた者の一人として、この機會に本書再刊に至るまでの經緯を紹介しておきたいと思います。

京都大學人文科學研究所では、それぞれの所員は、個人研究に從事するとともに、共同研究に參加することになっています。平岡武夫先生は研究所の哲學文學研究室を主宰されるようになった昭和二十四（一九四九）年春以來、古典の校注と索引編纂班の班長として精力的な活動を開始されました。『白氏文集』などの校注に熱情を傾けられるかたわら、唐代研究者に多大の便宜を提供すべく、市原亨吉・今井清兩氏をはじめとする多數の協力者の應援をえて、一〇册に上る索引稿本を謄寫版として同學の參考に供されたのでした。それぞれの索引に冠せられたまえがきによりますと、昭和二十四年四月から二十六年九月の二年半にわたっています。それらはいずれも當時の日本の經濟情勢を反映して、粗末なザラ紙に油印された平裝本でした。その時期に國內で研究生活を送っていた人びとは、實費で頒布をうける機會に惠まれたのでしょうが、未定稿ということもあり、印刷部數はきわめて少數でしたので、すぐに絕版に歸してしまい、國內外の同學からの求めに應ずることができなくなってしまったようです。

ところが、昭和二十八（一九五三）年に、人文科學研究所を來訪し、實情を視察されたハーバード燕京學院長エリセーエフ教授は、歸國後、同院財團から出版補助金を贈ることを申出でられたのです。この好機に際會し平岡先生らは、前記の稿本に綿密な補訂を加えた一連の『唐代研究のしおり』シリーズの刊行を開始されたのでした。今度は謄寫版の油印本ではなく、豪華な活字印刷の精裝本です。まず出版されたのは、第三巻『唐代の散文作家』（一九五四年六月刊）でしたが、この一連の書物の編集と刊行についての次第は、第一巻『唐代の暦』（一九五四年八月刊）の巻末に述べられています。B５判・クロス装の函入・上製本、カバーのクロスの色は、唐代文化を象徴するものとして、選ばれました。唐朝は、五行思想でいうと土德にあたり、その色は黄色だからです。第二巻『唐代の行政地理』（一九五五年四月刊）につづいて、昭和三十一（一九五六）年には、唐王朝の國都と副都であった長安と洛陽に關する三册が矢つぎばやに編集刊行されました。すなわち『唐代の長安と洛陽』の「地圖篇」（第七巻、二月刊）、「資料篇」（第六巻、六月刊）、「索引篇」（第五巻、十月刊）です。第五巻の扉に「この書物〝唐代の長安と洛陽〟を、ハーバード燕京學院の院長セルゲ・エリセーエフ博士に、つつしみて捧げる」と記されていますのは、いかに、ハーバード燕京の出版助成金が、力強い援護を與えていたかを如實にしめしています（漱石の門下生でもあり、ライシャワー元駐日大使らを育てたエリセーエフについては、近刊の倉田保雄『エリセーエフの生涯――日本學の始祖』〈中公新書、一九七七年〉が詳しい）。

この唐代研究のしおりには、いずれの巻にも平岡先生による序說が書かれていて、書物の解題の類の入念な敍述がみられますが、特にこの四方帙におさめられた『唐代の長安と洛陽　地圖篇』には、三〇枚の圖版とともに、一〇六頁に及ぶ懇切ていねいな別册の序說が附されていて、中國學にたずさわる者のみならず、日本の古代都城制を研究する人たちにもきわめて有益な書物となっています。この「地圖篇」が出版されるや、翌一九五七年の九月には、いまだ國交のなかった中國で、翻譯本が刊行されました。すなわち、西安の陝西人民出版社から、日本・平岡武夫著、長安・楊勵三譯『長安與洛陽（地圖）』が二〇〇〇冊も出版されたのです。帙の色が黄色ではなく、紺色になったのは少し殘念でしたが、本書のもつ學術的價値が、當の中國でさえいかに高く評價されていたかを物語るものでしょう。

平岡先生は、ハーバードからの出版助成金の恩恵を獨占されず、研究所外で、すでに索引原稿を完成しながら、出版の目途のついていない勞作に援助の手をさしのべられました。昭和三十二（一九五七）年から三十四年にかけて出版された第八巻・花房英樹編『李白歌詩索引』と特集第一―第四、斯波六郎編『文選索引』の五册がそれにあたり、平岡先生自身もそれに應じて第九巻『李白の作品』を編集・刊行されたのでした。特に『文選索引』はあわせて二千數百頁に及ぶ厖大なものですが、困難を極める校正についても、研究室の總力を擧げて協力されたのです。『唐代の散文作家』と對をなす第四巻『唐代の詩人』（一九六〇年六月刊）が出版された頃になりますと、日本の國力もようやく充實してきていました。これまでのシリーズの發行者がいずれも「京都大學人文科學研究所索引編集委員會」となっていましたのが、第一〇巻『唐代の散文作品』（一九六〇年十二月刊）と第一一・一二巻『唐代の詩篇一・二』（一九六四年三月、一九六五年三月刊）の三册では單に「京都大學人文科學研究所」と變更されましたのは、この三册が、文部省の正式の出版物となったことを意味しています。印刷費はすべて日本の國費でまかなわれることになったのです。この變化は、望ましいはずなのですが、讀者にとって困った事態も生じました。これまでは、それぞれの巻末に、定價がつけられていて、書店を通じて購入できたのですが、國費で出版されたために、定價はつけられず內外の研究機關へ寄贈されるだけで書店を通じて購入を希望される方々の手には渡らなくなってしまったのです。市販された九巻までと特集の『文選索引』の場合も、各巻わずか數百部ずつの印刷では、賣切れてまもなく書店の店頭から姿をまったく消してしまったのも無理からぬことで、たまに古書目録で目にするときには、びっくりするような値段がつけられていました。ここ數年來、歐米の大學をおえて學位論文執筆のために來日し、研究所に唐代史の研修に來られた諸君が眞っ先に訴えられたのは、『唐代研究のしおり』シリーズの入手難ということだったのです。

平岡先生は、しばしば、熱情をこめて語られます。時間と場所と人間とは、歴史を成立させる根本要素であり、同時にまた歴史を理解させる根本要素である。だから唐代の歴史は、唐代の暦と行政地理と、歴史を擔った人物の傳記それに加えて、彼らが作りだした詩と散文がどこに收録されているのかを明示する書物を準備しないで、研究できるものではない。世界中の唐代研究者の共有財産になるような確固たる書物を、誰かが用意しなければならない。ほかの方がされないなら私が提供しなければなるまい、と考えた。ほかの時代についても、それぞれ誰かが、同じような企畫を立てて實行してほしいものだ、と。そして、特集を加えて、一六册の出版を完成されたとき、當初の計畫をほぼ完遂することができて、非常に幸福である、と述べておられました。

このような意圖のもとに編纂されたシリーズであってみれば、常時、出版者の手元に在庫があり、研究者のもとめに應じて、いつでも提供できなければなりません。しかし、前述のごとく殘念ながら品切れとなること久しく、文字通り洛陽の紙價を高めてきたのです。

今回、同朋舍から、特集の『文選索引』を除いた本編・一二册が、原本と寸分たがわぬ姿で、見事に復刊されましたことは、これまで入手難をかこっていた人びとにとって、大きな喜びとなることでしょう。『文選索引』四册が除外されましたのは、すでに別の出版社から、七年前に二册本として複製されているからということのようです。ただし、このときの複製は、完全なものでなく、解説論文や編目などの部分は省略されてしまっています。それに比べて今回の本編の再刊は、紙型のあるものはそれを活用し、可能なかぎり、誤植をも正されているので、最上の出來映えとなっています。装丁も原本とまったく同じなので、原本の缺けていた巻を補おうとされる人にも、滿足感を與えることでしょう。

書評をするつもりで引き受けましたが、いつの間にか、提燈持ちのような文章になってしまいましたのは、原書を、座右に置いて、毎日のように、恩惠を蒙りつづけている私には、ほかに書きようがなかったからで、讀者の寛恕を請いたく思います。

池田温著『中國古代籍帳研究——概觀・錄文——』

東京大學東洋文化研究所、一九七九年三月
A4判・六六九頁

ある國のある時代の社會經濟史研究の進展は、關連文書・資料を網羅した信頼するに足る史料集の編纂・刊行がなされてきたか否かにかかっているといえよう。唐代中國の社會經濟史研究の場合、このような史料集の編纂・刊行は、中國社會史論戰を經た一九三〇年代半ばになって、陶希聖氏の主導のもとに開始されたのであった。陶氏主編の『食貨半月刊』が上海の新生命書局から創刊されたのは一九三四年十二月、すなわち本誌『東洋史研究』の創刊に先立つことわずか十カ月の時期であり、それと並行して厖大な『中國經濟史料叢編』の編纂・刊行が計畫され、まず「唐代篇」から實行に移されることになった。この『中國經濟史料叢編』が時代順によらずに、まず「唐代篇」から着手されたのは、編纂者の人數が限られていて、全時代を同時進行するのは不可能だったし、最初の試驗的な成果を擧げるには、現在に殘された經濟史料の分量が、それ以前のに比べて豐富であり、それ以後のに比べると少ない唐代を選ぶのが適當だと判斷されたからであった。

陶希聖氏らを主導者とし、鞠清遠・武仙卿氏らを輯錄者とする、この『唐代經濟史料叢編』は全部で八册からなり、その構成は（一）土地法令、（二）土地問題、（三）寺院經濟、（四）唐代之交通、（五）唐代之都市、（六）工商業與貨幣、(七) 動盪中的唐代經濟、(八) 財政制度、とされたが、これらのうち『土地問題』『寺院經濟』『唐代之交通』の三冊が出版された段階で、不幸にも日華事變が勃發し、殘りの五冊は殘念ながら陽の目をみずに中斷されてしまったのであった。本誌第二巻第六號（一九三七年八月）には、さっそく『唐代之交通』が森鹿三氏により、『土地問題』が宇都宮清吉氏によって、それぞれ批評・紹介せられた。しかし『寺院經濟』は紹介されることはなかったのである。

（この機會に、いささか脇道にそれるが、一九七四年に臺北の食貨出版社から復刊されたこれら三册について言及しておきたい。『食貨史學叢書』の一として出版されたB６判の『唐代寺院經濟』は、扉裏にみえる「本書編校發行經過」に「一、中華民國二十五年至二十六年　國立北京大學法學院中國經濟史研究室編輯　二、中華民國二十六年五月　國立北京大學出版部印刷裝訂因七七事變未得發行　三、中華民國六十三年一月　原主編人陶希聖重校畢由食貨出版社印行」とあるように、新組みの活字版であり、A５判の『唐代土地問題』と『唐代之交通』の兩書は、扉裏に「中華民國二十五年至二十六年　國立北京大學法學院中國經濟研究室編　中華民國二十六年六月　國立北京大學出版組印未發行　中華民國六十三年四月　食貨出版社複印發行」と書かれている通り、影印版である。出版直後に本誌上で批評・紹介された『土地問題』と『唐代之交通』が實は未發行だったとする今次の出版說明は解しがたいが、それはともかくとして、兩書が、原著のほぼ忠實な影印版であることは確かである。しかし、活字版の『唐代寺院經濟』の場合は、今次の出版說明を鵜呑みにすることはできない。今では稀覯本の部に屬する原著の本文は一六〇頁からなる。ところが、今次の復刊の底本にされた原本では一三五頁以下の、唐の武宗と後周の世宗による廢佛關係の史料を網羅した部分がちぎれて亡くなっていたらしい。すると目次とも合わないので影印版というわけにもいかず、一三四頁までの部分を新たに組み直した活字版として出版せざるをえなかったのであろう、と推察されるのであって、その上、原著に插入された「唐長安寺觀一覽圖」や「皇唐嵩岳少林寺碑」の拓本寫眞などの圖版一二枚もまったく復元されず、原著の面目を大いに失わせる結果を招いてしまっている)。

陶希聖氏らによって計畫された『中國經濟史料叢編』唐代篇八册のなかに、當時すでに唐代の社會經濟史研究に利用されはじめていた、敦煌出土の戶籍の類を集錄する册が含まれていず、既刊の各册にも部分的な移錄さえなされていないことに注目しなければなるまい。實は、陶希聖氏らは、これらの戶籍の類の重要性を無視ないし輕視されたのではなかった。これらの文書が、外國の探檢隊によりそれぞれの國に持ち去られてしまって直接に整理することが不可能であった當時の實狀に鑑み、戶籍に關する完璧な史料集の編集を諦め、その代わりに『食貨半月刊』の第四卷第五期專刊（一九三六年八月）に「唐戶籍簿叢輯」を掲載されたのであった。そこに收錄されたのはわずかに二〇點で、その內容は那波利貞「正史に記載せられたる大唐天寶時代の戶數と口數との關係に就きて」（『歷史と地理』三三、一九三四年）などですでに紹介されていたものの轉引にすぎなかったが、籍帳原文の彙錄の最初の試みとして、評價されるべき特集號なのであった。この「唐戶籍簿叢輯」の發行後、ちょうど四半世紀を經過した一九六一年に、中國科學院歷史研究資料室編『敦煌資料第一輯』が、北京の中華書局から出版され、翌々年、わが國で影印本が刊行された。これには、中國科學院圖書館や北京圖書館に蒐められた敦煌文書の寫眞やマイクロフィルムに主として賴って戶籍類と契約文書が二〇〇餘點集錄されている。しかし錄文や內容比定に不備誤脫がめだち、研究者が安心して依據できない出來映えなのであった。從前から戶籍・計帳を中心とする敦煌・トルファン出土古文書の蒐集・移録に鋭意努めてこられた池田溫氏は、本書が出版されるや、紹介を兼ねて、綿密な補訂の文章を『東洋學報』第四六巻第一號に發表された。このときすでに池田氏は、唐代を中心とする現存の戶籍・計帳の類をみずからの手で編集・刊行することを決意しておられたのであろう。一九六九年夏、ケンブリッジ大學シドニー＝サセックス・カレッジの唐史コンファランスに出席した機會を利用して、ロンドンとパリ所在の文書原本をていねいに實見されたのであった。同コンファランスに出席のため先着していた筆者が、トゥイッチェット教授の車に同乘して池田氏をヒースロー空港に出迎えた際、稿本・ノート類を滿載された別送の大型トランクが行方不明で、かなりの時間、空港內のあちこちを尋ね步いたのも、今は懷しい想い出となった。筆者らがやきもきしているのに、ご當人が泰然としておられたのが印象に殘っている。その日から一カ月餘、同じ下宿で寢食をともにし、史料蒐集にかける氏のなみなみならぬ情熱を身近に感じたことであった。歸國後、池田氏は、東洋文庫所藏寫眞を活用し、さらに原本閱覽の知見をも加えて、當時知られるかぎりの籍帳原文をまとめて移錄した「中國古代籍帳集錄」（『北海道大學文學部紀要』一九—四、一九七一年、以下、「籍帳集錄」と略す）を發表された。そこには、「敦煌籍帳」一五點、「西州籍帳」四九點、「差科簿」四點が三點の附錄とともに集錄されていた。この「籍帳集錄」が發表されるや、ハーバード大學の楊聯陞氏が臺北の『食貨月刊』復刊第二巻第一期に批評紹介し、文書の目次の全文を轉載された。まさに國際的な關心をよび起こしたのである。

このたび東京大學東洋文化研究所報告『東洋文化研究所紀要』別册として出版され、東京大學出版會から市販されもした本書『中國古代籍帳研究——概觀・錄文——』（以下、『籍帳研究』と略す）は、前記の「中國古代籍帳集錄」の改訂增補版としての色彩を濃厚にもつことは否めない。しかし、先の「籍帳集錄」がA5判二二〇頁分に對して、今回の『籍帳研究』がA4判で約六七〇頁、おおよそ六倍の分量になっていることからもわかるように、單なる改定増補版ではないのである。『籍帳研究』刊行の意圖を確かめるには、やや長文にわたるけれども、本書の「序」の一部を轉載するのが最も適當であろう。

今世紀に中國西陲の敦煌や吐魯番から發見された文書資料が、中國史研究にもたらす畫期的寄與は現在では學界周知の所であり、殊に戸口・公課・田土に關する各戸の記事を含む籍帳類は、最も直接に當代人民の實態と支配の志向を物語る根本資料となる。されば、この半世紀における唐前期を中心とする時期の公課制・兵制・田制をはじめ、法制・社會經濟史的研究の展開は、新發見籍帳類の分析利用にまつ所頗る大きかった。

しかし敦煌・吐魯番文書が帝國主義列强諸探檢隊により各國に持出され、遠く離れた數個所に分藏され整理編目も進まぬ狀態におかれたことは、その活用を數十年間にわたり少なからず妨げてきた點も否定し得ない。さいわい二十年來のマイクロの普及によりこれら文書資料の研究條件は格段の改善を見、ことに日本の先學の努力により籍帳についてはほぼその全貌に見通しをつけることが可能となりつつある。同時に中華人民共和國における考古發掘、研究がめざましい進展をみせ、戰國秦漢の竹木簡や六朝隋唐の文書の新資料が續々發見され、秦漢の籍帳や、高昌國から唐代にかけての吐魯番地域の籍帳資料が著增してきた。今後同種の材料が更に多く發掘されることが充分期待され、近い將來文書類等一次史料による研究の深化が實現することは殆ど疑いの餘地がない。

そこで從來の諸研究の成果をとりまとめ、中國古代籍帳の概觀を試みることと、現段階で可能な限り籍帳資料を彙錄し廣汎な研究者の利用に供することが、學界に課された當面の任務ではなかろうかと筆者は考える。

目下の所では現存籍帳資料は確かに量的質的に甚だ限られたものであり、たとえば日本の正倉院文書中の籍帳に比してもその價値に格段の差のあることは否定しがたい。けれども傳存文獻の豐富さに比し中國の一次史料の決定的乏しさは、僅少な遺存文書の歴史研究に占める相對的重要性を著しく高いものとする。そしていわば社會の細胞をなす個々の家を具體的に記録する戶籍の有用性は、文書資料中でも抜群である。同時に籍帳も、同時代の他の諸文書と關連させてはじめて分析を深めることが可能となる面が少くない。その意味では敦煌・吐魯番文書は、文書群として包括的に整理研究が進められるべきである。ただ本書はそのための第一步として、戶籍・計帳・差科簿のほか、戶口・公課・田土に關連する諸問題の理解に有益な官文書・寺院文書を收錄するとともに、帳簿類の發達を伺うに參考となる文書の若干を併せ集錄した。

この序文から明瞭にうかがえるように、本書では、まず中國古代籍帳の⑴概觀がなされ、つぎに前著「中國古代籍帳集錄」編集後に新たに發見されたり公表された籍帳をも網羅した⑵籍帳錄文が提供されるとともに、戶口・公課・田土に關連する官文書や寺院文書などの大量の⑶諸種文書錄文が移錄されている。それらの移錄にあたっては、先人による移錄の際の誤記が正された上、その旨が注記されている。しかも、一一六點に及ぶ文書寫眞が插圖として加えられているのが特筆されるのである。

一三〇頁に垂んとする「概觀」は、序章（一　中國史の特質と籍帳、二　古代籍帳の發見と研究）、第一章「古代籍帳制度の形成」（一　籍帳の源流、二　戰國・秦代の戶籍、三　漢代の簿籍）、第二章「古代籍帳制度の變質」（一　魏晉南朝の戶籍、二　十六國時代の戶籍、三　北朝時代の籍帳）、第三章「古代籍帳制度の完成と崩壞」（一　隋代の籍帳整備、二　唐代の造籍、三　開元敦煌籍に現れた檢括の痕迹、四　天寶敦煌籍に現れた僞濫傾向、五　敦煌差科簿の推移——丁中把握の弛緩、六　安史亂後の籍帳の壞廢傾向——大曆四年敦煌手實を手がかりとして）からなる。この概觀は、從來の研究史をていねいに跡づけるとともに、著者自身がすでに個別論文として公表されてきた創見を隨處に取り入れて、痒い所へ手が屆いた、見事な成果を生みだしている。たとえば、第三章の三、「開元敦煌籍に現れた檢括の痕迹」は、本誌（『東洋史研究』）第三五巻第一號掲載の「現存開元年間籍帳の一考察」を踏まえて敍述されている、といった按配なのである。

本書の中核をなす「錄文」の部分は、「籍帳・差科簿（一―七八）」と「諸種文書（七九―三一六）」に大別され、前者はさらに「敦煌籍帳（一―一五）」「吐魯番籍帳（一六―七四）」「差科簿（七五―七八）」に細分されている。文書番號からも推察されるごとく、前者「籍帳集錄」の補訂增補の部分たる「籍帳・差科簿」の錄文に對し、新たに附加された「諸種文書」の錄文の方が、およそ三倍もの分量を占めているのであって、さきに本書が「籍帳集錄」の單なる改訂增補ではないと述べた通りなのである。前者の補訂增補の部たる「籍帳・差科簿」錄文についていえば、敦煌籍帳が一五點、吐魯番籍帳が五九點、差科簿が四點であって、前著の集錄に比べると、敦煌籍帳などがまったく增加をみないのに、吐魯番籍帳だけが一〇點增加していることになる（おそらく今後もふえつづけるであろう）。增加した一〇點の內譯は、文書番號第一六・一九・二九の三點が、中華人民共和國における新出土文物、第三六・五六・五七の三點がベルリン所藏でトマス・ティロ氏の論文によって紹介されたもの、第三四・六四の二點は大阪四天王寺の出口常順氏の所藏にかかる藤枝晃編『高昌殘影』（法藏館、一九七八年）圖版篇の寫眞にもとづくのであり、第二七・六三の二點は、龍谷大學圖書館所藏文書の著者自身の調査にかかり、そのうちの第六三の場合は西嶋定生氏がすでに著錄しておられるが、第二七は今回はじめて紹介される文書ということになる。このような綿密な史料蒐集は、著者を措いてほかに何人もなしえず、いかに永年にわたる勞苦の結晶であるかを如實にしめしている。

錄文目次では單に「諸種文書（七九―三一六）」と一括されている部分は、卷末の英文目錄によると、「漢代木簡（七九―一〇〇）」「高昌國文書を主とする六朝時代文書（一〇一―一〇八）」「初唐期文書（一〇九―一三八）」「盛唐期文書（一二三九—一二三九）」「敦煌吐蕃支配期文書（二四〇—二七二）」「晩唐・五代・初宋期文書（二七二—三一六）」に分けられることになる。これら諸種文書のなかには、「一一四　唐〔七世紀後半?〕判集」「一三四　周長安三年（七〇三）三月括逃使牒」「一五五　唐開元二〇年（七三二）三月瓜州・沙州給石染典過所」「一六五　唐開元二四年（七三六）九月岐州郿縣尉□勛牒判集」といった、筆者が近年、個人的に關心を拂ってきた文書も含まれていて、少なくとも筆者にとっては、本篇たる籍帳錄文もさることながら、參考篇にあたるこれら諸種文書の信頼するに足る錄文の提供を、居ながらにして受けえた學恩は、はかり知れないのである。

本書『中國古代籍帳研究』は、よく似た題名をもつ、岸俊男氏の『日本古代籍帳の研究』と對比することによって、その特色をあらわすことができよう。五〇〇頁に及ぶ『日本古代籍帳の研究』は、岸氏の『日本古代政治史研究』につづく、第二研究論文集であって、最後に八頁からなる簡單な「現存古代籍帳一覽表」が附せられている。日本史の場合には、すでに『大日本古文書』『寧樂遺文』が編纂・刊行されていて、その學恩の上に、これらの緻密な研究論文の積み重ねが可能となったのであった。中國史の場合には『大日本古文書』『寧樂遺文』に該當する文書集がないため、「現存中國古代籍帳一覽表」の提示だけでは意味をなさず、「概觀・錄文」という副題を添えた池田氏の勞作の出現をみたわけである。この文書集の刊行によって、南北朝隋唐時代の社會經濟史研究のいっそうの進展が學界に課されたことになる。

本書の紹介を終えるにあたり、瑣末なことながら、一、二注文めいたことを申し述べておくと、「概觀」の內容は、籍帳・差科簿に限られ、錄文の大半に及ぶ諸種文書についてはまったく解説されておられないが、一般讀者のためには、ごく簡單にでもふれておいていただきたかった。また、仁井田陞氏の『唐令拾遺』の利用に際しては、附錄に收められた「唐令拾遺採擇資料索引」の恩惠をつねに蒙っている筆者としては、本書のごとき、最も信頼しうる史料集には、所藏機關・登錄番號順の簡單な資料索引が附せられていたら、の感を深くする。しかしこれらは、校費出版による年度內刊行という、今日の狀況下では、おそらく無理な願望にすぎまい。このような手間のかかる書物を、年度內に完成・出版されたことに對し、著者をはじめ、關係者一同に深甚な敬意を捧げたい。

長澤規矩也・尾崎康編『宮內廳書陵部藏　北宋版　通典』

古典研究會出版・汲古書院、一九八〇年四月—八一年九月
B５判・第一—八巻・別巻・全五四七四頁

和漢の典籍研究を目的として發足した古典研究會が、貴重漢籍を影印流布する事業の手はじめとして、徳山毛利家所藏本の『新編事文類要啓劄青錢』を刊行したのは、昭和三十八（一九六三）年十月のことであった。和書のことはさておき、漢籍についていては、ひきつづいて靜嘉堂文庫藏の『名公書判清明集』や『慶元條法事類』といった、中國前近代の法制史・社會經濟史を志す者にとっての必見の書が、底本に忠實な姿で影印され、研究者に多大の恩惠を與えつづけてきた。

ところが、天下の孤本として垂涎の的であった宮內廳本の北宋版『通典』については、何度か近刊の噂を耳にし、近刊豫告欄にまで登場しながら、いつしか立ち消えになって、そのたびに落膽させられていた。それが、ついに十全なる用意のもとに出版が開始され、別巻をあわせて平均六一〇頁の九大冊が、ほぼ隔月に一冊ずつ順調に配本されて、無事に完結されたのである。

唐の杜佑の撰にかかる『通典』二〇〇巻は、上古より唐の天寶年間までの諸制度を沿革的に通觀したもので、劉知幾の子の劉秩撰『政典』三五巻を增補訂正したものという。『政典』は早くに亡佚し、今は岡崎文夫門下の金井

之忠「劉秩遺説考」（『文化』六―一）によって一斑を知りうるだけであるが、『通典』は、北宋本をはじめとして清朝に至るまで版が重ねられ、特に南北朝隋唐史に關しては最重要の文獻史料として、利用されてきた。しかし、通行している殿本系統の版本には誤りが多く、かつて玉井是博・仁井田陞兩氏によって優秀性が證明された宋刊本の影印出版が、文字通り渇望されていたのである。

ここに陽の目をみた本書は、昭和三十年代初の補修時に撮影されたマイクロフィルムをもとに、オフセット印刷され、撮影不良個所については、新たに再撮影されて、各巻末に再録された。そして別巻には、宮內廳本では補寫しかなかった部分について天理圖書館藏の南宋刊本からの影印、また北宋本不鮮明個所の再録・判讀表のほか、「通典北宋版および諸版本について」と題する尾崎康氏の解題が冠せられ、特に選擧典に關しては、あらゆる版本を調べた校異表が掲げられている。まさに至れり盡くせりの配慮が施されているのである。

本書の影印刊行が企畫されたのは、古典研究會が發足した昭和三十八年はじめのことで、影印刊行を最も熱心に主張されたという仁井田陞氏はつとに不歸の客となられ、刊行中に森鹿三・長澤規矩也兩氏が相繼いで亡くなってしまわれた。三氏に完成の報告ができぬことを殘念がっておられる汲古書院・坂本健彦氏の「完結にあたって」の文章は、讀者の胸をうつ。目下、北京大學歷史系の諸氏が中華書局の編集部と共同で、『通典』の校點本の出版を計畫中とのことであるから、その校勘作業に本書が有益に利用されるであろう。本書の出版は、日中の學術交流の上でも、貴重な役割を演じることは間違いあるまい。

岡野誠著「唐代食封制の一問題——いわゆる七丁封戸論争をめぐって——」

『堀敏一先生古稀記念　中國古代の國家と民衆』
汲古書院、一九九五年

食封制とは、特定の地域における所定の課戸が納付すべき租賦を封爵を受けた者に給與する制度である。封爵を受けた者は封家、封物を出す課戸は封戸と呼ばれ、食封算定の單位は封戸であった。唐代にあっては、所定の食封は、その全額が必ずしも給與されず、實質上の封を實封あるいは食實封といい、唐代社會では實封ないしは食實封こそが、意味をもったのである。唐代の食封制に關する本格的な法制史的研究は、仁井田陞の「唐代の封爵及び食封制」（『東方學報　東京』一〇—一、一九三九年）からはじまる。三年後になって、今堀誠二は「唐代封爵制拾遺」（『社會經濟史學』一二—四、一九四二年）を發表、仁井田論文を高く評價した上で、拾遺と若干の疑義を提示した。

仁井田論文がすでに指摘していた通り、唐代の封戸制に關しては、二つの重要な個所において、正史などの基本史料のあいだで、大きな食い違いがあった。相違點の第一は、中宗朝と玄宗開元年間の實封數についてであって、たとえば『舊唐書』卷一〇七・玄宗諸子傳に「相府・太平・長寧・安樂皆以七千爲限、雖水旱亦不破損免、以正租庸充數。……其封自開元已來、皆約以三千爲限。」とあるのに、『新唐書』卷八二・十一宗諸子傳には「相王・太平・長寧・安樂以七丁爲限、雖水旱不蠲、以國租庸滿之。……（開元後）通以三丁爲限。」となっている。同一內容を傳えているはずなのに、「以七丁爲限」「以三丁爲限」とあれば一封戸のなかの封丁數の最高限を意味し、「以七千爲限」「以三千爲限」とあれば一封家に與えられる封戸數の最高限を意味するから、どちらの所傳が正しいと認定するかによって、食實封制が唐代社會に與えた影響についての評價がまったく變わることになる。

相違點の第二は、玄宗の開元年間（七一三―四一）に封家が直接に封戸から租賦を徵收することを止め、まず太府寺に納めしかるのちに封家に給するように改めた詔敕發布の年月についてであって、『通典』巻三一・歴代王侯封爵の條には「二十年五月敕」とあるのに、『唐會要』巻九〇・緣封雜記の條には「十一年五月十日敕」とあった。

第一の相違點「七丁」と「七千」の異同に關して仁井田は、この「七丁」の文字に誤なしとせば、という留保條件をつけながらも、「以七丁爲限」說を採用したが、今堀は「以七千爲限」の記事を採るべきであると主張した。第二の相違點に關して仁井田は、いずれかに誤があろう、と書くのみであり、今堀は何らの言及もしていない。

仁井田・今堀兩論文からほぼ四半世紀後に發表したのが、拙稿「隋の貌閱と唐初の食實封」（『東方學報　京都』三七、一九六六年）であって、第一の相違點に關しては、「以七丁爲限」の記事を採用すると述べ、第二の相違點に關しては、『玉海』巻一三四に所引の會要に「開元二十年五月十日敕……」とあることから、現行本『唐會要』の「十一年」は「二十年」の誤りであることが判明する、と論證した。これによって、『通典』所傳の繫年が正しく、開元十一年說はまったく根據を失ってしまった。

そののち、山根清志氏は「唐食實封制に於ける所謂〝七丁封戸〟の問題について」（『中嶋敏先生古稀記念論集』上巻、一九八〇年）と「唐朝前半期における食實封制について」（『歴史學研究』五〇五、一九八二年）の兩論文を發表し、第一の相違點に關して、『唐會要』巻五・諸王の條では「以七千戸爲限」「以三千戸爲限」と作っていることに着目しつつ、私の主張を批判し、今堀の結論に贊成して「以七千爲限」の記事が正しいとした上で、現存史料による限り、當時の社會に七丁封戶というような封戶の存在形態をイメージすべきではない旨を強調したのである。

山根論文に應酬したのが拙稿「唐代食實封制再考」（唐代史研究會編『律令制――中國朝鮮の法と國家――』汲古書院、一九八六年。本書第Ⅱ部第一章）で、『唐會要』の當該個所は通行本がもとづいたはずの汪啓淑家藏本では空格になっていることを指摘し、山根說には從いがたいことを論じた。そして日本の天平十九（七四七）年六月一日の格に、正丁五人ないし六人と中男一人でもって一封戶とする案が、八世紀初頭の唐朝で論議された「七丁封戶」とまったく無關係であったとは考えにくい、と述べた。

今回の岡野誠論文は、まず「一　七丁封戶論爭」において、私と山根のあいだで展開された七丁封戶論爭に焦點を合わせて、唐代食封制の研究史をていねいに整理し、論點を明確にした。つぎの「二　七丁限制の存否」では、山根氏によって實在が疑問視された〈七丁限制〉に焦點を當て、これまでの研究史で言及されなかった史料として『册府元龜』巻二六二・宗室部の文章を提示し、その文中の「舊以七丁爲限、至是以三丁爲限」の一句をいかに解釋すべきかについて、詳しく檢討を加えた上で、一般的制度としての〈七丁限制〉の存在は立證できない、と述べて山根氏の見通しの可能性が非常に強くなったとする。そして「三　封戶の水旱損免」において、〈七丁限制〉は水旱時の國家による封家に對する封物保障の最高限度（一封戶あたり）と理解し、非水旱時（通常年）にあっては一封戶あたりの封丁數に上限はなかったと判斷する。岡野氏は、玄宗の開元二十年の〈三丁限制〉は、一封戶あたり三丁以上、上限なしの狀態から、一擧に最高三丁制（事實上三丁に固定）へと政策の大轉換をとげたものと理解するのである。

いわゆる七丁封戶論爭を、キメ細かく再檢討してくださった岡野氏に對し、當事者の一人として、深謝したい。ただし、私が山根氏の論據を否定する一方で、七丁封戶の存在する可能性が大きいことを述べるにとどまり、制度としての〈七丁限制〉に對する考えが必ずしもはっきりしない、と岡野氏が咎められるのは、心外である。制度史の分野における私の研究の進め方は、確定できる事柄だけを決めて、推測を慎むことである。何事をもきちんと決めようとされる法制史家岡野誠氏と私との、手法の違いではなかろうか。

丸山裕美子著『日本古代の醫療制度』

名著刊行會、一九九八年五月
四六判・二九六頁

本書の著者である丸山裕美子氏は、お茶の水女子大學で青木和夫氏の指導の下、日本古代の醫療制度史に關する卒業論文を一九八四年に提出した直後から、池田溫氏が主宰された日唐令比較研究會（今の律令制研究會）に參加して醫疾令を擔當し、やがて假寧令をも考察の對象に加えて、堅實そのものの論考を矢繼ぎ早に發表、われわれ唐代史を研究する者に裨益を與えつづけてこられた。その丸山氏が既發表の論文をそれぞれ一章として再構成し、新たに三つの章を書き下ろした『日本古代の醫療制度』を上梓された。

まずは本書の構成を目次に即して寫しておこう。（※は新稿）

第一章　日唐醫疾令の復原と比較（『東洋文化』六八、一九八八年）
第二章　天皇の藥（合和御藥條）（「養老醫疾令合和御藥條復原の再檢討」『日本歴史』四五六、一九八六年）
第三章　醫針生の教科書（醫針生受業條）――多賀城出土の醫書斷簡漆紙文書――（『宮城縣多賀城跡調査研究所年報一九九一』一九九二年）
※第四章　年料雜藥の貢進と官人の藥（諸國輸藥條・五位以上病患條）――藤原宮出土の藥物木簡――

※第五章　寫經生の病氣と治療――請暇解・不參解と藥物請求文書――
（「東大寺寫經所關係文書にみえる「藥」」『續日本紀研究』二三六、一九八四年）
第六章　天平寶字二年の詔と酒と「藥」
第七章　供御藥儀の成立――屠蘇を飲む習俗――
（『お茶の水女子大學人文科學紀要』四三、一九九〇年）
第八章　假寧令と節日――律令官人の休暇――
（池田溫編『中國禮法と日本律令制』東方書店、一九九二年）
※終　章　『醫心方』の世界へ――天平九年の典藥寮勘文と太政官符――
附論Ⅰ　唐と日本の年中行事
（池田溫編『古代を考える　唐と日本』吉川弘文館、一九九二年）
附論Ⅱ　日本古代の地方教育と教科書
（『文明のクロスロード　MUSEUM KYUSHU』五五、一九九七年）
附　錄　本書で言及する主な醫書一覽

古代の醫療制度は令の篇目の一つである醫疾令に規定されるが、醫疾令そのものは、唐・日本ともに現存しない。本書の第一章「日唐醫疾令の復原と比較」は、序と結語のほか、「一　唐醫疾令の復原」「二　養老醫疾令の復原と條文配列」「三　日唐醫疾令の比較」の三節からなり、唐と日本の醫疾令條文を可能なかぎり復原し、條文配列を考察し、唐と日本の醫疾令を比較檢討して、日本の醫療制度の特質を究明された。その成果は、本書に先立って公刊された、仁井田陞著・池田溫編集代表『唐令拾遺補』（東京大學出版會、一九九七年三月）に採用されて、すでに學界の共有財産になっている。

第二章から第四章は、第一章の全體的な復原を踏まえ、醫疾令のいくつかの條文を個別に檢討したもの。第二章は日唐兩律の諸條を素材にして天皇の藥について考察し、第三章は漆紙文書を素材にして醫針生の教科書を、第四章は木簡を素材にして、諸國からの藥物徵收制度と五位以上の官人に對する治療についての具體像をうかがっている。

第五章は正倉院文書を素材にして、醫疾令に規定のない六位以下の官人たちの病氣と治療の實態を描き出し、第六章は同じく正倉院文書の「寫經所錢（紙・綿・衣など）下充帳」に散見する天平寶字二（七五八）年の〈藥〉とは〈粉酒〉であって、天平寶字二年二月の詔で飲酒を禁じられた下級官人たちが〈藥〉と稱して、造酒したり市に赴いて酒を購入していた實態を明らかにしている。

第七章では、正月三カ日に屠蘇などの藥を飲む習俗について述べ、『葛氏方』などの醫書からの影響があることを論證する。そして第八章「假寧令と節日――律令官人の休暇――」は、序と結語のほか、「一　日唐假寧令第一條の比較」「二　唐令節日令の繼受」の二節からなる。唐令と日本令の節日について比較して、唐にあって日本にないのは、正月十五日・三十日・九月九日・十月一日と寒食であり、逆に日本にオリジナルなのは、正月十六日と十二月大嘗日である、そして休暇の對象が唐では內外官すべてであるのに對して、日本では京官に限られていることを確認した上で、唐制に倣った官僚制ないし政務運營の制度が透徹する範圍が、令を繼受した時點の日本では在京諸司に限られていたことをしめしているのではないか、との見解を表明している。終章では、天平九（七三七）年の疾病流行の際に出された典藥寮勘文と太政官符を分析して、それが十世紀の『醫心方』のレベルに到達していた、と述べる。

附論Ⅰ「唐と日本の年中行事」は、第七章と第八章に關連して年中行事の成立について概說し、附論Ⅱ「日本古代の地方教育と教科書」は、第三章で扱った教科書の問題を發展させて、日本に傳存する漢籍や出土木簡から地方教育の實態を明らかにする。

本書は一般に馴染みのない醫書をしばしば活用するので、巻末に「本書で言及する主な醫書一覽」を附錄し、解說と參考文獻を擧げる配慮がなされている。

日本からの最初の遣唐使を派遣するきっかけとなったのは、新王朝になってまもない唐から歸國した醫者の惠日らが朝廷で、「大唐國は、法式が備わり定まった珍國です。常に使者を派遣すべきです」と進言したからであった。この事實は、古代日本の醫療制度が唐制を忠實に繼受したものであることを象徵する。ところが、醫疾令については、唐令はもちろん、令義解・令集解がともに傳わらないので、從來も奇特な研究者による地味な復原作業がつづけられてきたが、それらに打ち止めの役割を果たしたのが、丸山氏の研究成果なのであった。

私は本書を通讀して、えもいわれぬ心地よき讀後感に浸った。まず各章の論旨に納得したばかりか、史料の探索や史料操作に共感を覺えた。丸山氏は本書のあとがきで、

ただ史料のなかに沈潛することが樂しくて、卒論は正倉院文書と木簡と『續日本紀』と律令を使おうと勝手に決めたのだった。史料に共通してあらわれる心を惹かれる素材として醫療制度を選んだにすぎない。國家とか國制とかの高い次元の問題意識は當初全く頭になかった。高尙な理論や大きな構想とも無緣であった。このことはもちろん何の自慢にもなりはしないけれども、ただ關心のおもむくままに研究を續けた結果として、自分の志向するところが、制度史研究に裏打ちされた文化史研究であり、その手法としての史料の考證作業であるということがおぼろげながら見えてきた。

と書かれている。正倉院文書と藤原宮出土の藥物木簡という生の史料に密着して論文を書く樂しみが羨ましかっただけでなく、藥物の調合というテーマが、わが少年期を懷かしく想い出させたのである。敗戰の氣配が濃厚となった一九四五年の春から秋口まで、私は大阪府布施市から、母の里である奈良縣高市郡船倉村の賣藥問屋に緣故疎開し、育成國民學校の二年生として戰火を避けた。その製造部屋で人びとが藥を調合してセロファンに包み、小さな

紙袋に詰める作業を、半年間にわたって毎日のように見つづけた日々が朧げに蘇った。

溝口雄三・池田知久・小島毅著『中國思想史』

東京大學出版會、二〇〇七年
A5判・二七四頁

東京大學出版會刊の溝口雄三・池田知久・小島毅共著『中國思想史』を手にして、四〇年前に愛讀した中國思想に關する三冊の通史を思い出した。當時、私は東洋史の出身ながら、京大人文科學研究所の助手として哲學文學研究室の一隅に席を占め、共同研究班に參加していたので、中國思想史に關しては、やはり東洋史の出身ながら思想史に造詣の深い島田虔次と、中國哲學史專攻の平岡武夫・福永光司の教導にあずかることが多かった。

島田は、何よりも岩波全書の武內義雄『中國思想史』を熟讀するように、と推奬された。のちに島田「武內博士の學恩」(『武內義雄全集』第八巻月報、角川書店、一九七八年)で、大學入學と同時に購入した『支那思想史』(のち『中國思想史』と改題)は「今では背表紙はとれかけ、綴じ絲はゆるみにゆるんで慘憺たる狀況を呈している。つまり、それほど此の本には御厄介になったのである」と、回顧する話柄をお聞きした。

武內『中國思想史』は、東北大學での普通講義の三年がかりで上世・中世・近世に分けた講本にもとづく全三〇章。「上世期(上)諸子時代」一〇章分、「上世期(下)經學時代」三章分、「中世期　三敎交渉の時代」六章分、「近世期　儒學革新の時代」一一章分からなっている。

時あたかも大修館書店から一〇巻もののシリーズ〈中國文化叢書〉が發刊され、私も小倉芳彦編の8『文化史』の一章の執筆を依頼されていた。一九六七年に、赤塚忠・福永ら編の3『思想史』が出版され、總說を書いたのは、武内門下の金谷治であった。

金谷は、「一、思想史とは何か」につづく「二、中國思想史はいかに研究されてきたか」で、研究史を整理した。まず日本における中國思想史研究の起點として、一九〇〇年に出版された遠藤隆吉の『支那哲學史』を高く評價し、それとは別に、清朝考證學の成果をおおはばに取り入れた狩野直喜の研究法、すなわち後年一九五三年に『中國哲學史』の名で公刊された文獻學的方法を紹介した。ついで中國における思想史研究の起點として畫期的な意味をもったのは、一九一九年に出た胡適の『中國哲學史大綱』であったと指摘し、それをのりこえた著作が、一九三四年に公刊された馮友蘭の『中國哲學史』であった。馮の哲學史では、西洋的な敍述式の哲學史と中國的な選錄式（思想家の個人ごとに資料をまとめ、それを時代順に従って配列する）哲學史との兩形式を折衷するとともに、歴史は進歩的なものだという史觀をはっきり立ててその哲學史を構成した、と述べる。

この馮友蘭の著書に匹敵するのが、二年のちの一九三六年に出た武内の『支那思想史』であるとする金谷は、「思想史という名稱を用いたことについて、著者は理由を述べていないが、その内容からすると、從來の哲學史がいずれかといえば儒學中心で、しかも個別的な敍述になっていることへの批判から、種々の思想のいりくんだ流れをそのまま傳えようとした意圖のあらわれではないかと思われる」と書き、「また中國佛敎思想の流れをおおはばにとり入れ、宋學の勃興をそれとの關連で詳しく追迹したことも、この書の大きな特色であった」と述べている。

〈中國文化叢書〉の『思想史』は、金谷の「總說」につづき、「古代の思想」は渡邊卓、「中世の思想」は日原利國・高田淳・荒木見悟、「近世の思想」は友枝龍太郎・山下龍二・佐藤震二、「近代の思想」は後藤基巳・山口一郎がそれぞれ時代順に分擔執筆していた。

その翌一九六八年、小島祐馬（一八八一―一九六六）の三回忌を期して出版された『中國思想史』（創文社）は、前後二年にわたる京都大學の普通講義を、受業生のノートにもとづき、前期の分を森三樹三郎が、後期の分を平岡武夫が整理したものである。前期は「序說　中國思想史の意義ならびにその研究資料」を巻頭にして第六章「前漢の思想統一」まで、後期は「序言」から第十章「朱子の集大成」までの構成になっている。

池田秀三の「小島祐馬」（礪波護・藤井讓治編『京大東洋學の百年』京都大學學術出版會、二〇〇二年）が明瞭に解説するように、狩野直喜の文獻實證學が經學・儒學を中心とする學術史研究を根幹としたのに對し、本書は中國思想を社會思想史の枠組みにおいて考察したものである。小島のこの學風は、京都帝大の文科大學で狩野直喜に師事して中國學を修める以前に、法科大學で政治・法律・經濟學を學んでいたことと、一九二五年から二年半にわたってフランスに留學して、デュルケーム學派の社會學およびその流れを汲むフランスの中國學者、アンリ・マスペロとマルセル・グラネの影響を受けて醸成されたこととによる。中國思想を社會思想として把握し解明せんとする小島の研究視點・方法は、戰後において多くの研究者に繼承されてきた。

ちなみに小島『中國思想史』の家藏本が、おそらく數部のみ作成された總革裝、四方帙入りの豪華版であるのは、平岡に依賴された私が後期分を校正した記念として戴いたからである。

今回の溝口ら共著『中國思想史』は、同じ出版社から二〇〇一年に刊行された溝口雄三・丸山松幸・池田知久〔編〕の『中國思想文化事典』と對になるもの。主要目次は、つぎの通りである。

はしがき

第一章　秦漢帝國による天下統一

「はしがき」によると、本書は思想史とはいえ哲學的な言説の縷述ではなく、また事項や固有名詞がならぶ通史の構成をとってもいない、長い歴史のなかで、そもそも中國の何がどう變化し、どう現在とつながっているのか、その變化の斷面に即して歴史のかくれた動力を浮き彫りにする方法を、思想史に求めたもの。中國を外部から景色として眺めるのではなく、内部に視座を置いてみていけば、單調な王朝の交替史としか映らない時代の底に、ゆったりとではあるが大きな歴史の變革があったことに氣づかされる、とした上で、本書は中國史上の四つの大きな變動期に焦點を絞り、そこにどういう新しい歴史が生みだされたのかを解明しようとする、と述べている。

四つの變動期とは、第一にまず秦漢帝國の成立に至る過程（第一の變動期）であり、ここに二〇〇〇年に及ぶ中央集權的な王朝體制が誕生した。そののち、皇帝專制のもと、唐代までの門閥・貴族社會は、いわゆる唐宋變革（第二の變動期）によって、宋代以降、實力本位の科擧官僚制社會へと巨大な轉換をとげる。のち明末清初期（第三の變動期）には、朱子學の民衆化や陽明學の興りにみられるように、士紳層が民衆のリーダーとして地方の社會秩序を主體的に擔いはじめ、近世から近代への扉を押し開いた。この士民の力がやがて清代を通じて上昇し、ついに辛亥革命（第四の變動期）として王朝體制そのものを瓦解させた、とする。すなわち、多くの歴史家はアヘン戰爭を近代の出發點とする革命史觀を選擇してきたが、本書ではこうした史觀は採らない、と。これら四つの變動期に對應する本書の各章は、第一章が池田知久、第二章が小島毅、第三章と第四章が溝口雄三により分擔執筆されている。

溝口の「あとがき」によれば、出版企畫は一九八〇年代に溯り、姉妹篇『中國思想文化事典』に先立って企畫されていたため、『事典』出版の翌年から著者三人による勉强會をつづけ、三つのコンセプトを共有した。第一は西洋中心主義の視座を意識的に警戒し避ける。第二は事項の羅列に終始しがちな王朝史のスタイルは採らず、大きな變動期に卽して歴史の變化相を敍述する。第三は執筆にあたっては開かれた敍述に努める。また、文體は三人三様であるが、統一はしなかった。敍述において第一章が哲學史的であり、第二章以下が社會史的であるのは、對象とする文獻が時代によりそれぞれ異なるという、資料的制約にも因っていることをお斷りしておく、と。

半世紀近く前、卒業論文の對象に唐宋の變革を選んだ私にとって、四つの大きな變動期に焦點を絞った本書は、目次を瞥見しただけでも、興味津々の書物である。讀みすすめるうち、各章とも期待に背かぬ鮮やかな切り口で論述されていることに感心した。先の『中國思想文化事典』が、大項目主義による概念史で、それぞれ滿遍なく目配りした事典であったものの對極であることにも共感を覺えた。兩書はまさに一對の成果である。大雑把な對比をすると、かつての私の愛讀書三册のうち、行き届いた武內義雄『中國思想史』が『事典』に似ていて、社會思想史的な觀點に立脚した小島祐馬『中國思想史』と、〈中國文化叢書〉の『思想史』の系譜につらなるのが本書なのである。その點からいって、本書巻末〈ブックガイド〉の通史の項に、小島の『中國思想史』のみが擧げられていないのは、残念である。

初出一覧

第Ⅰ部　隋唐の都城と關所

第一章　中國の都城（上田正昭編『日本古代文化の探究　都城』社會思想社、一九七六年五月）
第二章　中國都城の思想（岸俊男編『日本の古代9　都城の生態』中央公論社、一九八七年四月。中公文庫、一九九六年六月）
コラム1　「中國の」市　［中國の］宮廷・都城（『平凡社大百科事典』平凡社、一九八四年十月―一九八五年六月）
第三章　神都洛陽の四面關（金田章裕編『アジアにおける都市の形態と構造に關する歴史地理學的研究』研究成果報告書、京都大學文學部、一九九〇年三月）
第四章　唐代の畿內と京城四面關（唐代史研究會編『中國の都市と農村』汲古書院、一九九二年七月）
コラム2　過所（『中國文化史大事典』大修館書店、二〇一三年五月）
コラム3　唐代の都城と關所（『東洋文庫書報』二二、一九九一年三月）
コラム4　京都と京・都（『日本歴史』七〇四、二〇〇七年一月）
コラム5　「中國歴代王朝の都市管理に關する總合的研究」はしがき（『中國歴代王朝の都市管理に關する總合的研究』平成八年度―平成十年度科學研究費補助金［基盤研究（A）（1）］研究成果報告書、京都大學大學院文學研究科、一九九九年三月）
第五章　唐代洛陽の都市管理
一　はじめに（「唐代洛陽の都市管理」『中國歴代王朝の都市管理に關する總合的研究』平成八年度―平成十年度科學研究費補助金［基盤研究（A）（1）］研究成果報告書、京都大學大學院文學研究科、一九九九年三月）
二　中國の都市と交通（藤岡謙二郎編『朝倉地理學講座7　歴史地理學』朝倉書店、一九六七年三月）

附　章　唐宋時代における蘇州（梅原郁編『中國近世の都市と文化』京都大學人文科學研究所、一九八四年三月）

第Ⅱ部　隋唐の財政と倉庫

第一章　唐代食實封制再考（唐代史研究會編『律令制――中國朝鮮の法と國家――』汲古書院、一九八六年二月）

第二章　太倉と含嘉倉（唐代史研究會編『中國聚落史の研究――周邊諸地域との比較を含めて――』唐代史研究會報告第Ⅲ集、刀水書房、一九八〇年三月）

第三章　隋唐時代の太倉と含嘉倉（『東方學報　京都』五二、一九八〇年三月）

コラム１　［中國の］倉庫・［中國の］穀倉（『平凡社大百科事典』平凡社、一九八四年十月―一九八五年六月）

第四章　唐代の邊境における金銀（谷川道雄編『中國邊境社會の歷史的研究』京都大學文學部東洋史學研究室、一九八九年三月）

附　章　均田制と府兵制（外山軍治編『東洋の歷史５　隋唐世界帝國』人物往來社、一九六七年二月、『中國文明の歷史５　隋唐世界帝國』中公文庫、中央公論新社、二〇〇〇年六月）

第五章　唐代社會における金銀（『東方學報　京都』六二、一九九〇年三月）

附篇Ⅰ　學界動向

課と稅に關する諸研究について（『東洋史研究』二〇―四、一九六二年三月）

唐宋の變革に對する侯外廬氏の見解――『中國思想通史』第四卷第一章――（中國學術代表團招請關西實行委員會京都地區委員會事務局『中國學術代表團　招請運動ニュース』第九號、一九六三年十一月）

隋・唐――一九七一年の歷史學界――（「隋唐――一九七一年の歷史學界――」『史學雜誌』八一―五、一九七二年五月）

出土文物による最近の魏晉南北朝史研究（唐代史研究會編『中國歷史學界の新動向』刀水書房、一九八二年五月）

附篇Ⅱ　書評・紹介

塚本善隆著『魏書釋老志の研究』（『史林』四五―二、一九六二年三月）

福島繁次郎著『中國南北朝史研究』（『東洋史研究』二一―二、一九六二年九月）

D・C・トゥイッチェット著『唐朝治下の財務行政』（「*Financial Administration under the T'ang Dynasty*」『東洋史研究』二三―四、一九六四年三月）

濱口重國著『秦漢隋唐史の研究』（「秦漢隋唐史の研究　上・下二卷」『東洋史研究』二六―二、一九六七年九月）

日野開三郎著『唐代邸店の研究』（『東洋史研究』二九―二・三、一九七〇年十二月）

J・ジェルネ著『中華世界』（「*Le Monde chinois*」『東洋史研究』三二―三、一九七三年十二月）

平岡武夫編『唐代研究のしおり』復刊に寄せて（『名著通信』三―八、一九七八年八月）

池田溫著『中國古代籍帳研究――概觀・錄文――』（『東洋史研究』三九―一、一九八〇年六月）

長澤規矩也・尾崎康編『宮內廳書陵部藏　北宋版　通典』（『史學雜誌』九一―八、一九八二年八月）

岡野誠著「唐代食封制の一問題――いわゆる七丁封戶論爭をめぐって――」（『法制史研究』四六、一九九六年）

丸山裕美子著『日本古代の醫療制度』（『唐代史研究』二、一九九九年六月）

溝口雄三・池田知久・小島毅著『中國思想史』（「四つの變動期に焦點を絞った中國思想史」『東方』三二七、二〇〇八年五月）

後　記

私が一九八六年春に第一論文集、舊著『唐代政治社會史研究』（東洋史研究叢刊40、同朋舎出版）を上梓してから三十年後、第二論文集、前著『隋唐佛教文物史論考』と第三論文集、本書『隋唐都城財政史論考』の兩册を雁行して刊行するに至った經緯については、前著の後記に述べた通りである。

舊著『唐代政治社會史研究』は、［第Ⅰ部　唐宋の變革と使職］、［第Ⅱ部　行政機構と官僚社會］、［第Ⅲ部　隋唐の社會と財政政策］、［第Ⅳ部　佛教と國家］の四部構成であった。

前著『隋唐佛教文物史論考』は、舊著の［第Ⅳ部　佛教と國家］を引き繼いで發表してきた諸論文を集録した產物であった。同じく四部構成とし、かつて書いたものを集めた論文集なので、初出のままで印刷していただいたが、圖版に關しては、初出の折には掲載できなかった何點かは、新たに增やした。また讀者の理解に資するため、舊著と同じく各部の終わりに「附章」を入れたほか、時に〈コラム〉の項を設けて、前後の脈絡を傳えようと心掛けたのであった。

本書『隋唐都城財政史論考』は、舊著の［第Ⅲ部　隋唐の社會と財政政策］を引き繼いで發表してきた諸論文を中核に集録した產物である。舊著と前著はともに四部構成であったが、本書は［第Ⅰ部　隋唐の都城と關所］と［第Ⅱ部　隋唐の財政と倉庫］の二部構成としたので、紙數に餘裕があり、いい機會なので、［附篇Ⅰ　學界動向］

と［附篇Ⅱ　書評・紹介］を入れることにした。追加分が意想外に多量だったので、前著よりも頁数が増える結果になったが、大學院生以來、つまり若手研究者として發表してきた學術書の書評類を網羅でき、滿足している。

本書の［第Ⅰ部　隋唐の都城と關所］所收の諸論文は、〈初出一覽〉からもわかるように、「第五章」の「二　中國の都城と交通」が藤岡謙二郎編『朝倉地理學講座7　歴史地理學』一九六七年三月刊の所收であるのを例外として、すべて一九七六年五月以降の發表にかかるものである。この大局的な概說は、教養部の二回生の時に、藤岡教授が主宰された地理同好會に入會して以來、中國の歴史地理に關心をもち續けた成果なのであった。

本書の［第Ⅱ部　隋唐の財政と倉庫］所收の諸論文は、「附章　均田制と府兵制」が外山軍治編『東洋の歴史5　隋唐世界帝國』一九六七年三月刊の所收であるのを例外として、すべて一九八〇年三月以降の發表にかかるものである。この書は中公文庫に『中國文明の歴史5　隋唐世界帝國』と改題して再刊されたが、校正が行き届かず、脱落部分があり、遺憾である。

［第Ⅰ部　隋唐の都城と關所］と［第Ⅱ部　隋唐の財政と倉庫］を通じ、宋・呂大防『長安圖』のうちの「唐太極宮殘圖」の拓本を活用してきたが、昨二〇一五年十一月に中央大學駿河臺記念館で開催された唐代史研究會で、妹尾達彥教授が從來より知られていたものよりも廣い殘石の拓本が北京大學圖書館に保存されていて、その研究が進んでいる、と報告された。最近、同年十二月刊の『唐研究　第二十一卷　唐代長安及其節慶研究專號』が舶來され、卷頭論文として胡海帆「北京大學圖書館藏呂大防《長安圖》殘石拓本的初步研究」が掲載され、卷末にアート紙で多くの圖版が紹介されているのを知った。今後の研究の進展が大いに期待される。

［附篇Ⅰ　學界動向］と［附篇Ⅱ　書評・紹介］に收めた文章は、全力投球したものであるが、なかでも思いで深いのは、二篇の書評、D・C・トゥイッチェット著『唐朝治下の財務行政』（一九六四年）と濱口重國著『秦漢隋

唐史の研究』（一九六七年）である。前者は、著者のトゥイッチェット教授に評價され、エール大學のアーサー・ライト教授と共同で組織された一週間におよぶ唐代研究會議に招待され、北海道大學におられた池田溫氏とともに、一カ月半にわたってケンブリッジ大學に滯在できたことは、僥倖そのものであった。ACLS（American Council of Learned Societies　アメリカ諸學會評議會）から滯在費と世界一周の航空券を提供されたので、ヨーロッパ各地の研究機關や博物館を歴訪し、イスタンブールと香港を旅行できたのである。後者は、發表誌の年月順にたどることにより、濱口氏の學風の變遷を後附け、秦漢から隋唐に至る中國社會への緻密な史料操作と思索考察の過程を追跡することから受けた學恩は、計り知れないものであった。

本書の出版も前著と同じく、大谷大學での受業生で、法藏館編集部の今西智久君の慫慂による。編集作業は順調に進み、隋代史を專攻される今西君の適切な配慮により、前著に引き續き本書の完成が近づきつつあることに、感無量である。

前著と本書の初校に際して、京都大學の中砂明德教授は綿密に檢討してくださり、多くの過誤を正すことができた。また中文目次は南開大學の胡寶華教授が、英文目次は中砂明德教授が作成してくださった。編集校正の段階では、大谷大學圖書館の會議室を使わせていただいた。手配をしてくださった圖書・博物館課の山内美智課長に篤く御禮を申し上げる。有り難うございました。

二〇一六年七月五日

礪波　護

TONAMI Mamoru

Essays on Capital Cities and Financial Administration in the Sui and Tang Periods

CONTENTS

礪波　護　著

隋唐都城財政史論考

目　次

附篇Ⅰ　學界動向

附篇Ⅱ　書評・介紹

事項索引

本書の第Ⅰ部、第Ⅱ部のみを範圍とする。
＊印を附した頁數は章・節・項を設けている項目。

あ行

か行

さ行

た行

な行

は行

ま行

や行

ら行

わ行

人名索引

本書の第Ⅰ部、第Ⅱ部のみを範圍とする。
＊印を附した頁數は章・節・項を設けている項目。

あ行

か行

さ行

た行

は行

ま行

や行

ら行

わ行

【著者略歴】

礪波　護（となみ　まもる）

1937年、東大阪市生まれ。八尾高校をへて、60年、京都大學文學部史學科東洋史學專攻卒業。同大學大學院博士課程を了え、京都大學人文科學研究所助手、神戸大學文學部助敎授、京都大學人文科學研究所敎授、同大學大學院文學研究科敎授を歴任し、2001年、停年退官。京都大學名譽敎授。その後、大谷大學文學部敎授、同大學博物館長を勤める。文學博士。専門は中國の政治・社會・宗敎史。
著書に『隋唐佛敎文物史論考』（法藏館）、『唐代政治社會史研究』（同朋舍出版）、『地域からの世界史②　中國　上』（朝日新聞社）、『世界の歴史6　隋唐帝國と古代朝鮮』（共著、中央公論社。のち中公文庫）、『馮道――亂世の宰相』、『唐の行政機構と官僚』、『隋唐の佛敎と國家』、『唐宋の變革と官僚制』（ともに中公文庫）、『京洛の學風』（中央公論新社）、編著に『中國貴族制社會の研究』、『中國中世の文物』（ともに京都大學人文科學研究所）、『京大東洋學の百年』（京都大學學術出版會）、『中國の歴史』（全12巻、講談社）、『中國歴史研究入門』（名古屋大學出版會）。ほかに編集・監修・解說多數。

隋唐都城財政史論考

二〇一六年　九月　六日　初版第一刷発行

著　者　礪波　護
発行者　西村明高
発行所　株式会社　法藏館
京都市下京区正面通烏丸東入
郵便番号　六〇〇―八一五三
電話　〇七五―三四三―〇〇三〇（編集）
　　　〇七五―三四三―五六五六（営業）

印刷・製本　亜細亜印刷株式会社

ISBN 978-4-8318-7393-4　C3022

隋唐佛教文物史論考	礪波　護著	九、〇〇〇円
敦煌から奈良・京都へ	礪波　護著	近　刊
中国隋唐長安・寺院史料集成　史料篇・解説篇	小野勝年著	三〇、〇〇〇円
入唐求法巡礼行記の研究　全四巻〈分売不可〉	小野勝年著	五二、〇〇〇円
入唐求法行歴の研究　智證大師円珍篇	小野勝年著	上巻一二、〇〇〇円 下巻一〇、〇〇〇円
増補　敦煌佛教の研究	上山大峻著	二〇、〇〇〇円
中国佛教史研究　隋唐佛教への視角	藤善眞澄著	一三、〇〇〇円
南北朝隋唐期佛教史研究	大内文雄著	一一、〇〇〇円
トルファン出土仏典の研究　高昌残影釈録	藤枝晃編著	二八、〇〇〇円

（価格税別）

法藏館